Management-Reihe Corporate Social Responsibility

Reihenherausgeber
René Schmidpeter
Dr. Jürgen Meyer Stiftungsprofessur für Internationale
Wirtschaftsethik und CSR Cologne Business School (CBS)
Köln, Deutschland

Das Thema der gesellschaftlichen Verantwortung gewinnt in der Wirtschaft und Wissenschaft gleichermaßen an Bedeutung. Die Management-Reihe Corporate Social Responsibility geht davon aus, dass die Wettbewerbsfähigkeit eines jeden Unternehmens davon abhängen wird, wie es den gegenwärtigen ökonomischen, sozialen und ökologischen Herausforderungen in allen Geschäftsfeldern begegnet. Unternehmer und Manager sind im eigenen Interesse dazu aufgerufen, ihre Produkte und Märkte weiter zu entwickeln, die Wertschöpfung ihres Unternehmens den neuen Herausforderungen anzupassen, sowie ihr Unternehmen strategisch in den neuen Themenfeldern CSR und Nachhaltigkeit zu positionieren. Dazu ist es notwendig, generelles Managementwissen zum Thema CSR mit einzelnen betriebswirtschaftlichen Spezialdisziplinen (z. B. Finanz, HR, PR, Marketing etc.) zu verknüpfen. Die CSR-Reihe möchte genau hier ansetzen und Unternehmenslenker, Manager der verschiedener Bereiche sowie zukünftige Fach- und Führungskräfte dabei unterstützen, ihr Wissen und ihre Kompetenz im immer wichtiger werdenden Themenfeld CSR zu erweitern. Denn nur wenn Unternehmen in ihrem gesamten Handeln und allen Bereichen gesellschaftlichen Mehrwert generieren, können sie auch in Zukunft erfolgreich Geschäfte machen. Die Verknüpfung dieser aktuellen Managementdiskussion mit dem breiten Managementwissen der Betriebswirtschaftslehre ist Ziel dieser Reihe. Die Reihe hat somit den Anspruch, die bestehenden Managementansätze, durch neue Ideen und Konzepte zu ergänzen um so durch das Paradigma eines nachhaltigen Managements einen neuen Standard in der Managementliteratur zu setzen.

Weitere Bände in dieser Reihe
http://www.springer.com/series/11764

Friedrich Glauner

CSR und Wertecockpits

Mess- und Steuerungssysteme der
Unternehmenskultur

2., vollständig überarbeitete Auflage

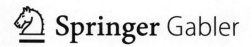 Springer Gabler

Dr. Friedrich Glauner
Cultural Images Wertemanagement
Grafenaschau
Deutschland

Dr. Friedrich Glauner
Weltethos Institut
Tübingen
Deutschland

ISSN 2197-4322   ISSN 2197-4330 (electronic)
Management-Reihe Corporate Social Responsibility
ISBN 978-3-662-48929-1   ISBN 978-3-662-48930-7 (eBook)
DOI 10.1007/978-3-662-48930-7

Die Deutsche Nationalbibliothek verzeichnet diese Publikation in der Deutschen Nationalbibliografie; detaillierte bibliografische Daten sind im Internet über http://dnb.d-nb.de abrufbar.

Springer Gabler

Coverfoto: Michael Bursik

Lektorat: Gebke Mertens

Gedruckt auf säurefreiem und chlorfrei gebleichtem Papier

Springer Berlin Heidelberg ist Teil der Fachverlagsgruppe Springer Science+Business Media
(www.springer.com)

Geleitworte zur zweiten Auflage

Wirklichkeit beweist Möglichkeit

Die mannigfalten Krisen, mit denen die Menschheit seit Beginn des 21. Jahrhunderts konfrontiert ist – die schädlichen Folgen des Klimawandels, der Verbrauch knapper natürlicher Ressourcen zu Zinssätzen, die mit der Umwelt und einer generationenübergreifenden Nachhaltigkeit unvereinbar sind, eine wachsende soziale und ökonomische Ungleichheit, und ein schwindendes öffentliches Vertrauen in Geschäfts- und Managementfähigkeiten haben alle einen gemeinsamen Nenner: ein Wirtschaftssystem mit nur wenig Achtung vor menschlichen Werten und Tugenden. Der offenkundige Mangel an Respekt vor moralischen Normen im Geschäftsleben scheint weniger eine Folge als vielmehr eine Ursache der gegenwärtigen Störungen und Systemausfälle zu sein. Ist das Interesse am Wohl und Wehe menschlichen Lebens nicht mehr Mittelpunkt wirtschaftlichen Denkens und werden ethische Betrachtungen folglich an den Rand von Geschäftspraktiken verbannt, sind vergangene Managementcurricula untrennbar mit den sozialen und ökologischen Problemen verbunden, für die die heutige Managementgeneration Lösungen finden muss. Wurde uns nicht schon lange erzählt, dass Manager lediglich die Vollstrecker souveräner Kunden sind, die deshalb gezwungen sind, egal welcher Marktlaune zu folgen? Anderenfalls würden sie im gnadenlosen Überlebenskamp mit Wettbewerbern aus dem Markt ausscheiden. Waren und sind nicht deshalb Manager machtlos gegen die bedingungslose Verpflichtung der Profitmaximierung und daher immer schon genötigt, in dieser Abzockerei ethischen Fragen nur am Rande Raum zu geben?

Friedrich Glauners Buch weist auf bewundernswerte Weise diese fatalistische Interpretation der unmoralischen Macht der Märkte zurück und ersetzt sie durch eine Gegendarstellung darüber, weshalb und wie Großkonzerne vielmehr Teil einer Lösung als eines Problems sein können. Er erinnert uns daran, dass Werte für die Dauerhaftigkeit von Unternehmensaktivitäten zentral sind; dass diese, anstatt Profite zu behindern, sehr wohl unternehmerischen Erfolg ermöglichen. Weit davon entfernt, die Freiheit von Managern zu beschneiden, ist das Streben nach mehr Corporate Responsibility durch ein umsichtiges Wertemanagement vielmehr Ausdruck einer gesunden Geschäftsstrategie. So verschiebt Friedrich Glauner die Debatte über die unproduktive Frage, ob Profit und Prinzipien unter einen Hut gebracht werden können, hin zu der sinnvolleren Betrachtung, wie und durch welche Werte dies geschieht. Ich begrüße diesen Ansatz sehr.

Die Zeit ist reif für das, was Friedrich Glauner zu erreichen sucht. Wirklichkeit beweist Möglichkeit. Wo Theorien behaupten, dass die Märkte die Moral zerstören und dass Leitsätze deshalb notwendig dem Streben nach Profit Vorrang gewähren, erweist sich die Wirklichkeit selbst als geeignetster und stärkster Bündnispartner gegen diese Ideologie. Wenn finanzieller Erfolg da zu finden ist, wo die Standökonomie rentable Geschäfte überhaupt bestreitet, müssen wir unsere herkömmlichen Annahmen kritisch hinterfragen. Social Entrepreneurs etwa haben eindrucksvoll bewiesen, dass sie Ausnahmen von der Regel des Geschäftssystems „dog-eat-dog" machen. Indem sie das althergebrachte Grundprinzip umkehren und seine geltende Logik umgestalten und die sozialen, ökologischen und moralischen Nöte der gegenwärtigen Wirtschaftsordnung zuerst berücksichtigen und (übereinstimmend mit ihrem maßgebenden Auftrag) monetäre Vergütungen erst an zweiter Stelle, haben sie den geistigen Grundstein für ein neues Gebäude der Wirtschaft gelegt, das auf den Prinzipien einer verantwortlichen Freiheit basiert. Ihr geschäftliches Grundprinzip und ihre Strategie beruhen auf einer idealen, einer intrinsischen Motivation, die das Gemeinwohl über finanziellen Profit stellt.

Social Entrepreneurs und ihre Pendants in herkömmlichen Firmen, sogenannte Social Intrapreneurs, haben, entgegen der geltenden Erkenntnis der Wirtschaft, bewiesen, dass andere Formen von Geschäften, Management und wirtschaftlichem Handeln möglich sind. Deshalb bieten sie praktische Alternativen an, die sich alternative Wirtschaftstheorien zum Vorbild nehmen. Um das volle Potenzial dieser Möglichkeiten und die damit einhergehende Fähigkeit auszuschöpfen, die menschgemachten Dilemmata unserer Zeit zu mindern, müssen wir diejenigen mentalen Modelle verändern, die immer noch das wirtschaftliche Handeln und Entscheidungsfindungen lenken. Wenn wir die Gestaltbarkeit unserer Wirtschaftswelt und die Freiheit, Dinge anders zu tun, anerkennen, müssen wir bestrebt sein, die ausgelaugten Modelle des homo oeconomicus durch die umfassende Anthropolgie der conditio humana zu ersetzen.

Da moralische Motive ebenso wie materielle Motivationen Treiber menschlichen Verhaltens sind, wäre eine Wirtschaftsanthropologie, die nicht von Ethik geprägt ist, kurzsichtig. Werte sind einfach ein wesentlicher Bestandteil der menschlichen Lebenswelt; und da Unternehmen nichts anderes als Menschen sind, die mit Menschen für Menschen arbeiten, stellen Werte ein unentbehrliches Element in der harten Wirklichkeit dar, die Unternehmen zu bewältigen haben. Manager haben deshalb keine Wahl, ob sie mit Werten zurechtkommen wollen oder nicht, sie können lediglich wählen, ob sie dies unzureichend oder gut tun.

Hier liegt jedoch der Hase im Pfeffer. In einer Welt, in der eine Vielzahl von Kulturen zunehmend voneinander abhängig ist, stellt sich der Einsatz von Werten alles andere als einfach dar. Wie ist angesichts der heutigen weltweit multikulturellen Aufstellung Unternehmen und der Vielzahl an geltenden maßgebenden Sichtweisen, die Einbeziehung ethischer Betrachtungen in das Management erfüllbar? Wie sind die Extreme des moralischen Relativismus auf der einen Seite und die willkürliche Dogmatisierung mancher Normen auf der anderen Seite vermeidbar? Kann es hinsichtlich menschlicher Werte und Tugenden einen „humanistischen Konsens" geben? Und, gesetzt den Fall, dies ist möglich, worin besteht dann die Konvergenz menschlicher Normen?

Der Schweizer Theologie Hans Küng unternahm den ersten umfassenden Versuch zur Identifizierung einheitlicher Standards, Werte, Ideale und Ziele für die gesamte Menschheit. Sein Projekt „Weltethos" setzt zwei Grundprinzipien und vier Richtlinien voraus, die von Völkern aller kulturellen und religiösen Traditionen geteilt werden: 1) die Goldene Regel der Gegenseitigkeit („Was Du nicht willst, das man Dir tu, das füg' auch keinem anderen zu".); 2) das Prinzip der Menschlichkeit (das jeder Mensch menschlich, nicht unmenschlich behandelt werden muss); 3) Gewaltlosigkeit und Respekt vor dem Leben; 4) Solidarität und eine gerechte Wirtschaftsordnung; 5) Toleranz und Aufrichtigkeit und 6) gleiche Rechte oder Partnerschaft zwischen Männern und Frauen.

Trotz der kulturellen und religiösen Verschiedenheiten in der Welt und den Besonderheiten jeder Tradition sind diese grundlegenden ethischen Elemente immer wieder aufgetaucht. Die Lehren einer globalen Ethik sind in den Analekten Konfuzius' aus dem 5. Jh. v. Chr., in den Lehren Patañjalis, dem Sammler der Yoga Sutren im Buddhistischen Kanon, wie auch in den Schriften der drei monotheistischen Traditionen zu finden: der hebräischen Bibel, dem Neuen Testament und im Koran. Während die Feststellung wichtig ist, dass einzelne kulturelle Bestimmungsfaktoren und historica Konstellationen (wie bestimmte Orte oder Zeiten) die Priorisierung und Einführung (oder bewusste Verdrängung) gewisser ethischer Normen unter gegebenen Umständen begünstigten, so hat die Geschichte doch tatsächlich auch bewiesen, dass Menschen aller Traditionen, Glaubensrichtungen, Kulturen und Nationen, sich über Kontinente und Jahrhunderte hinweg über diese grundlegenden ethischen Elemente einigen können und konnten. Das trifft gleichsam auf Gläubige und Nichtgläubige zu. Die Vorstellung von einer globalen Ethik ist deshalb in der Tat ein transkulturelles „Universal" des Menschseins. Als solche kann sie als ein normativer Kristallisationspunkt insbesondere auch in Gesellschaften dienen, die eine starke Affinität zur demokratischen Partizipation, zum Pluralismus und multikulturellen Lebensweisen haben. Konzernen mit weltweit präsenten Stakeholdern mag eine Orientierung an den Kernwerten des globalen Ethikprojektes als willkommener Kompass dienen, um durch die unruhigen Gewässer einer zunehmend globalisierten Welt zu steuern.

Zusammengefasst benötigt die Globalisierung der Unternehmen eine Globalisierung der Unternehmensethik. Die Globalisierung der Unternehmensethik wiederum erfordert eine Globalisierung des Diskurses über ihre Leitwerte. Zu dieser Globalisierung der Unternehmensethik trägt Friedrich Glauner vielseitige Instrumente bei, um das Wertemanagement zu operationalisieren. Ich gratuliere ihm zu dieser Anstrengung und hoffe, dass sein Buch die Aufnahme findet, die der tiefer liegende Gegenstand und sein Ziel verdienen.

Tübingen, den 15. August 2015

Professor Dr. Claus Dirksmeier
Direktor Weltethos-Institut
der Eberhard Karls Universität Tübingen
(www.weltethos-institut.org)

Geleitwort

Wie ein Wertecockpit ethische Werte als Teil der wirtschaftlichen Wertschöpfung stärkt
Der deutsche Mittelstand bezieht seine Kraft aus einer großen Zahl an zumeist familiengeführten Unternehmen, deren Engagement in Industrie und Dienstleistungen aufs Engste verbunden ist mit vielversprechenden Innovationen. Viele der Hauptakteure, Eigentümer, Meinungsführer und Führungskräfte fühlen sich nach der gewaltigen Finanz- und Wirtschaftskrise des Jahres 2009 jedoch unbehaglich. Obwohl die Banken für viele von ihnen weiterhin bedeutsam sind, ist ihr Mißtrauen gegenüber finanziellen Institutionen weit verbreitet. Zu stark sind die Eindrücke so mancher mittelgroßer Unternehmen, die in dieser Krise Insolvenz anmelden mussten teilweise auch deshalb, weil die Banken ihr Verhalten abrupt veränderten. Einige kommentierten sarkastisch, dass den Großbanken mit ihrem „too big to fail" die traurige Realität des Mittelstandes gegenüber stehe, nämlich ein „too small to be remembered".

In der Zwischenzeit sind die Suche nach neuen Denkansätzen in den Wirtschaftswissenschaften, nach der Überwindung von Ungleichheit und der Wiederherstellung des Friedens zwischen „Wirtschaft" und „Gesellschaft" in Schwung gekommen. Während der Begriff „Wert" im neoliberalen Kontext eindeutig an wirtschaftliche Leistungen, etwa den Begriff des „Economic Value Added" (EVA) gebunden war, gibt es nun ein breites Interesse an ethischen „Werten", die die Grundprinzipien der Wirtschaft sein könnten oder sollten. Die Idee vom „homo oeconomicus" wurde zusehends in Frage gestellt. Gefühle und Verhaltensökonomie tauchten als neue Bereiche im akademischen Interesse auf. Anlässlich einer gemeinsamen Konferenz (2013) schlugen das Institut für Philosophie der Leibniz Universität Hannover, das Weltethos Institut Tübingen und das Institut für Sozialstrategie, Berlin und Laichingen, eine neue „Wirtschaftsanthropologie" vor. Die Idee dahinter war der Ruf nach einem pragmatischeren Verständnis von einem Wirtschaftsverhalten, das sein rationales Interesse am Profit und das Streben nach sinnvollen Zielen und gesellschaftlichem Zusammenhalt als Treiber menschlichen Handels auch in der Wirtschaft verbindet.

Allerdings hat sich der Appell an ethische Werte über die letzten Jahrhunderte nicht als besonders wirksam erwiesen. Wenn wir von ihm zum Handeln kommen wollen, müssten ethische Werte Teil der Managamentaktivitäten, Controllingmaßnahmen und von Mess-instrumenten sein. Sind sie das nicht, dann sind sie lediglich Teil der Geschäftspoesie, die mythologische Würdigung einer besseren Welt, die über den guten Willen einiger Akteure hinaus jedoch nicht existiert.

Friedrich Glauner, der Autor des vorliegenden Buchs, macht die wertvolle Anstren-gung, den Wert von Werten im Kontext des operativen Managements zu erklären, indem er im Sinne eines neuen Controllinginstrumentes das Konzept eines „Wertecockpits" vor-stellt.

Die Dynamik von Werten in einem Unternehmen, das systemische Management von Werten, das am oberen Ende der Pyramide beginnt, wie auch die Auswirkungen von Wer-testrategien und Wertekonflikten in einem Unternehmen zeigen umfassend, dass jedes Unternehmen als eine eigene Wertewelt betrachtet werden kann, mit einer spezifischen Wertearchitektur und Wertelandschaft. So überrascht es keineswegs, dass solche ethischen Wertelandschaften Anteil an einer wirtschaftlichen Wertschöpfung haben. Sie bestimmen die Attraktivität von Arbeitgebern, die unternehmerische Glaubwürdigkeit in der Wahr-nehmung ihrer Kunden und den Ruf eines Unternehmens ganz allgemein. Es ist deshalb durchaus berechtigt, dass innerhalb des Risikomanagements von Konzernen von großen Prüfungsabteilungen beobachtet wird, dass „den Ruf zu riskieren" zu den kritischsten Faktoren in ihren Risikoplänen zählt.

Werte jedoch gehen über soziale Wahrnehmung hinaus. Im besten Falle spiegeln sie die Überzeugungen aller Beschäftigten wieder. Diese sind nicht statisch, sondern viel-mehr von einem komplexen und dynamischen Prozess der Interpretation, Re-Interpreta-tion und der Wiedererfindung abhängig. Der Autor dieses Buches zeigt, dass Exzellenz im Management die Exzellenz im Verständnis, der Implementierung und des Managements ethischer Werte umfasst, welche für beide von Bedeutung sind, das Unternehmen und die gesamte Gesellschaft.

Es besteht also eine enorm wichtige Verbindung zwischen ethischen Werten und wirt-schaftlichem Erfolg. Wenn wir für diese Erkenntnis bisher blind waren, so öffnet einem das vorliegende Buch die Augen für die Zukunft. Ich empfehle es wärmstens und wünsche mir, dass es viele überzeugte Leser und solche finden möge, die Überzeugungsarbeit für eine ethische Wirtschaft leisten werden.

Laichingen, den 24. August 2015   Professor Dr. Ulrich Hemel, Direktor,
Institut für Sozialstrategie
(www.institut-fuer-sozialstrategie.org)

Geleitwort zur ersten Auflage

Werte sichern die Zukunft

Der Bedeutung von Werten für die Zukunftssicherung von Unternehmen wird bis heute nicht der Platz eingeräumt, den sie faktisch hat. Der Grund dafür liegt darin, dass Werte scheinbar nicht, wie andere harte Fakten in Zahlen ausgedrückt und transparent gehandhabt werden können. Werte, heißt es oft, seien ein Beiwerk und daher überflüssig. Sie seien im Kern nicht fassbare Soft Skills, die jedes Unternehmen ohnehin mitbringt. Sie trügen in der harten Realität des Wirtschaftens nicht messbar zum Erfolg von Unternehmen bei.

Weit gefehlt, Werte sind mehr als das „Sahnehäubchen" auf einem soliden betriebswirtschaftlichen Instrumentarium aus Strategie, Prozessmanagement und Controlling. Wahr ist vielmehr, fehlen die richtigen Werte in Unternehmen, droht nicht selten ein Erdrutsch, der auch die wirtschaftliche Substanz und Marktfähigkeit erodieren lässt. Fehlen in Unternehmen die kardinalen Bestandteile eines tragfähigen Wertesystems, sind sie in ihrem langfristigen Bestand bedroht.

Eine gesunde Wertekultur trägt in erheblichem Maß zum Erfolg von Unternehmen bei. Werte helfen bei der Bewältigung von Krisen. Sie fundieren Loyalität und Motivation, erhöhen den Grad an Mitarbeiter- und Kundenidentifikation. Unternehmen, die sich konkret, kontinuierlich und hierarchieübergreifend für den Aufbau ihres Wertegerüstes engagieren und dabei alle Mitarbeiter mitnehmen, steigern damit ihre Widerstandsfähigkeit und Erneuerungskraft. Zeigen sie im alltäglichen Umgang, innerhalb der Geschäftsführung, mit Mitarbeitern, Kunden und Lieferanten, ihre vorhandenen Werte, grenzen sie sich dadurch sichtbar von Wettbewerbern ab. Auch die Unverwechselbarkeit von Marken wird durch ein klares Bekenntnis zu bestimmten Werten transportiert. Insofern sind Werte nicht im Luxusportfolio eines Unternehmens zu finden, sondern sie schaffen erst die gesunde Substanz, aus der heraus ein Unternehmen, auch durch Turbulenzen, manövriert.

Auf eine umfassende Darstellung der Rolle von Werten im Unternehmen und wie die Arbeit mit Unternehmenswerten gehandhabt werden kann, haben wir lange gewartet. Mit dem vorliegenden Buch schließt Friedrich Glauner endlich diese Lücke. Das Buch zeigt die zwingende Wertegebundenheit menschlicher Handlungen und unternehmerischer Prozesse in allen Bereichen von Unternehmen. Mit pragmatischem Sachverstand und einem interdisziplinärem Ansatz erklärt Friedrich Glauner im Rückgriff auf Philosophie, Wirtschaftswissenschaften, Psychologie und Soziologie, wie Werte bei Menschen und in Unternehmen wirken und menschliches und unternehmerisches Handeln leiten.

Friedrich Glauner zeigt zum ersten Mal auf, wie Werte in Unternehmen rational gesteuert werden können. Aus der Unternehmenspraxis kommend, entwickelt er ein eigenständiges und zugleich wertneutrales Instrumentarium, mit dem Werte und eine werteorientierte Unternehmenskultur langfristig aufgebaut und gesichert werden können. Das von ihm entwickelte Instrument des Wertecockpits erlaubt, auf der Basis eines ganz neuen Ansatzes Werte durch die transparente Implementierung von Mess- und Steuerungssystemen in allen operativen und strategischen Prozessen aufeinander abzustimmen. Damit beschreibt das Buch eindrücklich die Stellschrauben, mit denen der Erfolg aller langfristig weit überdurchschnittlich erfolgreichen Unternehmen erklärbar wird. Das Buch liest sich deshalb auch als Credo und Handlungsanleitung für ein Unternehmertum, das begreift, dass herausragender Unternehmenserfolg die Folge einer nachhaltig tragfähigen Verantwortungskultur ist. Durch eine übergreifende Mehrwertstiftung werden dabei die ökonomischen, ökologischen, ethischen und sozialen Interessen der verschiedenen Stakeholder in Einklang gebracht.

Untermauert werden die Einsichten des Buchs durch die Analyse von Werten in eigentümergeführten Familienunternehmen. Dort wirken häufig schon Wertegerüste aus den gewachsenen „Familiensystemen" mit, die einen besonderen Einfluss auf die gelebte Unternehmenskultur haben. Das Buch zeigt, welche Vorteile, aber auch, welche Risiken in dieser Werteverbundenheit liegen, welche Grundlage sie zur zukunftsfähigen Gestaltung von Unternehmen darstellen und wie sie Unternehmenskultur, Nachhaltigkeit und Erfolg beeinflussen.

Sechs Fallstudien zeigen, wie die theoretischen Ausführungen im Unternehmensalltag herausragender Unternehmenskulturen umgesetzt werden können. Teil der Fallstudien sind erhellende Unternehmerinterviews mit den Inhabern oder Geschäftsführern der porträtierten Unternehmen. Diese Interviews sind Dokumente aus der Praxis. Sie fundieren die Einsicht, dass die kontinuierliche Entwicklung der Unternehmenskultur von allen interviewten Unternehmern als einer der zentralen Wertschöpfungsprozesse in ihren Unternehmen verstanden wird.

Die Rückkopplung der Interviews an den Grundlagenteil des Buchs stellt die Vorbildhaftigkeit der Wertekonzepte für andere Unternehmen heraus. Das Buch zeigt so Wege auf, wie jedes Unternehmen eine für deren Ziele passende Unternehmenskultur entwickeln kann.

Ich wünsche diesem Buch, dass es seinen Weg an den Schreibtisch einer jeden verantwortlichen Führungskraft findet, als Ratgeber und als Wegbegleiter.

Nürnberg im Juli 2013   Professor Dr. Arnold Weissman
                                              Geschäftsführer Weissman & Cie. GmbH & Co.
                                              KG International Management Consultants
                                                                  (www.weissman.de)

Vorwort zur zweiten Auflage

Werte zählen

Die zweite Auflage von „CSR und Wertecockpits" setzt das Wertecockpits in einen Rahmen, der die Zukunftsfähigkeit von Unternehmen, Wirtschaft und Gesellschaft behandelt. Dadurch wird nicht nur die Relevanz des Wertemanagements weiter herausgearbeitet, sondern auch die Funktion von Werten für die operativen Bereiche der Strategie-, Human Resources und Organisationsentwicklung präzisiert. Das Buch bewegt sich auf zwei Ebenen. Es zeigt, wie Unternehmen durch das Wertecockpit ihre Organisationen wettbewerbsfähiger gestalten können. Zugleich wird in einem größeren Zusammenhang dargestellt, wie die globalen Probleme der Zukunft unternehmerisch lösbar werden. Das Buch ist deshalb nicht nur Anleitung dazu, wie Unternehmen wettbewerbsfähiger werden, sondern auch eine Antwort darauf, wie unsere Zukunft durch ein sich selbst tragendes, verantwortliches Unternehmertum abgesichert werden kann.

Unternehmen sind durch eine Veränderungsdynamik geprägt, die sie zwingt, sich immer rascher neu zu erfinden und gleichzeitig hochflexibel und unverwechselbar zu bleiben. Wollen Unternehmen in dieser Dynamik erfolgreich bestehen, finden sie Rat in der hier beschriebenen Neuausrichtung der Unternehmenssteuerung.

Einzelne Aspekte der vorliegenden Argumentation wurden in verschiedenen Präsentationen, Vorträgen und Publikationen ausgeführt (Glauner 2014, 2015a–d, 2016a–c). Diese stehen in einem Diskussionszusammenhang, der von den Anregungen, Beiträgen und Hinweisen vieler Gesprächspartner getragen wird. Ihnen allen möchte ich für das Interesse danken, das sie dem Wertecockpit entgegengebracht haben, insbesondere meinen Kollegen und Kolleginnen am Weltethos Institut in Tübingen, Claus Dierksmeier, Christopher Gohl, Christoph Giesa, Katharina Hoegl, Bernd Villhauer, den Teilnehmerinnen und Teilnehmern meiner verschiedenen Seminare am Weltethos Institut, an der Universität der Bundeswehr, München sowie der Hochschule Weihenstephan, dort insbesondere Matthias Kunert; Andreas Knie, Ulrich Hemel und den Alumni des Studiengangs Master of Ethical Management der Universität Eichstätt; den Mitstreitern und Mitstreiterinnen beim Deutschen Netzwerk Wirtschaftsethik, insbesondere Kristin Vorbohle; den Reihenherausgebern der deutschen und englischen Reihe „CSR ...", René Schmidpeter, Nick Capeldi

und Samuel Idowu; Gebke Mertens für die unermüdlichen Gespräche, Diskussionen, Anregungen und die Mühen der Redaktion sowie allen Unternehmern und Unternehmerin-
nen, deren positiven Beispiele und Unternehmen in dieses Buch eingeflossen sind.

Grafenaschau und Tübingen, 31.8.2015   Friedrich Glauner

Literatur

Glauner F (2014) Ethics, values and corporate cultures. A Wittgensteinian approach in understanding corporate action. Paper delivered at the International CSR, Sustainability, Ethics & Governance Conference, London, UK (University of Surrey, Guildford, August 14–16 2014) to be
published in the Proceedings

Glauner F (2015a) Dilemmata der Unternehmensethik – von der Unternehmensethik zur Unternehmenskultur. In: Schneider A, Schmidpeter R (Hrsg) Corporate social responsibility, 2. erw.
Aufl. Springer, Berlin, S 237–251

Glauner F (2015b) Zukunftsfähige Unternehmensplanung. Brauwelt 155(13):360–362 (Hans Carl,
Nürnberg)

Glauner F (2015c) Zukunftsfähige Markenführung. Brauwelt 155(17–18):486–488 (Hans Carl,
Nürnberg)

Glauner F (2015d) Werteorientierte Unternehmensführung. Brauwelt 155(21–22):616–618 (Hans
Carl, Nürnberg)

Glauner F (2016a) Werteorientierte Organisationsentwicklung. In: Scharm B, Schmidpeter R (Hrsg)
CSR und Organisationsentwicklung. Springer, Berlin

Glauner F (2016b) Zukunftsfähige Geschäftsmodelle und Werte. Strategieentwicklung und Unternehmensführung in disruptiven Märkten. Springer, Berlin

Glauner F (2016c) Strategien der Exzellenz. Wertestrategien zu den Wettbewerbsvorteilen von morgen. In: Wunder T (Hrsg) CSR und strategisches Management. Springer, Berlin

Vorwort zur ersten Auflage

Als Philosoph und mehr noch als Vater unseres bald sechzehnjährigen Sohnes sowie als Unternehmer und Führungskraft habe ich mir immer wieder die Frage gestellt, wie wir Werte vermitteln können. Konkret wird diese Frage für mich in zwei Themenstellungen. Erstens, warum machen Werte Unternehmen und Menschen erfolgreich und zweitens, wie verändern sich unsere menschlichen und ökonomischen Rahmenbedingungen angesichts der heutigen globalen Herausforderungen? Drei Befunde spielen hier eine Rolle. Erstens glaube ich, dass aus gut dokumentierten Gründen für viele Unternehmen die meisten Märkte mehr oder weniger gesättigt sind und Handlungsbedarf besteht, wie auf diese Herausforderung reagiert werden kann. Zweitens sehe ich, dass Unternehmen mit einer klaren Wertorientierung über einen Hebel verfügen, der auch in Krisenzeiten und in schrumpfenden Märkten zukünftigen Erfolg absichern kann. Drittens ist ersichtlich, dass alle hoch erfolgreichen Unternehmen von einer ausgeprägten Unternehmenskultur getragen werden.

Damit bin ich wieder am Ausgangspunkt. Wie können wir in Unternehmen Werte vermitteln und welche sind die richtigen Werte? Diese Frage stellt uns vor eine zweifache Blackbox. Die erste ist das menschliche Bewusstsein. Wir wissen zwar, dass menschliches Handeln wertegebunden und von Werten getragen ist. Wir wissen aber zugleich, dass wir unserem Gegenüber weder ins Herz noch in den Kopf schauen können. Was einen Menschen antreibt, bleibt uns letztlich verborgen, bleibt doch schon uns selbst oft verborgen, was uns angetrieben hat. Viele unserer Handlungen erhalten ihre Erklärung erst durch retrospektive Sinnzuschreibung. Diese treffen jedoch nicht immer die wahren Gründe für unsere Handlungen. Die Arbeit mit Werten und dem Ziel, beim Gegenüber ein eindeutiges Werteverständnis zu verankern, bleibt so immer ein Spiel mit verbundenen Augen. Die zweite Blackbox betrifft die Frage, wie „Kultur" in Unternehmen funktioniert. Wie wird eine Unternehmenskultur ausgebildet und wie werden in einer Kultur die relevanten Werte vermittelt? Auch hier ist uns auf den ersten Blick nicht ersichtlich, wie dieser Prozess nach klaren Regeln steuerbar ist.

Mit diesem Buch habe ich versucht, beiden Fragen auf den Grund zu gehen. Konkret habe ich mir die Frage gestellt, wie das von so unterschiedlichen Autoren wie Jim Collings, Peter Senge, Richard Sennett oder auch Michael Porter aufgeworfene Thema „Werte" rational und operativ steuerbar wird. Als Philosoph stelle ich die Frage: „Was bewirkt in

Unternehmen ethisch und ökonomisch nachhaltig tragfähiges Handeln?" Und als Unternehmer und Ökonom stelle ich die Frage: „Wie organisiere ich durch werteorientiertes unternehmerisches Handeln ethisch und ökonomisch nachhaltig tragfähigen Unternehmenserfolg?" Beide Fragen münden in die Kernfrage des Buches: „Wie und mit welchen Instrumenten kann dieser Erfolg nach klaren Kriterien gemessen und gesteuert werden?" Wie also kann so etwas Diffuses und „Weiches" wie Werte in Unternehmen transportiert, verankert, entwickelt, gesteuert und gemessen werden? Und schließlich, wie können Werte in Unternehmen gesteuert werden, ohne dass man das eigene Werteverständnis – also die eigene Wertebrille – als Messlatte ansetzt und so gegenüber anderen Wertesichten „blind" bleibt?

Was also ist die Logik und Grammatik von Werten bei Menschen und in Unternehmen? Wie kann diese im Unternehmensalltag praxistauglich und pragmatisch, d. h. handlungs- und ergebnisorientiert gangbar gemacht werden? Mit den hier entfalteten Instrumenten des Wertecockpits glaube ich, praxistaugliche Lösungen für diese Fragen gegeben zu haben. Das Buch versteht sich deshalb als ein Beitrag, wie Werte in Unternehmen gelenkt werden und durch den Aufbau einer ethisch und ökonomisch tragfähigen Unternehmenskultur künftige Wettbewerbsvorteile zum Wohl der gesamten Gesellschaft generiert werden können.

Leitend bei der Entwicklung des Wertecockpits waren für mich Erfahrungen, die ich selbst als Unternehmer sowie im Umgang mit vielen Unternehmen und Unternehmern sammeln konnte. Auch wenn ich als Autor für die Entwicklung dieses Führungsinstruments verantwortlich zeichne, steht dieses Buch deshalb doch zu großen Teilen in der Schuld vieler, die mich durch ihr Vorbild, durch Gedankenaustausch und auch durch wohlwollende Kritik bei der Entwicklung meiner Gedanken unterstützt haben. An erster Stelle möchte ich hier meinem Vater Carl Albert Glauner danken. Seit unserer Kindheit bis hin zu seinem Tod vor 28 Jahren hat er uns tagtäglich vorgelebt, worin verantwortliches Unternehmertum besteht, wie es im Alltag umgesetzt wird und dass es die Grundlage für den Erfolg eines Unternehmens ist. Ihm sei deshalb dieses Buch gewidmet, zusammen mit allen anderen Menschen, die ein ähnliches Unternehmerverständnis teilen, insbesondere und namentlich meine Interviewpartner in diesem Buch, Professor Dr. Claus Hipp, Michael Hilti, Dr. Nicola Leibinger-Kammüller, Dr. Dieter Jung, Jeff Maisel, Erich Harsch und Rudolf Schreiber. Ihnen möchte ich im Sinne aller für ihr Vorbild danken, sowie für ihr Vertrauen und die Einblicke, die sie mir gewährten. Danken möchte ich meiner Frau, Gebke Mertens. Durch unermüdliche Gespräche und ihr Lektorat hat sie erheblichen Anteil an der Entwicklung dieses Buches. Danken möchte ich schließlich Professor Dr. Arnold Weissman sowie Rüdiger Ruoss, Christian von Bethmann, Dr. Henner Klein, Manfred Benzenberg und Dr. René Schmidpeter für die begleitende Diskussion.

Ich hoffe, dass dieses Buch einen Beitrag dazu leistet, Unternehmen erfolgreicher und unsere Wirtschaftsprozesse nachhaltiger zu gestalten. Mein Anliegen wäre erfüllt, wenn es zu neuen Formen des Wirtschaftens beiträgt, da ich davon überzeugt bin, dass nur verantwortliches Unternehmertum zukunftsfähig sein wird.

Grafenaschau im Juli 2013   Friedrich Glauner

Vorwort des Reihenherausgebers: CSR – eine Frage der Werte?

Die Bedeutung von Werten und deren Management findet im mehr Akzeptanz in den Unternehmen. Das nun in der zweiten Auflage vorliegende Buch von Friedrich Glauner schlägt dabei die Brücke zwischen einem innovativen CSR-Ansatz und einer werteorientierten Unternehmensführung. Die Publikation setzt neue Standards im Management, indem es aufzeigt, wie Unternehmenswerte das unternehmerische Potenzial und die Zukunftsfähigkeit neuer Geschäftsmodelle begründen. Der Prozess des Wertemanagements wird vom Autor als zentraler Wertschöpfungsprozess im Unternehmen beschrieben. Das Wertemanagement ist daher nicht nur zentral für ein erfolgreiches Human Ressources Managements, sondern zugleich der zentrale Pfeiler strategischer Unternehmensführung.

Ähnlich – hat auch das Thema der gesellschaftlichen Verantwortung (CSR) sowohl eine ökonomische als auch eine soziologische Perspektive. Auch in der CSR-Diskussion ist mittlerweile unbestritten, dass Werte („Values") menschliche Handlungen lenken. Aber auch Organisationen (als Systeme höherer Ordnung) sind durch Werte getragen. Sie beeinflussen den Umgang der Menschen untereinander und drücken sich in der Art und Weise aus, wie ein soziales System agiert. Das Wechselspiel zwischen menschlichem Handeln und seinem organisatorischen Umfeld erfährt in Theorie und Praxis immer mehr Aufmerksamkeit. Es wird deutlich, dass Werte Sinn stiften, und dabei auch ökonomisch – z. B. durch die Senkung von Transaktionskosten – relevante Einflussfaktoren sind.

Ein bewusster Umgang mit Werten und die Verknüpfung mit betriebswirtschaftlichen Konzepten scheint daher ein adäquates Mittel, um auf diese wichtige Ressource des Unternehmens gezielt Einfluss zu nehmen. Zu lange wurde dabei der Bereich der Werte (im Sinne von „Values") aus der Betriebswirtschaftslehre ausgeblendet. Jedoch zeigt sich bei erfolgreichen CSR- und Nachhaltigkeitsstrategien in der Praxis, dass insbesondere die Werteebene einer der wichtigsten Teile des wirtschaftlichen Wertschöpfungsprozesses ist. Denn tatsächlich bestimmt sie direkt und indirekt viele Fragen der Unternehmensführung und -praxis.

Die vorliegende Publikation „CSR und Wertecockpits" schließt die Lücke zwischen unternehmensethischen, soziologischen und ökonomischen Fragen zur werteorientierten Unternehmensführung. Interdisziplinär und in einer neutralen Sichtweise behandelt sie die

Rolle der Werte. Darauf aufbauend stellt das Buch konkrete Instrumente für das erfolgreiche Management von Werten und der Unternehmenskultur dar. Es macht so deutlich, dass die Steuerung der Unternehmenswerte („Values") einer der zentralen Wertschöpfungsprozesse ist, mit denen Unternehmen Werte („Assets") schöpfen. Das Wertecockpit ist ein Instrument, mit dem Unternehmenskulturen modelliert und Wertschöpfungsprozesse gesteuert werden können.

Ergänzt werden diese konzeptionellen Überlegungen durch ausführliche Praxisbeispiele von erfolgreichen Unternehmen, die eine sehr ausgeprägte Wertekultur leben. Gleichzeitig wird gezeigt, wie diese Werte den ökonomischen Erfolg der jeweiligen Unternehmen nachhaltig positiv beeinflussen. Alle LeserInnen sind damit herzlich eingeladen, die in der Reihe dargelegten Gedanken aufzugreifen und für die eigenen beruflichen Herausforderungen zu nutzen sowie mit den Herausgebern, Autoren und Unterstützern dieser Reihe intensiv zu diskutieren. Ich möchte mich last but not least sehr herzlich beim Autor Dr. Friedrich Glauner für sein großes Engagement, bei Michael Bursik vom Springer Gabler Verlag für die gute Zusammenarbeit, bei Gebke Mertens für das redaktionelle Lektorat sowie bei allen Unterstützern der Reihe aufrichtig bedanken und wünsche Ihnen, werte Leserinnen und Leser, eine interessante Lektüre.

Köln im September 2015   Professor Dr. René Schmidpeter
                              Dr. Jürgen Meyer Stiftungslehrstuhl für Internationale
                              Wirtschaftsethik und CSR, Cologne Business School

Verzeichnis der Praxisbeispiele

1. **Interface Inc.**: *Net-Works*
2. **Schamel Meerrettich GmbH & Co.KG**: *Mehr als Rettich*
3. **Icebreaker Ltd.**: *Mehr als Wolle*
4. **3M**: *Hochleistungskreativität*
5. **Egon Zehnder International AG**: *Headhunting*
6. GIRA **Giersiepen GmbH & Co. KG**: *Alleinstellung I*
7. **Hager SE**: *Alleinstellung II*
8. **Irlbacher Blickpunkt Glas GmbH**: *USP Fertigungswissen*
9. **IBM**: *Form creates Function*
10. **W.L.Gore & Associates**: *No titles, no ranks!*
11. **HDO Druckguß und Oberflächentechnik GmbH**: *Gerne!*
12. **Nike:** *Just do it!*
13. **Pur Aqua Services AG**: *Reines Wasser – reiner Service*
14. **Brauerei Gebr. Maisel KG**: *Wertesterne*
15. **Sanocore:** *Werte leben*
16. **TRUMPF GmbH + Co. KG**: *360° Verantwortung*

Inhaltsverzeichnis

1 Einleitung: Überleben in einer veränderten Welt.................... 1
  1.1 Zukunftsfähigkeit – der Referenzrahmen für
      unternehmerisches Handeln 1
    1.1.1 Die fünf Naturprinzipien ökonomischer Wertschöpfung 4
    1.1.2 Human Systems Development 8
    1.1.3 Die ethikologischen Grundlagen nachhaltigen Wirtschaftens 10
    1.1.4 Zukunftsressource Bewusstsein 14
  1.2 Wert und Werte – die Treiber unternehmerischen Handelns 18
  1.3 Unternehmensethik – die soziopsychologischen Grundlagen von
      Compliance 23
  Literatur 26

**2 Unternehmenswerte – der dritte Systemfaktor unternehmerischer
Exzellenz**... 29
  2.1 Ein Unternehmens-Check als Gedankenexperiment 29
  2.2 Das Argument: CSR und Unternehmenskultur als
      Wertschöpfungsprozess 30
  2.3 Wertemanagement: der dritte Systemfaktor unternehmerischen
      Erfolgs 31
  2.4 Inhalt und Aufbau des Buchs 32
  2.5 Ihr Lektürenutzen 34
  Literatur 34

3 Wertecockpits und Wertemanagement 35
  3.1 Grenzen setzen Werte – Werte setzen Grenzen: Der Rahmen für die
      Arbeit mit Werten im Unternehmen 36

3.2   Die Grammatik der Werte   42
       3.2.1   Die Dynamik der Werte in Unternehmen   43
       3.2.2   Wertepsychologie   45
       3.2.3   Soziale Systeme   55
       3.2.4   Wertebrillen   62
       3.2.5   Dilemmata der Unternehmensethik: Selbstbezüglichkeit,
                Blindheit, Dominanz   67
3.3   Die strategischen Eckpfeiler des Wertecockpits: Das C4-Management ...   82
       3.3.1   Unternehmensidentität   86
       3.3.2   Unternehmenswissen   88
       3.3.3   Unternehmensorganisation   89
       3.3.4   Unternehmenswerte   92
       3.3.5   Werteorientierte Führung   93
       3.3.6   Zusammenfassung: Das C4-Management   95
3.4   Werteorientierte Führung: Der operative Aufbau von Wertecockpits   96
       3.4.1   Treiberfaktoren der Unternehmenskultur   98
       3.4.2   Die Werte-Ära und das Sandwichprinzip der Arbeit
                mit Werten   101
       3.4.3   Wertestrategien   103
       3.4.4   Wertekonflikte   107
       3.4.5   Führungsverantwortung   110
       3.4.6   Kommunikation   111
       3.4.7   Der Aufbau des Wertecockpits   113
       3.4.8   Werte leben – der Umsetzungsfahrplan   119
       3.4.9   Zusammenfassung: Der operative Aufbau von Wertecockpits   124
Literatur   124

4   Wertewelten in der Praxis   127
4.1   „Dafür stehe ich mit meinem Namen": Claus Hipp,
       HiPP GmbH & Co. KG, Pfaffenhofen   129
4.2   „Passion for People": Michael Hilti, Hilti AG, Schaan,
       Liechtenstein   140
4.3   „Du-orientiertes Denken": Dieter Jung, DJG-Healthcare
       GmbH, Planegg   165
4.4   „Spürbare Begeisterung": Jeff Maisel, Brauerei Gebrüder
       Maisel KG, Bayreuth   180
4.5   „Führungsarbeit ist eine Bewusstseinsführungsarbeit": Erich Harsch,
       dm-drogerie markt GmbH + Co. KG, Karlsruhe   195
4.6   „Wissen ist der Rohstoff, der sich bei Gebrauch vermehrt":
       Rudolf F. Schreiber, Pro Natur GmbH, Frankfurt/Main   216

| | 4.7 | Lessons learned – Unternehmenskultur als Wertschöpfungsprozess . . . . | 230 |

4.7   Lessons learned – Unternehmenskultur als Wertschöpfungsprozess 230

    4.7.1   Wertecockpits in der Praxis 232

    4.7.2   Unternehmenskultur als Referenzrahmen 237

    4.7.3   Unternehmerwerte und Unternehmenswerte 239

    4.7.4   CSR und werteorientierte Unternehmensführung
          als Wertschöpfungsprozess 241

Literatur 250

5   Werte – die Grundlagen ökonomischer Wertschöpfung 251

   5.1   „Funktionale Verantwortung": Dr. Christian Pophal,
       Infineon AG, Neubiberg 252

   5.2   Werte im Sog der Dynamik der Märkte 259

   5.3   Werte im Sog der Dynamik der Kunden 264

   5.4   Die ökonomische Logik der Werte in Unternehmen 269

   5.5   Werte im Sog der Dynamik sozialer Systeme: Von der
       Unternehmenskultur zur Unternehmensethik 276

       5.5.1   Führungswerte und Führungssysteme 282

Literatur 291

6   Zusammenfassung: Das Wertecockpit im Unternehmen 293

7   Anhang 295

   7.1   Anhang I: Das Wertemanifest: 12 Thesen 295

   7.2   Anhang II: Checkliste Der Aufbau von Wertecockpits 296

   7.3   Anhang III: Das HiPP Ethik-Management und
       die HiPP Ethik-Charta 298

Glossar 317

Literatur 323

Unternehmensverzeichnis 325

Namensverzeichnis 327

Autorenporträt Dr. Friedrich Glauner

Dr. Friedrich Glauner geb. 1960, stammt aus einem Familienunternehmen. Er verbindet 18 Jahre Erfahrung als Unternehmer, Geschäftsführer, Manager und Berater mit 16 Jahren Lehre und Forschung im Bereich Philosophie, Systemtheorie, Kommunikationstheorie und Dozenturen an der TU-Berlin, der FU-Berlin sowie der ebs European Business School, Oestrich-Winkel.

Aktuell lehrt er werteorientierte Strategieentwicklung, Unternehmensführung und Führungstechniken an der Universität der Bundeswehr in München, am Weltethos Institut der Universität Tübingen sowie den Hochschulen Weihenstephan-Triersdorf und Rottenburg.

Er studierte Philosophie, Wirtschaftswissenschaften, Religionswissenschaften, Semiotik und Geschichte an den Universitäten Köln, FU-Berlin, TU-Berlin sowie als Post Graduate Fulbright Fellow an der University of California, Berkeley. Zusatzausbildungen absolvierte er an der London School of Economics (Department of Management) und an der Wirtschaftsfakultät der Universität St. Gallen. Er ist Mitglied im DNWE Deutsches Netzwerk Wirtschaftsethik EBEN (European Business Ethics Network) Deutschland e.V.

Sein in der Praxis erprobter Ansatz des Wertemanagements verbindet kybernetische Elemente der Organisationsentwicklung und existenzialpsychologische Elemente der Persönlichkeitsbildung mit dem Management-Instrumentarium für Strategie- und Change-Prozesse. Zur Steuerung individueller und unternehmerischer Positionierungs-, Wandlungs- und Exzellenzprozesse entwickelte er das Konzept kultureller Bilder als Folie für die Arbeit mit Werten sowie die Modelle des C4-Managements, der sieben Treiberfaktoren der Unternehmenskultur und das Instrument des Wertecockpits zur werteorientierten Ausrichtung von Unternehmensprozessen und der Führung mit Werten.

Abbildungsverzeichnis

Abb. 1.1	Technologietreiber der Zukunft	15
Abb. 1.2	Unternehmenswert und Unternehmenswerte	20
Abb. 1.3	Der Prozesstrichter der Unternehmenswerte	21
Abb. 3.1	Die Lenkungsfunktion von Werten	42
Abb. 3.2	Die Filterfunktion von Werten	44
Abb. 3.3	Matrix Tonus der Unternehmensidentität	45
Abb. 3.4	Maslows Bedürfnispyramide	46
Abb. 3.5	Faktormodell der Motivation nach Maslow, Herzberg, McClelland, Barbuto und Scholl	50
Abb. 3.6	Das Schnittfeld menschlicher Wertebindungen	53
Abb. 3.7	Die Push- und Pull-Funktion von Werten	58
Abb. 3.8	Der Wertetrichter der Unternehmenskultur	60
Abb. 3.9	Matrix der systemverändernden Elemente in sozialen Systemen	61
Abb. 3.10	Wertebrillen	65
Abb. 3.11	Die psychologische Rückkopplungsschleife von Werten	68
Abb. 3.12	Die systemische Rückkopplungsschleife von Werten	69
Abb. 3.13	Dilemmata der Unternehmensethik	70
Abb. 3.14	Unternehmenswerte in der Bilanz- und Wertesicht	84
Abb. 3.15	C4-Wertedimensionen des Unternehmens	85
Abb. 3.16	Der Werteraum des Unternehmens	92
Abb. 3.17	Die Wertedynamik im Unternehmen	97
Abb. 3.18	Das Schalensystem der Unternehmenskultur	98
Abb. 3.19	Treiberfaktoren der Unternehmenskultur	100
Abb. 3.20	Der A.E.R.A.-Kreislauf	101

Abb. 3.21 Das Wertesandwich 102
Abb. 3.22 Das Wertequadrat 104
Abb. 3.23 Die Leitbildpyramide 105
Abb. 3.24 Wertekonflikte 108
Abb. 3.25 Konfliktfeldmatrix 109
Abb. 3.26 Das magische Dreieck der Führungsverantwortung 111
Abb. 3.27 Werteorientierte Kommunikation 112
Abb. 3.28 Ermittlung des Stimmigkeitsindexes 114
Abb. 3.29 Homogenitätsquadrat der Wertebrillen 115
Abb. 3.30 Steuerungsebenen des Wertecockpits 117
Abb. 3.31 Der Wertefahrplan 119
Abb. 3.32 Die Prozessmatrix des Wertefahrplans 120

Abb. 4.1 Wertelandkarte HiPP GmbH & Co. KG 139
Abb. 4.2 Hilti Konzernorganisation 159
Abb. 4.3 Hilti Corporate Responsibility 160
Abb. 4.4 Die Verschränkung von Leit-und Prozesswerten 161
Abb. 4.5 Hilti GEOS (Global Employee Opinion Survey) 162
Abb. 4.6 Das Hilti Geschäftsmodell 163
Abb. 4.7 Unternehmenskultur als Wertschöpfungsprozess 163
Abb. 4.8 Mögliche Wertelandkarte Hilti AG aus Sicht des Wertecockpits 164
Abb. 4.9 Wertelandkarte DJG-Healthcare GmbH 181
Abb. 4.10 Wertelandkarte Brauerei Gebrüder Maisel KG 195
Abb. 4.11 Das dm-drogerie markt Wertequadrat Eigenverantwortung 215
Abb. 4.12 Wertelandkarte dm-drogerie markt GmbH & Co. KG 217
Abb. 4.13 Wertelandkarte Pro Natur GmbH 230
Abb. 4.14 Der Führungsdiamant der Unternehmenskultur 233
Abb. 4.15 Marken mit Mehrwert 237
Abb. 4.16 Die TRUMPF Qualitätsgrundsätze 245
Abb. 4.17 Wertelandkarte TRUMPF GmbH + Co. KG 246

Abb. 5.1 Megatrends der Unternehmenskompression 261
Abb. 5.2 Märkte im Wandel 267
Abb. 5.3 Die quantitative Dimension der Unternehmenswerte: Ertrag 271
Abb. 5.4 Die qualitative Dimension der Unternehmenswerte: Markenbildung ... 272
Abb. 5.5 Die modale Dimension der Unternehmenswerte: Geschäftsmodell
und Nutzensubstanz 273
Abb. 5.6 Die drei Dimensionen von Führungssystemen 285
Abb. 5.7 Das System der zehn Führungstugenden 286
Abb. 5.8 Die relationale Dimension der Unternehmenswerte: Materielle
und regulative Unternehmenswerte 288
Abb. 5.9 Die ethische Wahrheitstafel 289

Einleitung: Überleben in einer veränderten Welt

Dieses Buch bewegt sich auf zwei Ebenen. Praktisch entfaltet es, wie Unternehmen mit den Mitteln des Wertecockpits ihre Organisationen so ausrichten können, dass sie wettbewerbsfähiger werden. Der Aufbau einer werteorientierten Unternehmenskultur entpuppt sich dabei als einer der zentralen ökonomischen Wertschöpfungsprozesse, die über die Zukunftsfähigkeit von Unternehmen entscheiden. Auf dieser praktischen Ebene verdeutlicht das Buch, wie ein passgenau auf ein Unternehmen abgestimmter Werteraum mit rationalen, werteneutralen Mitteln entwickelt werden kann.

Eine „Mantel"-Argumentation flankiert diesen praktischen Kern. Sie stellt das Thema „werteorientierte Unternehmensführung" in einen größeren Rahmen als die rein betriebswirtschaftliche, wie die Zukunftsfähigkeit von Unternehmen gesteigert werden kann. Dieser Rahmen betrifft die ethische, ökonomische und politische Diskussion darüber, worin die Zukunftsfähigkeit unserer Weisen, zu wirtschaften, selbst gründet.

Mit Blick auf diesen größeren Zusammenhang gibt das Buch eine Antwort darauf, wie die globalen Probleme, die durch unsere auf unbegrenztes Wachstum ausgerichtete Weise des Wirtschaftens ausgelöst wurden, unternehmerisch gelöst werden können. Das Buch versteht sich deshalb nicht nur als Anleitung, wie Unternehmen nachhaltig zukunftsfähig werden, sondern auch als eine Antwort darauf, wie unsere Zukunft durch ein sich selbst tragendes, verantwortliches Unternehmertum abgesichert werden kann.

1.1 Zukunftsfähigkeit – der Referenzrahmen für unternehmerisches Handeln

Die Frage, was Unternehmen zukunftsfähig macht, wird brisant, wenn wir sie mit Blick auf die kontinuierlich zunehmende Beschleunigung und Entgrenzung aller Märkte zweifach zuspitzen: Erstens, wie müssen sich Unternehmen ausrichten, damit sie in den Märkten

© Springer-Verlag Berlin Heidelberg 2016
F. Glauner, *CSR und Wertecockpits,* Management-Reihe Corporate Social Responsibility,
DOI 10.1007/978-3-662-48930-7_1

der Zukunft bestehen können? Zweitens, welche Märkte und Geschäftsmodelle sind überhaupt noch zukunftsfähig? Diese Zuspitzung hat weitreichende Konsequenzen sowohl für
die theoretische und praktische als auch für die strategische und operative Ausgestaltung
unternehmerischer Wertschöpfungsprozesse. Denn sie fragt danach, wie mit dem Aufbau einer auf das Unternehmen abgestimmten Wertekultur ein ökonomischer Wertschöpfungsprozess in Gang gesetzt werden kann, der die Zukunftsfähigkeit von Unternehmen
in mehrfacher Hinsicht absichert:

Erstens betreffs ihrer Resilienz und Erneuerungsfähigkeit in Zeiten verstärkten Wandels;
    zweitens im Hinblick auf ihre Innovationsfähigkeit bei der nachhaltigen Entwicklung
neuer Märkte und darauf abgestimmter Geschäftsmodelle;
    drittens bezüglich der Fähigkeit, Kunden und Mitarbeiter langfristig zu binden;
    viertens in Bezug auf die Fähigkeit, mit unverwechselbaren Leistungen ökonomische
Exzellenz und Mehrwert zu schaffen, die auch unter sozialen und ökologischen Gesichtspunkten tragfähig ist.

Das Buch gibt lösungsorientierte Antworten darauf, wie Unternehmen erfolgreich auf die
Herausforderungen reagieren können, die unter den Schlagworten Globalisierung, Me-
dienökonomie, Industrie 4.0, Internet der Dinge sowie Individualisierung und Customizing bis hin zur individualisierten Fertigung von Massenprodukten über sie hereinbrechen
und die ihren bisher erfolgreichen Geschäftsmodellen die Grundlage zu entziehen drohen.
    In der Darstellung, wie Unternehmen zukunftsfähig auf die Beschleunigung und Ent-
grenzung aller Geschäftsprozesse reagieren können, platziert sich das Buch im Schnittfeld
dreier Diskussionen, die sich um die Begriffe Nachhaltigkeit, Verantwortung sowie tragfähige Wirtschaftskreisläufe drehen:

Erstens die politischen und ethisch-moralischen Debatten über den Zusammenhang von
Wirtschaft und Gesellschaft;
    zweitens die wirtschaftswissenschaftliche Diskussion über die optimale Ablauforgani-
sation von Unternehmen;
    drittens der kognitions- und sozialwissenschaftliche Diskurs zur Wertegebundenheit
menschlichen und institutionellen Handelns.

Auf Unternehmen gemünzt wird die Frage behandelt, wie eine nachhaltige Wirtschaftsweise so auf den Weg gebracht werden kann, dass das einzelunternehmerische Streben
nach Renditen und Erträgen eine langfristig tragfähige Mehrwertstiftung einschließt, an
der alle in der Prozesskette beteiligten Stakeholder teilhaben.

Ad 1.: Der Wandel von Wirtschaft und Gesellschaft

Mit Blick auf die Debatten zum Verhältnis von Wirtschaft und Gesellschaft und der moralischen Verantwortung von Unternehmen zeigt das Buch praxistaugliche Wege auf, wie
Unternehmen aus der Mikrologik ihres Handelns so auf die globalen Herausforderungen

einer sich radikal verändernden Lebenswelt reagieren können, dass sie zukunftsfähig bleiben. Damit leistet das Buch einen praktischen Beitrag zur umfangreichen Diskussion, wie ein Ausgleich zwischen lokal und global agierenden Akteuren der Wirtschaft gelingt, der auch den Interessen der Zivilgesellschaft und einer intakten Natur Rechnung trägt. Namhafte Teilnehmer dieser Diskussion sind u. a. Amartya Sen (1997, 2009); Joseph Stiglitz (2012); Michael Sandel (2009); John Rawls (1971); Michael Porter und Mark Kramer (2011); Jeremy Rifkin (2000); Kenneth Galbraith (1958); John Elkington (1997); Richard Sennett (2007); Umair Haque (2011) oder Peter Fisk (2010). Sie alle argumentieren in der einen oder anderen Form für ein Gerechtigkeitsverständnis, das auf Teilhabe abzielt und anerkennt, dass diese Teilhabe nicht in der Logik der Märkte aufgehen kann – einer Logik, die nur in monetären Äquivalenzen denkt und die im monetären Austausch auch das zur Verfügung zu stellen verspricht, was man mit Geld nicht kaufen kann (Sandel 2012).

Mit Blick auf diese Logik der Märkte argumentiert das Buch entschieden gegen die idealistische Vorstellung der ökonomischen Theoriebildung, dass der Mensch ein Homo oeconomicus sei, ein rationaler Entscheider, der sich und seine Welt als Leerstelle selbstbezogener Bedürfnisbestrebungen begreift, die es in permanenten Rückkopplungsprozessen von Unternehmen zu triggern und zu befriedigen gilt. Damit stellt sich das Buch in die Tradition eines humanistischen und insbesondere an Kant angelehnten Verständnisses, das begreift, dass der Mensch ein Zweck an sich ist (Kant 1797, S. 151), der in seinem Menschsein sowohl als Kunde als auch als Mitarbeiter mehr ist als das Medium unternehmerischer Gewinnmaximierung.

Mit Blick auf die im Buch dargestellten Unternehmen wird erläutert, warum nur solche Unternehmen langfristig zukunftsfähig sein können, die es schaffen, den Mahlstrom einer alle Gesellschaftsbereiche ergreifenden Konsumspirale sinnentleerter Bedürfnisbefriedigungen zu durchbrechen, indem sie der Beschleunigung und Entgrenzung ökonomischer Prozesse ein ganzheitliches Nutzendenken und Sinnversprechen entgegensetzen. Solches Nutzenversprechen setzt auf den Aufbau partizipativer Mehrwegketten und Leistungen mit ganzheitlichem Nutzen. *Sinnstiftung und der Aufbau partizipativer Nutzenketten werden so zum tragenden Teil von Geschäftsmodellen, die begreifen, dass der Mensch vom Brot allein nicht leben kann, nicht leben will und auch nicht leben wird.*

Für die Diskussion über den Zusammenhang von Ethik und Ökonomie bedeutet dies, nur jene Unternehmen werden langfristig überleben, die anstelle ressourcenvernichtender Praktiken nutzenstiftende Geschäftsmodelle entwickeln, die die Entwicklung und Schöpfung von Ressourcen zum Kern ihres Unternehmens machen (Glauner 2016b, c).

Diese Ressourcenentwicklung kann viele Gestalten annehmen, beispielsweise eine intellektuelle Gestalt durch informations- und wissensbasierte Geschäftsmodelle, eine ökologische durch Geschäftsmodelle, die zur qualitativen und quantitativen Anreicherung und Verbesserung der natürlichen Lebensgrundlagen führen (siehe das im Buch dargestellte Geschäftsmodell der HiPP GmbH), oder auch eine humane Ressourcenschöpfung durch den Aufbau von Geschäftsstrukturen, die der Vielfalt und Regionalität unterschiedlichster Lebenskulturen Rechnung tragen und sie wertschöpfend nutzen (siehe die im Buch dargestellten Geschäftsmodelle und Businesspraktiken etwa von Hilti oder Infineon).

Zukunftsfähig, so die Ergebnisse dieses Buches, sind Geschäftsmodelle, die zwei Dinge beherzigen: Erstens die Selbstverpflichtung auf einen Basiskanon universal geteilter Werte, die als Basisprinzipien eines „Weltethos" in den unterschiedlichsten Kulturen verankert sind (Küng 2012) und die dazu dienen, einen humanistisch orientierten Managementansatz zu begründen (Dierksmeier 2011), welcher begreift, dass unsere Fixierung auf monetäre Werte zu pervertierten Werten führt, die nicht nur die Identität Einzelner bedroht, sondern zugleich die Grundlage einer humanen Gesellschaft (Hemel 2013). Zweitens die Selbstverpflichtung, nicht gegen die fünf Naturprinzipien ökonomischer Wertschöpfung zu verstoßen. Diese Naturprinzipien stellen den Zusammenhang von Politik, Ethik und Ökonomie in eine Perspektive, die verdeutlicht, weshalb Nachhaltigkeit und verantwortliches Unternehmertum weder über regulative Eingriffe auf Unternehmensebene eingeführt werden können (beispielsweise durch die gesetzliche Verordnung von Corporate-Governance-Regeln) noch über eine Haltung des Laissez-faire, die im Gewand neoklassischer Freiheitspostulate unregulierten Märkten freie Hand lassen und so der Ausbildung supranationaler Oligopole in die Hände spielen. Vielmehr basiert nachhaltig verantwortliches Wirtschaften ausschließlich auf dem Aufbau und der Absicherung kleinteiliger, freier und vielfältiger Unternehmensstrukturen, die nach den fünf Naturprinzipien ökonomischer Wertschöpfung handeln.

1.1.1   Die fünf Naturprinzipien ökonomischer Wertschöpfung

Weite Teile der Politik, im Falle Deutschlands nicht nur Die Linke und die Grünen, sondern auch Vertreter der FDP und der Volksparteien, haben das zentrale Geschäftsmodell der Wirtschaft nicht begriffen. Es offenbart sich in Reinform im Verständnis der Ökologie als frei operierendem Kreislaufsystem. Begreifen wir die Natur als Vorbild für exzellentes Wirtschaften, basiert nachhaltige Wirtschaft auf fünf Naturprinzipien: Lokalität, Freiheit, Kleinteiligkeit, Vielfalt und Nutzenstiftung. Dabei bestimmen die den Wirtschaftskreisläufen zur Verfügung stehenden Basisressourcen sowie die im Gesamtsystem kumulierten Nutzenstiftungskreisläufe die Wachstums- und Differenzierungspotenziale des Gesamtsystems. Am Beispiel des Amazonasbeckens illustriert: dort gibt es keinen Affenhäuptling, der mit lenkender Hand den Blüten und Schmetterlingen vorschreibt, wie viele verschiedene Blüten es geben und wer welche Blüten wann bestäuben darf. Auch unter den Vögeln entscheidet nur die Spezies selbst, wie lang ihr Federschwanz sein soll. Selbst wenn dieser sechs Meter lang wäre und der Vogel flugunfähig, wäre das kein Zeichen für zu verbietende Ineffizienz, sondern Ausdruck einer Vielfalt, die es dem Vogel ermöglicht, sich fortzupflanzen, um das Gesamtsystem stabil zu halten. Vielfalt, Freiheit in der Nischenbildung, Kleinteiligkeit und Anpassung an die örtlichen Gegebenheiten bilden die Basis, auf der das System funktioniert. Sie sind die Grundpfeiler der ökonomischen Logik ökologischer Prozesse und damit die Richtschnur für hoch erfolgreiches Wirtschaften. Jede zentrale Lenkung von außen zerstört das System ebenso wie jede einseitige Ausbeutung des Systems durch ressourcenzerstörende Subsysteme.

Genau hier setzt die Kritik an einem falsch verstandenen Wirtschaftsdenken an, das im neo-liberalen Gewand des Homo oeconomicus ausschließlich auf Effizienz, Ertrag und Wachstum ausgerichtet ist. *In Ökosystemen überleben auf lange Sicht nur jene Subsysteme, die einen Nutzen und Mehrwert für das Gesamtsystem stiften.* Hierzu gehört, dass die Subsysteme vor Ort helfen, dass das Gesamtsystem intakt bleibt. Dabei bestimmt die ,Biomasse', also die zur Verfügung stehenden Ressourcen, wie stark, in welchem Tempo und wie vielfältig ein System wachsen kann. Selbstbezogenes Wirtschaften und der Raubbau der Ressourcenbasis verstoßen darin ebenso gegen die Logik der Natur wie der unaufhaltsame Drang wirtschaftlicher Großstrukturen, auf Kosten kleinteilig vielfältiger Strukturen immer größer, globaler und mächtiger werden zu wollen. Als Feinde der Vielfalt evozieren sie den Kollaps des Systems, denn sie legen die Axt an die Wurzeln ökonomischer Wertschöpfung.

Daraus ist zu schließen, dass wir angesichts der globalen Herausforderungen, vor denen die Wirtschaft und unsere Gesellschaften stehen, unsere ökonomischen Prozesse an den Werten von Vielfalt, Kleinteiligkeit, Freiheit, Nischenbildung (Diversifikation), Regionalisierung und gesamtnutzenorientierter Mehrwertstiftung ausrichten müssen. Was wiederum bedeutet, dass wir am Kern der Wertschöpfungskette ansetzen müssen. Von der Natur auf die Wirtschaft übertragen bedeutet dies, dass wir ein freies, werteorientiertes und verantwortliches Unternehmertum absichern müssen, das sich den Werten von Vielfalt, Kleinteiligkeit, Freiheit, Regionalisierung und gesamtnutzenorientierter Mehrwertstiftung verpflichtet.

Die Existenzfähigkeit regionaler, sich selbst tragender Unternehmungen entscheidet am Ende darüber, ob wir und unser gesellschaftliches Gesamtsystem zukunftsfähig sein werden. Und zukunftsfähig, so meine Überzeugung, werden nur jene Unternehmen sein, die über die kompletten Produkt- und Prozessketten hinweg Nutzen und Mehrwert vor Ort stiften und dabei nicht gegen die Prinzipien von Vielfalt, Kleinteiligkeit, Nischenbildung und schonender Ressourcennutzung verstoßen.

Die Politik kann hier begleiten und Rahmen setzen, wenn sie begreift, dass eine Wirtschaftsorganisation, die sich die Natur zum Vorbild nimmt, der einzige demokratische Weg ist, unsere Probleme zu lösen. Hierin gründet das Primat der Wirtschaft über die Politik. Es fordert die Politik auf, sich gegen die Dominanz großer Strukturen und ihrer Monopoltendenzen zugunsten der Prinzipien von Vielfalt, Kleinteiligkeit, Regionalität und damit für Freiheit innerhalb der Märkte einzusetzen. Faktisch jedoch setzt die Politik derzeit Rahmen, die – wie das Handling der Finanzkrise, Haftungsbefreiung von Managern oder die Nichtbesteuerung multinationaler Großkonzerne zeigen – vorrangig den Interessen multinationaler Unternehmen dienen und so die Gestaltungskraft und Freiheit unserer Gesellschaft unterminieren.

Für eine werteorientierte Unternehmensführung heißt dies, dass wir jenseits der ausgetretenen Pfade, die eine Dualität von Ökonomie und Ethik unterstellen, aus der Gestaltungskraft unternehmerischer Courage heraus agieren sollten. Dies erfordert den Aufbau vielfältiger tragfähiger Lokalstrukturen, die sich als eigenständige Wertschöpfungsketten regional verankern und so von den dominierenden Großstrukturen der derzeitigen Globalwirtschaft entkoppeln. Aus ihnen erwächst die Grundlage für eine freie Unternehmergesellschaft, die auch für die Umgebungssysteme einen Mehrwert stiftet. In dieser Hinwendung zu einem Wirtschaftsverständnis, das sich an den Erfolgsprinzipien der Natur orientiert, ist Unternehmertum dann nicht mehr der viel gescholtene Auslöser für, sondern der einzige demokratisch legitimierbare Ausweg aus unseren heutigen Krisen.

Ad 2.: Ablauforganisationen

Im Bereich der Wirtschaftswissenschaften reflektiert das Buch, wie durch eine veränderte Unternehmensausrichtung auch in sich schnell wandelnden Märkten Wettbewerbsvorteile aufgebaut werden können, die dazu führen, dass auch die globalen Herausforderungen lösbar werden. Das Buch folgt hier der Argumentation von Autoren wie Gary Hamel, C. K. Prahalad, Peter Senge oder Jim Collins, die darauf aufmerksam machen, dass eine veränderte Ausrichtung der Unternehmenskultur die Grundlage ist für zukünftiges Wachstum und Erfolg. Dabei geht das Buch weiter, indem es mit der Formel „*Wertschöpfung gründet in Werteschöpfung*" zeigt, wie der Aufbau einer zukunftsfähigen Unternehmenskultur mit klaren Instrumenten gestaltet und gesteuert werden kann.

Mit Blick auf den im Buch dargelegten Einfluss, den Unternehmenswerte und die gelebte Unternehmenskultur auf die ökonomische Wertschöpfung von Unternehmen haben, argumentiert das Buch anhand der dargestellten Praxisbeispiele dafür, dass der Aufbau einer unverwechselbaren Unternehmenskultur die zentrale Kernkompetenz ist, die als Brücke „zu den Chancen der Zukunft" (Hamel und Prahalad 1995, S. 300) führt. Gezeigt wird dabei, dass diese werteneutral ist und mit werteneutralen Instrumenten und Mitteln errichtet werden kann.

Im Ausgang eines Sozialkapital-Ansatzes (Dahrendorf 1995; Dasgupta und Serageldin 2000; Sennett 2007), der begreift, dass „geteiltes Wissen, geteiltes Verständnis" sowie „gemeinsame Normen, Regeln und Erwartungen" (Ostrom 2000, S. 176) die Grundlage erfolgreicher Kooperation bilden, zeigt das Buch, wie durch den Aufbau einer mit rationalen Mitteln steuerbaren Unternehmenskultur tragfähiges Sozialkapital geschöpft werden kann. Das Buch zeigt somit, dass die Entwicklung der Unternehmenskultur ein ökonomischer Wertschöpfungsprozess ist, der mit werteneutralen Mitteln gestaltbar ist.

Da der Aufbau von Sozialkapital Hand in Hand geht mit verantwortlichem Unternehmertum, sind beide nicht nur Grundlage für die Zukunftsfähigkeit von Unternehmen, sondern mit Blick auf die oben skizzierten Naturprinzipien ökonomischer Wertschöpfung auch die Grundlage für eine nachhaltige Neujustierung unserer Wirtschaftskreisläufe. Die Arbeit an der Unternehmenskultur ist deshalb nicht nur eine der zentralen Baustellen für die strategische und operative Entwicklung zukunftsfähiger Geschäftsmodelle, sondern auch der Archimedische Punkt, von dem aus nachhaltige Wirtschaftskreisläufe etabliert werden können.

Ad. 3.: Die Wertegebundenheit unternehmerischer Aktivitäten

Mit Blick auf die umfangreichen geistes-, kognitions- und sozialwissenschaftlichen Debatten zur Wertegebundenheit von menschlichen und institutionellen Handlungen gibt das

Buch eine praxistaugliche Antwort, wie diese Wertegebundenheit für die Steuerung von Unternehmensprozessen genutzt werden kann. In diesem Diskussionsfeld verschränken sich psychologische, systemtheoretische, kybernetische, kognitionsbiologische, soziologische und philosophische Argumente von so unterschiedlichen Autoren wie Jean Piaget, Lev Vygotsky, Paul Watzlawick, Clare Graves, Niklas Luhmann, Humberto Maturana, Jürgen Habermas, Hans Joas, Pierre Bourdieu, Michel Foucault, Martin Heidegger, Hannah Arendt, Judith Shklar, John Rawls, Charles Taylor und Richard Rorty.

Die „bottom line" dieser weitverzweigten Diskussion ist die Einsicht, dass jeder Mensch in seiner existenziellen Individualität für sich gesehen einzigartig ist. In dieser Einzigartigkeit ist er jedoch immer schon auf andere angewiesen. Individualität und Sozialität sind so die zwei umeinander kreisenden Pole menschlicher Existenz. Mit Heidegger gesprochen leben wir in unserem Dasein immer schon aus Sinnbezügen heraus, die sich uns in unserem „In-der-Welt-sein" und den darin mit erschlossenen „mit-da-seienden" Menschen faktisch erschließen (Heidegger 1927, S. 151). Die Bedeutsamkeit von Welt entpuppt sich dabei als ein Sinnkonstrukt, das in Antizipation von Wittgensteins und Heideggers lebensweltlichem Sprachverständnis in den Weisen unserer kulturell geprägten Lebenspraxis gründet (Glauner 1997). Das prägt auch unser Wirklichkeitsverständnis, das sich „im Rahmen einer umgangssprachlich organisierten Lebensform kommunizierender Gruppen" konstituiert (Habermas 1973, S. 237). „Wirklich", so Habermas, ist deshalb nur das, „was unter den Interpretationen einer geltenden Symbolik erfahren werden kann". Die grammatischen Regeln dieser Symbolik legen die „Schemata der Weltauffassung und der Interaktion fest". Sie bestimmen „den Boden einer gebrochenen Intersubjektivität zwischen vergesellschafteten Individuen". Wir können diesen Boden und damit die Grundlage unseres Selbst- und Weltverständnisses deshalb „nur im Maße der Internalisierung jener Regeln betreten – als sozialisierte Mitspieler und nicht als unparteiische Beobachter" (l. c.).

Aus der Einsicht, dass unser Wirklichkeitsverständnis immer schon sozial vermittelt ist und dabei sowohl von persönlichen Werten als auch von den Werten der sozialen Systeme geprägt wird, in denen der Einzelne steht, speist sich die ökonomische Kraft, die in der Ausgestaltung passgenauer Unternehmenskulturen liegt. Unternehmen sind soziale Systeme. Wie alle anderen sozialen Systeme auch leben sie aus dem Zusammenspiel interagierender Menschen. Wird dieses Zusammenspiel getragen von gemeinsamen Werten, führt dies zu Zusammenhalt (Kohäsion) und Fokus, und damit, systemisch gesprochen, zu gesteigerter Stoß- und Überlebenskraft. Damit dieses Zusammenspiel von gemeinsamen Werten getragen wird, muss ein Unternehmen eine Kultur ausbilden, die das Unternehmen als Sinnsystem definiert. Für die Zukunftsfähigkeit von Unternehmen heißt dies, nur solche Unternehmen werden langfristig überlebensfähig sein, die die Gestaltungskraft besitzen, tragfähigen Sinn auszubilden (Weissman 2014) und diesen Unternehmenssinn in einer umfassenden Symbolproduktion zu kommunizieren.

Die Fähigkeit zur nachhaltigen Sinnstiftung und tragfähigen Symbolproduktion als Akte einer umfassenden Bewusstseinsbildung entscheidet über die Zukunftsfähigkeit von Unternehmen. Indem dargestellt wird, wie solche Bewusstseins-, Sinn- und Symbolproduktion als Prozess der Unternehmenskulturgestaltung umgesetzt werden kann, leistet das Buch einen Beitrag, der das Schnittfeld der drei soeben skizzierten Diskussionszusammenhänge beleuchtet.

Damit die Ausgestaltung der Unternehmenskultur zum Ort von Bewusstseins-, Sinn- und Symbolproduktion werden kann, müssen sich Unternehmen aktiv gestaltend auf das Wechselspiel einlassen, das die Dynamik der Werte in sozialen Systemen prägt. Es erschließt sich im Verständnis der Bipolarität von Werten. Auf der einen Seite sind Werte die Primärfilter für persönliche Motivation und das individuelle Welt- und Selbstverständnis, welches unser Handeln leitet. Auf der anderen Seite sind Werte der Schmier- und Treibstoff für die sozialen Systeme (Familien, Unternehmen, Peer Gruppen, Stämme, ja sogar Staaten und Religionsgemeinschaften), in denen der Einzelne lebt und zu denen er sich hingezogen fühlt.

Werden diese beiden Pole so aneinander ausgerichtet, dass die individuelle Wertestruktur von Mitarbeitern und Stakeholdern passgenau die Kernwerte des Unternehmens spiegeln und beide auf die Bedürfnisse von Kunden ausgerichtet sind, erzielen Unternehmen eine Kultur der Exzellenz. Dieses Matching der Werte in der Unternehmenskultur prägt alle exzellenten Unternehmen, seien es Apple, IBM, 3M, Sales force oder Gore in den USA, Toyota in Japan, Hutchinson Whampoa in Hong Kong oder BMW in Deutschland.

Indem das Buch zeigt, wie dieser Matching-Prozess getriggert und mit den Instrumenten des Wertecockpits gesteuert werden kann, verdeutlicht es, wie Unternehmen einen Fokus auf jene Kern-Kompetenzen legen können, die das Unternehmen auch in sich stark verändernden Märkten zukunftsfähig machen. Das entwickelte Instrument des Wertecockpits ist dabei ein Instrument, mit dem Unternehmenskulturen ohne Rückgriff auf spezifische Wertevoraussetzungen, d. h. werteneutral gesteuert werden können. Das Wertecockpit entpuppt sich so als das wertneutrale Instrument eines *Human Systems Development*, d. i. der Entwicklung von sozialen Systemen, die nach innen und außen stimmig, effizient und effektiv handeln.

1.1.2 Human Systems Development

„Human Systems Development" ist der Begriff für ein Unternehmensverständnis, das begreift, dass nachhaltige Exzellenz in der unternehmerischen Zwecksetzung nur dann gelingt, wenn der Unternehmensraum nach drei Gesichtspunkten werteorientiert ausgerichtet wird:

Erstens aktiviert gelungenes „Human Systems Development" das Wechselspiel der Werte in einer Weise, dass sich die gelebten Kernwerte des sozialen Systems (also des Unternehmens) im Sinn einer Wertegemeinschaft mit den Kernwerten der Individuen decken, die in das Unternehmen eintreten und es tragen.

Zweitens richtet es die Kernwerte des Unternehmens so aus, dass sie auf nachhaltige Geschäftsmodelle einzahlen, die darauf abzielen, dass die Stakeholder auf allen Stufen der Supply-, Leistungs- und Prozesskette Anteil an der Wert- und Werteschöpfung haben.

Dies erfordert *drittens*, dass ein tragfähiges „Human Systems Development" eine Werte-kultur zu entwickeln hat, die sowohl den fünf Naturprinzipien ökonomischer Wertschöp-fung verpflichtet ist als auch den ethischen Kernwerten eines humanen Miteinanders, das von Achtung, Respekt und ganzheitlicher Verantwortung getragen ist.

Indem das Buch zeigt, auf welche Weise Unternehmenskulturen und soziale Systeme mit werteneutralen Mitteln entwickelt werden können, liefert es nicht nur ein Instrument, mit dem Unternehmen nachhaltig tragfähige Wettbewerbsvorteile aufbauen können. Be-deutsamer ist jedoch, dass es damit auch zeigt, wie Unternehmen zu Akteuren werden, die „bottom-up" dazu beitragen, dass eine nachhaltige Gesellschaft entsteht, in der Unterneh-men die treibenden Agenten der Nachhaltigkeit sind.

Dieser „bottom-up"-Ansatz geht davon aus, dass die durch unsere heutigen Wirt-schaftsweisen hervorgerufenen globalen Probleme nur dann gelöst werden können, wenn die notwendigen Änderungen unserer Wirtschaftsweisen zurückgekoppelt werden an das Selbstinteresse der Unternehmen, zukunftsfähig zu bleiben. Der hier entfaltete „bottom-up"-Ansatz erkennt an, dass eine freie, liberale und demokratische Wirtschaftsordnung, die im Sinn der sozialen Marktwirtschaft allen dient und die Belange einer intakten Natur berücksichtigt, nur dann gelingen kann, wenn sie das Kerninteresse von Unternehmen beim Wort nimmt, nämlich sich überlebensfähig zu halten. *Die Zukunftsfähigkeit der Ge-sellschaft erfüllt sich somit aus der Mikrologik der Zukunftsfähigkeit einzelner Unter-nehmen.*

Zwei Argumente stützen die Argumentationskette, dass die Lösung der globalen Pro-bleme nur durch die Konzentration auf Zukunftsfähigkeitskonzepte einzelunternehmeri-scher Aktivitäten erfolgen kann. Das Erste wurde schon in der Erläuterung der fünf Natur-prinzipien ökonomischer Wertschöpfung entfaltet. Es besagt, dass langfristig nur solche Unternehmenskonzepte erfolgreich sein werden, die einen signifikanten Mehrwert für die Umgebungssysteme stiften, indem sie Geschäftsmodelle entwickeln, die im Kern ressour-censchöpfend und nicht ressourcenvernichtend sind (Glauner 2016b).

Das zweite Argument reflektiert den gleichen Sachverhalt aus politischer bzw. insti-tutionentheoretischer Perspektive. Folgt man der Argumentation Edgar Grandes zur In-suffizienz politischer Willensbildung bei der Lösung der globalen Probleme, stehen wir mit der Governance-Falle (Grande 2012) vor folgendem Problem: Die demokratische Lö-sung von Problemen erfordert Verfahren, bei denen alle berücksichtigt werden, die vom Problem und seiner Lösung betroffen sind. Je größer und globaler die zu verhandelnden Probleme sind, desto mehr Interessengruppen und Stakeholder müssen eingebunden wer-den. Dadurch stoßen die bewährten Verfahren an ihre Grenzen. Denn aufgrund der großen Zahl an einzubindenden, weil betroffenen Stakeholder kann eine gemeinsame Willens-bildung nicht mehr in einem überschaubaren räumlichen und zeitlichen Rahmen erzielt werden. Das System kollabiert deshalb an seinem eigenen Erfüllungsanspruch. Was schon auf nationaler Ebene gilt, etwa bei bis zu dreißig Jahren verzögerten Planfeststellungs-verfahren für Straßen, Autobahnen oder andere Großprojekte, gilt umso mehr bei der Be-handlung supranationaler und globaler Probleme, etwa der Erderwärmung und der damit einhergehenden Folgeprobleme.

Mit Blick auf die Frage, wie die aktuell drohenden globalen Probleme gelöst werden können, bleibt als einzig demokratisch legitimierbarer Ausweg der „Weg von unten". Er antizipiert, dass alle Probleme, auch die globalen, nur auf lokaler Ebene zu lösen sind. Zweitens begreift er, dass eine Lösung, die für die lokale Situation A geboten ist, für die Situation B genau falsch sein kann. Drittens hat er verstanden, dass wir auf den Egoismus der einzelnen Unternehmen setzen müssen. Und hier schließt sich der Kreis. Unternehmen werden zukunftsfähig, wenn sie Geschäftsmodelle entwickeln, die darauf abzielen, mit den Leistungen des Unternehmens Mehrwert und Nutzen für alle zu stiften, die in der Prozesskette eingebunden sind. Wie die im Buch dargestellten Beispiele von HiPP oder Icebreaker zeigen, erfordert dies den Aufbau eigener vernetzt entkoppelter Mehrwertschöpfungsketten, die in umfassenden Sinn- und Symbolsystemen verankert werden.

1.1.3 Die ethikologischen Grundlagen nachhaltigen Wirtschaftens

Die grundsätzliche Frage nach der persönlichen Verantwortung für unsere Handlungen wird seit dem 2. Weltkrieg oft als legitimer Vorwurf aufgeworfen: „Ihr hättet es wissen können!" Denn auch für unser Nicht-wissen-wollen und Wegsehen sind wir verantwortlich, und damit verantwortlich für das, was geschehen ist, weil wir nicht eingeschritten sind.

In dieser Verantwortlichkeit stehen wir auch heute. Wenn wir wollen und den Gedanken daran zulassen, wissen wir, dass unsere heutige Wirtschaftskultur beträchtliche Teile der Lebensgrundlagen unseres Planeten unwiederbringlich zerstört.

Das Bewusstsein, dass wir mit unserer auf permanentes Wachstum gegründeten Wirtschaftskultur die Grundlagen unserer Existenz zu zerstören drohen, entspringt einer Faktizität, die, anders als die Debatten um gerechte Verteilung oder die wissenschaftliche Belegbarkeit der menschgemachten Erderwärmung, aus rein mathematisch-logischen Gründen hergeleitet werden kann. Diese Logik können wir weder ausblenden noch als eine fehlgeleitete Ableitung aus weltuntergangsfixierten Apokalypsehysterien abtun. Denn sie ist an Fakten gebunden, die wir nicht bezweifeln oder rhetorisch umdeuten können. Am Beispiel der globalen Ölressourcen sei dies verdeutlicht.

Wir wissen nicht auf den Tag genau, wie lange die globalen Ölvorräte reichen werden und ob wir bis heute schon 60 % oder doch nur 45 % oder gar mehr als 70 % der weltweiten Vorkommen verbraucht haben. Was wir aber wissen, ist, dass der Aufbau der globalen Ölvorkommen über einen Zeitraum von mehreren hundert Millionen Jahren erfolgte und dass wir in weniger als hundert Jahren in einem weiterhin ungebremst anwachsenden Konsumrausch wohl mehr als die Hälfte dieser Vorkommen konsumiert haben. Selbst wenn wir annehmen, wir hätten weniger als die Hälfte abgetragen, bleibt der Sachverhalt, dass wir, erdgeschichtlich gesprochen, innerhalb von hundert Jahren Ressourcen unwiederbringlich verbraucht haben, deren Aufbau Jahrmillionen benötigt hat. Dies gilt nicht nur für Öl, sondern auch für den Ressourcenraubbau an fruchtbaren Mutterböden, tragfähigen Wäldern sowie an artenreichen und gesunden Beständen der globalen Flora und Fauna.

Unterlegen wir die Einsicht in den ungebremsten menschgemachten Raubbau an den natürlichen Lebensgrundlagen mit mathematischen Modellen zur Dynamik sprungfixer Veränderungen, können wir uns drei Fakten nicht verschließen:

Erstens liegt unser menschgemachter Ressourcenverbrauch exponentiell höher als es die Tragfähigkeit nachwachsender Ressourcen zulässt.

Zweitens können wir aufgrund der Komplexität ökologischer Systeme nicht auf den Tag genau sagen, wann der Kollaps einzelner Systeme sowie der mögliche Kollaps des gesamten Systems stattfinden wird.

Drittens, auch wenn wir nicht sagen können, ob es an einem lauen Frühlingsdienstag im Jahr 2043, an einem heißen Spätsommertag zehn Jahre später oder an einem trüben Wintersonntag in vielleicht 100 Jahren sein wird, wir wissen – und das ist die relevante Einsicht –, dass es aufgrund der gegenläufigen Kurven von Verbrauch und Regeneration mit mathematischer Gewissheit zum unvermeidlichen Kollaps kommen wird (Motesharrei et al. 2014; Williams 2012), wenn unser Konsum in der gleichen Weise und Geschwindigkeit voranschreitet, wie in den letzten 100 Jahren.

Dass solche Zusammenbrüche für uns Menschen nichts Ungewöhnliches sind, zeigen auf eindrucksvolle Weise Jared Diamond (2005) und Colin Woodard (2004). Dass die Lösung zur Vermeidung solcher Kollapse nur darin bestehen kann, dass wir uns vom Überfluss befreien (Paech 2012), ist deshalb zwar wünschenswert und angesichts der Sachlage auch geboten, entspricht aber bei nüchterner Betrachtung wohl nicht unserer Natur. Bleiben wir dieser Natur verhaftet, sind zwei Sachverhalte zu vergegenwärtigen:

Erstens hat jede Gattung das entschiedene Recht, sich selbst zu vernichten, indem sie sich auf Kosten der Umgebungssysteme bis zu einem Punkt hin entwickelt, an dem sie aus dem Gesamtsystem ausscheidet bzw. vom Gesamtsystem ausgeschieden wird. Ob ein System, wenn es denn wählen könnte und sich dieser Sachlage bewusst ist, für den kollektiven Exodus optiert, darf aber mit guten Gründen bezweifelt werden. Die Frage, ob es zum voraussichtlichen Kollaps kommen wird, ist deshalb die Frage, wie wir mit dem Bewusstsein umgehen, dass wir uns auf dem abschüssigen Weg in eine mehr als fragwürdige Zukunft bewegen. Und im Gegensatz zu den Walfängern vor Nantucket, der Anasazi in New Mexico oder auch den untergegangenen Gesellschaften der Mayas und der Osterinsel verfügen wir heute über das Wissen um die Zusammenhänge, wie es zu solchen menschgemachten Zusammenbrüchen ganzer Gesellschaften und Ökosysteme kommt und wie sie vermieden werden können.

Zweitens wird eine Lösung unserer selbstgemachten Probleme nur dann gelingen, wenn sie im Sinne des Aikido-Prinzips auf eine schützende Umlenkung negativ gerichteter Energien setzt. Hierzu ist bei den Treiberkräften anzusetzen, die uns faktisch an den

Punkt gebracht haben, an dem wir heute stehen. Es wäre zwar wünschenswert, sowohl persönlich als auch kollektiv auf Gier sowie auf egoistisches Streben nach unbegrenzter Entfaltung, nach Macht und nach materiellem „mehr" zu verzichten, zugleich ist es aber unrealistisch anzunehmen, dass wir diese negativen Bestrebungen in toto ablegen könnten. Metaphorisch gesprochen bleibt der Wolf selbst im Schafspelz noch ein Elche, Hirsche und Karibus reißendes Tier. Bleiben wir aber bei der Natur der Wölfe, so können wir vom Wolf nicht nur lernen, wie das Glück, im Hier und Jetzt zu leben, sich gestaltet (Rowlands 2009), sondern auch, dass das Hier und Jetzt der Wölfe in gelebter Nachhaltigkeit gründet. Die Population eines Wolfsrudels bemisst sich nämlich an der Tragfähigkeit des Territoriums, in dem es umherstreift. Mit Blick auf diese Tragfähigkeit, also die zur Verfügung stehende Ressourcenbasis an zu erbeutendem Wild, wächst ein Wolfsrudel in der freien Natur bis zu einer Stärke von maximal 60 % der Tragfähigkeit des Territoriums an. Dadurch sichert das Rudel ab, dass es auch in Krisenzeiten wie beispielsweise überlangen harten Wintern mit drastisch verknapptem Beutepotenzial überlebensfähig bleibt. Was wir also von Wölfen lernen können, ist, dass sich das Rudel als Sozialverband in Bezug auf das Umgebungssystem entwickelt, wobei es nicht nur von diesem lebt, sondern auch eigenständig und aktiv zu seiner gesunden Aufrechterhaltung beiträgt.

Die Lösung der menschgemachten globalen Probleme nur aus der Logik unserer Triebkräfte heraus entfaltet werden, die uns in die aktuelle Lage gebracht haben – nämlich das eigene Leben abzusichern. Getreu Friedrich Hölderlins Sentenz aus der Hymne „Pathmos", dass da, „wo die Gefahr ist", auch das Rettende zu finden sei, sind ethisch und ökologisch tragfähige Zukunftskonzepte aus der Lebenslogik von Unternehmen abzuleiten. Diese Lebenslogik liegt im Bestreben, Nutzen zu schöpfen. Hier gilt es, den Gedanken der Nutzenschöpfung dahingehend zuzuspitzen, dass wir uns vergegenwärtigen, dass wir unsere selbstbezogenen Nutzenbestrebungen nur dann langfristig absichern können, wenn wir sie über die Mühlen einer das Gesamtsystem stärkenden Mehrwertstiftung lenken.

Nutzenbestrebungen, die über eine das Gesamtsystem stärkende Mehrwertstiftung realisiert werden, nenne ich mit einem Neologismus *ethikologische* (ethicological) Nutzenbestrebungen. *Ethikologie* (ethicology) ist die auf ganzheitliche Ressourcenschöpfung und Mehrwertstiftung ausgerichtete Ethik unternehmerischen Handelns. *Ethikologisches Handeln zielt darauf ab, durch Ressourcenschöpfungsprozesse ökonomische Wertschöpfungen in Gang zu bringen, die in ihrer Gesamtressourcenbilanz zu Ressourcenwachstum und nicht zur Vernichtung von Ressourcen führen.* In ihrer Ausrichtung auf ressourcenschöpfende Geschäftsmodelle, die ganzheitlichen Mehrwert stiften, stehen ethikologische Unternehmen in einer humanistisch geprägten und kritisch aufgeklärten Tradition, die sich in ihrem ökonomischen Handeln sowohl den fünf Naturprinzipien ökonomischer Wertschöpfung als auch dem Kanon der weltethischen Werte ‚anständigen Wirtschaftens' (Küng 2010) verpflichtet sieht.

Ethikologie: Zwei Beispiele ressourcenschöpfender Geschäftsmodelle

Net-Works

Das an der NASDAQ gelistete und in 110 Ländern tätige US-amerikanische Unternehmen **Interface Inc.** ist mit einem Umsatz von knapp einer Mrd. US-$ in 2013 der Weltmarktführer für modulare Bodenbeläge und Teppichböden im Office- und Großgebäudebereich. Die Bodenbeläge werden aus Kunststoffen gewebt. Zur Herstellung des Materials werden umfangreiche Ressourcen an Erdöl und Energie verbraucht. Vor einigen Jahren hat Interface sein Rohstoff-Sourcing auf eine komplett neue Strategie umgestellt. Diese zielt nicht nur darauf ab, nachhaltige Recyclingprozesse in Gang zu bringen, sondern verfolgt zudem das Ziel, auf lokaler Ebene vor Ort tragfähige ressourcenschöpfende Wirtschaftskreisläufe zu etablieren. Hierzu hat Interface das Projekt „Net-Works" ins Leben gerufen. „Net-Works" ist ein Teilprojekt der vom Gründer Ray Andersen entwickelten Langfriststrategie „Mission Zero". Dieses zielt darauf ab, den kompletten Ressourcenverbrauch von Interface zu 100 % mit recycelten oder erneuerbaren Ressourcen zu decken. Im Rahmen dieses Ziels kauft Interface mit seinem „Net-Works"-Programm weggeworfene Netze lokaler Fischer und der einheimischen Bevölkerung auf, die im Ökosystem der Meere großen Schaden anrichten würden. Mit der Aufforderung, ausgemusterte Fischernetze zu sammeln, zu verkaufen und in die weltweite Lieferkette zurückzuführen, wird nicht nur der ökologische Schaden im Meer reduziert, sondern die Netze werden einer zweiten Nutzung zugeführt, die zu einer dritten und vierten Nutzung führen können, da die Teppichwaren selbst recycelbar sind. Neben diesen Effekten erzielt Interface jedoch noch einen weitaus relevanteren Effekt. Es schafft für die lokale Bevölkerung vor Ort umweltschonende Einnahmequellen, die dazu führen, dass sich regionale Wirtschaftskreisläufe etablieren, die nicht mehr auf Überfischung und Ressourcenraubbau gründen, sondern auf einer Ressourcenschöpfung, die die lokalen Ökosysteme entlastet und die lokale Gesellschaft bereichert.

Mehr als Rettich

Die in fünfter Generation geführte **Schamel Meerrettich GmbH & Co. KG** aus Baiersdorf, Franken, beschäftigt gut fünfzig Mitarbeiter. Zur Absicherung seiner Zukunft hat Schamel die „Schutzgemeinschaft Bayerischer Meerrettich" ins Leben gerufen. Zusammen mit rd. 100 lokalen Krenbauern hat das Unternehmen erwirkt, dass dem „Bayerischen Meerrettich" das EU-Prädikat „geschützte geographische Angabe (g. g. A.)" verliehen wurde. Ziel war es, die bayerische Meerrettichkultur mit ihrem regional kleinteiligen Anbau und ihrer besonderen kulinarischen Vielfalt zu schützen. Dabei profitiert die gesamte Herstellungskette, da die im Markt erzielten Preise für zertifizierten bayerischen Meerrettich etwa doppelt so hoch sind wie die Weltmarktpreise. Auch ökologisch und sozial sichert die Schutzgemeinschaft ab, dass die kleinteiligen Strukturen des ökologischen Anbaus zukunftsfähig abge-

sichert sind. Mit seinem Fokus auf konsequente Qualität und Mehrwertstiftung ist
Schamel 2014 als TOP-Marke ausgezeichnet worden. Schon 2007 wurde das Unternehmen zudem als Marke des Jahrhunderts in das Buch „Deutsche Standards – Marken des Jahrhunderts" aufgenommen. Dort steht Schamel neben Haribo, Mercedes,
Lufthansa, Nivea, Duden, Tempo, Miele oder Persil.

Die individuelle Zukunftsfähigkeit von Unternehmen erfordert somit die Ausbildung einer
ethikologisch fundierten Kultur der Mehrwertschöpfung. Diese umfasst deutlich mehr als
das von Michael Porter und Mark Kramer ins Feld geführte Teilen von Wertschöpfung
(Porter und Kramer 2011). In Abgrenzung zu Leopold Kohrs Appell an das „menschliche Maß" (Kohr 1983) sowie auch in Abgrenzung zu dem daraus abgeleiteten Mantra
des „small is beautiful" (Schumacher 1973) gilt für diese Kultur der Mehrwertschöpfung:
nicht die Größe und der räumliche Footprint an sich entscheiden darüber, ob ein System
tragfähig ist oder nicht, sondern vielmehr, ob ein Unternehmen als Subsystem seiner Umgebungssysteme für das Ganze tragfähigen Mehrwert und Nutzen schafft. Im Sinne einer
ethikologischen Ausrichtung von Unternehmen heißt dies:

*Überlebensfähig werden nur jene Unternehmen sein, die im ganzheitlichen Sinn natür-
licher, gesellschaftlicher und individuell-menschlicher Ressourcen holistische Ressourcenschöpfung betreiben und nicht, wie heute üblich, ihre Geschäftsmodelle auf Prozesse
gründen, die im Kern Ressourcen vernichten.* Hierzu sind Geschäftsmodelle und Unternehmensorganisationen zu entwickeln, die darauf setzen, *tragfähige Mehrwertketten* zu
etablieren. *Tragfähige Mehrwertketten sind vom globalen Ressourcenraubbau entkoppelte Ressourcenschöpfungsprozesse*, die, wie am Beispiel HiPP und Icebreaker gezeigt,
zugleich ökonomische, ökologische und gesellschaftliche Wertschöpfung generieren. Ihr
Aufbau ist vergleichbar mit dem Aufbau sich selbst tragender Ökosysteme. Unternehmen,
die sich dem Prinzip einer ethikologischen Mehrwertschöpfung verpflichten, schaffen mit
dem Aufbau ganzheitlicher Mehrwertketten die Grundlage für ihre eigene Überlebensfähigkeit. Unternehmen, die auf dem „weiter so" der bisherigen Wertschöpfung durch
Ressourcenvernichtung beharren, beschleunigen dagegen den Weg in den allgemeinen
Kollaps und damit in ihren eigenen Untergang.

All dies können wir schon heute wissen, wenn wir es denn wissen wollen. Und wir können es wissen, obwohl wir den Tag, an dem der Zusammenbruch unserer jetzigen Systeme
stattfinden wird, nicht exakt vorhersagen können. Unternehmen, die dies Wissen in ihren
Strategien aufgreifen, verfügen über den entscheidenden Wettbewerbsvorteil für die erfolgreichen Geschäftsmodelle von morgen (Glauner 2016a–c). Denn sie schöpfen aus der
zentralen Ressource, die die Zukunft prägen wird – nämlich die Ressource Bewusstsein.

1.1.4   Zukunftsressource Bewusstsein

Das Schöpfen von Bewusstsein ist die wichtigste Zukunftsressource von Unternehmen.
Erstens ist das Bewusstsein Einzelner und Vieler der zentrale Treiber für die Ausbildung

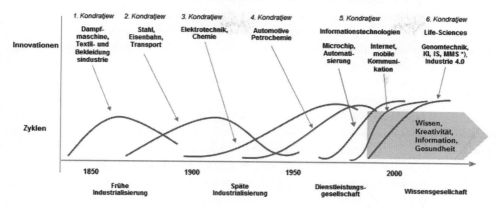

Abb. 1.1 Technologietreiber der Zukunft

neuer Geschäftsmodelle. Zweitens ist der gestaltende Umgang mit Bewusstsein die über-
lebensnotwendige Voraussetzung für erfolgreiche Sinn- und Symbolproduktion durch
Unternehmen. Drittens ist die Ausbildung von Bewusstsein die Grundvoraussetzung dafür, dass Unternehmen in unterschiedlichsten Systemen und Umgebungskulturen handlungsfähig bleiben können.

Deutlich wird diese dreifache Bedeutung von Bewusstsein für die Gestaltung zukunftsfähiger Geschäftsmodelle, wenn wir aus einer übergeordneten Perspektive die bisherige
Abfolge der Technologietreiber der Wirtschaftsentwicklung betrachten (vgl. Abb. 1.1).

Aus einer Metaperspektive gesehen entfaltet sich die Abfolge der sogenannten Kon-
dratjew-Zyklen als Prozess einer kontinuierlichen Entgrenzung, Beschleunigung und Ver-
flüssigung. Er kulminiert heute in den Bereichen „Life Sciences" sowie in wissensbasier-
ten Systemen und Technologien, beispielsweise Mensch-Maschine-Systemen, künstlicher
Intelligenz sowie intelligenter Systeme in den Bereichen Robotik, Logistik, Datenverarbeitung und Datamining.

Wie Kohle, Stahl und später Öl die Basisressourcen für die Schlüsseltechnologien des
zweiten und vierten Kondratjew bildeten, so ist Bewusstsein heute die Basisressource für
die Schlüsseltechnologien des sechsten Kondratjew, d. i. für Geschäftsmodelle in den Ge-
sundheits-, Wissens- und Kreativmärkten. Bewusstsein als Ressource und Medium wirkt
dabei sowohl auf der Anbieterseite als auch auf der Konsumentenseite als Innovationstrei-
ber. Dies ist dem Umstand geschuldet, dass Unternehmen auch zukünftig ihre Geschäftsmodelle auf hart umkämpfte Märkte ausrichten müssen, bei denen es gilt, im globalen
Wettbewerb Produkte zu verkaufen, die der Art und Zahl nach oft überflüssig sind. Bewusstsein spielt in diesem Zusammenhang eine janusköpfige Rolle. Für Unternehmen, die
in der Logik entgrenzter Märkte gefangen bleiben, ist Bewusstsein dasjenige Vehikel, mit
dem Sinnstiftungsfunktionen, wie das Versprechen auf Authentizität, Glück, Unverwechselbarkeit operationalisiert und in inszenierten Markenräumen für den Markt verdichtet

werden. Diese Inszenierungen von Sinn dienen dazu, beim übersättigten Kunden Anreize und Begehrlichkeiten zu triggern, die zu Kaufereignissen führen. Für Unternehmen, die sich dagegen auf die oben beschriebenen Notwendigkeiten der Märkte von morgen einlassen, ist Bewusstsein mehr als nur Vehikel für die konsumrauschgetriebene Inszenierung von Sinn. Bewusstsein ist für sie der Motor und das Medium, völlig neue Geschäftsmodelle zu entwickeln, die auf die Leitthemen der Zukunft einzahlen (Gesundheit, Wissen, Kreativität), indem sie ganzheitlichen und nachhaltig tragfähigen Nutzen stiften.

An die Treiberfunktion für neue Geschäftsmodelle knüpfen sich auch die zweite und dritte Funktion von Bewusstsein. Die *zweite* besteht darin, dass Unternehmen für sich ein eigenständiges Bewusstsein darüber entwickeln müssen, wofür das Unternehmen steht und mit welchen Mitteln, Produkten und Leistungen es seine Basis absichert. Dieses nach innen hin gestiftete Unternehmensbewusstsein zielt auf die eigene Identität. Ist diese Unternehmensidentität stark und positiv ausgebildet, führt dies zum Aufbau von Bindekraft, von tragfähigem Sozialkapital und gesteigerter systemischer Resilienz. Bewusstseinsführung als die Fähigkeit, im Unternehmen Fokus und Bindekraft zu stiften, ist deshalb einer der Faktoren, die die Zukunftsfähigkeit von Unternehmen beeinflussen.

Die *dritte* Funktion von Bewusstsein liegt schließlich in der jedem ausgeprägten Bewusstsein innewohnenden Eigenschaft, Systeme erkennen und aus bestehenden Systemen herausspringen zu können. Wie in einem Brennglas bündeln sich in dieser dritten Eigenschaft von Bewusstsein alle bisher skizzierten Faktoren, die die Zukunftsfähigkeit von Unternehmen beeinflussen und im Konzept ethikologischer Geschäftsmodelle ihren prägnanten Ausdruck erhalten: *Unternehmen, die es schaffen, die Ressource Bewusstsein für sich zu nutzen, zu schöpfen und zu steigern, erschließen sich die zentrale Ressourcenquelle für die Geschäftsmodelle der Zukunft.*

Um solches Bewusstsein schöpfen und für sich nutzen zu können, ist ein Kulturwandel gefordert, der sich den ganzheitlichen Anforderungen stellt, vor denen Unternehmen heute im Markt stehen. Genau hier schließt sich der Kreis, denn *Unternehmen, die diesen Kulturwandel vollziehen, vollziehen eine kopernikanische Wende weg von kurzfristigen und egozentrierten Zielen hin zu einer Kultur der Tragfähigkeit.* Wie solch eine Kultur der Tragfähigkeit gesteuert werden kann, wird im Buch beschrieben. Nämlich, wie Unternehmenskulturen überhaupt mit werteneutralen Mitteln aufgebaut und gelenkt werden können. Im größeren Rahmen gesehen ist der hier vorgelegte Ansatz einer werteorientierten Unternehmensführung deshalb nicht nur ein Beitrag, wie Unternehmen zukunftsfähig werden können, sondern auch ein Plädoyer dafür, wie „bottom up" aus Unternehmermut heraus die oben skizzierten gesamtgesellschaftlichen Probleme gelöst werden können. Sie können gelöst werden, wenn Unternehmen anstelle ressourcenvernichtender Geschäftsmodelle ressourcenschöpfende Geschäftsmodelle entwickeln und sich mit dem Aufbau tragfähiger Mehrwertketten von der bestehenden Zwangslogik der Wertschöpfung durch Ressourcenvernichtung entkoppeln.

Damit versteht sich dieses Buch nicht nur als ein Beitrag zur Zukunftsfähigkeit von Unternehmen, sondern auch als ein praktischer Beitrag, wie wir die Überlebensfähigkeit unserer Spezies aus Unternehmermut heraus absichern können.

Bewusstseinsökonomie

Bewusstsein ist der Motor und das Medium zur Entwicklung völlig neuer Geschäftsmodelle, die auf die Leitthemen der Zukunft einzahlen. Für Unternehmen, die sich auf die Notwendigkeiten der Märkte von morgen einlassen, ist Bewusstsein deshalb mehr als nur Vehikel für die konsumrauschgetriebene Inszenierung von Sinn und klar abzugrenzen vom Wissensbegriff der Wissensgesellschaft. Denn die Wissensmärkte der Wissensgesellschaft bleiben, wie die Beispiele der „Life Sciences" oder Informationstechnologie sowie das „Big Data Mining" von Google und Co. zeigen, zumindest bisher einem Ressourcenraubbau treibenden Wirtschaften verhaftet. Bewusstsein transformiert diesen Ressourcenraubbau, indem es ausdrücklich über den ökonomisch operationalisierten Begriff des Wissenskapitals hinausgeht. Es gründet in der Erkenntnis, dass mit der heute noch wirksamen Logik der Ökonomie auch das Wissenskapital qualitativ transformiert werden muss, wenn Wissen für zukunftsfähige Geschäftsmodelle wirksam werden soll. Hierzu ist das Bewusstseinskonzept einzubetten in das Konzept einer umfassenden *Bewusstseinsökonomie*, mit der die Verantwortungsmärkte der Zukunft gestaltet werden (Glauner 2016b).

In der Bewusstseinsökonomie mit ihren Bewusstseinsmärkten von morgen werden nur jene Unternehmen überlebensfähig sein, die im ganzheitlichen Sinn natürlicher, gesellschaftlicher und individuell-menschlicher Ressourcen holistische Ressourcenschöpfung betreiben und nicht, wie heute üblich, ihre Geschäftsmodelle auf Prozesse gründen, die im Kern Ressourcen vernichten. Hierzu sind Geschäftsmodelle und Unternehmensorganisationen zu entwickeln, die darauf setzen, tragfähige Mehrwertketten zu etablieren. Tragfähige Mehrwertketten sind vom globalen Ressourcenraubbau entkoppelte Ressourcenschöpfungsprozesse, die zugleich ökonomische, ökologische und gesellschaftliche Wertschöpfung generieren. Ihr Aufbau ist vergleichbar mit der Entwicklung sich selbst tragender Ökosysteme.

Ein letzter Aspekt dieses Buches ist schließlich noch zu erwähnen. Auf den ersten Blick scheint es, dass die hier entfaltete Wertelogik der Europäischen Wertekultur im Allgemeinen und den Vorstellungen der sozialen Marktwirtschaft im Speziellen verpflichtet ist. Auch wenn dies stimmt, beleuchtet das Buch Aspekte der Unternehmensführung, die auch für nicht europäische Unternehmen und Wirtschaftsräume von Belang sind. Kenntlich wird dies an den rd. 1500 deutschen „Hidden Champions" (Simon 1998, 2007). Sie alle sind Unternehmen, die, wie Hilti, Interface oder Trumpf in ihrer speziellen Marktnische den Weltmarkt dominieren. Die meisten Unternehmen sind familiengeführt mit einer stark ausgeprägten Werte- und Unternehmenskultur, die sich an nachhaltigen Werten und einem Langzeit-„Commitment" orientieren. Dies gilt aber auch für Unternehmen wie Gore in den USA, viele familiengeführte Unternehmen in Asien wie beispielsweise Samsung oder

Whampoa Hutchinson.[1] Analog zum Modell der sozialen Marktwirtschaft und dem deutschen Ausbildungssystem (Lehre, duale Ausbildung und Ausbildungspartnerschaften mit der Industrie) bietet der hier entfaltete Werteansatz ein Modell, das auch in anderen Märkten und Kulturen erfolgreich angewendet werden kann, um eine zukunftsfähige Form des Wirtschaftens zu ermöglichen.

Für die Frage nach der Zukunftsfähigkeit von Unternehmen heißt dies bündig: Werte zählen! „Values matter!"

1.2   Wert und Werte – die Treiber unternehmerischen Handelns

Die Begriffe Wert und Werte stehen in einem zweifachen Bedeutungsraum. In materieller Dimension sind Werte das, was durch die ökonomischen Begriffe des Preises, des Tauschwerts sowie durch den generischen Begriff „Asset" gekennzeichnet wird. Materielle Werte sind Positionen in der Bilanz, der GuV sowie die Münzen und Scheine in der Kasse.

Von dieser materiellen Dimension von Wert und Werten ist eine ideelle Dimension zu unterscheiden. Diese Dimension und das, was ihr entspricht, lässt sich nicht so eindeutig fassen und fixieren. Im Plural gesprochen sind Werte nämlich all das, was unser Selbst- und Weltverständnis prägt. Werte sind in dieser Dimension zugleich Antrieb und Auslöser für unsere Handlungen sowie das Richtmaß, wie wir unsere eigenen sowie die Handlungen anderer sowie auch alles Sonstige bewerten, was uns in der Welt begegnet. In dieser ideellen Dimension umfassen Werte beispielsweise unsere Vorstellungen von Würde, Pflicht, Reichtum, aber auch von Fairness, Ehrlichkeit oder Verantwortung. Da-

---

[1] Asiatische Familienwerte, die familiengeführte Unternehmen als Erbe begreifen, das als wichtige Wohlstandsquelle zum Nutzen der künftigen Generationen weiterentwickelt wird, unterstützen diesen Prozess. Es überrascht daher nicht, dass Asiens gelistete Familienunternehmen über die letzte Dekade auch eine um 22 Basispunkte höhere Dividende ablieferten als der Gesamtmarkt. Aus: http://www.institutional-money.com/magazin/uebersicht/artikel/familiengefuehrte-unternehmen-asiatische-familiengeschaefte/; vgl. Credit Suisse Asian-Family Report 2011 http://de.scribd.com/doc/71428527/CS-Asian-Family-Report-2011.

- Family businesses outperformed their local benchmarks in seven out of ten Asian markets, with the only exception of India, Indonesia and the Philippines during the study period.
- Family firms in China, Malaysia, Singapore and South Korea achieved the strongest relative outperformance against their local benchmarks in terms of CAGR in total return between 2000 and 2010.
- Sector positioning has played a role in driving outperformance of Asian family businesses along with other contributors of performance such as long-term investment horizons and more prudent investment strategy which are supportive for their positive and stable earnings performance.
- Asian family businesses delivered a higher average dividend yield spread of 22 basis points over the market average over the past decade.
- Asian family businesses share key fundamental strengths of family-influenced firms in general, including their long-term commitment to the businesses, consistency in decision making and better alignment of owner and management interests. Zitiert aus: http://de.scribd.com/doc/71428527/CS-Asian-Family-Report-2011.

bei ist der konkrete Bedeutungsraum dieser Begriffe und Vorstellungen oft eigentümlich schwammig und hat, mit Wittgenstein gesprochen, unscharfe Ränder (Wittgenstein 1989, S. 280 ff.).

Wie aber hängen die materielle und ideelle Dimension von Wert und Werten zusammen und wie prägen beide Wertedimensionen das unternehmerische Handeln? Die Antwort auf die erste Frage kann am Konzept des Geldes erläutert werden. Die Antwort auf die zweite Frage ergibt sich aus der Lebenslogik von Unternehmen.

Geld als Tauscheinheit erhält seinen materiellen Wert durch den ideellen Wert Vertrauen. Vertrauen in die Kreditwürdigkeit des Schuldners, Vertrauen in die Werthaltigkeit des Tauschmittels, Vertrauen in die Berechenbarkeit des Austauschsystems selbst. Auch wenn wir dieses Vertrauen strategisch für uns und gegen den Partner ausnutzen können (Schelling 2006), bleibt selbst die Kommunikation zwischen nicht vertrauenswürdigen Kriminellen auf den ideellen Referenzpunkt Vertrauen angewiesen – Vertrauen in diesem Kontext verstanden als die kodifiziert kommunizierte Berechenbarkeit der Interaktionsfolgen (Gambetta 2009).

Für den Zusammenhang der ideellen und materiellen Wertedimensionen lässt sich am Beispiel Geld die zentrale Asymmetrie und Abhängigkeit der materiellen von der ideellen Wertedimension beschreiben. Alle materiellen Werte erhalten ihre Werthaltigkeit von ideellen Werten, ohne dass die ideelle Wertedimension in der materiellen aufgeht und umgekehrt. Deutlich wird dies an materiellen Dingen, die uns wichtig und wertvoll sind und die doch zugleich im Sinne materieller Werte keinen Preis haben, z. B. der Teddybär aus der Kindheit, der erste Liebesbrief, das verblichene, löchrige T-Shirt aus dem siegreichen Basketball-Team an der High School.

Wie aber wirken diese beiden Dimensionen auf Unternehmen ein und welche Rolle spielen ideelle Werte bei der unternehmerischen Schöpfung von materiellen Werten? Die Antwort erschließt sich, wenn wir uns aus kybernetischer Perspektive die Lebenslogik von Unternehmen vergegenwärtigen.

Unternehmen sind komplexe lebende Systeme. Als soziale Systeme entspringen sie dem Ziel, „Not zu wenden", also Nutzen zu stiften. Ausdruck dieser „Notwendigkeit" ist das Geschäftsmodell des Unternehmens. Es beschreibt, wie und mit welchen Mitteln ein Unternehmen Nutzen stiftet.

Unabhängig davon, ob diese Nutzenstiftungsfunktion eindimensional reduziert wird auf reine Profiterzielung oder ob sie ganzheitlich interpretiert wird als umfassende Mehrwertstiftung, gilt, Unternehmen werden dann gegründet, wenn der zu stiftende Nutzen nicht mehr in rein subsistenter Weise durch eine einzelne Person realisiert werden kann, sondern das Zusammenwirken und den Austausch mehrerer Akteure erfordert, beispielsweise bei der Fertigung von Automobilen.

Sind Unternehmen einmal gegründet, folgen sie in ihrer Nutzenstiftungsfunktion einer eigenständigen Operationslogik.

Diese Operationslogik wird offensichtlich, wenn wir uns vergegenwärtigen, was der größte anzunehmende Unfall im Leben eines Unternehmens ist.

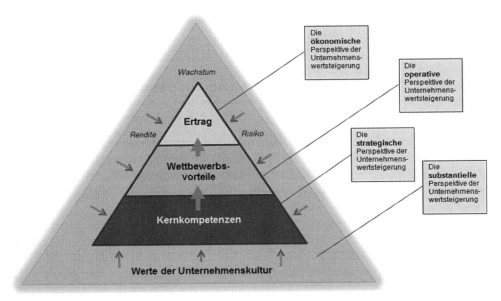

Abb. 1.2 Unternehmenswert und Unternehmenswerte

Was ist ein Unternehmens-GAU? Aus Sicht des Unternehmens das zwangsweise Ausscheiden aus dem Markt, etwa durch Insolvenz, feindliche Übernahme oder auch unfreiwillige Geschäftsaufgabe.

Aus der Möglichkeit des Unternehmens-GAUs lässt sich die Zwangslogik unternehmerischen Handelns ableiten. Alles unternehmerische Handeln zielt darauf ab, den Unternehmens-GAU abzuwenden. Die unternehmerische Rationale konzentriert sich deshalb primär darauf, überlebensfähig – also wettbewerbsfähig – zu bleiben. Hierbei ist die im Geschäftsmodell ausgedrückte Nutzenstiftungsfunktion Mittel zum Zweck und nicht selbstreferenzieller Zweck. Deutlich wird dies, wenn wir uns die ökonomische Kaskade der Werttreiber in Unternehmen vergegenwärtigen:

Der Aufbau der Wettbewerbsfähigkeit folgt der ökonomischen Kaskade der Werttreiber in Unternehmen (vgl. Abb. 1.2):

– Die Vermeidung des zwangsweisen Ausscheidens aus dem Markt erfordert einen gesunden **Ertrag**.
  – Ein gesunder Ertrag resultiert aus einem nachhaltig ausgewogenen Verhältnis von **Wachstum**, **Rendite** und **Risiko**.
    – Ein nachhaltig ausgewogenes Verhältnis von Wachstum, Rendite und Risiko entspringt langfristig tragfähigen **Wettbewerbsvorteilen**.
      – Langfristig tragfähige Wettbewerbsvorteile gründen auf nachhaltigen **Kernkompetenzen**. Sie sind die *Schlüsselfähigkeiten des Geschäftsmodells.*
        – Nachhaltige Kernkompetenzen werden getragen und ausgebildet durch eine unverwechselbar gelebte **Unternehmenskultur**.

– Eine unverwechselbar gelebte Unternehmenskultur erwächst aus unternehmerischen **Leitwerten**. Diese stehen als die initialen Notwendigkeiten am Anfang der Unternehmensgründung und prägen die substanzielle Nutzenstiftung des Geschäftsmodells.

In dieser Kaskade sind die im Geschäftsmodell und der Unternehmenskultur zum Ausdruck kommenden **Werte die zentralen Treiber für die Tragfähigkeit und Entwicklungsdynamik des Unternehmens**. Trichterförmig prägen sie das Unternehmen in allen seinen Facetten (vgl. Abb. 1.3):

Als Ausdruck der gelebten Unternehmenspraxis fungieren die Unternehmenswerte als Wirklichkeitsfilter:

– Sie legen fest, wie ein Unternehmen seine Wirklichkeit begreift.
  – Dadurch werden die Probleme selektiert, die ein Unternehmen in seiner Umwelt wahrnimmt.
    – Das beeinflusst die Lösungsstrategien, welche zur Problembehebung entwickelt werden.
      – Dies begrenzt die Produkte und Leistungskataloge, die abgeleitet werden.
        – Wie der Produkt- und Leistungskatalog umgesetzt wird, ist wiederum selbst Abbild der gelebten Unternehmenskultur.

Der kontinuierliche Präge- und Rückkopplungsprozess der Unternehmenskultur ist so Klammer und Ausdruck, wie der Prozesstrichter von Unternehmen gestaltet ist und welche Leistungen ein Unternehmen erbringen kann.

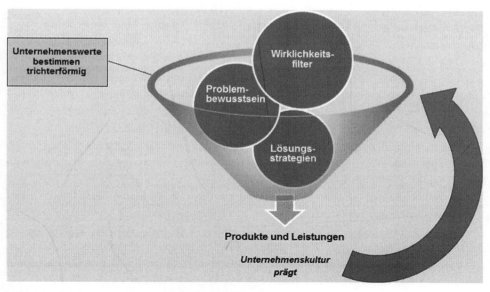

Abb. 1.3 Der Prozesstrichter der Unternehmenswerte

In dieser Trichterfunktion hat der gelebte Wertekern von Unternehmen drei systemische Funktionen: In der *Identitätsfunktion* bestimmen die Unternehmenswerte erstens die „Systemidentität". Sie kennzeichnen, wie das Unternehmen operiert, wofür es steht und mit welchen Leistungen es sein Überleben absichert. In der weltbildstiftenden *Erkenntnisfunktion* prägen die Unternehmenswerte zweitens das Bild, das ein Unternehmen von sich und seiner Umwelt hat. Die gelebten Werte wirken in dieser Erkenntnisfunktion als Wahrnehmungsfilter, mit denen das Unternehmen seine Weltsicht und Handlungsräume strukturiert. Aus der Erkenntnisfunktion resultiert drittens die *operative Funktion* von Werten. Klare Unternehmenswerte reduzieren als Weltsichtfilter Umweltkomplexität. Sie steigern damit die Systemeffizienz des Unternehmens, indem sie die Unternehmenswirklichkeit fokussieren.

Die passgenaue Ausgestaltung der Unternehmenswerte führt zu Fokus und Perspektive und lenkt unternehmerisches Handeln. Sie ist die Grundlage für die langfristig gesteigerte Überlebensfähigkeit von Unternehmen.

Schreibt man diese Logik der Werte in Unternehmen fort, wird ersichtlich: **Werte sind nicht die Gloriole unternehmerischer Leitbilder, sondern die Grundlage für ökonomische Wertschöpfung**.

Ist der Aufbau einer tragfähigen Unternehmenskultur einer der Kernfaktoren, die über den wirtschaftlichen Erfolg von Unternehmen entscheiden, stellt sich die Frage, wie die Entwicklung der Unternehmenskultur gestaltet werden kann. Nimmt man die relevante Literatur zum Thema Unternehmenskultur – etwa Peter Senges „Fifth Discipline" (Senge 1990) oder Jim Collins „From Good to Great" (Collins 1994) findet man dazu wenig Erhellendes. Das gilt auch für „Balanced Score Card" oder EFQM-Modelle (Kaplan und Norton 1996; Neely et al. 2002; Müller-Stevens und Lechner 2003). Es scheint, dass sich das Verhältnis von Unternehmenskultur und ökonomischer Performanz der Mess- und Steuerbarkeit entzieht.

Als Erklärung für das Fehlen klarer Messmethoden zur Steuerung der Unternehmenskultur kann folgende Argumentation aufgespannt werden. Wenn wir über Werte reden, ist schon das Reden selbst wertegebunden. Damit bleibt jedes Reden über Werte im Subjektiven gefangen. Dabei kann keiner der subjektiven Werteperspektiven für sich einen objektiv begründbaren Absolutheitsanspruch anmelden. Weil es keine Objektivität im Bereich der Werte gibt, ist es müßig, aus der Wertebehaftetheit menschlicher Handlungen Ableitungen zur ökonomischen Performanz von Unternehmen zu ziehen.

Diese Argumentation beruht auf drei Argumenten. Das Erste hebt auf die Zirkularität jeglicher Rede über Werte und Kulturen ab. Analog zu Wittgensteins Erklärung von Sprachspielen antizipiert es, dass jegliche Rede über Bedeutungen, Werte, Sprache und Kultur unhintergehbar perspektivisch ist und nur aus der konkreten Praxis spezifischer Lebensformen heraus verstanden werden kann. Das zweite Argument greift dieses Faktum auf und stellt fest, dass Konflikte zwischen Werten nicht von neutraler Perspektive aus gelöst werden können, da wir immer schon im Zirkel der Begründung gefangen sind. Zusammengenommen führen sie zum dritten Argument. Es lautet: Da wir nicht neutral und objektiv über Werte reden können, können wir auch nicht objektiv ableiten, wie subjektive Werte die objektive Performanz von Unternehmen beeinflussen. In Ermangelung einer objektiven Grundlage zur Bestimmung von Werten kann der zwingende Zusammenhang von Werten und ökonomischer Performanz deshalb jederzeit in Zweifel gezogen werden. Werte sind in dieser Argumentation subjektive Steuerungsgrößen menschlichen Handelns und entziehen sich der objektiven Berechenbarkeit ökonomischer Modellierung – also der Welt der harten Zahlen, Daten und Fakten.

Dass diese Argumentation nicht verfängt, verdeutlicht Wittgenstein: wir benötigen keinen „Gottesgesichtspunkt" außerhalb der Sprachspiele, um zu verstehen, was die Bedeutung eines Wortes ist, worauf es sich bezieht und worin sich seine Wahrheitsfähigkeit erfüllt. Dasselbe gilt auch für unser Verständnis von Werten. Wir benötigen weder einen neutralen Gottesgesichtspunkt noch letztbegründete Werte, um zu verstehen, wie Werte wirken, worin sie ihre Erfüllungsbedingungen haben und wie sie dadurch unseren Umgang mit Wirklichkeit prägen. Das Verstehen von Werten verläuft analog zum Verstehen von Spielen. Wenn wir ein Spiel verstehen, verstehen wir es immer aus der Spielpraxis heraus. Und wenn wir verstehen, worin das Spiel besteht und wie es gespielt wird, können wir Steuerungssysteme einrichten, mit denen einzelne Züge und komplette Spielstrategien geplant und in ihrem Erfolg bewertet werden können.

Für den Bereich von Unternehmenswerten bedeutet dies, dass wir den Werteraum eines Unternehmens in einer Weise entwickeln können, wie wir es tagtäglich mit den Spielregeln in komplexen Spielen vollziehen. Hierzu dient das Wertecockpit.

Um in der Logik der Spielmetapher zu bleiben, dient das Wertecockpit dazu, das Unternehmen zu einem Hochleistungsteam zu entwickeln, welches aufgrund seines Spielethos im Wettbewerb nicht geschlagen werden kann.

1.3 Unternehmensethik – die soziopsychologischen Grundlagen von Compliance

Vor den bisher entfalteten beiden Tableaus zu den Grundlagen der Zukunftsfähigkeit von Unternehmen und zu der prinzipiellen Wertegebundenheit unternehmerischen Handelns stellt sich die Frage, wie sich Unternehmen des vielfach geäußerten Vorwurfs erwehren können, dass sie als zentrale Akteure unserer Wirtschaftssysteme in einer Weise handeln, die das langfristige Überleben der Menschheit insgesamt infrage zu stellen droht. Noch vor allen konkreten Fragen, etwa zum Klimawandel, zur Verteilungsgerechtigkeit, zum Ressourcenraubbau oder zur Ausbeutung der Vielen durch Wenige, steht deshalb die Rationalität täglichen unternehmerischen Handelns selbst zur Debatte. Auch in dieser Debatte kann aus dem Zusammenhang von Zukunftsfähigkeit und Unternehmenskulturen eine Einsicht abgeleitet werden, die zeigt, warum ethische Anforderungen an Unternehmen ausschließlich über die Ausgestaltung gelebter Unternehmenskulturen verankert werden können.

Folgt man den Kritikern modernen Wirtschaftens, kennzeichnen zwei Glaubenssätze dieses Handeln:

1. Das biblische Credo, dass der Mensch sich die Erde ,untertan' machen solle. Es unterstellt das Primat des Menschen gegenüber seiner Umwelt und unterstellt dabei das Recht, dass der Mensch die Welt zugunsten seiner persönlichen Interessen und Ziele nutzen soll und nutzen darf.
2. Das Credo des Homo oeconomicus. Es besagt, dass ökonomisch rationales Handeln auf Profiterzielung auszurichten ist. Hierbei wird erstens unterstellt, dass alle Aspekte unternehmerischen Handelns nach Zahlen beziffert, bewertet und entschieden werden können. Zweitens unterstellt das Konzept des Homo oeconomicus, dass ausschließlich in Kennzahlen ausdrückbare Leistungsparameter das rationale Entscheidungskriterium für ökonomische Handlungsalternativen sind.

Nimmt man diese beiden Glaubenssätze zusammen und verknüpft sie mit den Untugenden der Conditio Humana – also dem Umstand, dass alles einzelmenschliche Handeln nicht nur durch Tugenden, sondern auch durch die Faktoren Neid, Eifersucht, Missgunst, Gier, Eitelkeit und Machtsucht geprägt ist – erschließt sich uns der tiefere Grund, warum die Logik unseres Wirtschaftssystems im „Mehr, Mehr, Mehr" gefangen scheint. Wir scheinen darin gefangen, weil alle menschlichen Beziehungen von einer unauflösbaren Asymmetrie geprägt sind, die unserem tief in der menschlichen Natur verankerten Drang nach Differenzierung und Abgrenzung entspringt und so die soziale Dynamik der „feinen Unterschiede" (Bourdieu 1982) in Gang setzt. Diese Asymmetrie erschließt sich, wenn wir die menschlichen Austauschbeziehungen als Spiele beschreiben. Auf der Ebene der einzelnen Spiele sind alle Austauschbeziehungen gleichwertig durch unsere menschlichen Tugenden und Untugenden geprägt. Die Wirkung der einzelnen Spiele unterscheidet sich jedoch hinsichtlich ihrer Skalierbarkeit an Kraft, an Masse, an räumlicher Ausdehnung sowie als „bottom-line" am finalen Effekt. Deshalb konzentriert sich der zwischenmenschliche Wettbewerb bevorzugt auf jene Spiele, die eine stärkere Wirkung haben und so für die Befriedigung von Macht-, Eitelkeits- und Besitzbestrebungen einen größeren Hebel bieten. Für Unternehmen als soziale Systeme bedeutet dies, dass mit der Wirkmacht beispielsweise von Funktionen die Gefahr steigt, dass Unternehmen rein egogetriebenen Zielen unterworfen werden. Ein gutes Beispiel hierfür ist die Daimler-Benz AG unter dem Vorstandsvorsitzenden Jürgen Schrempp. Durch den Zusammenschluss von Daimler, Chrysler sowie Beteiligungen an Mitsubishi und Hyundai wollte Schrempp ab 1995 eine Welt-AG aufbauen, in der er alleine das Wort haben und ein Wachstum generieren wollte, dass sich jeglichen übergeordneten und auch gesetzlichen Verpflichtungen, z. B. von Steuerzahlungen, entziehen sollte. So schreibt „Der Spiegel" Jürgen Schrempp zitierend: Befremdet erlebten etwa die Haushaltsexperten des Bundestages bei einer Berlin-Exkursion Ende April einen ausgelassenen Daimler-Benz-Chef Jürgen Schrempp. Bis zur Jahrtausendwende werde sein Unternehmen in Deutschland keinen Pfennig Ertragsteuern zahlen, prahlte er beim Abendessen: „Von uns kriegt ihr nichts mehr" (Der Spiegel 26/1996, 22; http://www.spiegel.de/spiegel/print/d-8939489.html).

Wie also können Unternehmen angesichts der Sachlage, dass oft die Natur egogetriebener Ziele die Ausrichtung von Unternehmen prägt, anders agieren, als es die scheinbare Marktlogik von Differenzierung, Wachstum und Konsum vorschreibt?

Die von uns betrachteten Grundlagen der Zukunftsfähigkeit von Unternehmen sowie die prinzipielle Wertebehaftetheit unternehmerischen Handelns sind schon Antworten darauf. Aber es gibt noch einen dritten Grund. Er liegt in den soziopsychologischen Grundlagen von „Compliance".

Menschen sind von Natur aus soziale Wesen. Wir alle leben aus sozialen Bindungen heraus, die unser Selbst-, Welt- und Fremdverständnis prägen. Deshalb stehen alle Handlungen in osmotischem Bezug zu Normen und Erwartungen der uns umgebenden sozialen Systeme. Dieser Sachverhalt kann für den Aufbau einer ethisch tragfähigen Unternehmenskultur genutzt werden.

Wie die umfangreiche psychologische Forschung zeigt, teilen die meisten Menschen das tief verankerte Bestreben, sich harmonisch in die Gruppen einzufügen, in denen sie leben (Bauer 2006). Das gilt sogar dann, wenn das Streben nach „Compliance" gegenüber den Werten und Überzeugungen der Gruppe im Konflikt zu persönlichen Werten und Überzeugungen steht. Wie Watzlawick und Asch zeigen, ist ein übergroßer Teil der Menschen bereit, persönliche Überzeugungen „über Bord" zu werfen, nur um den Bestrebungen der Gruppe zu entsprechen (Watzlawick 1976; Asch 1955, 1956).

Der Sachverhalt wird in erschreckender Weise am Verhalten von Soldaten im Krieg deutlich. Sönke Neitzel und Harald Welzer untersuchten in einer breit angelegten Studie (Neitzel und Welzer 2011), dass ein Großteil der Soldaten, die an Kriegsverbrechen beteiligt waren, gegen ihre eigenen Werte und Überzeugungen verstieß – beispielsweise dass Frauen nicht zu vergewaltigen und Kinder nicht zu töten seien. Als Grund für dieses Verhalten fanden sie heraus, dass die Teilnahme an Erschießungen und Vergewaltigungen bei den meisten Soldaten nicht aus Überzeugung, niederer Gesinnung oder anderweitiger persönlicher Motivation erfolgte – etwa aufgrund einer autoritär geprägten Neigung zum Gehorsam (Milgram 1974), sondern schlicht und einfach deshalb, weil sie dachten, dass das üblich sei und von ihnen erwartet werde.

Wenn es also stimmt, dass Menschen gemäß sozialen Normen handeln, die ihre Umgebung aufsetzt, wird klar, warum die Unternehmenskultur der Kampfplatz ist, auf dem das Thema Unternehmensethik ausgefochten wird. Und hier können wir mit Blick auf die oben entfaltete Argumentation zur Zukunftsfähigkeit von Unternehmen für ein Verhalten plädieren, das ethischer ist, ohne dass Unternehmen ethische Systeme sein müssen.

Nach welchen Prinzipien und Kriterien ist also eine Unternehmenskultur aufzubauen? Die Antwort finden wir, wenn wir uns der Logik unternehmerischen Handelns zuwenden. Wenn es stimmt, dass alles darauf ausgerichtet ist, ein Unternehmen zukunftsfähig zu halten, dann lautet das Anforderungsprofil an eine gelungene Unternehmenskultur:

1. Unternehmen müssen eine Unternehmenskultur entwickeln, die offen ist für Veränderungen und dienlich dafür, dass das Unternehmen Nutzen und Mehrwert schafft für alle, die mit ihm verbunden sind.

2. Die Entwicklung der Unternehmenswerte ist von Menschen vorzunehmen, die konsequent der Einsicht folgen, dass Zukunftsfähigkeit auf einer Unternehmenskultur basiert, die das Sozialkapital im Unternehmen steigert.
3. Der Aufbau einer sozialkapitalsteigernden Unternehmenskultur ist ein kontinuierlicher Prozess, der nur dann Früchte trägt, wenn er konsequent als Sinnstiftungsprozess umgesetzt wird.
4. Diese Sinnstiftung ist ökonomisch tragfähig, wenn sie im Sinn ethikologischer Geschäftsmodelle den fünf Naturprinzipien der ökonomischen Wertschöpfung sowie den Basiswerten einer lebensweltlichen Ethik folgt, die auf Teilhabe pocht, indem sie umfassende Mehrwertketten mit Ressourcenschöpfungspotenzial auf den Weg bringt.

Aus der bisher entfalteten Argumentation kann mit Blick auf die Frage nach den Grundlagen unternehmerischer Zukunftsfähigkeit folgender Schluss gezogen werden: *Die Entwicklung einer unverwechselbaren und nachhaltig tragfähigen Unternehmenskultur ist das nicht-psychologische Äquivalent zur Entwicklung eines ethisch tragfähigen menschlichen Bewusstseins.* Die Unternehmenskultur übernimmt dabei im Unternehmen die Rolle, die das Bewusstsein beim einzelnen Menschen einnimmt. Sie steuert das unternehmerische Handeln. *Die Unternehmenskultur ist somit die ‚als-ob'-ethische Instanz, zu der Zuflucht genommen wird, wenn Individuen und Unternehmen alternative Handlungsoptionen bewerten.*

Wie solch eine Unternehmenskultur als ‚als-ob'-ethische Instanz mit rationalen Mitteln entwickelt und gesteuert werden kann, ist der praktische Kern der nachfolgenden Kapitel. Sie entwickeln, wie Unternehmen aus der Praxis heraus nicht nur gesteigert wettbewerbs- und zukunftsfähig werden können, sondern wie sie damit zugleich einen Beitrag dazu leisten, dass unsere Wirtschaftsweisen und Gesellschaften durch kulturellen Wandel insgesamt zukunftsfähiger werden.

Literatur

Asch SE (1955) Opinions and social pressure. Sci Am 193:31–35
Asch SE (1956) Studies of independence and submission to group pressures. Psychol Monogr 70 Nr. 416
Bauer J (2006) Prinzip Menschlichkeit. Warum wir von Natur aus kooperieren. Heyne, München
Bourdieu P (1982) Die feinen Unterschiede. Kritik der gesellschaftlichen Urteilskraft, 4. Aufl. 1987. Suhrkamp, Frankfurt a. M.
Collins J (1994) Built to last. Successful habits of visionary companies, 3. Aufl. 2002. William Collins, London
Dahrendorf R (1995) Economic opportunity, civil society, and political liberty. Discussion paper/ UNRIS United Nations Research Institute for Social Development, no. 58. Geneva, Switzerland
Dasgupta P, Serageldin I (Hrsg) (2000) Social capital. A multifaceted perspective. The World Bank, Washington
Diamond J (2005) Collapse. How societies choose to fail or succeed. Viking, Penguin Group, New York

Dierksmeier C (2011) The freedom – responsibility Nexus in management philosophy and business ethics. J Bus Ethics 2911(101):263–283. doi:10.1007/s10551-010-0721-9

Elkington J (1997) Cannibals with forks: the triple bottom line of 21st century business. Capstone, Oxford

Fisk P (2010) People, planet profit. How to embrace sustainability for innovation and business growth. Kogan Page, London

Galbraith JK (1958) The affluent society, 4. Aufl. 1984. Penguin, London (reprinted 2004)

Gambetta D (2009) Codes of the underworld. How criminals communicate. Princeton University Press, Princeton

Glauner F (1997) Sprache und Weltbezug. Freiburg, 2. Aufl. 1998 (Alber)

Glauner F (2016a) Werteorientierte Organisationsentwicklung. In: Schram B, Schmidpeter R (Hrsg) CSR und Organisationsentwicklung. Springer, Berlin

Glauner F (2016b) Zukunftsfähige Geschäftsmodelle und Werte. Strategieentwicklung und Unternehmensführung in disruptiven Märkten. Springer, Heidelberg

Glauner F (2016c) Strategien der Exzellenz. Wertestrategien zu den Wettbewerbsvorteilen von morgen. In: Wunder T (Hrsg) CSR und strategisches Management. Springer, Berlin

Grande E (2012) Governance-Forschung in der Governance-Falle? – Eine kritische Bestandsaufnahme. Polit Vierteljahresschr 53(4):565–592

Habermas J (1973) Erkenntnis und Interesse, 8. Aufl. 1985. Suhrkamp, Frankfurt a. M.

Hamel G, Prahalad CK (1995) Wettlauf um die Zukunft. Wie sie mit bahnbrechenden Strategien die Kontrolle über Ihre Branche gewinnen und die Märkte von morgen schaffen. Ueberreuter, Wien

Haque U (2011) The new capitalist manifesto. Building a disruptively better business. Harvard Business Review Press, Boston

Heidegger M (1927) Sein und Zeit, 15. Aufl. 1984. Max Niemeyer, Tübingen

Hemel U (2013) Die Wirtschaft ist für den Menschen da. Vom Sinn und der Seele des Kapitals. Patmos, Ostfildern

Kant I (1797) Kritik der praktischen Vernunft. Felix Meiner, Hamburg (1974)

Kaplan RS, Norton DP (1996) The balanced scorecard: translating strategy into action. Harvard Business Review Press, Boston

Kohr L (1983) The eve of 1984. Rede zur Verleihung des Right Livelihood Award (alternativer Nobelpreis) am 9. Dezember 1983 in Stockholm. In: Kohr-Akademie L, Vötter-Dankl S, Vötter C (Hrsg) Neukirchen am Großvenediger, Austria 2013

Küng H (2010) Anständig wirtschaften. Warum Ökonomie Moral braucht. Piper, München

Küng H (2012) Handbuch Weltethos. Eine Vision und ihre Umsetzung. Pieper, München

Milgram S (1974) Obedience to authority. An experiment view. Harper & Row, New York

Motesharrei S, Jorge R, Eugenia K (2014) Human and nature dynamics (HANDY): modeling inequality and use of resources in the collapse or sustainability of societies. Ecol Eco 101:90–102. doi:10.1016/j.ecolecon.2014.02.014

Müller-Stevens G, Lechner C (2003) Strategisches Management. Wie strategische Initiativen zum Wandel führen, 2. erw. Aufl. Der St. Galler General Management Navigator, Stuttgart

Neely A, Adams C, Kenerly M (2002) The performance prism. The scorecard for measuring and managing business success. Financial Times/Prentice Hall, Harlow

Neitzel S, Welzer H (2011) Soldaten. Protokolle vom Kämpfen, Töten und Sterben, 4. Aufl. S. Fischer, Frankfurt a. M.

Ostrom E (2000) Social capital: a fad or a fundamental concept. In: Dasgupta P, Serageldin I (Hrsg) Social capital. A multifaceted perspective. The World Bank, Washington, S 172–214

Paech N (2012) Befreiung vom Überfluss: Auf dem Weg in die Postwachstumsökonomie. Oekon, München

Porter ME, Kramer MR (2011) Shared value. How to reinvent capitalism – and unleash a wave of innovation and growth. Harv Bus Rev 1:62–77

Rawls, J (1971) A theory of justice. Harvard University Press, Cambridge

Rifkin J (2000) The age of access. Penguin Putnam, New York

Rowlands M (2009) The philosopher and the wolf: lessons from the wild on love, death and happiness. Granta Publications, London

Sandel MJ (2009) Justice. What's the right thing to do? Farrar, Straus and Giroux, New York

Sandel MJ (2012) What money can't buy. The moral limits of markets. Farrar, Straus and Giroux, New York

Sen A (1997) On economic Inequality. Clarendon Press, Oxford

Sen A (2009) The idea of justice. Harvard University Press, Cambridge

Senge PM (1990) The fifth discipline. The art and practice of the learning organization, 5. Aufl. 1993. Random House, London

Sennett R (2007) Die Kultur des neuen Kapitalismus. Berliner Taschenbuch Verlag, Berlin

Schelling TC (2006) Strategies of commitment. In: Schelling TC (Hrsg) Strategies of commitment and other essays. Harvard University Press, Cambridge, S 1–24

Schumacher EF (1973) Small is beautiful. A study of economics as if people mattered. Blond & Briggs, London

Simon H (1998) Die heimlichen Gewinner (Hidden Champions): Die Erfolgsstrategie unbekannter Weltmarktführer, 5. Aufl. Campus, Frankfurt

Simon H (2007) Hidden Champions des 21. Jahrhunderts. Die Erfolgsstrategien unbekannter Weltmarktführer. Campus, Frankfurt a. M.

Stiglitz JE (2012) The price of inequality. How today's divided society endangers our future. W.W. Norton, New York

Watzlawick P (1976) Wie wirklich ist die Wirklichkeit. Wahn – Täuschung – Verstehen, 21. Aufl. 1993. Piper, München

Weissman A (2014) Unternehmenserfolg durch Werteorientierung. Zukunftsorientiert Führen mit dem „Sinnergie"-Konzept. Haufe, Freiburg

Williams JN (2012) Humans and biodiversity: population and demographic trends in the hotspots. Popul Environ 2013(34):510–523. doi:10.1007/s11111-012-0175-3

Wittgenstein L (1989) Werkausgabe Band 1 Tractatus logico-philosophicus. Tagebücher 1914–1916. Philosophische Untersuchungen, 1. Aufl. Suhrkamp, Frankfurt a. M.

Woodard C (2004) The lobster coast. Rebels, rusticators, and the struggle for a forgotten frontier. Penguin, New York

2.1 Ein Unternehmens-Check als Gedankenexperiment

Lassen Sie mich dieses Buch mit drei Fragen eröffnen, die sich fast jeder Unternehmer oder Manager schon einmal gestellt hat:

1. Was sind die tieferen Gründe, dass einige Unternehmen am Markt über lange Jahre deutlich erfolgreicher sind als andere?
2. Woran liegt es, dass gemäß der jüngsten Gallup-Studie fast jeder Sechste (15 %) der Beschäftigten in Deutschland innerlich gekündigt hat, 70 % „Dienst nach Vorschrift" machen und nur 15 % der Mitarbeiter eine hohe emotionale Bindung an ihren Arbeitgeber haben und bereit sind, sich freiwillig für dessen Ziele einzusetzen, während sich bei den ‚Champions of Excellence' mitunter über 90 % proaktiv für ihr Unternehmen engagieren?
3. Welcher Zusammenhang besteht zwischen beiden Befunden, und wie kann ich in meinem Unternehmen dafür Sorge tragen, dass wir zu den ‚Champions of Excellence' zählen?

Wenden Sie diese Fragen nun auf Ihre persönliche Unternehmenssituation an, könnten Sie sich zunächst allgemein fragen:

a. Wie steuern und entwickeln wir unsere Wettbewerbsfähigkeit?

Brechen Sie diese Frage herunter in folgende Detailfragen:

b. Wie viel investieren wir in unsere Wettbewerbsfähigkeit? In Euro p. a.? In Prozent vom Umsatz? Prozentual an Arbeitszeit und Aufmerksamkeit? Und welcher Anteil dieser

© Springer-Verlag Berlin Heidelberg 2016
F. Glauner, *CSR und Wertecockpits,* Management-Reihe Corporate Social Responsibility,
DOI 10.1007/978-3-662-48930-7_2

Investitionen entfällt auf die Bereiche Forschung und Entwicklung, Anlagen, Hardware und Infrastruktur, Organisation und Prozesse, Mitarbeiter und Personal?

c. Um wie viel würde sich der Ertrag steigern, wenn bei gleichbleibenden Kosten im Unternehmen eine allgemeine Effizienzsteigerung von beispielsweise fünf Prozent verzeichnet werden könnte?

d. Welchen Anteil betragen die Personalkosten prozentual an den Fixkosten und an den Gesamtkosten?

e. Wie sieht die Mitarbeiterzufriedenheitsstatistik aus? Liegen die Werte eher bei dem von Gallup erhobenen Marktdurchschnitt oder bei den ‚Champions of Excellence'?

Stellen Sie sich anhand der erwähnten Gallup-Studie vor, Sie gehörten zu den beneidenswerten Unternehmen, die mehr als 90 % leistungswillige Mitarbeiter haben. Um wie viel würden sich Ihre Effizienz, Innovationskraft, Wettbewerbsfähigkeit und alle weiteren Performance-Parameter verbessern?

Spätestens jetzt fragen Sie sich, was in Ihrem Unternehmen zu tun ist, diese brachliegenden Potenziale zu heben.

Das vorliegende Buch gibt Ihnen eine Schritt-für-Schritt Handlungsanleitung, wie Sie Ihre Potenziale schlank, effizient und nachhaltig in Ihrem Unternehmen heben können. Es zeigt anhand von Praxisbeispielen, wie herausragende Unternehmen ihre Wertschöpfungsprozesse durch den Aufbau einer unverwechselbaren Unternehmenskultur gestaltet haben und langfristig absichern konnten.

2.2 Das Argument: CSR und Unternehmenskultur als Wertschöpfungsprozess

Alle weit über Durchschnitt erfolgreichen Unternehmen werden durch ein ausgeprägtes, aktiv gelebtes Wertesystem getragen. Dieses Wertesystem drückt sich in einer besonderen Unternehmenskultur aus. Das Wertesystem gibt dem Unternehmen Fokus. Die Unternehmenskultur stiftet Identität und bündelt die Kräfte. Zusammen machen sie das Unternehmen unverwechselbar und tragen dadurch messbar zum wirtschaftlichen Erfolg bei. Werte ziehen sich dabei durch alle Bereiche des Unternehmens. Die Gestaltung von Wertesystemen und der gelebten Unternehmenskultur ist deshalb ein zentraler Wertschöpfungsprozess, mit dem alle sonstigen Unternehmensprozesse – Strategie-, Kern- und flankierende Unterstützungsprozesse – organisiert und aufeinander abgestimmt werden.

Das Buch zeigt, wie Wertesysteme in Unternehmen gefasst werden können. Es erläutert den Aufbau von Wertecockpits zur Steuerung der Unternehmenskultur und analysiert, wie unternehmerische Exzellenz durch eine nachhaltig werteorientierte Unternehmensführung strategisch und operativ gestaltet werden kann. Hierzu verknüpft es strategische Ansätze zur pragmatischen Steuerung von Unternehmensprozessen mit Forschungsergebnissen über die Treibkräfte menschlichen Denkens und Handelns.

Die hier vorgestellten Instrumente zur Steuerung der gelebten Unternehmenswerte dienen dazu, den dritten Systemfaktor unternehmerischen Erfolgs – die gelebte Unternehmenskultur – effizient zu entwickeln und transparent zu steuern. Hierzu werden die weichen Faktoren der Unternehmenskultur in ein Raster überführt, das anhand aussagekräftiger Kennzahlen und Kennwerte operativ gesteuert wird und das mehr umfasst als reines „Human Capital Management" (vgl. Becker 2005, S. 143 ff.) auf der einen oder die Entwicklung eines „Corporate Social Responsibility"-Bewusstseins und „Corporate Governance"-Regeln auf der anderen Seite.

Dreh- und Angelpunkt für die Gestaltung von Wertecockpits ist das Verständnis der grundsätzlichen Gegenläufigkeit, wie Werte in Menschen und in sozialen Systemen wirken. Aus systemtheoretischer, kognitionsbiologischer und verhaltenspraktischer Sicht wird dafür argumentiert, durch die Setzung von Referenzrahmen menschliches Verhalten zu lenken. Mehr als unternehmens- oder individualethische Beweggründe beeinflussen Referenzrahmen – d. i. die gelebte Umgebungskultur – menschliches Verhalten. Mit dem Aufbau solcher Referenzrahmen lässt sich die gelebte Unternehmenskultur so gestalten, dass alle Aktivitäten nach innen und außen einem gemeinsamen Verständnis folgen.

Es werden Anleitungen gegeben, wie weiche Unternehmensfaktoren nach transparenten Kriterien beziffer- und gestaltbar sind. In seinem Praxisbezug geht das Wertecockpit mit den Instrumenten des C4-Managements und den Treiberfaktoren der Unternehmenskultur sowohl über „Balanced Scorecard"-Modelle als auch über Change-, Kommunikations- und „Human Ressources"-Managementansätze hinaus. Der entscheidende Unterschied liegt darin, dass das Wertecockpit als Steuerungsinstrument alle Facetten und Bereiche der strategischen und operativen Unternehmensführung umfasst und die Unternehmensbereiche Produkte, Strategien, Organisation und Menschen werteorientiert zueinander ausrichtet.

2.3 Wertemanagement: der dritte Systemfaktor unternehmerischen Erfolgs

Betrachtet man Unternehmen als gelebte Wertesysteme, eröffnet der Blick auf die Unternehmenswerte drei Systemgesetze unternehmerischen Erfolgs.

Erstens passen die gelebten Unternehmenswerte nicht zur Organisationsform oder zu Unternehmenszielen, wird nachhaltiger Erfolg schon im Keim erstickt.

Zweitens ist das gelebte Wertesystem der verborgene Fingerabdruck unternehmerischer Unverwechselbarkeit. Nach außen identisch erscheinende Werte zeigen bei erfolgreichen Unternehmen nach innen oft ein ganz anderes Gesicht.

Drittens binden nur stimmige Werterahmen jene Kräfte, die unternehmerischen Erfolg nachhaltig absichern. *Neben Innovationskraft und der Marktfähigkeit von Produkten, Organisationsform und Leistungen sind die gelebten Unternehmenswerte der dritte Faktor, der den Erfolg von Unternehmen langfristig sichert.* Je stärker stimmige Wertesysteme verankert sind, desto stabiler bewegen sich Unternehmen auch in stark veränderten Situationen und Marktlagen.

Der Aufbau, die Lenkung und die kontinuierliche Anpassung unternehmerischer Werterahmen sind maßgebend für die Systemstabilität von Unternehmen, und das Management
der gelebten Unternehmenswerte ist eine der zentralen Führungsaufgaben. Hierzu wird
das Instrumentarium eines Wertecockpits entwickelt, mit dem diese Führungsaufgaben
auf der Grundlage wertneutraler Mess- und Steuerungssysteme umgesetzt werden können.

2.4   Inhalt und Aufbau des Buchs

Das Buch gliedert sich in zwei Teile. Im ersten Teil, Wertecockpits und Wertemanagement, werden die theoretischen Grundlagen, die strategischen Ziele und operativen Um-
setzungsschritte zum Aufbau von Wertecockpits erläutert. Im zweiten Teil, Wertewelten
in der Praxis, wird die Arbeit mit Werten anhand von sechs Fallbeispielen dargestellt. An
ihnen wird Folgendes deutlich. Erstens kann jedes Unternehmen unabhängig von Unter-
nehmensgröße, Organisationsform, Produkt-, Dienstleistungs- oder Marktsegment erfolgreich werteorientiert geführt werden. Zweitens verdeutlichen die porträtierten Unternehmen, dass Exzellenz und entscheidende Wettbewerbsvorteile dort entstehen, wo werteorientierte Unternehmensführung nicht nur Lippenbekenntnis ist, sondern der Aufbau und
die Steuerung der Unternehmenskultur als Rückgrat aller Wertschöpfungsprozesse begriffen wird, das es kontinuierlich auszurichten und zu stärken gilt.

Abschnitt 3.1 spannt den Rahmen auf, der die Arbeit mit Werten prägt. Dieser Rahmen wird gebildet durch die Einsicht, dass die ökonomische Vorstellung von Entwicklung
und Erfolg aus der Perspektive der Begrenzung heraus zu interpretieren ist. Argumentiert
wird dafür, dass das Mantra des Wachstums nicht in der Logik des „Weiter-Größer-Mehr"
verstanden werden kann, sondern ausschließlich in der Einsicht in die qualitativen und
quantitativen Begrenzungen unternehmerischer Spielräume. Nur die Konzentration auf
diese Begrenzungen schafft den unternehmerischen Fokus und damit die Grundlage für
nachhaltigen Erfolg.

Abschnitt 3.2 erläutert, wie Werte in Menschen und sozialen Systemen verankert sind.
Hierbei werden die psychologischen und systemtheoretischen Grundlagen für den praktischen Aufbau von Wertecockpits herausgearbeitet. Dabei wird offensichtlich, dass und
wie die Logik der Werte im Individuum und in sozialen Systemen, z. B. Familien, Unternehmen, Gruppen und Teams, gegenläufigen Rückkopplungsschleifen unterliegt. In der
interdisziplinär angelegten Erläuterung der Regeln und Gesetze, die der Arbeit mit Werten zugrunde liegen, wird unter Rückgriff auf philosophische, psychologische, soziologische und kognitionsbiologische Einsichten anhand dieser Gegenläufigkeit gezeigt, dass
der Aufbau einer stimmigen Unternehmenskultur die Grundlage ist für eine nachhaltige
Unternehmensausrichtung. Das Kapitel argumentiert dafür, dass der Aufbau einer homo-
genen Unternehmenskultur nicht als Aufgabe einer Unternehmensethik zu begreifen ist,
sondern den Aufbau eines Referenzrahmens für individuelle Handlungen erfordert. Noch
vor einer ethischen Unternehmensausrichtung beeinflussen solche Referenzrahmen, wie
tagtäglich gehandelt wird. Eine nachhaltige Ausrichtung von Unternehmen erfordert somit

keine Reflexion auf Ziele einer Unternehmensethik, sondern die pragmatische Gestaltung der täglich gelebten Unternehmenskultur nach Gesichtspunkten der Nachhaltigkeit.

Abschnitt 3.3 entfaltet mit der C4-Matrix die strategischen Eckpfeiler des Wertecockpits. Erläutert wird, wie sich die vier Unternehmensdimensionen, Unternehmensidentität (*corporate identity*), Unternehmenswerte (*corporate values*), Unternehmensorganisation (*corporate development*) und Unternehmenswissen (*corporate knowledge*), zu zwei Achsen unternehmerischer Performanz formieren, die mit den Mitteln des Wertecockpits aneinander ausgerichtet werden.

Abschnitt 3.4 widmet sich den operativen Aspekten, die bei der Arbeit mit Werten zu berücksichtigen sind. In diesem Kapitel werden die Instrumente zur Steuerung der Treiberfaktoren der Unternehmenskultur erläutert und die Aufgaben werteorientierter Führung definiert. Es wird gezeigt, worauf bei der Umsetzung eines Wertecockpits zu achten ist und wie es Schritt für Schritt aufgebaut werden kann.

Die Unternehmensporträts des vierten Teils, Wertewelten in der Praxis, umfassen jeweils ein Kurzporträt des Unternehmens, ein Interview mit dessen Eigner oder CEO sowie die analytische Darstellung des Werteraums und der Wertelandkarte des Unternehmens. An den Unternehmen wird deutlich, wie ein klar strukturiertes Werteverständnis zur Exzellenz dieser Unternehmen beiträgt, wie dieses Werteverständnis in den Unternehmen verankert worden ist und wie es mit den bereits beschriebenen Instrumenten analysiert, erläutert und gesteuert werden kann.

Aus den Interviews wird ersichtlich, dass das dargestellte Wertemanagement einer der Kernwertschöpfungsprozesse der porträtierten Unternehmen ist. Ihre tragenden Werte und CSR-Maßnahmen sind das Rückgrat, das ihre Leistungen trägt. CSR und Werteorientierung sind deshalb auch kein „Schönwetterappendix" unternehmerischer Philanthropie, sondern der täglich frequentierte Kraftraum, in dem diese Unternehmen ihr ökonomisches Profil und ihre Resilienz stärken. Wertemanagement und werteorientierte Führung prägen im Selbstverständnis dieser Unternehmen den Kern, mit dem sie Nutzen und Mehrwert schaffen.

Die Interviews zeigen zudem, dass eigentümergeführte Unternehmen über eine Doppelhelix-Wertestruktur verfügen, in der die Unternehmer- und Familienwerte mit den Werterahmen des Unternehmens verschränkt sind und im Ideal zur Deckung kommen. Dadurch haben sie einen speziellen Drall. Richtig ausgelegt, trägt er zur optimalen Verankerung der gelebten Unternehmenskultur und damit zur gesteigerten Überlebensfähigkeit der dargestellten Unternehmen bei.

Da das Buch für die Praxis konzipiert ist, wird mit Blick auf die Zielgruppe der Unternehmer und Manager in der Argumentation bewusst auf einen beschwerenden Fußnotenapparat und die Diskussion von Literatur verzichtet. Genannt werden jene Autoren, deren Argumente für die vorliegende Argumentation genutzt wurden, sowie Autoren, die für das weiterführende Leserinteresse in der argumentierten Sache bedeutsam sind.

2.5   Ihr Lektürenutzen

Dieses Buch erläutert praxisorientiert die Logik der Werte und ihre Funktion in Unternehmen.

- Es führt in die theoretischen Zusammenhänge, Wirkungsweisen und Knotenpunkte der Arbeit mit Werten ein und erarbeitet pragmatisch und praxisorientiert, wie werteorientierte Führung als Basis der gelebten Unternehmenskultur die Säulen jedes Unternehmens trägt, durch das Dach eines werteorientierten Unternehmensleitbildes geschützt wird und durch die passende Ausgestaltung von CSR-Maßnahmen untermauert wird.
- Es verdeutlicht, dass die Entwicklung der Unternehmenskultur ein Kernprozess unternehmerischer Wertschöpfung ist, der dazu dient, die Überlebensfähigkeit (Resilienz) von Unternehmen zu steigern.
- Es zeigt, wie mit Wertecockpits, dem C4-Management und den sieben Treiberfaktoren der Unternehmenskultur dieser Wertschöpfungsprozess mit wertneutralen Instrumenten gesteuert werden kann.
- Es enthält einen Schritt-für-Schritt-Leitfaden, wie und nach welchen Kriterien in Unternehmen ein individuell abgestimmtes Wertecockpit aufgebaut werden kann.
- Es befähigt den Leser, durch den Aufbau unternehmensspezifischer Wertecockpits den Prozess eines gezielten Wertemanagements in seinem Unternehmen zu verankern.
- Gezeigt wird anhand zahlreicher Fallbeispiele, dass und wie eine ausgeprägte Unternehmenskultur zum Erfolg exzellenter Unternehmen beiträgt und in diesen Unternehmen täglich praktisch umgesetzt wird. Verdeutlicht wird in dem Zusammenhang auch, dass in diesen Unternehmen Wertemanagement- und CSR-Maßnahmen einander in die Hand spielen und CSR ein innerer Bestandteil der Unternehmensentwicklung ist, der anderen Unternehmensprozessen gleichwertig aktiv gesteuert wird.

Literatur

Becker D (2005) Intangible Assets in der Unternehmenssteuerung. Wie Sie weiche Vermögenswerte quantifizieren und aktiv managen. Gabler, Wiesbaden

Wertecockpits und Wertemanagement

Unternehmenswerte legen fest, wofür ein Unternehmen steht und mit welchen Leistungen es sein Überleben absichert. Sie bestimmen trichterförmig die Filter, wie ein Unternehmen seine Welt begreift, welche Probleme es wahrnimmt, welche Lösungsstrategien es entwickelt und welche Produkte und Leistungen es daraus ableitet. Sind die im Unternehmen wirkenden Werte aufeinander abgestimmt und wird das Unternehmen konsequent entlang seiner Werte geführt, sichert dies ökonomischen Erfolg, unternehmerische Exzellenz und Unverwechselbarkeit. Werteorientierte Unternehmensführung zielt darauf ab, die im Unternehmen wirkenden Werte stimmig auszurichten. Hierzu werden sie im Wertecockpit messbar gemacht, an konkrete Erfüllungsbedingungen gebunden und auf einen Referenzrahmen gelebter Werte verpflichtet, der die Unternehmenskultur trägt. In der Organisation und Steuerung solcher Referenzrahmen lenkt das Wertecockpit das individuelle und unternehmerische Handeln und gibt dem Unternehmen Fokus und Beständigkeit.

Zur Steuerung der Unternehmenskultur richtet das Wertecockpit die C4-Dimensionen des Unternehmens – seine Identität (corporate identity), seine Organisationsform (corporate development), seine Wissensressourcen (corporate knowledge) und seine Werte (corporate values) – so aus, dass alle Prozesse im Gleichtakt der Unternehmenswerte laufen. Auch die sieben Treiberfaktoren der Unternehmenskultur – Kommunikations- und Kooperationsverhalten, Führungsstil, Entwicklungschancen, Förder- und Lernverhalten, Anreiz- und Sanktionssysteme – werden mithilfe des Wertecockpits gesteuert.

Der Aufbau des Wertecockpits folgt der Logik von Werten im Individuum und in sozialen Systemen. Unternehmen sind komplexe soziale Systeme, die sich als Handlungsräume organisieren. Hierhin lenken individuelle Werte das einzelmenschliche Handeln. Starke Unternehmenswerte geben dagegen Halt, indem sie alle Stakeholder (Gesellschafter, Mitarbeiter, Kunden, Lieferanten…) binden. Das Wertecockpit gestaltet diese Lenkungs- und Bindefunktion so, dass die dem Unternehmen einprogrammierte „Werte-DNA" den

© Springer-Verlag Berlin Heidelberg 2016

F. Glauner, *CSR und Wertecockpits,* Management-Reihe Corporate Social Responsibility, DOI 10.1007/978-3-662-48930-7_3

Unternehmenszielen entsprechend justiert wird. Schritt für Schritt umgesetzt ist es ein werteneutrales Instrument, mit dem die Unternehmenswerte rational gesteuert werden.

3.1 Grenzen setzen Werte – Werte setzen Grenzen: Der Rahmen für die Arbeit mit Werten im Unternehmen

Mehr denn je bestimmen Grenzen und Werte das unternehmerische Handeln:

1. *Ressourcen*

Für alle endlichen Systeme, auch für unseren Planeten Erde gilt: Die uns zur Verfügung stehenden Ressourcen sind begrenzt. *Unbegrenztes Wachstum ist sowohl qualitativ als auch quantitativ nicht möglich.*

Qualitative Begrenzungen Malthus 2.0 Durch veränderte Methoden der industriellen Landwirtschaft hat sich der Agrarertrag je Hektar zwischen 1910 und 2010 verfünffacht. Im selben Zeitraum wuchs die Weltbevölkerung von 1,8 auf über 6,9 Mrd. Menschen an. Seit den 1990er-Jahren zeichnet sich ab, dass die erzielten Ertragssteigerungen den Grenzertrag agrarwirtschaftlicher Flächenausbeute erreicht und vielfach überschritten haben. Das weitere Bevölkerungswachstum mit prognostiziert rund 9 Mrd. Menschen im Jahr 2050 sowie eine stabile Absicherung der Lebensgrundlagen aller Menschen kann nicht mehr durch weitere Intensivierungen, sondern muss durch andere Formen einer nachhaltigen Nutzung und Vernetzung der Ressourcen aufrechterhalten werden.

Quantitative Begrenzungen – der globale Ressourcen-Dreisatz Wollte die gesamte Weltbevölkerung auf dem heutigen Niveau der Industrieländer leben, wären mehrere Planeten notwendig, um den Bedarf an Ressourcen zu decken. Offensichtlich wird dies anhand der Analyse der globalen CO_2-Emissionen. Nimmt man die weltweiten CO_2-Emissionen als Index für den globalen Ressourcenverbrauch, ergibt sich folgende Rechnung:

- Die Weltbevölkerung beträgt aktuell gut 7 Mrd. Menschen. Davon leben mit 1,242 Mrd. rund 17,8 % in den Industrieländern.
- Die Industrieländer zeichnen mit direktem Verbrauch für rund 63 % der weltweiten Emissionen verantwortlich.
- Rechnet man den für den Konsum der Industriestaaten anfallenden anteiligen CO_2-Verbrauch der Schwellen- und Entwicklungsländer hinzu (etwa für die landwirtschaftliche Produktion von Fleisch, Gemüse, Früchten oder für industrielle Fertigungen als verlängerte Werkbank), liegt der den Industriestaaten zurechenbare Ressourcenverbrauch bei rund 80 % der globalen Ressourcen.

- Wollten die anderen 82,2 % der Weltbevölkerung auf dem heutigen Niveau der Industriestaaten leben, müsste der globale Ressourcenverbrauch um gut ein Vierfaches gegenüber dem heutigen Stand steigen. Es würden dann vier Erdplaneten benötigt, um den Bedarf der einen Erde zu decken.

Wie Unternehmen mit ihren begrenzten Ressourcen umgehen, ist eine Frage der Werte. Sie prägen den Handlungsraum, in dem unternehmerische Entscheidungen getroffen werden.

2. *Märkte*

Gesättigte Heimatmärkte diktieren den unternehmerischen Spielraum. Für viele Unternehmen sind die Märkte ausgeschöpft und quantitatives Wachstum ist nicht mehr möglich:

a. angesichts begrenzter Ressourcen;
b. angesichts Strukturen, die der Markt vorgibt und wegen ihrer regionalen Verankerung, die eine globale Vermarktung ausschließt.

Ein Beispiel: Betrachtet man Großbetriebe, wie z. B. Großmetzgereien, Autohäuser und sonstige Gewerbebetriebe im ländlichen Raum, ergibt sich oft folgendes Bild: Das Unternehmen ist in weitem Umkreis der größte Arbeitgeber und Leistungsträger, jedoch weder in der Lage, gegen die Angebote der großen Discounter zu bestehen, noch in Wachstumsmärkte zu exportieren. Was bleibt, sind neue Kooperations- und Vernetzungsstrategien, die den Absatz im regionalen und überregionalen Markt sichern. Der Aufbau solcher Vernetzungsstrategien gelingt aber nur, wenn er von Werten getragen wird, die über die gesamte Prozesskette von Lieferanten, Produzenten, Absatzmittler und Kunden gelten.

3. *Humankapital*

Zunehmend entbrennt der Kampf um die „besten Köpfe". Unternehmen müssen in diesem Wettbewerb heute mehr bieten als lediglich leistungsgerechte Entlohnung und Karrieren. Alle Untersuchungen über die herausragende Performanz von Unternehmen zeigen: Unternehmen, die ihre Mitarbeiter fördern und dabei einen übergeordneten Sinn für unternehmerische Tätigkeiten vermitteln, sind leistungsfähiger, da sie auf ein größeres Angebot an geeigneten Bewerbern zurückgreifen können. Auch hier zeigt sich, *die Werte des Unternehmens beeinflussen seine zentrale Ressource – die Menschen, die das Unternehmen tragen.* Sie prägen die Entwicklungsfähigkeit von Unternehmen und entscheiden über Grenzen und Erfolg.

4. Wachstum und „Lean Management"

Auch operativ spielen sich Werte und Grenzen in die Hand. Endliche Ressourcen und gesättigte Märkte begrenzen das Wachstum von Unternehmen nach außen, „Downsizing"
und „Lean Management" begrenzen die unternehmerische Entwicklung nach innen. *Einmal ausgeschöpft, führen ehemals erfolgreiche Verhaltensmuster zu negativen Effekten.*
Hier gilt es, von der Natur zu lernen.

Von Quallen lernen
Quallen bilden entwicklungsgeschichtlich eines der ältesten lebenden Systeme der
Erde. Sie sind ideal an eine Umwelt angepasst, die sich schnell ändert, denn der
Salzgehalt in Gezeitentümpeln steigt und fällt ständig. Die Qualle reagiert dar-
auf *osmotisch*. Je nach Salzgehalt gibt sie so viel Wasser ab oder nimmt aus dem
Umweltmedium so viel Wasser auf, dass ein Gleichgewicht zwischen innen und
außen hergestellt wird. Wird eine Qualle in Salzlake gelegt, löst sie sich auf. Ist sie
im Süßwasser, saugt sie sich voll, bis sie platzt.
Fazit: Werden erfolgreiche Anpassungsmuster überreizt, führt das zum Kollaps
des Systems.

5. *Kunden*

Wer die Werte seiner Kunden missachtet, verfehlt den Markt. Was aber sind die Werte der
Kunden? Einige Zahlen, Daten und Fakten:

- *60 %* der Bürger zweifeln an der Aufrichtigkeit von Unternehmen (Neuorientierung im
  Wirtschaftsjournalismus. Redaktionelle Strategien und Publikumserwartungen 2012).
- *84 %* der Bürger glauben nicht, dass die Akteure in Unternehmen die Interessen der
  Bürger vertreten (Neuorientierung im Wirtschaftsjournalismus. Redaktionelle Strategien und Publikumserwartungen 2012).
- *6 %* der Bevölkerung sind der Auffassung, dass Moral heute von der Wirtschaft vermittelt wird, *57 %* sagen NEIN, das trifft nicht zu. Moral bedeutet für die Befragten:
  Ehrlichkeit, Verantwortung, Zuverlässigkeit, Offenheit und Transparenz sowie Nachhaltigkeit, Fairness und Gerechtigkeit (MoRAL Studie 2011).
- *64 %* der Deutschen finden, dass ein Unternehmen positiv moralisch handelt, wenn das
  Handeln direkte positive Konsequenzen nach sich zieht (MoRAL Studie 2011).
- *55 %* der Verbraucher sind der Ansicht, dass Vertrauen und *52 %*, dass Verantwortung immer wichtiger werden. Nur *4 %* sagen NEIN, beides werde weniger wichtig
  (GfK-Trendsensor Konsum 2010).
- *71 %* der Menschen vertreten die Ansicht, dass nachhaltiges Handeln zu Unternehmenswachstum führt (Ethical Brand Monitor 2010).

- *65 %* der Menschen vertrauen gesellschaftlich engagierten Unternehmen mehr als anderen (Ethical Brand Monitor 2010).

Die Währung der Unternehmenswerte ist Glaubwürdigkeit **Glaubwürdigkeit ist das Ergebnis gelebter Werte**. Sie wird nur dann erlangt, wenn ethisch tragbare Werte Leitfaden für alle Stufen der Prozesskette sind. Glaubwürdigkeit gründet in verantwortlichem Handeln, nicht in Marketing und Kommunikation. Sie entscheidet langfristig darüber, wie erfolgreich ein Unternehmen ist.

6. *Chancen der Nachhaltigkeit*

‚Erfolgreich sein' bedeutet, sich in begrenzten Märkten zu bewähren. Es erfordert, mit den angebotenen Leistungen ganzheitlichen Nutzen zu stiften für das lokale, regionale und globale „System" aus Menschen, Umwelt und Gesellschaft. *Welchen Nutzen ein Unternehmen stiftet und wer Nutznießer der unternehmerischen Leistungen ist, ist das Spiegelbild der Unternehmenswerte.* Auch hier gilt: Werte setzen Grenzen, Grenzen setzen Werte.

Am Markt zu bestehen heißt, zu begreifen, dass das System als Ganzes voranzubringen ist. Nur die Stiftung eines übergreifenden Gesamtnutzens sichert den Eigennutzen langfristig ab.

Mykorrhizen oder das Mini-Max-Prinzip der Nutzenoptimierung
Die Symbiose von Pflanzen und Pilzen lebt von Mikroeffekten, die dem Mini-Max-Prinzip folgen. Es besagt, dass schwache Wirkungen, etwa der Eintrag von Spurenelementen in den Nährstoffkreislauf, die größte Wirkung entfalten. Pilze stellen ihrer Wirtspflanze lebenswichtige Nährstoffe und Spurenelemente zur Verfügung. Im Gegenzug erhalten sie von der Wirtspflanze alle Ressourcen, die der Pilz zum Gedeihen benötigt. In der Symbiose sind beide nicht nur aufeinander angewiesen, sondern sorgen dafür, dass das Umgebungssystem durch übergreifende Nutzenketten stabil gehalten wird.

---

7. *Von Bienen lernen*

Unternehmen sind gelebte Wertesysteme. Diese Systeme umfassen mehr als die ökonomisch bezifferbaren Unternehmenswerte. Der Blick auf die Mehrwerte, die das Unternehmen tragen, ebnet den Weg zu nachhaltigem Unternehmenserfolg.

Vernetzte Nutzenfokussierung auf allen Ebenen der Prozesskette schafft die Dynamik, den Druck begrenzter Ressourcen und Märkte in Energie und unternehmerischen Erfolg umzuwandeln. Hier heißt es, von den Bienen zu lernen.

Der Mehrwert des Honigs

Mehrwerte sind Werte, die den Primärnutzen einer Leistung potenzieren. Nachhaltigkeit ist ein solcher Mehrwert. Sie ist der Stabilisierungsbeitrag, bei dem durch Nutzenstiftung qualitativ mehr in das System eingebracht als quantitativ aus dem System herausgezogen wird.

Bienenvölker sind wahre Mehrwertwunder. Sie leben vom Nektar der Blüten, den sie zu Honig wandeln. Der Mehrwert der Honigproduktion besteht nicht allein darin, die Aufzucht der Larven abzusichern und dabei für Menschen und Bären natürlichen Süßstoff zu produzieren, sondern der größte Mehrwert der Bienenarbeit ist, dass sie die Fortpflanzungsfähigkeit der Wirtspflanzen garantieren. Ohne Bestäubungsleistung gäbe es weder Befruchtung noch Früchte oder Samen. Binnen kurzer Zeit würden große Teile der Ökosysteme kollabieren. Mit der Honigproduktion tragen Bienen auf diese Weise vielfach mehr zum Gesamtsystem bei, als sie Ressourcen aus dem System ziehen.

Wie sich die Steuerung solcher Mehrwerte auf die Performanz von Unternehmen auswirkt, verdeutlicht das Fallbeispiel des neuseeländischen Funktionsbekleidungsherstellers Icebreaker.

Mehr als Wolle

Die 1994 in Wellington, Neuseeland gegründete **Icebreaker New Zealand Ltd.** etablierte im Markt der Funktionswäsche ein neues Segment, Funktionskleidung aus 100 % Merinowolle. Von Anfang an wurde beim Aufbau des Unternehmens darauf geachtet, dass die herausragende Funktionalität des Ausgangsgewebes mit einer ethisch orientierten Unternehmensführung unterfüttert wird, die den Produkten von Icebreaker einen Mehrwert verleihen soll. Diese Mehrwertentwicklung orientiert sich an vier Feldern:

1. Im Bereich *Tierschutz* wird ausschließlich mit lokalen kleinen Merinozüchtern gearbeitet. Diese werden vertraglich verpflichtet, fünf strikten Tierschutzanforderungen zu genügen. Die Tiere dürfen nicht durstig oder hungrig sein. Es muss ihnen angemessener Schutz und Komfort bereitgestellt werden. Sie müssen vor Verletzungen, Erkrankungen und Parasitenbefall geschützt werden. Sie sind schmerzfrei zu halten. Sie müssen die Möglichkeit haben, ihre normalen Verhaltensmuster an den Tag zu legen. Jedes Schaf im Dienst von Icebreaker hat im Schnitt 1,6 ha Weidefläche – also viel Platz.

2. Im Bereich *Umwelt* wird dafür gesorgt, dass die Merinoschafe, deren Wolle Icebreaker verwendet, in ökosystemverträglichen Kleinherden gehalten werden. Dadurch werden negative Auswirkungen der Schafzüchtung auf die Umwelt reduziert und das Weideland kann sich erholen.

3. Im Bereich der *Sozialethik* erwartet Icebreaker von seinen Herstellern, dass diese hervorragende Arbeitsbedingungen haben. Die Mitarbeiter erhalten einen Zuschlag zum Durchschnittslohn. Ihnen wird sowohl eine Arbeitsumgebung mit optimalen Licht-, Luft-, Temperatur- und Umweltbedingungen garantiert als auch eine gute Unterbringung, Mahlzeiten und Chancengleichheit.

4. Im Bereich *Produktionsethik* erwartet Icebreaker von seinen Herstellern eine strikte Unternehmensethik sowie modernste Herstellungsanlagen und Technologien, die der Nachhaltigkeit dienen. Sie sind außerdem einem internationalen Qualitätssicherungsprogramm (z. B. ISO 9001) unterworfen sowie angehalten, sich an eine internationale Umweltmanagementnorm (z. B. ISO 14001) zu halten.

Zur Dokumentation der gelebten Unternehmenswerte gegenüber den Endkunden ist seit 2008 jedes von Icebreaker gefertigte Kleidungsstück mit einer individuellen Barcode-Nummer versehen. Anhand dieser Nummer kann der Kunde den kompletten Herstellungsprozess seines persönlichen Kleidungsstückes nachvollziehen, angefangen bei der Farm, auf der die Schafe gezüchtet werden. Kunden können dabei die Lebensbedingungen der Schafe überprüfen und die Schafzüchter kennenlernen.

Der Nutzen und die Mehrwertstiftung von Icebreaker erstrecken sich so über die gesamte Kette von der Schafzucht und dem Aufbau lokaler, ökonomisch und ökologisch tragfähiger Wirtschaftsstrukturen bis hin zu den Endkunden in nunmehr über 30 Ländern. Icebreaker steht so als Marke für ökologisch und ökonomisch sozialverträgliche Funktionswäsche mit einer glaubwürdig nachvollziehbaren Produkttransparenz und Mehrwertgarantie.

Durch die Vernetzung der kompletten Produktkette mit einem Werterahmen, der den Herstellungsprozess auf allen Stufen mit Mehrwerten unterlegt, konnte Icebreaker in den vergangenen Jahren eine erfolgreiche Entwicklung nehmen.

Das Beispiel von Icebreaker verweist auf das grundlegende Erfolgsprinzip künftigen Wirtschaftens: Unternehmenserfolg gründet in der werteorientierten Gestaltung von Mehrwertketten.

Die werteorientierte Gestaltung von Mehrwertketten basiert darauf, dass Unternehmen die Grenzen ihrer wirtschaftlichen Handlungsspielräume so ummünzen, dass sie mit unverwechselbaren Alleinstellungsmerkmalen einen nachhaltigen Nutzen generieren, der die gesamte Prozesskette von der Ressourcengewinnung über die Produktion bis hin zum Endkunden umfasst. Im gestalterischen Umgang mit Werten liegt der Schlüssel für künftigen unternehmerischen Erfolg.

3.2 Die Grammatik der Werte

Reden wir von Werten, ist eine moralische Definition von einer moralneutralen abzugrenzen. Die *moralische Definition* lautet: *Werte sind die Richtschnur, nach der Handlungen
ausgerichtet und ethisch-moralisch beurteilt werden.* In diesem Verständnis sind Werte
„das Gute" und Basis des moralischen Rechts, wie es z. B. für den Begriff des Eigentums
im siebten, neunten und zehnten Gebot sowie im Verpflichtungsgebot des Grundgesetzes
verankert ist: „Eigentum verpflichtet. Sein Gebrauch soll zugleich dem Wohle der Allge-
meinheit dienen" (GG § 14.2.).

Davon unterschieden ist eine *moralneutrale, kybernetische Definition.* Sie lautet: *Werte
lenken menschliche Handlungen.* Grundlage dieser Definition ist die Einsicht, dass sowohl der einzelne Mensch als auch die sozialen Beziehungen, in denen er steht, wertegebunden sind. Diese Wertegebundenheit drückt sich aus im Begriff des sozialen Systems.

*Die kybernetische Definition sozialer Systeme: Soziale Systeme sind lebende Systeme
höherer Ordnung. Ihr zentrales Kennzeichen ist, dass sie durch Werte getragen werden,
die den Umgang miteinander prägen.*

Sowohl der einzelne Mensch als auch Unternehmen, Familien, Organisationen, kurz
alle institutionellen und nicht institutionellen Gemeinschaften sind in diesem Sinn *soziale
Systeme.* Ihr jeweiliges Handeln wird durch Werte gelenkt (vgl. Abb. 3.1).

Aus kybernetischer Sicht haben Werte eine moralneutrale Lenkungsfunktion. In dieser
Lenkungsfunktion stehen die jeweils handlungsleitenden Werte eines sozialen Systems
nicht isoliert und einzeln im Raum, sondern sie fügen sich zu Sinnsystemen. **Werte stiften
Sinn**.

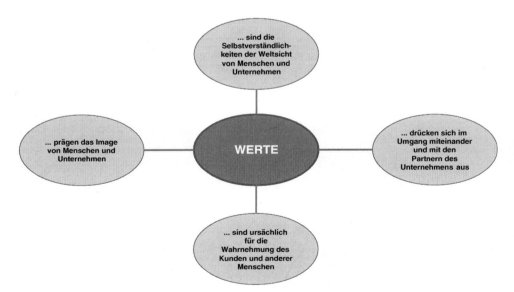

Abb. 3.1 Die Lenkungsfunktion von Werten

In der Sinnstiftungsfunktion der Werte projizieren Menschen wie Unternehmen ihre eigene Sicht auf die Welt. Unser Umgang mit der Wirklichkeit ist so immer der Umgang mit unseren Wertesystemen, die unser Bild von der Wirklichkeit prägen.

Auf Unternehmen übertragen heißt dies: **Werte tragen und prägen das Unternehmen als ein soziales System, das sich mit seinen Werten seine eigene Wirklichkeit schafft.** Werte sind dabei mehr als bloße Unternehmenskultur. Unternehmenskultur ist zwar ein Teil des Wertegefüges von Unternehmen. Die tragenden Werte umfassen aber mehr: Die psychologischen Dimensionen der mit einem Unternehmen verbundenen Stakeholder, die systemischen Dimensionen des Unternehmens als komplexer Organisationsstruktur und die gelebte Unternehmenskultur als alles verbindendes Geflecht mit seinen Unternehmensprozessen.

In seiner jeweiligen Wirkweise unterliegt dieses Geflecht der Werte im Unternehmen einer inneren Logik der Gegenläufigkeit. Diese Gegenläufigkeit resultiert daraus, wie Werte das Selbst- und Weltverständnis des einzelnen Menschen und der sie umgebenden sozialen Systeme tragen und prägen. Dieser Logik der Gegenläufigkeit entspringt die **Grammatik der Werte** im Unternehmen: *Die im Unternehmen gelebten Werte sind die Treiberkräfte, wie und in welcher Richtung sich das Unternehmen entwickelt. Sie legen sozusagen die Regeln fest, nach denen im Unternehmen gehandelt wird.*

3.2.1   Die Dynamik der Werte in Unternehmen

Die Rolle und Funktion von Werten beschäftigt viele Disziplinen. Bei allen Differenzen aber stimmen Wirtschaftswissenschaften, Biologie, Philosophie, Psychologie und Soziologie im Folgenden überein: Jedes Reden über Werte beinhaltet eine personenbezogene und eine institutionenbezogene Seite. *Die Dynamik von Werten resultiert daraus, dass keine Seite für sich allein bestehen kann.* Werte ergeben sich für Menschen ausschließlich im Zusammenspiel mit den sozialen Systemen, in denen sie stehen. Dabei sind die Funktionen der Werte für das Individuum und für die ihn umschließenden sozialen Systeme nicht deckungsgleich.

Ehrlichkeit, Offenheit, Transparenz, „Stakeholder-Value", „Corporate Governance", Ertragsoptimierung, Ressourcenoptimierung: Über Werte gliedern und differenzieren Unternehmen und Menschen die Welt. Was wichtig ist und was nicht, was beachtet, übersehen oder ausgeblendet wird – *Werte prägen den Kern, wie Unternehmen und Menschen sich selbst verstehen.*

Dieser Kern wird gebildet durch zwei einander umkreisende Kraftfelder, den Selbst- und den Weltbezug. Aus beiden Bezügen heraus verstehen sich die einzelnen Menschen und die sozialen Systeme, die durch die einzelnen Menschen gebildet werden. In diesem doppelten Bezug prägen Werte das Weltbild von Menschen und Unternehmen. Zugleich prägen sie die Anziehungs- und Ablehnungskräfte, die den Umgang sozialer Systeme miteinander und mit der Umwelt kennzeichnen (vgl. Abb. 3.2).

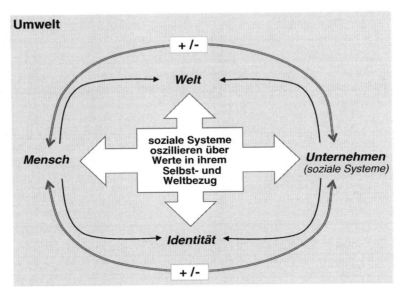

Abb. 3.2 Die Filterfunktion von Werten. Geteilte Werte führen zu Verstärkereffekten der Weltsicht und Identität. Wertekonflikte schwächen oder stärken soziale Systeme. Werden sie ignoriert, behindern sie das System, schränken es ein. Werden sie aufgegriffen, eröffnen sie neue Weltperspektiven und treiben Wachstum, Innovation und Wandel konstruktiv voran

Je ausgeprägter ein Werterahmen ist, desto stärker beeinflusst er zwei Dimensionen des Unternehmens. Erstens die **Fähigkeitsskala** von Fokus und Offenheit. Zweitens die **Attraktivitätsskala** von Anziehungs- und Abstoßungskraft. Auf Unternehmen angewandt: Die Skalenwerte Fokus und Offenheit des Weltblicks wirken darauf ein, wie starr oder flexibel ein Unternehmen auf Neues reagieren kann. Die Skalenwerte Anziehungs- und Abstoßungskraft wirken auf den Faktor **Bindekraft**: Nach innen auf die Anziehung und Motivation von Mitarbeitern, nach außen auf die Begehrtheit eines Unternehmens und seiner Leistungen als Index für Markterfolg (vgl. Abb. 3.3).

Sehr ausgeprägte und auf das Unternehmen optimal abgestimmte Werterahmen beeinflussen die Selbstschöpfungskraft (Autopoiesis) von Unternehmen und erhöhen deren Resilienz, d. i. ihre Widerstandskraft. Diese Widerstandskraft ist einer der zentralen Faktoren für die Überlebensfähigkeit von Unternehmen in Zeiten des Wandels und in Krisen. Sie wird gestärkt, wenn das Wertesystem im Austausch mit der Umwelt und anderen Systemen veränderte Perspektiven einnehmen kann, anstatt starr eingefahrenen Mustern zu folgen.

Positiv auf das Unternehmen abgestimmte Werterahmen dienen als osmotische Membran und Filter für Wachstum. Sie ermöglichen, relevante Veränderungen frühzeitig zu erfassen und darauf zu reagieren.

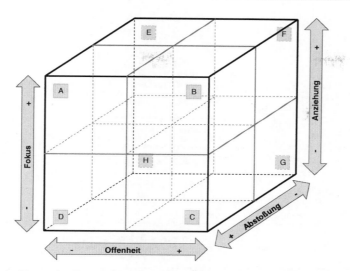

Abb. 3.3 Matrix Tonus der Unternehmensidentität. Übertragen auf eine dreidimensionale Struktur können Unternehmen in acht Quadranten geordnet werden. Diese Quadranten reflektieren den Charakter des Unternehmens, z. B. Quadrant B stark polarisierende Unternehmen mit hohem Fokus, großer Offenheit und ausgeprägten Abstoßungskräften (beispielsweise Investmentbanken) oder Quadrant F gering polarisierende Unternehmen mit hohem Fokus, großer Offenheit und hoher Anziehungskraft (z. B. stark emotionalisierende Unternehmen, wie Apple und Unternehmen mit einer hohen Unternehmensethik, z. B. dm-drogerie märkte)

3.2.2 Wertepsychologie

Menschliche Handlungen, z. B. von Mitarbeitern, Teamplayern oder Führungskräften, sind in dreifacher Hinsicht wertebehaftet:

1. durch menschliche Bedürfnisstrukturen,
2. durch persönliche Sinnsysteme,
3. durch individuelle Handlungsmotive.

3.2.2.1 Bedürfnisse

Alles Handeln ist Ausdruck individueller Bedürfnissen. Menschliche Bedürfnisse gliedern sich nach Abraham H. Maslow in einer fünfstufigen Hierarchie. Die unteren drei Stufen klassifizieren Defizitbedürfnisse, die beiden oberen Wachstumsbedürfnisse. Bedürfnisse der nächsthöheren Stufe entfalten sich erst, wenn die der unteren Stufen befriedigt sind (vgl. Abb. 3.4).

Für die Leistungsbereitschaft von Menschen und Unternehmen sind Wachstumsbedürfnisse von zentraler Bedeutung. Sie ermöglichen individuelle und unternehmerische Kreativität und Wachstum und stehen auf einer dynamisch höheren Stufe als die Treiberkräfte der Defizitbedürfnisse. Letztere sind auf die Absicherung der Existenz ausgerichtet. Sind

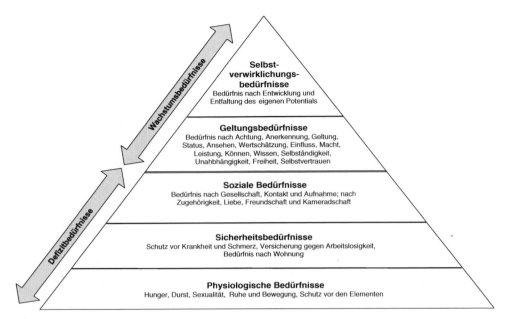

Abb. 3.4 Maslows Bedürfnispyramide

sie befriedigt, führt ein Mehrangebot gleicher Anreize zu keinerlei zusätzlichen Aktivitäten. „Ist der Mensch satt, zieht es ihn nicht zum Jagen."

Geltungs- und Selbstverwirklichungsbedürfnisse lassen sich dagegen durch immer neue Bedürfnisanreize exponentiell steigern. Um beim Jagen zu bleiben: Der Trophäenjäger träumt stets vom noch kapitaleren Bock. Hierbei ist zu berücksichtigen, dass Anreize zur Befriedigung von Geltungsbedürfnissen Motivation und Bindungskräfte freisetzen. Allzu große Selbstverwirklichungsbedürfnisse wirken dagegen als Zentrifugalkräfte. Sie sind institutionell schwerer zu steuern, da sie ausschließlich aus der individuellen Rückbezüglichkeit individueller Werte entstehen.

Wie diese Bedürfnisse aufgegriffen und adressiert werden, hat erheblichen Einfluss auf die Performance von Mitarbeitern und Unternehmen.

Bedürfnisse: Drei Beispiele

1. *Hochleistungskreativität*

   3M, das Multitechnologieunternehmen mit 50.000 Produkten, 25.000 Patenten, 7000 Forschern und 45 Technologien fördert die individuelle und unternehmerische Leistungsfähigkeit durch ein ausgeklügeltes System, mit dem individuelle Geltungs- und Selbstverwirklichungsinteressen gelenkt und zur Steuerung des Unternehmenserfolgs genutzt werden. Mitarbeiter dürfen einen Teil ihrer Arbeitszeit für eigene, auch private Projekte verwenden. Sie können dabei kostenfrei auf die Unternehmensressourcen zurückgreifen. Weder gibt es für diese Projekte Zielvorgaben oder Reglementierungen noch muss über die verwendete Projektzeit Rechenschaft abgelegt werden. Einzige Maßgabe ist, dass verwertbare Ergebnisse, z. B. Patente oder neu entwickelte Verfahren, 3M zur Verfügung stehen. Mit diesem Modell ist 3M seit über 30 Jahren Marktführer in seinen Zielmärkten.

2. *Demotivationsrendite*
Insbesondere in hochdynamischen Unternehmen und Märkten gehen Effizienzinitiativen und Fusionen häufig mit Personalabbau einher. In der Folge kommt es oft zu Negativeffekten, die die angestrebten Leistungssteigerungen ins Gegenteil wenden. Ursache hierfür ist, dass die meisten verbleibenden Mitarbeiter von den Stufen der Wachstumsbedürfnisse auf die mittlere Stufe der Defizitbedürfnisse zurückfallen. Auf dieser Stufe ist das menschliche Verhalten durch Vorsicht geprägt. Mitarbeiter sind darum bemüht, nicht aufzufallen. Das Unternehmen verliert dann oft mehr an Innovations- und Leistungskraft als es durch angestrebte Skaleneffekte und Effizienzinitiativen heben kann.

3. *Selbstverwirklichungsmissklang*
Wie im Fußball gilt auch im Leben: Besteht ein Team aus lauter Primadonnen, verliert die Mannschaft an Teamorientierung und damit an Durchschlagskraft.

3.2.2.2 Sinnsysteme

Menschliches Verhalten ist nicht nur durch Bedürfnisse wertebehaftet, sondern auch durch das, was wir denken. Es prägt unser Selbst- und Weltverständnis.

Als Gemeinschaftswesen steht der Einzelne in umfangreichen sozialen Bezügen und Rollen. Diese geben seinem Leben einen Rahmen. Als Vater, Mutter, Mitarbeiter, Kunde oder Führungskraft ist der Mensch nicht nur durch den sozialen Raum geprägt, der seine Handlungen „normativer Kontrolle" unterwirft (Parsons 1994, S. 210), sondern er ist dabei zugleich geleitet durch **individuelle Sinnsysteme**, mit denen er sich selbst versteht.

▶ **Sinnsysteme** Sinnsysteme sind Werteräume, aus denen heraus der Mensch entscheidet, wie er sein Leben gestaltet. Sie sind der Rahmen für die Ausgestaltung persönlicher Werte und formatieren die subjektive Sicht, welche Werte im Leben gelebt werden sollen und wie der Mensch sein Leben gestalten möchte.

Zwei Aspekte dieser Selbstbezüglichkeit individueller Sinnsysteme sind bedeutsam.

Erstens: Jeder Mensch knüpft seine Handlungen an Werte, die über ihn hinausweisen und die seinen Tätigkeiten Sinn, Gehalt und Tragkraft verleihen (vgl. Joas 1999, S. 255). In diesem „Wille[n] zum Sinn" (Frankl 1994, S. 267) sind die individuellen Werte „Sinn-

Universalien" (Frankl 1985, S. 238). Sie leiten das einzelmenschliche Handeln auf lange Sicht. Werden diese Werte frustriert, hemmt dies Leistungsbereitschaft und Handlungsfähigkeit.

Zweitens: Jede Sinngebung oder Sinnzuschreibung erschafft „rückbezüglich ihre eigene „sinnvolle" Wirklichkeit" (Watzlawick 1988, S. 129). Individuelle Werte als Ausdruck dieser Sinngebung sind die Filter, mit denen Menschen ihre Wirklichkeit begreifen. Die Welt als Folie individueller und sozialer Handlungsräume erhält durch diese Filter „einen Eigenwert, der letztlich unser eigener ist" (l. c. 154).

Sinnsysteme sind auf Dauer angelegt. Außer in Krisensituationen ändern sie sich nur langsam.

Resonanzspiegel
Für Menschen sind Unternehmen sowohl Projektionsfläche als auch Resonanzraum individueller Sinnversprechen. Werden Werte geteilt, verstärkt dies individuelle und unternehmerische Leistungsfähigkeit. Prominentes positives Beispiel ist das familiengeführte Membrantechnikunternehmen GORE.

Gibt es dagegen innerhalb des Systems Wertekonflikte oder wird das System von ungeeigneten Werten geleitet, kann das zum Zusammenbruch führen, wie die Geschichte der Drogeriemarktkette Schlecker zeigt.

3.2.2.3 Motive und Motivation

Warum wir tun, was wir tun, ist mehr als nur die behavioristische Frage nach unserer Konditionierung durch Belohnung und Strafe. Menschliches Handeln setzt Motivation voraus. Motivation ist der ergebnisorientierte Prozess, in zielgerichteten Handlungen persönliche Motive zu verfolgen. Motive sind emotional belegte Ziele, die uns antreiben. Es sind individuelle Werte, die Anreiz zu persönlichem Handeln oder Unterlassen geben. Motivation bezeichnet den Prozess, auf welche Weise und mit welcher Intensität individuelle Handlungsgründe umgesetzt werden.

Extrinsische Motivationen, also Anreizsysteme mit Karotte und Peitsche, führen nicht weit. Sie missachten, dass Motivation mehr benötigt, nämlich intrinsische Treiber, d. h. die Verknüpfung von Zielen mit persönlichen Werten. **Motivation entsteht aus der Verknüpfung von Eigenwerten mit persönlichen Zielen.**

▶   **Eigenwerte** Eigenwerte tragen und prägen die menschliche Identität. Eigenwerte sind alle Werte, die darüber entscheiden, wer wir sind, was wir denken, was wir tun.

Klassische Helden

Achilles, griechischer Held im Trojanischen Krieg, ist das erste Sinnbild für den modernen Menschen. Er ist der Einzige unter Homers Helden, der aus freien Stücken nach Troja zieht. Weder steht er in bindenden Verwandtschaftsbeziehungen zu einer der Konfliktparteien noch ist er verstrickt in die auslösende Handlung, den Raub Helenas durch Paris. Vor die Wahl gestellt, jung und als Held zu sterben oder ein gewöhnliches Leben in Genügsamkeit zu führen, wählt er für sich den Heldentod. Geleitet durch das Motiv unsterblichen Ruhms ist Achilles so der Prototyp des selbstbestimmt handelnden Akteurs, der sich frei von Zwängen verwirklicht.

Wird menschliches Verhalten ausschließlich durch äußere Anreize gesteuert, ohne Raum zu lassen für selbstbestimmte Einflussnahme, sinkt die innere Beteiligung und damit die Leistungsfähigkeit.

Was also motiviert? Nach Maslow sind es vorrangig die individuellen Wachstumsbedürfnisse. David McClelland (1961, 1984) unterscheidet dagegen vier Faktoren für Motivation: Drei Grundmotive für intrinsische Motivation, das Streben nach Macht, Leistung und Zugehörigkeit sowie viertens das Bestreben, Unliebsames zu vermeiden. Frederic Herzberg (Herzberg et al. 1959) unterscheidet zwei Faktoren, die arbeitspsychologisch das Verhalten beeinflussen. Auf der einen Seite stehen die Motivatoren. Sie umfassen die Freude an der Arbeit und der eigenen Leistung, persönliches Wachstum, Verantwortung, Anerkennung und Karrierechancen. Ihnen gegenüber stehen die organisatorischen Hygienebedingungen des Unternehmens. Sie müssen erfüllt sein, damit Menschen sich bei der Arbeit motiviert fühlen, repräsentieren aber keinen Eigenwert, der als Motivationsanreiz dienen kann. Zu den Hygienefaktoren zählt Herzberg Status, zwischenmenschliche Beziehungen zu Vorgesetzten, Peers und Mitarbeitern, Arbeitsbedingungen, Arbeitsplatzsicherheit, Gehalt und Lebensumstände. John Barbuto und Richard Scholl (1998) unterscheiden schließlich zwei intrinsische Motivatoren (intrinsische Prozessmotivation und internes Selbstverständnis) von drei extrinsischen Motivationsfaktoren (internalisierte Ziele, extern bestimmtes Selbstverständnis, instrumentelle Anreizsysteme) (vgl. Abb. 3.5).

Gleich wie die einzelnen Zuordnungen im Bereich intrinsischer und extrinsischer Motivatoren ausfallen, alle Untersuchungen zur Motivation von Menschen teilen die Einsicht, dass herausragende Leistung durch intrinsische Motivation ausgelöst wird.

Für den tätigen Menschen heißt dies: *Persönliche Werte sind die Treiber für individuelle Handlungen.* Individuelle Leistungsfähigkeit und individueller Leistungswille sind wertegetrieben. Das ist die **Push-Funktion** von Werten.

▶ **Die Push-Funktion von Werten** Die Push-Funktion von Werten besteht in der emotionalen Aufladung von Motivatoren, die unsere Handlungen leiten. Sie kommen in Luthers Worten vom „hier stehe ich und kann nicht anders" zum Ausdruck.

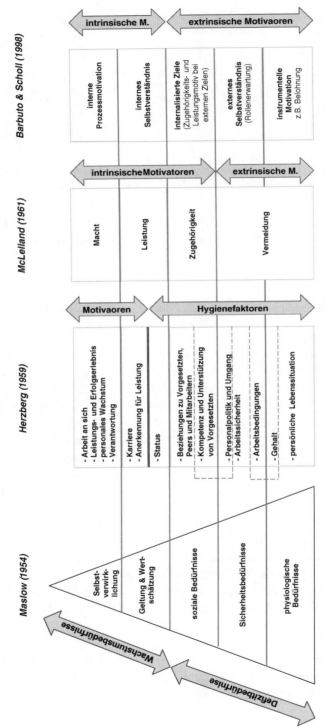

Abb. 3.5 Faktormodell der Motivation nach Maslow, Herzberg, McClelland, Barbuto und Scholl

Die Währung der Motivation

Menschen sind keine Esel und Unternehmen keine Eseltreiber. Wie zahlreiche psychologische Studien immer wieder gezeigt haben, sind Geld und Strafe keine Währung für Motivation. Im Gegenteil, sie untergraben intrinsische Motivation, wenn herausragende Leistungen gefordert sind. Werden die Spielräume für intrinsische Motivation eingeschränkt, ist das Ergebnis der Leistungen negativ.

Drei Definitionen

▶ **Motive** Motive sind emotional besetzte Ziele, die uns antreiben. Sie sind die überdauernden individuellen Gründe, die unsere Handlungen leiten und ergeben sich aus wertegeladenen Zielen. Motive lenken die persönliche Motivation und prägen das individuelle Selbstverständnis. Motive sind so der Ausdruck individueller Werte, die Anreiz zu persönlichem Handeln oder Unterlassen geben.

▶ **Motivation** Motivation ist der in Intensität und Struktur aufgeschlüsselte Impuls, mit dem der Prozess einer Zielerreichung umgesetzt wird. Motivation bezeichnet die Art und Weise, wie und mit welcher Intensität individuelle Handlungsziele umgesetzt werden. Motivation realisiert sich als aktualisierte Verknüpfung individueller Handlungsgründe mit konkreten Handlungszielen. Sie setzt sich zusammen aus einem Grund, einem Ziel und einem konkreten Ort, an dem das persönliche Ziel durch Verknüpfung mit individuellen Gründen umgesetzt wird.

▶ **Handlungen** Handlungen sind absichtsvolles, zielgerichtetes und subjektiv sinnvolles Tun. Es gründet in individuellen Motiven und wird gelenkt durch persönliche Motivation.

Drei Klassen von Handlungen sind unterscheidbar: *Teleologische Handlungen*, d. h. „um zu"-Handlungen. Zu ihnen gehören alle zielorientierten instrumentellen Handlungen. Teleologische Handlungen sind nach Zweck-Mittel-Kategorien organisiert. *Normative Handlungen*, d. h. „du-sollst-"/„ich-muss"-Handlungen. Zur Klasse der normativen Handlungen gehören alle regelorientierten Handlungen. Regelorientierte Handlungen sind organisiert durch die Vorgaben individueller Eigenwerte und kollektiver Gemeinschaftswerte. Alle Handlungen aus Pflicht, Gehorsam, Überzeugung etc. sind normativer Art. Die dritte Klasse umfasst die kreativen Handlungen, d. h. „um… Willen" und „ich-bin"-Handlungen. *Kreative Handlungen* organisieren sich nach dem Prinzip des Selbstausdrucks des Handelnden (Joas 1996, S. 37). Alle Aktivitäten, die der Selbstverwirklichung dienen, gehören zur Klasse der kreativen Handlungen.

Wird der Handlungsraum in Unternehmen so organisiert, dass übertragene Aufgaben die Stärken des Einzelnen spiegeln und diese, durch ihre intrinsischen Eigenwerte motiviert, dem gemeinsamen Ziel folgen, erhöht dies die Performanz sowohl des einzelnen Menschen als auch die des Unternehmens als handlungsorientiertem sozialem System.

Stärken stärken

Aus über 1,7 Mio. befragten Mitarbeitern in 101 Unternehmen in 63 Ländern entwickelt das Gallup-Institut drei Einsichten, wie der Erfolg von Unternehmen gesteigert werden kann:

1. Global gesehen haben nur rund 20 % der Mitarbeiter in den untersuchten Unternehmen das Gefühl, jeden Tag ihre Stärken einsetzen zu können.

2. Unternehmen, bei denen die Mitarbeiter täglich ihre Stärken einsetzen, sind in allen Aspekten der Unternehmensperformanz weit über Durchschnitt erfolgreicher als Unternehmen, die das nicht tun. Kenntlich wird das beispielsweise bei der Produktivität, der Ertragskraft und der Kundenzufriedenheit, bei Krankenständen und Ausfallzeiten oder bei der Personalfluktuation.

3. Erfolgreiche Unternehmen begreifen, dass die Talente des Einzelnen dauerhaft und einzigartig sind und dass der größte Spielraum für Leistungssteigerungen beim einzelnen Menschen im Bereich seiner größten Stärken liegt. Diesen Bereich der persönlichen Stärken gilt es zu entwickeln und zu nutzen, wenn das Unternehmen selbst überdurchschnittlich erfolgreich sein will (vgl. Buckingham und Clifton 2002, S. 16 ff.).

3.2.2.4   Handlungsmuster und menschliche Identität

Menschen sind nicht nur beeinflusst durch das, was sie denken und tun, sondern auch durch den Raum, in dem sie leben. Er prägt von außen das individuelle Selbst- und Weltverständnis. Individuelles Handeln wird beeinflusst durch die Familie, die Peergroup, das Arbeitsumfeld, d. i. durch den kulturellen Raum der sozialen Systeme, die das Individuum umfassen. Für diesen kulturellen Raum gilt die soziologische Erkenntnis, dass „keine Kultur ohne ein bestimmtes partikulares Wertesystem und ohne eine bestimmte partikulare Weltdeutung auskommen kann" (Joas 1999, S. 272).

Die kulturbestimmenden Wertesysteme der sozialen Systeme, in denen der Einzelne steht, sind **Sinnsysteme zweiter Ordnung**. Sie repräsentieren das Selbst- und Weltverständnis der jeweiligen Gruppe, wie es beispielsweise in einem Familienkodex, einem Parteiprogramm oder dem Leitbild eines Unternehmens zum Ausdruck kommt. Die kulturellen Werterahmen sind der äußere Faktor der Wertgebundenheit menschlicher Weltsichten. Im Bereich der Motivatoren erscheint er als das Schnittfeld, in dem sich äußere und innere Motivatoren überschneiden.

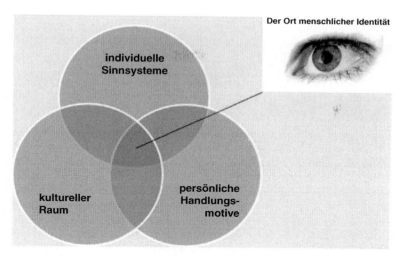

Abb. 3.6 Das Schnittfeld menschlicher Wertebindungen

Die persönliche Wertestruktur ist so in dreifacher Weise wertegebunden: Erstens durch den Faktor „Umgebungskulturen" sowie zweitens und drittens durch die inneren Wertedimensionen persönlicher Handlungsmotive und individueller Sinnsysteme (vgl. Abb. 3.6).

Je stärker die Wertedimensionen des kulturellen Raums, des individuellen Sinnsystems und der persönlichen Handlungsmotive konvergieren und einander überlagern, desto stimmiger fügt sich der Einzelne in seine Welt und empfängt aus ihr Spiegeleffekte. Die dadurch entstehenden positiven Rückkopplungen führen dazu, dass die Werte des sozialen Rahmens verinnerlicht werden.

Konvergieren die Werte der Umgebungskultur mit denen des eigenen Sinnsystems und eröffnet der kulturelle Raum Möglichkeiten, um eigene Handlungsmotive zu leben, verstärkt dies die Push-Funktion persönlicher Werte. Es entstehen dann ein gestärktes Selbstbewusstsein, erweiterte Handlungsfähigkeiten, erhöhte Bindekraft und gesteigerte Motivation bei der Umsetzung eigener und gemeinsamer Ziele.

3.2.2.5   Zusammenfassung: Die Psychologie der Werte

Menschliche Werte sind Weltsichtträger und Wahrnehmungsfilter. Sie wirken auf allen Ebenen des Menschseins:

1. Auf der Ebene der Umwelt filtern Werte, was wichtig ist und was ausgeblendet wird.
2. Auf der Ebene der Physiologie beeinflussen Werte unser Verhältnis von Körper und Geist und damit menschliche Widerstandskraft (Resilienz).

Ein Selbstversuch

Stehen Sie mit innerer Spannkraft, geradem Rücken, erhobenen Schultern und auf-rechtem Haupt. Versuchen Sie nun, niedergeschlagen zu sein. Und nun umgekehrt: Setzen Sie sich ohne Spannkraft und in leicht vorgeneigter Haltung mit hängenden Schultern und hängendem Kopf. Versuchen Sie nun, positiv gestimmt zu denken. Der Widerstand beim Gelingen zeigt, Körper und Geist beeinflussen einander. Was Sie niederschlägt oder positiv stimmt, sind Ihre Werte. Wie diese gelebt werden, hat Einfluss darauf, was Sie ausstrahlen.

1. Auf der Ebene der *Fähigkeiten* filtern Werte die Selbstzuschreibung dessen, was wir können.
2. Auf der Ebene der *Fertigkeiten* lenken Werte die Motivation, mit welcher Intensität wir uns welche Fertigkeiten aneignen.
3. Auf der Ebene unserer *Überzeugungen* prägen Werte unsere Vorstellungen über uns selbst, die Welt und unsere sozial geprägten Rollen in ihr.
4. Auf der Ebene der *Werte* wird die Welt dichotomisch strukturiert und aufgeschlüs-selt (z. B. in gut – schlecht, erfolgreich – erfolglos, richtig – falsch, Zustimmung – Ablehnung).
5. Auf der Ebene menschlicher *Identität* prägen Werte, was wir denken, was wir tun, wer wir sind.

Das Zusammenspiel individueller Werte im Menschen ist der Grund dafür, dass Indivi-duen persönliche Handlungsmuster ausbilden. Diese Handlungsmuster sind ein Kennzei-chen menschlicher Identität.

▶   **Werte** Werte sind positiv aufgeladene Vorstellungen, die einzelmenschliches Streben leiten. Sie sind die psychologische Währung der Emotionen und prä-gen die grundlegenden Überzeugungen des Menschen, was für ihn wichtig ist und was nicht.

Materielle und immaterielle Werte

Werte können nicht mit der Schubkarre weggefahren werden, Geld schon. Der Wert des Geldes bemisst sich an ideellen Werten, nicht an ihrem materiellen Wert. Ob 1000-Dollar-Scheine oder die mikronesischen Rai-Steingeldscheiben mit einem Gewicht von bis zu 5 t – es ist der Wert *Vertrauen*, der dem materiellen Tauschmittel *Geld* seinen nominalen Wert verleiht.

3.2.3 Soziale Systeme

▶ **Die soziologische Definition sozialer Systeme** Soziale Systeme sind alle
Formen einer Gemeinschaft von Menschen, in der Individuen miteinander in
formellen oder informellen Beziehungen stehen. Peergroups, Unternehmen,
Organisationen, Gemeinden, Familien sowie alle sonstigen Gemeinschaften,
also auch Handels-, Tausch- oder Konfliktsysteme, sind soziale Systeme. Sie
werden „gebildet von Zuständen und Prozessen sozialer Interaktion zwischen
handelnden Einheiten" (Parsons 1972, 1994, S. 15).

Im Unterschied zu Menschen haben soziale Systeme kein Eigenbewusstsein. Menschen sind lebende Systeme, die sich selbst beobachten und reflektieren und dabei mit
ihren eigenen Projektionen auf die Welt interagieren (Maturana 1982). Treiberfaktoren
dieser Projektionen sind die Eigenwerte des Einzelnen, mit denen er sein Bild der Wirklichkeit strukturiert und auf entsprechend interpretierte Umweltereignisse reagiert (vgl.
Abschn. 3.2.2).

Rückbezüglichkeit
Wird ein Teammitglied mit starken Selbstverwirklichungsmotiven vom Teamleiter
kritisiert, kann die Reaktion darauf verschieden ausfallen. 1. Er sieht den Grund
ein und reagiert mit dem Wunsch, es besser zu machen. 2. Er denkt, „der Teamleiter mag mich nicht" und reagiert mit Rückzug und Demotivation. 3. Er glaubt,
„meine Kollegen sind schuld" und verhält sich aggressiv gegen die Teammitglieder.
4. Er fühlt sich ungerecht, sachlich falsch oder willkürlich behandelt und reagiert
mit Umgehungsstrategien durch Ansprache der für den Teamleiter verantwortlichen
Führungsebene.

Ganz gleich, wie die Person reagiert, jede Antwort ist geleitet durch den Rückbe-
zug auf die eigenen, oft unbewussten Interpretationen sowie die dahinter liegenden
persönlichen Ziele und Werte.

Soziale Systeme, z. B. Familien oder Unternehmen, operieren in einem anderen Modus
von Selbstbezüglichkeit. Sie sind keine psychischen Systeme, die sich selbst beobachten
und dadurch eigenständig lenken können. Kognitionsbiologisch gesprochen heißt das:
Soziale Systeme konstituieren sich dadurch, dass Menschen zusammenwirken. Hierbei
werden innerhalb des sozialen Systems Werte ausgebildet, die den Umgang der Individu-
en miteinander prägen und dem sozialen System Gesicht und Ausdruck verleihen. Dabei
kann das System selbst keinen Einfluss darauf nehmen und sich selbst lenken. *Die Werte
des sozialen Systems sind immer nur durch Menschen vermittelte Werte.* Sie entstehen aus
dem Prozess des Umgangs von Menschen. Als eigenständige, autonome Systeme sind soziale Systeme ihren Werten gegenüber „blind". Menschen und Unternehmen unterscheiden sich somit in der kybernetischen Rückbezüglichkeit, wie Werte ausgebildet werden

und wie sie durch Werte geleitet werden. Hieraus resultiert die grundlegende Dynamik von Werten in sozialen Systemen (vgl. Abschn. 3.2.1).

Trotz der unterschiedlichen Abbildung von Werten bei Menschen und in sozialen Systemen sind beide lebende Systeme: Indem sie sich voneinander abgrenzen, halten sie ihre Eigenständigkeit aufrecht. Unternehmen wie Menschen verhalten sich dabei nach „dem allgemeinen Muster von Systembildung" (Luhmann 1984, S. 22). Sie wiederholen die Differenz von System und Umwelt innerhalb ihrer eigenen Wahrnehmung. Durch diese in der eigenen Wahrnehmung vollzogene Differenzierung grenzen sie sich von anderen ab.

Der Prozess der Abgrenzung ist zu verstehen als ein Prozess der Schöpfung von Werten, mit denen sich soziale Systeme differenzieren und unverwechselbar machen. Was man tut und was Tabu ist, die ungeschriebenen Familiengesetze, unterscheidet Familien voneinander. Werden diese gelebten Gesetze Unterscheidungsmerkmal, stiften sie Familieneinheit, -identität und -sinn.

Die Schöpfung von Werten, mit denen sich soziale Systeme voneinander unterscheiden, ist der Kern systemischer Identitätsbildung und Grundlage der Dynamik von Werten in Unternehmen. Luhmann spricht vom „Sinnzwang" (l. c. 95), dem alle sozialen Systeme unterworfen sind. Er rührt daher, dass Identität – also das Selbstverständnis sozialer Systeme – durch Wertedifferenzierungen hergestellt wird.

Riten und Kulte

Schon Emile Durkheim hob hervor, dass eine Gemeinschaft durch die Teilung derselben Werte konstituiert wird. Hierzu werden rituelle Erlebnisse benötigt, in denen die Werte mit Leben gefüllt werden. Dies geschieht in der Inszenierung von Erlebnisräumen. Gemeinschaftswerte werden in diesen Erlebnisräumen durch „aktive Kooperation" (Durkheim 1981, S. 560) erhalten und tradiert.

Sowohl in Familien als auch in Unternehmen schaffen rituelle Traditionen die gelebten Codes für Wiedererkennung, Identität und soziale Bindekraft.

Am Prozess der Identitätsstiftung durch Wertedifferenzierung wird außerdem deutlich: Im Unterschied zu den Sinnsystemen des einzelnen Menschen, die auf Dauer angelegt sind und sich außer in Krisensituationen nur langsam ändern, ist der Sinn sozialer Systeme „basal instabil" (l. c. 99). Diese Instabilität kommt zustande, weil der soziale Werterahmen, z. B. ein „Familienkodex", ausschließlich durch die Menschen getragen wird, die das jeweilige System bilden. Da jedes Familienmitglied als Individuum auch eigene Wertevorstellungen in die Familie hineinträgt, beeinflusst es das System (die Familie, das Unternehmen). Als systemkonstituierende Elemente sind die Individuen daher immer auch interner Systemfaktor für Instabilität und Veränderung.

Die gelebten Werte eines sozialen Systems haben eine *Doppelfunktion*: Sie sind zugleich die Folie für Identitätsbildung sowie der Austragungsort der dynamischen

Veränderungsprozesse, denen soziale Systeme unterworfen sind. In dieser Doppelfunktion übernehmen die Werte eines sozialen Systems folgende Aufgaben:

1. Werte filtern die Weltsicht des sozialen Systems und seiner Elemente. Menschen
   und soziale Systeme sind in „Co-Evolution" (Luhmann 1984, S. 92) entstanden. Der
   Mensch nimmt deshalb die Welt durch die Filter der sozialen Systeme wahr, in denen er
   steht. Hierbei gilt: Diese sozialen Systeme sind ein bestimmender Teil der Umwelt des
   Individuums. Sie können nicht wertneutral begriffen und erfasst werden. Zugleich entstehen soziale Systeme aus dem Zusammenspiel einzelner Menschen. Der Einzelne als
   Element des Systems ist so sowohl Dulder als auch Verursacher von kontinuierlichen
   Systemveränderungen.
2. Menschen sind soziale Wesen. Sie sind immer schon auf die Gemeinschaften ausgerichtet, in und aus denen heraus sie leben. Die Entstehung von Werten ist der **Transmissionsriemen**, mit dem die Organisation von Gemeinschaften vorangetrieben
   wird. Geteilte Werte sorgen für die Lebendigkeit einer Gemeinschaft *und* eine gelebte
   Gemeinschaft schafft gemeinsame Werte.

▶ **Gemeinschaftswerte** Gemeinschaftswerte sind die Werte eines sozialen Systems, über das sich das System – die Familie, ein Unternehmen – definiert und
   von anderen sozialen Systemen abgrenzt.

3. Soziale Systeme werden durch einen *zweifachen Werterahmen* geprägt, erstens durch
   den Rahmen der Gemeinschaftswerte, zweitens durch die Sinnsysteme menschlicher
   Eigenwerte (siehe Abschn. 3.2.2). Die Gemeinschaftswerte übernehmen eine **Pull-
   Funktion**. Sie besteht darin, dass sich der Mensch mit den Werten des sozialen Systems identifiziert. Familienwerte, das Ethos von Peergroups sowie Unternehmen mit
   ausgeprägter Unternehmenskultur leben in starkem Maße von dieser Pull-Funktion. Sie
   ziehen förmlich an.

▶ **Pull-Funktion von Werten** Die Pull-Funktion von Gemeinschaftswerten besteht
   in der Anziehungskraft, die Gemeinschaftswerte auf den Einzelnen ausüben.

Wertebiotope

Der geteilte Werterahmen von Gemeinschaften ist einem Biotop vergleichbar. Wie
Biotope üben Gemeinschaftswerte sozialer Systeme hohe Anziehungs- und Absto-
ßungskräfte aus. Die Gazelle zieht es in die Savanne und nicht an den Nordpol.
Pinguine sind auf Eisschollen glücklicher als in der Wüste Sahara.

Die Werterahmen sozialer Systeme haben ähnliche Anziehungskraft. Je akzen-
tuierter sie sind, desto klarer fühlen sich einzelne Menschen von ihnen angezogen
oder abgestoßen. Der spezifische Charakter eines Werterahmens ist deshalb zentral
für unternehmerische Bindungskraft.

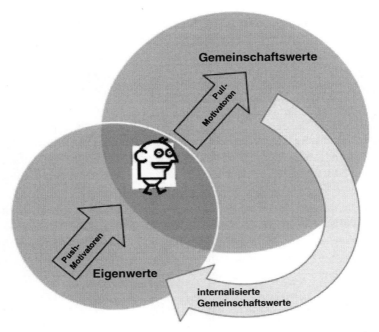

Abb. 3.7 Die Push- und Pull-Funktion von Werten. Werden Gemeinschaftswerte verinnerlicht und zu Eigenwerten, übernehmen sie eine Push-Funktion

1. Gemeinschaftswerte werden verinnerlicht und erlernt durch Einübung in die Lebenspraxis des sozialen Systems. „Verinnerlicht" heißt, dass die Gemeinschaftswerte in der Einübung der Systempraxis zu persönlichen Eigenwerten transformiert werden. Sie wechseln dann ihre Funktion. An die Stelle der Anziehungskraft (Pull) tritt die Push-Kraft, da zu Eigenwerten transformierte Gemeinschaftswerte Treiberfaktoren der eigenen Persönlichkeit sind (vgl. Abb. 3.7).
2. Werden die Werte eines sozialen Systems angestrebt, ohne dass sie als Eigenwerte verinnerlicht sind, haben sie eine Pull-Funktion. Im Status der Pull-Funktion werden die Werte eines sozialen Systems durch persönliche Eigenwerte unterfüttert, mit denen die Gemeinschaftswerte gefüllt werden.

> **Pflichten**
> Häufig wird die Erfüllung von Werten eines sozialen Systems nur deshalb angestrebt, weil dadurch andere persönliche Werte befriedigt werden (z. B. der Karrieresprung).

Gemeinschaftswerte dienen in der Pull-Funktion als Vehikel für persönliche „um-zu"-Bestrebungen. Werden sie verinnerlicht und zu Eigenwerten, übernehmen sie eine Push-Funktion. Sie sind dann Teil des persönlichen Sinnsystems und für den Einzelnen prägend.

1. Die Push- und Pull-Funktion von Werten in sozialen Systemen ist eine **Organisations-funktion**. Sie definiert, wie Werte innerhalb eines sozialen Systems wirken.

   Zu Eigenwerten verinnerlichte Gemeinschaftswerte bilden das Rückgrat sozialer Systeme. Da sie als Eigenwerte langanhaltend im Individuum verankert sind, garantieren sie Stabilität und Systemkontinuität.

   Gemeinschaftswerte mit Pull-Funktion sind volatiler. Wenn sie als „um-zu"-Vehikel für andere Eigenwerte angestrebt werden, sind sie leichter austauschbar. Maßgabe für die Ersetzbarkeit von Gemeinschaftswerten ist, dass die unterfütterten Eigenwerte beim Austausch der Gemeinschaftswerte nicht berührt werden. Bestes Beispiel sind Menschen, die sich von einer radikalen Organisation ab- und einer diametral gegenüberliegenden, ebenfalls radikalen Organisation zuwenden und damit ihr Gemeinschaftswertesystem substituieren, ohne dass zentrale Eigenwerte, z. B. Macht und Einfluss, von diesem Austausch berührt werden.

2. In Analogie zu individuellen Eigenwerten und menschlichen Sinnsystemen haben Werte in sozialen Systemen eine **Erkenntnisfunktion**. Werte dienen sozialen Systemen als Wahrnehmungsfilter, der die Weltsicht des sozialen Systems strukturiert.

3. Aus der Erkenntnisfunktion von Werten in sozialen Systemen resultiert ihre **operative Funktion**. Werte dienen sozialen Systemen dazu, relevante Umweltdaten zu selektieren und das System an seine Umwelt zu adaptieren. In dieser operativen Funktion reduzieren Werte Umweltkomplexität (vgl. Luhmann 1973, S. 176) und schaffen Effizienz.

Wertetrichter

Systemwerte prägen noch mehr als die Unternehmenskultur. In ihrer Filterfunktion definieren sie das Bild der Wirklichkeit. Dadurch selektieren sie die Probleme, die gesehen werden. Dies begrenzt die Anzahl der Lösungen, die entwickelt werden können, wodurch wiederum die Produkte und der Leistungskatalog beeinflusst werden. Wie dieser Leistungskatalog umgesetzt wird, ist eine Frage der Kultur. Die Unternehmenskultur ist so Klammer und Ausdruck, wie der Wertetrichter gestaltet ist (vgl. Abb. 3.8).

---

1. In ihrer Doppelfunktion als Ort und Folie der Identitätsbildung sowie als Austragungsort dynamischer Veränderungsprozesse von sozialen Systemen definieren Werte auch die Rollen von Freund, Feind, Partner und Verbündeten. Sie prägen den **Kooperationsstil**, der in einem sozialen System gepflegt wird.

2. Innerhalb sozialer Systeme bestimmen die systemkonstituierenden Einzelelemente – der Mensch – die **Dynamik der Systementwicklung**.

   Unternehmen, Familien und alle anderen sozialen Systeme werden durch Menschen getragen. Indem sie ihre Eigenwerte mitbringen, beeinflussen sie die Entwicklung der Gemeinschaftswerte. Für die Dynamik von Werten in sozialen Systemen gilt deshalb in besonderem Maße **das kybernetische Gesetz systemischer Veränderbarkeit: Der**

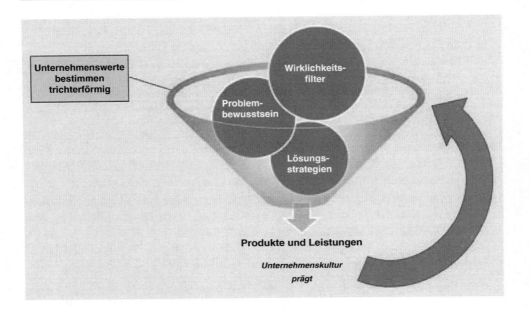

Abb. 3.8 Der Wertetrichter der Unternehmenskultur

flexibelste Teil eines Systems hat den größten Einfluss auf Veränderungen. Wie Beispiele von Enron bis zu Lehman Brothers zeigen: Falsche Anreize und falsches Personal können ein Unternehmen quasi „über Nacht" korrumpieren und in den Ruin treiben(vgl. Abb. 3.9).

3. *Aus dem kybernetischen Gesetz der systemischen Veränderbarkeit resultiert die spezifische Eigenart inhabergeführter Unternehmen. Dominante Eigentümer- und Familienwerte bilden einen zusätzlichen Werterahmen, der als Doppelhelixstruktur dem Unternehmen Tragkraft verleiht.*

3.2.3.1 Zusammenfassung: Werte in sozialen Systemen

Alle sozialen Systeme definieren sich über spezifische Systemwerte (z. B. Unternehmenswerte, Familienwerte). Diese Werte werden durch das Zusammenwirken eines zweifachen Werterahmens, den Rahmen der Gemeinschaftswerte sowie die Sinnsysteme der in einem sozialen System Beteiligten gebildet. Das Zusammenspiel beider Werterahmen hat verschiedene Funktionen.

1. In der Pull- und Push-Funktion von Werten organisieren sich soziale Systeme als lebende Systeme, die von einem zweifachen Werterahmen getragen werden. Die Pull- und Push-Funktion von Werten begründet die Wertedynamik in Unternehmen.
2. Die Wertedynamik des zweifachen Werterahmens bestimmt die Entwicklung eines sozialen Systems. Sie resultiert aus dem Spannungsfeld, das zwischen den Gemeinschaftswerten und den in individuellen Sinnsystemen verankerten persönlichen Eigen-

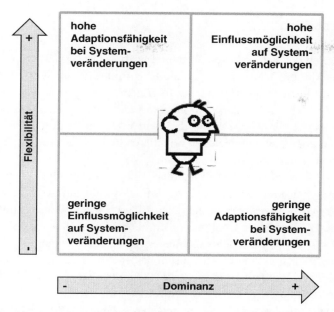

Abb. 3.9 Matrix der systemverändernden Elemente in sozialen Systemen. Werte organisieren die Dynamik und Entwicklung sozialer Systeme. Hierbei gilt die soziologische Erkenntnis, dass die Systemrationalität oft nicht an Zweck-Mittel-Relationen ausgerichtet ist, sondern divergierende Werte die Systemdynamik bestimmen (vgl. Joas 1996, S. 221 ff.). „Wer Macht hat, setzt sie unter anderem dafür ein, diese nicht zu verlieren. Mit anderen Worten: Macht neigt dazu, sich selbst zu erhalten" (Doppler und Lauterburg 1994, S. 138)

werten entsteht und das auf die Entwicklung des Unternehmens einwirkt. Passen die Werterahmen nicht zusammen, resultieren daraus Spannungen und Konflikte, die zum Kollaps des Systems führen können.

3. Die in einem sozialen System verkörperten Werte übernehmen mehrere Aufgaben:
4. In der **Identitätsfunktion** bestimmen Werte die „Systemidentität". Sie kennzeichnen, wie das System operiert, wofür es steht und mit welchen Leistungen es sein Überleben absichert.
   a. In der **Erkenntnisfunktion** filtern die Systemwerte das Bild, das ein soziales System von sich und seiner Umwelt hat.
   b. In der **operativen Funktion** reduzieren die Systemwerte Umweltkomplexität und steigern die Systemeffizienz.
5. Die in sozialen Systemen ausgetragene Wertedynamik ist der Motor und das Rückgrat jedes sozialen Systems. Die Entwicklung autonomer, selbstbestimmter Menschen sowie die Entwicklung ausdifferenzierter moderner Gesellschafts- und Wirtschaftsformen geht in dieser Dynamik der Werte Hand in Hand. Unternehmen fungieren darin als Orte und Treiber für immer weitere Ausdifferenzierungsprozesse.

3.2.4 Wertebrillen

Aus dem Abgleich der Funktion von Werten für den Menschen (Abschn. 3.2.2) und soziale Systeme (Abschn. 3.2.3) ergibt sich die **Kernfunktion von Werten: Werte setzen
Grenzen**. Dieser Prozess der Abgrenzung folgt dem *biopsychosozialen Gesetz der Differenzierung: Nur wer sich abhebt und unterscheidet, ist erfolgreich im Kampf um die
Besetzung der besten Nischen*. Es sind die „feinen Unterschiede" (Bourdieu 1982), an
denen sich Menschen und Unternehmen orientieren und die darüber entscheiden, wer in
welchem System erfolgreich ist und wer nicht.

Gemäß dem biopsychosozialen Gesetz der Differenzierung sind **Werte die mentale
DNA von Menschen und Organisationen.** Sie lenken ihr Selbst- und Weltverständnis
und prägen so den Aktionsraum, in dem sich Menschen und Organisationen bewegen.
Passt die Werte-DNA nicht zur Organisationsform oder behindert sie adäquate Anpassung
an veränderte System- und Umweltbedingungen, zerfällt das System.

Aus der Einsicht, dass Werte für Organisationen und Individuen die mentale DNA sind,
mit der sich beide ‚Systeme' reproduzieren und ihren Umgang mit der Welt organisieren,
ergibt sich die zentrale Frage für die Arbeit mit Werten. Sie lautet: Können Werte aktiv
gesteuert werden? Die Antwort lautet: Ja, indem die **Zirkularität** der Filterfunktion und
der Weltbildstiftungscharakter von Werten operativ nutzbar gemacht wird.

Werte erschließen Weltsichten, indem sie differenzieren. Der dadurch in Gang gebrachte Prozess von Selektion und Adaption ist zu verstehen als Aufbau von Weltsichtbrillen,
mit denen die wahrgenommene Realität gefiltert wird. Hierbei erschafft der Filter erst die
Wirklichkeit, auf die er reagiert. Die durch Werte geprägten Wahrnehmungsfilter werden
so zu sich „selbst erfüllenden Prophezeiungen" (Watzlawick 1988, S. 130).

Zirkularität als Führungsdilemma

Die Zirkularität der Wertebezogenheit ist für die Steuerung von Unternehmen von
herausragender Bedeutung. Bleiben Weltsichtfilter in ihrer Rückbezüglichkeit statisch festgeschrieben und kommt ein Unternehmen an seine Grenzen, führt dies zu
Krisen bis hin zum Zerfall. Wird die Rückbezüglichkeit der Werte dynamisch organisiert, hält sich das Unternehmen für Veränderungen offen.

Für alle in einem Unternehmen agierenden Führungskräfte gilt, dass sie „Sinngeber" sind (Watzlawick 1988, S. 130). In dieser Funktion unterliegen sie der gleichen
Zirkularität: Als Sinngeber stehen sie mit im System, konfrontiert mit den Wirkungen
ihrer eigenen Handlungen, die sie nur zu leicht für von ihnen unabhängige Ursachen
halten. Dabei bleibt offen, ob sie als Führungskräfte agieren oder nur reagieren können.

Das Dilemma der Führung ist auflösbar, wenn der Zirkel selbstbezüglicher Werte als unhintergehbar erkannt und sowohl die Reflexion als auch die gezielte Operationalisierung
von Werten auf andere Weise als den Bezug auf sich selbst – also die eigenen Wertepräfe-
renzen – umgesetzt wird.

Eine Analogie zum kindlichen Spracherwerb kann das verdeutlichen. Auch der Spracherwerb ist ein zirkulärer Vorgang. Er erfolgt beim Kind als die Einübung in eine Lebensform. Hierbei lernt das Kind mithilfe der Sprache, wie die Welt beschaffen ist, über die es spricht, denn ‚Sprache', so Ludwig Wittgenstein, ist kein Instrument, mit dem eine jenseits der Sprache gelegene Wirklichkeit benannt wird. Im Gegenteil. Was für uns wirklich ist, realisiert sich in unseren Sprachspielen. Diese sind unhintergehbar, da wir beim Sprechen nicht auf eine hinter dem Sprechen gelegene Position zurückgehen können, von der aus überprüfbar wäre, ob das Richtige benannt worden ist. Wenn wir ein Sprachspiel spielen, sind wir in der Praxis gefangen. Wir folgen den Regeln „blind" (Wittgenstein 1989, S. 351).

Im welterschließenden Charakter der Sprache liegt auch der Schlüssel für das Verständnis im Umgang mit unseren Werten.

Indem wir unsere Welt in Sprachspielen erschließen und dabei über keinerlei neutralen Punkt verfügen, von dem dessen Richtigkeit bestätigt werden kann, gelten für alle Sprachspiele vier Eigenschaften:

1. Jedes Sprachspiel ist eine Praxis, die von jedem anderen erlernt und verstanden werden kann.
2. Jedes Sprachspiel enthält in seinen Regeln das Kriterium seiner Erfüllungsbedingungen.
3. Diese Regeln und Erfüllungsbedingungen können in ihrer Regelhaftigkeit erkannt werden.
4. Da unsere Sprachspiele in unseren Lebensformen verankert sind und das Zusammenspiel von Lebensform und Sprachspielen der Ort menschlicher Wirklichkeit ist, kann über das Erlernen verschiedener Sprachspiele die eigene Sprachspielperspektive verändert werden.

Wittgensteins „Ausweg aus dem Fliegenglas" (l. c. 378) besteht also nicht darin, aus dem Zirkel ausbrechen zu wollen, sondern ihn anzuerkennen und durch den Bezug auf andere Sprachspielpraxen von innen her aufzulösen. Wir erlangen Kenntnis über die spezifischen Regeln unserer Sprachspiele und der darin zum Ausdruck kommenden Welt, wenn wir diese Sprachspiele mit anderen Sprachspielen abgleichen und uns über deren Unterschiede die Regeln unseres eigenen Sprachspiels vergegenwärtigen. Weil die Regeln, denen das Spiel folgt, erkannt und beschrieben werden können, können sie auch verändert werden. Sie sind somit *zugleich unhintergehbar und prinzipiell offen*.

Überträgt man Wittgensteins Einsicht in die Offenheit und Veränderbarkeit von Sprache und Weltverstehen auf die biopsychosoziale Funktionsweise von Werten, ergibt sich folgendes Bild:

1. Werte bilden die Basis für Regeln.

▶ **Regeln** Regeln sind komplexe Werte, mit denen zusammenhängende menschliche Interaktionsräume strukturiert werden.

Fair play

Ob Boxen, Rudern, Fußballspielen oder Schach, Spiele unterscheiden sich in ihren jeweiligen Spielregeln. Diese werden getragen von übergeordneten Werten, z. B. dem Wert der Fairness. Was aber als fair gilt, ist nicht neutral ermittelbar, da es keinen neutralen Wert Fairness gibt, der hinter allen Spielen liegt und auf den man sich im Konfliktfall beziehen kann. Was als fair gilt und was nicht, wird ausschließlich durch die Praxis des Spiels bestimmt. Fairness ist kein Wert an sich, sondern eine Bezugsgröße, deren inhaltliche Ausdeutung sich ausschließlich aus dem Spiel selbst ergibt. Dabei ist Fairness innerhalb des Spiels keine variable und relativierbare Größe. Deutlich wird dies, wenn man das Fairnessverständnis eines Spiels mit dem eines anderen vergleicht und in Beziehung setzt. Im Vergleich wird deutlich, dass der Verweis auf eine andere Praxis zwar kenntlich macht, dass es andere Praxen und Gepflogenheiten geben kann, sodass die eigene Praxis nicht absolut gesetzt werden darf. Deutlich wird aber auch, dass innerhalb des Spiels nur die eigene Praxis die legitime Bezugsfolie dafür ist, etwas als fair oder unfair zu kennzeichnen.

2. Als Basis für gelebte Regeln verhalten wir uns unseren Werten gegenüber zumeist „blind". Werte sind der blinde Fleck unserer Wahrnehmungsperspektive. Sie sind die beim Sehen selbst nicht wahrgenommenen Brillen, durch die wir überhaupt erst etwas erkennen können (vgl. Abb. 3.10).

3. Dass uns unsere Werte immer schon im Rücken liegen, besagt nicht, dass wir sie uns nicht vergegenwärtigen können und dass sie nicht änderbar sind. Wir können sie uns bewusst machen und sie auch verändern, indem wir die Zirkularität und Selbstbezüglichkeit unserer Weltsichtbrillen anerkennen und durch Abgleich mit anderen Werterahmen hinterfragen. Wir verändern dadurch das Spiel. Mit Bezug auf Ross W. Ashby (1954) nennt Watzlawick dies eine „Transformation zweiter Ordnung" (Watzlawick 1974, S. 99 ff., 1988, S. 131 ff.). **Transformationen zweiter Ordnung sind Änderungen der Rahmenbedingungen für die Spielregeln einer Praxis**. Diese Änderungsmöglichkeiten gestalten die Arbeit mit Werten prinzipiell offen.

Der Ausweg aus der Zirkularitätsfalle

„‚Alle Kreter lügen', sagt der Kreter." Das berühmte Lügner-Paradox diente Bertrand Russel zur Erläuterung, wie in formallogischen Systemen selbstbezügliche Widersprüche aufgelöst und solche Systeme widerspruchsfrei entwickelt werden können (Russel 1908). Zur Lösung des Paradoxons führte er logische Ebenen (Typen) von Aussagen ein. Auf der Objektebene bezeichnet der Satz „dies ist ein Vogel" einen Vogel. Wenn es ein Vogel ist, ist der Satz wahr. Im Satz „dies ist ein Vogel, ist wahr" bezeichnet der Satz dagegen den Sachverhalt, dass der Satz wahr

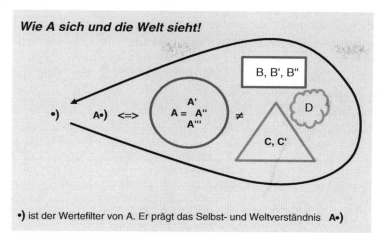

Abb. 3.10 Wertebrillen

ist. Er ist keine Aussage darüber, ob da ein Vogel ist, sondern darüber, dass der Satz wahr ist. Es ist also eine Aussage über den Satz und damit ein Satz höherer logischer Ebene. Russels Lösung führt jedoch zu einem Problem. Wie Kurt Gödel zeigt, lassen sich formale Theorien nicht über die Differenzierung logischer Typen abschließend begründen. Jeder Satz der höheren Ebene muss selbst durch einen Satz der nächsthöheren Ebene begründet werden. Dadurch sind alle Begründungen unabgeschlossen, oder, verbleibt man auf einer beliebigen logischen Ebene, sie bleiben widersprüchlich.

Analoges gilt für die Begründung von Werten. Jeder Versuch, sie festzuschreiben, ist zum Scheitern verurteilt. Die Frage nach dem „Warum" kann beliebig fortgesetzt werden. Jedes Ende ist willkürlich. Und in dieser Willkürlichkeit kommen die Gründe ans Ende.

Dem Problem der Willkürlichkeit von Werten kann man nur begegnen, indem man die Regeln des Spiels ändert. Nicht die Frage „Warum" ist zu stellen, sondern die Fragen „Wie" und „Wie noch". Da hier immer andere Antworten möglich sind, werden die selbstbezüglich festgeschriebenen Werte mit Alternativen konfrontiert. Dadurch erhält man Wahlmöglichkeiten für Veränderungen. Jedes Sprachspiel und jeder Werterahmen ist so transformierbar.

In einer kritisch-ethischen Perspektive folgt hieraus für die Arbeit mit Werten: Weder kann bei angestrebten Transformationen eines Werterahmens ein neutraler Gesichtspunkt unterstellt werden noch dürfen bei solchen Veränderungen die eigenen Wertevorstellungen „verdinglicht", d. h. dogmatisch verabsolutiert und für sakrosankt erklärt werden.

4. Aus dem Doppelcharakter der Unhintergehbarkeit bei gleichzeitiger Offenheit und Transformierbarkeit unserer Werte und Werterahmen resultiert die Aufgabe werteorientierter Führung: **Werteorientierte Führung macht die in Unternehmen wirkenden Werterahmen transparent und konzentriert sich darauf, die für das Unternehmen richtigen Werte zu entwickeln.** Dadurch hilft sie, Konflikte zu erkennen, zu kanalisieren und durch Transformationen zweiter Ordnung zu lösen. Richtschnur sind die Metawerte Stimmigkeit, Flexibilität und Offenheit. Diese Orientierung an Metawerten stärkt den unternehmerischen Fokus sowie die unternehmerische Widerstandskraft.

Die richtigen Werte

Für ein Unternehmen die richtigen Werte finden! Schön und gut. Was aber sind die richtigen Werte? Da es keine neutrale Außenperspektive gibt, kann die Antwort nicht inhaltlich, sondern ausschließlich funktional beantwortet werden. *Werte sind für einen Menschen, eine Familie, ein Unternehmen dann richtig, wenn sie zwei gegenläufige Kriterien erfüllen. Sie müssen passgenau so konkretisiert sein, dass sie ihre systemkonstituierenden Pull- und Push-Funktionen erfüllen können. Zugleich müssen sie so offen sein, dass das System über seine Werte osmotisch atmen und sich verändern kann.*

---

5. Die Rückbezüglichkeit von Werten ist der Schlüssel zur Lösung von Wertekonflikten. Wertekonflikte haben im Wesentlichen drei Ursachen: Erstens Krisen, die ausgelöst werden, wenn interne Systemveränderungen oder externe Umweltfaktoren das System als Ganzes infrage stellen und alle Werte des Menschen oder eines sozialen Systems auf dem Prüfstand stehen. Die zweite Ursache resultiert aus Verletzungen menschlicher Eigenwerte im Umgang miteinander. Drittens entstehen Konflikte, wenn menschliche Eigenwerte und Gemeinschaftswerte eines sozialen Systems kollidieren. Werteorientierte Unternehmensführung löst Wertekonflikte dadurch, dass die konfliktstiftende Rückbezüglichkeit individueller Werte durch Transformationen zweiter Ordnung aufgelöst und in einen neuen, gemeinsamen Werterahmen überführt wird.

6. Da Eigenwerte des Menschen in der Regel stabil sind, die Dynamik der Gemeinschaftswerte in sozialen Systemen (Familien, Unternehmen) aber volatil bleibt, gilt für angestrebte Werteveränderungen: **Werteveränderungen gelingen nur, wenn die Systemwerte durch entsprechende Praxen mit Leben gefüllt werden (Riten und Kulte) und so gestaltet sind, dass sie in ihren Push- und Pull-Funktionen zu Eigenwerten werden.**

7. Bei Werteveränderungen gilt das ökologische Gesetz der Biotoppflege. Wird ein Biotop zu schnell verändert, kollabiert das System. Passt sich das Biotop nicht an veränderte Bedingungen an, ist es in seiner Überlebensfähigkeit ebenfalls bedroht.
Werteveränderungen sind einer Biotopveränderung vergleichbar. Werden sie zu schnell vollzogen, kommt es zu Krisen. Verläuft der notwendige Anpassungsprozess dagegen zu langsam, mindert dies ebenfalls seine Überlebensfähigkeit. Die zentrale Aufgabe eines

gelungenen Wertemanagements besteht darin, den Prozess kontinuierlicher Werteanpassung mit Nachdruck, jedoch behutsam zu steuern.

Lang- und kurzfristige Werte

Einer der zentralen Unterschiede von inhabergeführten und publikumsgetragenen Unternehmen ist deren Werteperspektive. Börsennotierte Unternehmen orientieren sich marktsystemkonform an kurzfristigen Werten, Familienunternehmen dagegen häufig an langfristigen Familienwerten, weshalb Nachhaltigkeit und ethische Unternehmensführung in der Regel bei familiengeführten Unternehmen umgesetzt werden. Hierbei spielen unternehmerische und Familienwerte Hand in Hand.

3.2.5 Dilemmata der Unternehmensethik: Selbstbezüglichkeit, Blindheit, Dominanz

Die Arbeit mit Werten folgt der Einsicht, dass menschliche Handlungen in einer Wertegebundenheit gründen, die in ihrer Selbstbezüglichkeit unterbestimmt ist. Unterbestimmt heißt, dass die wahren Gründe für menschliche Motive und Handlungen selbst den Akteuren oft verborgen sind. Deutlich wird dies am **Rubikon-Prinzip** menschlicher Entscheidungsprozesse. In ihrem Prozessmodell zur Erklärung menschlicher Handlungen unterscheiden Heinz Heckhausen und Peter Gollwitzer vier Phasen: Die Abwäge- und Entscheidungsphase, die Planungsphase, die Handlungsphase sowie die Bewertungsphase. Insbesondere in der Abwäge- und Entscheidungsphase, dem „psychologischen Rubikon" (Heckhausen und Gollwitzer 1987, S. 120), prägen unbewusst wirkende Werte die Beweggründe, warum eine Handlung vollzogen wird. Alle nachfolgenden Phasen werden dagegen durch bewusst gewählte Kriterien gesteuert und bewertet.

Für die Steuerbarkeit von menschlichem Verhalten und die Aufgabe einer werteorientierten Führung folgt aus dem Rubikon-Prinzip: *Menschliche Wertesysteme unterliegen einer grundlegenden Erkenntnisasymmetrie.* In der Planungs-, Handlungs- und Bewertungsphase können individuelle Handlungsgründe und die dahinter liegenden Wertesysteme von außen „gelesen" und gesteuert werden. Jene Werte aber, die die menschlichen Entscheidungen beeinflussen, sind nicht ablesbar und entziehen sich der direkten Einflussnahme. Selbst den Akteuren sind die eigenen Motive und Werte oft nicht klar, sodass sie von eigenen Handlungen überrascht sein können. Dass sich menschliche Entscheidungen einer direkten Einflussnahme von außen entziehen, ist der tiefere Grund für menschliche Freiheit und erklärt auch das Prinzip erratischen Handelns. Wir können uns immer anders verhalten als es von außen oder auch von uns selbst vorhergesagt wird und als wir es uns selbst vorgenommen haben. Der Mensch ist eben kein Automat.

Für die Arbeit mit Werten hat das Konsequenzen. Was Menschen wirklich antreibt, ist nicht erkennbar. Oft bleiben gerade die zentralen Wertetreiber im Dunkeln. Für die Mitarbeiterführung und Personalentwicklung gilt deshalb, die Zuschreibung von Gründen und Werten kann fehlschlagen. Auch dürfen Zuschreibungen von Persönlichkeits- und

Präferenzprofilen, z. B. das Reiss-Profil, der Myers-Briggs-Typen-Indikator und sonstige Klassifikationsmodelle, nicht verabsolutiert werden.

Wichtiger als die Zuschreibung von spezifischen Werten ist es, Raum zu schaffen für Offenheit, in der sich individuelle Wertesysteme im übergeordneten Wertesystem der Umgebungskultur entfalten, spiegeln und multiplizieren. **Die Arbeit mit Werten wird so eine Arbeit mit dem Ziel einer besten Passung offener Ressourcen.** *Diese Offenheit sichert systemische Kreativität, Innovation, Flexibilität und gesteigerte Widerstandskraft angesichts sich permanent verändernder Umweltbedingungen.*

An der Aufgabe, die leitenden Werte eines Unternehmens so zu gestalten, dass es innerhalb aller Unternehmensprozesse zu einer „besten Passung offener Ressourcen" kommt, entfaltet sich das **Dilemma der Unternehmensethik**. Es entsteht, weil die Funktion und Wirkungsweise von Werten beim einzelnen Menschen und in den sozialen Systemen, in denen er steht, nicht deckungsgleich sind. Deutlich wird dies, wenn man die psychologische Wirkweise von Werten im Menschen und die systemische Wirkweise von Werten in sozialen Systemen übereinanderlegt.

Psychologischer wirken Werte im Uhrzeigersinn nach folgendem Schema: Werte prägen die Aktivitäten und Weltsichten einzelner Menschen. Im Umgang miteinander prägen diese die sozialen Systeme, in denen sie stehen. Die sozialen Systeme, z. B. Familien oder Unternehmen, wirken wiederum auf die Werte des Einzelnen und seine Handlungen ein. In dieser endlosen Rückkopplungsschleife menschlichen Verhaltens sind die Werte des Individuums Steuerungsgrößen, mit denen es seine Handlungen ausrichtet und sich an soziale Systeme anpasst (vgl. Abb. 3.11).

Systemisch gesehen wirken Werte gegenläufig: Menschen transformieren durch ihre persönlichen Werte (Bestrebungen und Ziele) die sozialen Systeme, in denen sie stehen. Als Resonanzraum für die Ausgestaltung individueller Werte wirken diese sozialen Systeme wiederum auf den Einzelnen ein und verändern dessen Handlungsweisen. In dieser gegenläufigen Rückkopplungsschleife sind die Werte derjenigen Elemente des Systems, die das System dominieren, die aktiven Steuerungsgrößen, mit denen das soziale System gestaltet wird. Dadurch kann auf die Handlungsweisen aller das System bildenden Menschen eingewirkt werden (vgl. Abb. 3.12).

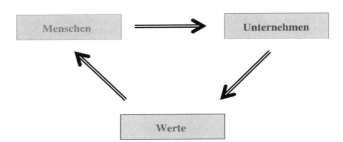

Abb. 3.11 Die psychologische Rückkopplungsschleife von Werten. *Die psychologische Rückkopplungsschleife von Werten:* Menschen bilden soziale Systeme, soziale Systeme schaffen Werte, Werte prägen Menschen

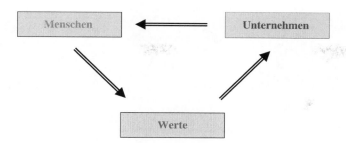

Abb. 3.12 Die systemische Rückkopplungsschleife von Werten. *Die systemische Rückkopplungsschleife von Werten:* Menschen prägen Werte, Werte prägen soziale Systeme, soziale Systeme prägen Menschen

Aus der Gegenläufigkeit der psychologischen und systemischen Rückkopplungsschleifen von Werten in sozialen Systemen ergeben sich **drei Dilemmata** im Umgang mit Werten im Unternehmen:

1. Das *Dilemma der Selbstbezüglichkeit* von Werten: Welche Werte sollen im Unternehmen leitend sein? Wer entscheidet darüber und wie wird darüber entschieden?
2. Das *Dilemma der Dominanz* von Akteuren in sozialen Systemen: Welche Menschen erhalten die legitime Kraft, das Unternehmen und seine Werte zu prägen? Wer entscheidet darüber und wie wird darüber entschieden?
3. Das *Dilemma der systemischen Blindheit*: Wie wird das ethische Problem der Blindheit von Unternehmen gegenüber ihren im Unternehmen gelebten Werten gelöst? Was gewährleistet, dass die angestrebten Unternehmenswerte langfristig im Unternehmen verankert bleiben und die Dialektik der Gegenläufigkeit menschlicher und systemischer Werterückkopplungen in einen nachhaltig tragfähigen Werterahmen überführt wird? (vgl. Abb. 3.13)

3.2.5.1 Exkurs Unternehmensethik

Sowohl aus philosophischer als auch aus ökonomischer Perspektive verfehlt die Diskussion der Unternehmensethik die grundlegende Gegenläufigkeit der Wirkweisen von Werten in Unternehmen. Ethik als die Wissenschaft von den Grundlagen menschlicher Werte und Normen setzt immer beim Individuum an, dem Menschen als handelndem Subjekt. Auch wenn in dieser Sicht der Mensch als ein Wesen begriffen wird, das im Kern seines Menschseins sozial vermittelt ist, d. h. dass der Mensch sich selbst und andere nur aus den sozialen Bezügen heraus verstehen kann, in denen er steht, bleiben Ethik und Moral an den einzelnen Menschen gebunden. Unsere Vorstellungen über Freiheit und Verantwortung beziehen ihre Kraft daraus, dass wir sie als einzelne Menschen nur persönlich handelnd ergreifen, sie in unserem Handeln aber auch verfehlen können.

▶ **Ethik** ist die Wissenschaft der Normen und Werte moralisch guten Handelns. Als philosophische Disziplin beschäftigt sich Ethik mit den Bedingungen, dem Umfang und Geltungsbereich sowie der Begründbarkeit der Regeln, die moralischen Handlungen zugrunde liegen. Ethik gründet in der Reflexion auf die Grundlagen des Menschseins und dient dazu, Konflikte im Bereich des Handelns zu durchdringen und aufzulösen.

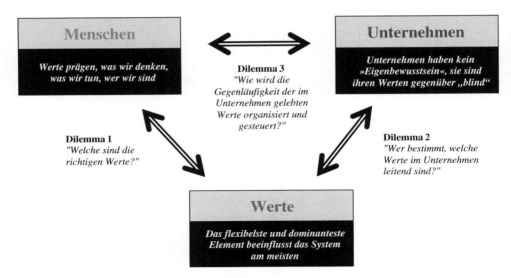

Abb. 3.13 Dilemmata der Unternehmensethik

▶ **Moral** bezeichnet die Gesamtheit der jeweils geltenden Werte und Normen, mit denen eine Gemeinschaft individuelles Verhalten bewertet und die von den Mitgliedern dieser Gemeinschaft als bindend anerkannt werden. Moral gründet in der Lebenspraxis sozialer Systeme und dient als Regulativ und Bewertungsmaßstab für menschliche Handlungen.

Gleich wie ethische Normen definiert und begründet werden – ob durch den Rückgriff auf eine göttliche Ordnung und Offenbarung, auf naturrechtliche Vorstellungen unverbrüchlicher Eigenschaften des Menschen, auf utilitaristische Nützlichkeitserwägungen (John Stuart Mill), auf den Begriff der Gerechtigkeit (John Rawls), auf den Pflichtbegriff der Vernunft (Immanuel Kant), auf verantwortungsethische Vorstellungen (Max Weber, Hans Joas) oder auf diskursethische Überlegungen zu den Voraussetzungen gelungener Kommunikation (Karl-Otto Apel, Jürgen Habermas) – alle Begründungen stellen den Menschen als handelndes Subjekt ins Zentrum, von dem aus ethische Regeln entwickelt und auf das sie in ihrer Begründung zurückverwiesen werden. *Ethik und Moral stehen so immer im menschlichen Spannungsfeld von Bewusstsein, Entscheidungsfreiheit und individueller Verantwortlichkeit.*

• Auch die Unternehmensethik stellt den Einzelnen in das Zentrum ihrer Betrachtungen (vgl. Hemel 2007; Homann und Blome-Drees 1992; Homann und Lütge 2002; Kreikebaum 1996; Löhr 1996; Ulrich 2008; Wieland 2001). Die handlungsorientierte Frage, wie eine Ethik des Unternehmens zu gestalten sei, damit ethische Zielkonflikte unternehmerischer Aktivitäten lösbar werden und eine „Verbesserung der Effizienz und Effektivität unternehmerischer Entscheidungen unter ökonomischen und ethischen Aspekten" (Kreikebaum 1996, S. 211) realisiert werden kann, verfehlt den Sachverhalt, dass soziale Systeme als lebende Systeme höherer Ordnung eine Eigendynamik haben, die sich von der Wertedynamik des Menschen als sozialem Wesen unterscheidet.

Die Sozialität des Menschen ist geprägt durch das Eigenbewusstsein, in dem sich der Mensch als Teil eines übergeordneten Wirkungszusammenhangs begreift (vgl. Abschn. 3.2.2). Aus diesem übergeordneten Wirkungszusammenhang zieht der Mensch seine handlungsleitenden Werte und ethischen Normen. Unternehmen haben kein solches Eigenbewusstsein. Sie sind keine Subjekte, die eigenständig über ihre Werte reflektieren und entscheiden können. Entsprechend organisieren sie sich als lebende Systeme in einer anderen Form von Rückbezüglichkeit (vgl. Abschn. 3.2.3).

Deutlich wird die Differenz der wertegetragenen Rückbezüglichkeit von Menschen und Unternehmen, wenn wir uns vergegenwärtigen, was beide Systeme teilen. Aus kybernetischer Sicht der Kognitionsbiologie und der Systemtheorie teilen Menschen und Unternehmen ihre Organisationsform. Beide sind **autopoietische Systeme**. Autopoiesis, Selbstschöpfung, realisiert sich im System als funktionale geschlossene Rückkopplung der eigenen Projektionen auf die Welt. Unternehmen wie Menschen bewegen sich in selbstorganisierten Rückkopplungsschleifen in ihrer Umwelt und halten sich dadurch aufrecht (vgl. Maturana 1982, S. 141 f., 211 ff.; Varela 1981, S. 120 ff.). Hierzu operieren beide mit Werten (vgl. Abschn. 3.2.2 und 3.2.3). Sie dienen als Instrumente, um das System auf Kurs zu halten, indem mittels der Werte innerhalb des Systems eine Differenz von System und Umwelt ausgebildet wird. Maturana verdeutlicht dies mit seiner Metapher des Instrumentenflugs. „Verhalten gleicht einem Instrumentenflug, bei dem die Effektoren (Motoren, Klappen etc.) ihren Zustand verändern, um die Werte der Messinstrumente konstant zu halten oder zu verändern, entsprechend einer genau angegebenen Variationssequenz, die entweder festgelegt ist (durch Evolution spezifiziert) oder während des Flugs aufgrund der Flugsituation verändert werden kann (Lernen)" (Maturana 1982, S. 51 f.; cf 74).

Angewandt auf ihren Umgang mit der Welt bewegen sich Unternehmen wie Menschen in einem zirkulär geschlossenen Bereich von Erwartungen und Erfüllungen. „Dem System ist keine Interaktion möglich, die nicht durch diese Organisation vorgeschrieben ist. Der Prozess der Kognition besteht folglich für jedes lebende System darin, durch sein tatsächliches Verhalten in seinem geschlossenen Interaktionsbereich ein Verhaltensfeld zu erzeugen, und nicht darin, eine selbständige Außenwelt zu begreifen oder zu beschreiben" (Maturana 1982, S. 73). Mittels Werte, die die Differenz von System und Umwelt erzeugen und abbilden, wird dieses Verhaltensfeld erzeugt und gelenkt. Bei Unternehmen, z. B. in Form von Gewinn- und Verlustrechnungen sowie von Bilanzwerten, bei sozialen Systemen, z. B. Familien, durch Familienkodizes, die den Umgang untereinander und mit anderen regeln.

In dem Maße, wie Menschen und Unternehmen in ihrer jeweiligen systemischen Rückkopplung unterschiedlich organisiert sind, ist ablesbar, wie menschliches und unternehmerisches Handeln durch Werte gesteuert wird. Beim psychosozialen System *Mensch* sind Werte emotional aufgeladen. Sie sind die Bezugsfolie für menschliche Identität und deshalb die langfristig verankerte, nur schwer veränderbare Bezugsfolie für individuelles Handeln. Im Unternehmen fungieren die Werte dagegen lediglich als systemfunktionale Steuerungsgrößen der Organisationsepistemologie (vgl. von Krog und Roos 1995). Anders formuliert: Die systemische Selbsterhaltungsfunktion realisiert sich beim Menschen über Sinnstiftung. Ihr sind moralisch-ethische Vorstellungen immer schon eingeschrieben. In Unternehmen realisiert sich die Selbsterhaltungsfunktion als Effizienzprinzip. Ihm sind ethisch-moralische Aufladungen fremd, sodass sich die relevanten Werte des Systems auch schnell ändern können, wenn dies opportun erscheint.

Karl Homanns Argumentation, dass „Ethik und Ökonomie als zwei Seiten einer Medaille zu sehen sind" (Homann und Lütge 2004, S. 9), verfehlt so den Kern der dualistischen Auffassung, warum die ökonomischen und moralischen Handlungsräume voneinander getrennt funktionieren. Die Wirtschaft als Synonym für das Zusammenspiel von Märkten und Unternehmen ist in ihrer Funktionsweise ethischen Werten gegenüber blind. Beim Menschen fallen beide Handlungssphären dagegen untrennbar zusammen. Alle menschlichen Handlungen werden in ihrer Selbstbezüglichkeit über das Eigenbewusstsein reguliert, und diesem sind immer schon ethisch-moralische Vorstellungen eingewoben. Bei Unternehmen als eigenständig agierenden sozialen Systemen stellt sich die Frage nach ethisch-moralischen Regeln dagegen nicht bzw. wenn überhaupt nur in der vermittelten Form übergeordneter Nutzenerwägungen. Ein Unternehmen wird aus Systemsicht immer zugunsten der Option handeln, die sein individuelles Überleben am besten absichert. Aus der Systemsicht ist dabei irrelevant, welche Werte gelebt werden, Hauptsache, sie fördern die Überlebenskraft des Systems. Entsprechend sind die Nachrichten über ethisch fragwürdig handelnde Unternehmen zu bewerten, die auf Kosten anderer profitieren. Als Beispiel kann der Fall Lehman Brothers genannt werden. Das Institut verkaufte seinen Kunden Finanztitel, auf deren Wertverfall intern gewettet und folglich der Unternehmensprofit mit dem Verkauf der Papiere an die Kunden vervielfacht wurde.

Von Altruisten und Soziopathen

Paul Babiak und Robert D. Hare zeigen in einer Studie aus dem Jahr 2006, dass drei bis vier Prozent aller höherrangigen Angestellten in Unternehmen Soziopathen seien (vgl. Babiak und Hare 2007). Sie definieren Soziopathen als Menschen, die sich bei der Durchsetzung ihrer Eigeninteressen keinen sozialen Bindungen verpflichtet sehen und ihre Ziele auf Kosten anderer und ggf. um jeden Preis durchsetzen. Da der Anteil von Soziopathen in der Bevölkerung bei einem Prozent liege, belegt die Studie, dass das bestehende Wirtschaftssystem und die darin agierenden Unternehmen bevorzugt solche Menschen in Verantwortung bringen, für die ethische Maßstäbe kein Regulativ sind.

Sieht man die Erkenntnisse von Babiak und Hare im Licht der Untersuchungen von Gary J. Miller (1993), stellt sich die Frage nach der Operationalisierbarkeit anderer Faktoren, mit denen ein Unternehmen so ausgerichtet werden kann, dass es ethisch tragfähige Ziele verfolgt. Den Schlüssel hierzu sieht er in der unternehmenspolitischen Organisation kooperativen Verhaltens. Anhand spieltheoretischer Analysen wird gezeigt, dass jene Unternehmen, die die kurzfristigen Eigeninteressen ihrer Mitarbeiter in ein langfristig ausgerichtetes kooperatives Verhalten überführen, deutlich erfolgreicher sind als Unternehmen, die in ihrer Unternehmensorganisation gegen die Regeln langfristiger Kooperationen verstoßen (vgl. Miller 1993).

Das Kooperationsgebot als Grundlage unternehmerischen Erfolgs liegt jedoch vor jeder ethischen Normierung von Unternehmenszielen. Der Altruismus der Kooperation darf daher nicht als unternehmensethisches Verhalten begriffen werden, sondern repräsentiert wertneutral den systemstabilisierenden Rückkopplungsprozess effektiver Handlungsketten.

Für die Frage nach dem Wert einer Unternehmensethik lautet der Befund so: Nur Menschen können ethisch-moralisch handeln. Unternehmen als eigenständige soziale Systeme stehen dagegen genauso außerhalb des ethisch-moralischen Raums wie die Natur und ihre Prozesse. **Der Begriff einer Unternehmensethik, verstanden als eine im Unternehmen und den Wirtschaftskreisläufen verankerte Steuerungsgröße unternehmerischen Verhaltens, ist inhaltsleer und durch zwei Fragen zu ersetzen:**

1. Ordnungspolitisch: Wie kann der ökonomische Raum durch politische Willensbildung so geordnet werden, dass er ethisch-moralischen Regeln genügt?
2. Unternehmensorganisatorisch: Wie müssen Unternehmen organisiert werden, damit die Menschen darin ethisch tragfähige Ziele verfolgen?

Kommen wir mit diesem Exkurs zurück zu den oben genannten drei Dilemmata im Umgang mit Werten in Unternehmen:

1. Welche Werte sollen im Unternehmen leitend sein?
2. Welche Menschen erhalten die legitime Kraft, das Unternehmen und seine Werte zu prägen?
3. Wie und wodurch kann gewährleistet werden, dass die angestrebten Unternehmenswerte langfristig im Unternehmen verankert bleiben und die Dialektik der Gegenläufigkeit menschlicher und systemischer Werterückkopplungen in einen nachhaltig tragfähigen Werterahmen überführt wird?

3.2.5.2 Referenzrahmen: Von der Unternehmensethik zur Unternehmenskultur

Menschen und Unternehmen oszillieren über Werte miteinander. Welche Werte im Unternehmen gelebt werden, entscheidet darüber, wie sich ein Unternehmen verhält und entwickelt. Hierbei gilt selbst für virtuelle Unternehmen, es sind immer Menschen (Kunden, Mitarbeiter, Lieferanten, Führungskräfte, Eigner oder sonstige Stakeholder), die darüber entscheiden, ob ein Unternehmen erfolgreich ist oder nicht.

Aus dieser menschlichen Dimension des Unternehmens resultiert **der dritte Systemfaktor unternehmerischen Erfolgs**: Unternehmen mit einer ausgeprägten Unternehmenskultur sind erfolgreicher als jene ohne klare Wertekultur. Der logische Grund hierfür liegt in

der Dynamik von Werten in sozialen Systemen. Nur soziale Systeme, die einen Resonanzraum für menschliche Eigenwerte bilden, entwickeln die notwendige Bindekraft, die benötigt wird, damit sich das System erhalten kann. Neben der Leistungsfähigkeit und Innovationskraft entscheidet die im Unternehmen gelebte Kultur über die Dauer seines Erfolgs.

▶   **Kultur** Kultur ist die Gesamtheit der gelebten Regeln und Praxen, mit denen sich
     ein soziales System von anderen unterscheidet und abgrenzt. Als Unternehmenskul-
     tur ist sie der verborgene Fingerabdruck unternehmerischer Unverwechselbarkeit.

Und genau an diesem Systemfaktor unternehmerischen Erfolgs brechen die Dilemmata
der Unternehmenswerte auf, denn aus Systemsicht scheint es irrelevant, welche Werte gelebt werden. Zu zählen scheint vielmehr, dass die gelebte Kultur in Bezug auf das System
und seine Leistungen stimmig ist.
Stimmigkeit der gelebten Unternehmenskultur in Bezug auf das System und seine Leis-

---

Sizilianische Werte: Cosa Nostra – causa mea non est
Der Erfolg von Organisationen wie der Cosa Nostra beruht nicht zuletzt darauf,
dass im System klare Regeln im Umgang miteinander gepflegt werden, und ein
exemplarisches Beispiel dafür ist, wie eine tief verankerte Wertekultur den Erfolg
sozialer Systeme trägt. In ausgeklügelten Riten und Kulten wird ein „Ehrenkodex"
zelebriert, der nach innen und außen die Funktionsweisen des sozialen Systems
Mafia spiegelt und so dazu beiträgt, dass sich das System kontinuierlich erneuert.
Die Struktur und Funktionsweise des Systems wird so durch die Kultur getragen,
mit und in der sich das System reproduziert. Hierbei produziert die gelebte Kultur gerade jene System- und Umweltbedingungen, in denen das System optimal
funktioniert, sodass der stete Zufluss seiner systemrelevanten Ressourcen gesichert
bleibt. Der Erfolg des Systems nährt sich somit aus den Werten des Systems selbst.
Und hier gibt es überaus erfolgreiche soziale Systeme, die aus moralisch-ethischer
Perspektive alles andere als „gut" sind.

---

tungen ist zwar eine notwendige, nicht aber die hinreichende Bedingung für eine nachhaltig erfolgreiche Performanz. Als ökonomisch agierende Einheiten bewegen sich Unternehmen in einer Welt, die ihren Gehalt aus übergeordneten Werten zieht, mit denen Menschen und soziale Systeme ihr Selbst- und Weltverständnis organisieren. Hierbei stellt
der ordnungspolitische Rahmen nicht nur juristische Forderungen an die Unternehmen,
sondern von der Gesellschaft werden auch ethische Forderungen an sie herangetragen.
Entsprechen Unternehmen nicht diesen von außen herangetragenen Forderungen, kann
dies ihren Erfolg stark beeinträchtigen. Noch vor allen Diskussionen über Begriffe wie
Gerechtigkeit, Glaubwürdigkeit oder die ökologische Nachhaltigkeit und Verantwortung
von Unternehmen wird dies am **Nutzen** deutlich, den ein Unternehmen stiftet. *Ist er aus-*

schließlich selbstbezogen, verstößt dies gegen unsere Vorstellungen, dass die Leistungen eines Unternehmens zunächst und zuvorderst einen Mehrwert stiften sollen, der auch den Kunden und Stakeholdern des Unternehmens sowie der Gesellschaft als Ganzes zufließt.

Nicht nur die Ablehnung mafioser Strukturen, sondern auch die kritische Diskussion monopolartiger Vormachtstellungen sowie juristisch legitimer, ethisch jedoch fragwürdiger Unternehmenspraktiken zieht Kraft aus der Vorstellung, dass Unternehmen einen **Mehrwert** zu stiften haben. Geschäftsaktivitäten mögen noch so sehr gesetzlich gedeckt und durch umfangreiche „Corporate Governance"-Regeln und CSR-Projekte (Corporate Social Responsibility) flankiert sein, aus ethisch-moralischer Sicht der breiten Öffentlichkeit ist es untragbar, wenn Unternehmen sich so verhalten, dass es ausschließlich ihnen selbst nutzt und dieser Nutzen auf Kosten anderer realisiert wird.

Versiegelt sprudelnde Quellen
Durch langfristige Verträge zur Nutzung von Quellen hat Nestlé in Indien für sich umfangreiche Rechte erworben, die auch die exklusive Nutzung von Grundwasservorkommen und Quellbohrungen vorsehen. Da die Nutzungsrechte an das Unternehmen übergegangen sind, gibt es Regionen, in denen die einheimische Bevölkerung keinen Zugang mehr hat zu nicht kontaminiertem Trinkwasser. Dieses wird aus den Quellen geschöpft, die unter ihrem Grund und Boden liegen und die für die Bevölkerung als Quellen versiegt sind. Aufgrund ihrer Armut können sich beträchtliche Teile der indischen Bevölkerung die von Nestlé abgefüllten Wasserprodukte nicht leisten. Eigenständig dürfen sie aber auch keine Brunnen bohren, da die Wassernutzungsrechte von Nestlé gehalten werden. Das Unternehmen nährt sich so, juristisch abgesichert, jedoch moralisch prekär mit einseitigem Nutzen, von Lebensgrundlagen, die den eigentlichen Eigentümern entzogen werden.

Fassen wir die Argumentation an diesem Punkt zusammen:

1. Unternehmen als soziale Systeme sind keine eigenverantwortlichen Subjekte, wie es der einzelne Mensch ist. Ihr Verhalten wird nicht durch ein im System liegendes ethisch-moralisches Eigenbewusstsein gelenkt. Ethische Forderungen sind so immer von außen an das Unternehmen und seine Akteure herangetragen. Sie entspringen nicht dem Unternehmen, sondern dem Bewusstsein der Menschen, die in einem Unternehmen handeln.
2. Individuelles Verhalten ist wertegetrieben. Gemäß dem Rubikon-Prinzip der Handlungsphasen sind in der Entscheidungsphase die wahren Gründe für Handlungen oft selbst den Akteuren nicht bewusst. Warum jemand etwas tut oder unterlässt, bleibt zuweilen ihm selbst, auf jeden Fall aber allen Außenstehenden verborgen.
3. Korrektes Verhalten kann gefordert werden. Die Forderung aber, dass das Verhalten aus ethisch-moralisch korrekten Beweggründen vollzogen werde, läuft ins Leere. Wir

können nicht erkennen, ob eine Handlung aus korrekter Gesinnung oder aus anderen Gründen vollzogen wird. *Ethische Forderungen werden zwar über gesellschaftliche Prozesse und Strukturen vermittelt und normiert, ihr appellativer Charakter erfüllt sich jedoch ausschließlich im einzelmenschlichen Selbstbezug auf diese Werte. Ethisches Handeln wird getragen durch Eigenwerte, die das individuelle Handeln leiten, tragen und treiben. Ob eine Handlung aus ethischen oder anderen Gründen getätigt wird, entzieht sich dabei der Einsicht und Einflussnahme von außen.*

4. Damit Unternehmen ein korrektes und aus Sicht der Menschen ethisch-moralisches Verhalten an den Tag legen, genügt es nicht, dass sie eine stimmige Unternehmenskultur ausbilden, durch die die Akteure in ihren Handlungen geleitet werden. Zusätzlich ist gefordert, dass das Unternehmen mit seinen Leistungen einen Nutzen stiftet, der über das Unternehmen als geschlossenes System hinausweist.

5. Die ethische Bewertung unternehmerischer Leistungen wird an Unternehmen von außen herangetragen. Messlatte für die ethische Bewertung ist das Kriterium eines ganzheitlichen Nutzens. Er wird als Index für unternehmerische Mehrwertstiftung genommen.

6. In der Vorstellung, dass Unternehmen einen Mehrwert zu stiften haben, verschränken sich ethisch-moralische und ökonomische Sichtweisen auf die Gründe nachhaltig erfolgreicher Unternehmensperformanz: Verantwortliches Unternehmertum orientiert sich am Zusammenspiel von Grenzen und Werten, die den unternehmerischen Handlungsspielraum prägen.

7. Der Mehrwert, den ein Unternehmen mit Blick auf diese Grenzen und Werte stiftet, ist der Schlüssel, mit dem ethische Werte für das Unternehmen aufgeschlossen werden. In der Vorstellung, dass Unternehmen einen Mehrwert stiften, werden psychologische und ökonomische Aspekte so verknüpft, dass das Unternehmen ein Instrument erhält, mit dem die Unternehmensperformanz nachhaltig gesteuert werden kann.

Der psychologische Eintrag der Mehrwertstiftung durch Unternehmen erfolgt über die Sinnstiftungsfunktion sozialer Systeme (vgl. Abschn. 3.2.3 und 3.2.4). Sowohl aufseiten der Mitarbeiter als auch aufseiten der Kunden und sonstigen Stakeholder sind Glaubwürdigkeit, Moral und Ethik Elemente eines Sinnversprechens, das das Unternehmen als soziales System verkörpert. Je ausgeprägter Unternehmen diese Sinnstiftungsfunktion erfüllen, desto stärker bilden sie die wertebezogenen Push- und Pull-Kräfte aus, die den Erfolg jedes Unternehmens tragen. Die werteorientierte Sinnstiftung wird so zur Basis erhöhter unternehmerischer Attraktivität, Binde- und Widerstandskraft (Resilienz).

Gespiegelt wird die psychologische Sinnstiftungsfunktion durch den systemisch-ökonomischen Eintrag einer Mehrwertstiftung durch Unternehmen. Er orientiert sich am Begriff der **Nachhaltigkeit**.

▶   **Nachhaltigkeit** Nachhaltigkeit ist eine systeminterne Verhaltensdisposition. Nachhaltige Systeme sind lebende Systeme höherer Ordnung (Populationen, Märkte, Gesellschaften, Ökosysteme), deren einzelne Elemente und Subsysteme sich so reproduzieren, dass das System im Austausch mit seiner Umwelt kontinuierlich und beständig aufrechterhalten wird. Verhalten sich einzelne Elemente oder Subsysteme eines Systems nicht nachhaltig, reagiert das System zyklisch.

Lineare und zyklische Nachhaltigkeit

Lineare Nachhaltigkeit ist das kybernetische Prinzip einer systemstabilisierenden Prozessgestaltung. Exemplarisch ausgedrückt wird es im Prinzip der nachhaltigen Forstwirtschaft. In ihr wird der jährliche Hieb mit Blick auf bestehende Bodenqualitäten, Klima- und Wachstumsbedingungen so gestaltet, dass die Ressourcenbasis uneingeschränkt abgesichert bleibt und die Holzernte dadurch kontinuierlich und beständig aufrechterhalten wird. Lineare Nachhaltigkeit zieht ihre Kraft aus der Absicherung reziproker Nutzen und Bedürfnisse und beruht auf der Einsicht, dass die Ressourcenbasis aller endlichen Systeme begrenzt ist.

Zyklische Nachhaltigkeit ist das kybernetische Prinzip evolutionärer Populationsentwicklungen. Im Schumpeterschen Sinn der „schöpferischen Zerstörung" (Schumpeter 2005) beschreibt das kybernetische Prinzip der Populationszyklik und Populationsentwicklung die Grundlagen, Bedingungen und Grenzen der Ausdifferenzierung von Märkten und Produkten. Zyklische Nachhaltigkeit liegt auch der Dialektik von Preisen, Angebot und Nachfrage zugrunde. Auch die Entwicklungsdynamik gesellschaftlicher Prozesse sowie die evolutionäre Ausdifferenzierung von Ökosystemen wird durch das Prinzip der zyklischen Nachhaltigkeit erklärt. Zyklische Nachhaltigkeit resultiert aus der Volatilität von Unternehmen und Märkten, die als Einzelne einem kontinuierlichen Auf und Ab unterliegen und in ihrem Aufstieg und Zerfall das übergeordnete System stabil halten.

Zerstören Elemente und Subsysteme eines auf zyklischer Nachhaltigkeit aufgebauten übergeordneten Systems die Ressourcenbasis dieses Systems, kollabiert nicht nur das Subsystem, sondern auch das übergeordnete System (das Biotop, der Markt, das Familien- oder Gesellschaftssystem). Zyklische Nachhaltigkeit beruht so auf dem Prinzip der linearen Nachhaltigkeit.

▶ **Lineare Nachhaltigkeit** Linear nachhaltige Systeme folgen dem kybernetischen Prinzip einer Systemstabilisierung, bei der die Subsysteme aus dem Gesamtsystem nur maximal so viele Ressourcen entnehmen, wie in den natürlichen Prozessen des Gesamtsystems nachwachsen.

▶ **Zyklische Nachhaltigkeit** Zyklisch nachhaltige Systeme folgen dem kybernetischen Prinzip der Populationsdynamik. Darin wird die Stabilität des Gesamtsystems aufrechterhalten durch reziproke Rückkopplungsschleifen, in denen die einzelnen Subsysteme einem kontinuierlichen Auf und Ab unterliegen.

Nachhaltige Nutzenstiftung folgt dem „Mehrwertprinzip der Bienen" (vgl. Abschn. 3.1). Unternehmen stiften nachhaltigen Nutzen, wenn sie über die gesamte Produktions- und Vertriebskette hinweg mehr Nutzen generieren als sie Ressourcen und Eigennutzen aus dem Gesamtsystem ziehen. **Ethische Nachhaltigkeit ist so von einer rein systemischen Nachhaltigkeit unternehmerischer Performanz abzugrenzen**.

Systemische Nachhaltigkeit zielt darauf ab, die Maximierung des Eigennutzens möglichst langfristig abzusichern. Einziges Erfolgskriterium hierfür ist die Überlebensfähigkeit des eigenen Systems. Alle anderen Elemente des Gesamtsystems, die unternehmensexternen Akteure und Ressourcen, dienen in der Perspektive der systemischen Nachhaltigkeit ausschließlich der Absicherung des unternehmerischen Eigennutzens.

Ethische Nachhaltigkeit zielt dagegen darauf ab, den Eigennutzen durch Mehrwertstiftung innerhalb des Gesamtsystems abzusichern. Sie folgt der kybernetischen Systemlogik, dass nur solche Systeme, die einen übergeordneten Gesamtnutzen stiften, langfristig vom Gesamtsystem einen Eigennutzen ernten können. Nutzenernte und Erfolg sind in dieser Sicht die Folge von Fremdnutzenstiftung.

▶ **Systemische Nachhaltigkeit** Systemische Nachhaltigkeit ist die Fähigkeit einzelner sozialer Systeme (z. B. Unternehmen, Familien, Dynastien), sich auf Kosten aller anderen Elemente des übergeordneten Gesamtsystems langfristig erfolgreich zu erhalten.

▶ **Ethische Nachhaltigkeit** Ethische Nachhaltigkeit ist die Fähigkeit einzelner sozialer Systeme, sich durch Absicherung des übergeordneten Gesamtsystems und seiner tragenden Elemente und Subsysteme langfristig erfolgreich zu erhalten.

Das **Prinzip der ethischen Nachhaltigkeit** ist das Prinzip eines Altruismus, der begreift, dass die einzige langfristige Überlebensstrategie von Unternehmen nur über die Stiftung von Gesamtnutzen abgesichert werden kann. Die Stiftung eines Gesamtnutzens, der als übergeordneter Mehrwert ausweisbar ist, ist so das Messkriterium für die nachhaltige Steuerung von unternehmerischem Eigennutzen. Michael E. Porter und Mark R. Kramer nennen dies die Schaffung von „shared value", d. h. von geteilter Wertschöpfung (vgl. Porter und Kramer 2011). **Ethische Nachhaltigkeit orientiert sich an der Organisation von Win-Win-Situationen. Sie erfordert den Blick für die Steigerung des Fremdnutzens, der als Vehikel zur Absicherung des Eigennutzens dient**.

1. *Die Mehrwertstiftungsfunktion von Unternehmen überführt die Frage nach der gelebten Unternehmensethik in einen operativen Rahmen. Sie orientiert die Unternehmensausrichtung nicht an inhaltlichen Werten und der Frage, wie „Institutionen so zu gestalten" sind, „dass Moral möglich wird" (Homann und Blome-Drees 1992, S. 36), sondern an der strukturellen Ausgestaltung von nachhaltigen Mehrwertprozessen, die das Unternehmen und seine Prozessketten als Ganzes umgreifen.* **An die Stelle der Frage nach der Unternehmensethik tritt die Frage nach der Organisationskultur.**

2. Der Perspektivenwechsel weg von der Frage nach der Ausgestaltung einer Unternehmensethik hin zur Frage nach der Ausgestaltung einer Unternehmenskultur trägt der Einsicht Max Webers Rechnung, dass es bei verantwortlichem Handeln nicht auf die Gesinnung ankommt, sondern einzig darauf, wie Menschen handeln und dafür Verantwortung übernehmen (vgl. Weber 1977, S. 57 ff.). Wie Peter Ulrich mit Bezug auf Tad Tuleja (1987) argumentiert, ist „innerhalb einer komplex-arbeitsteiligen Organisation konsequent das Prinzip der „organisierten Verantwortlichkeit" umzusetzen" (Ulrich 1997, S. 493). Es setzt an die Stelle einer heroischen „Tugendüberforderung der Individuen in organisatorischen Zusammenhängen" (l. c. 494) eine im Selbstverständnis der Organisationsmitglieder verankerte Verantwortlichkeit.

Bei der Entwicklung einer solchen „Integritäts- und Verantwortungskultur" (l. c. 495) ist jedoch zu beachten, dass es der vom sozialen System eingerichtete **Referenzrahmen** ist, der das menschliche Handeln in Form und Inhalt prägt.

Referenzrahmen

Exemplarisch führen der Historiker Sönke Neitzel und der Sozialpsychologe Harald Welzer an Untersuchungen zum Verhalten von Soldaten vor, wie die Referenzrahmen eines sozialen Systems individuelles Handeln lenken. Anhand der Auswertung von rund 150.000 Abhörprotokollen privater Gespräche zwischen gefangenen Soldaten, die nicht wussten, dass sie abgehört wurden, zeigen Neitzel und Welzer, dass Menschen in den wenigsten Fällen nach selbst gesetzten Standards und Regeln handeln. „In Wahrheit handeln Menschen [...] so, wie sie glauben, dass es von ihnen erwartet wird. Und das hat viel weniger mit abstrakten ,Weltanschauungen' zu tun als mit ganz konkreten Einsatzorten, -zwecken und -funktionen und vor allem mit den Gruppen, von denen sie ein Teil sind" (Neitzel und Welzer 2011, S. 15). Innerhalb dieser Gruppen sind es die ,habituellen kulturellen Bindungen und selbstverständlichen kulturellen Verpflichtungen' die den Referenzrahmen ausmachen, der einzelmenschliches Handeln lenkt. Sein Einfluss ist deshalb „so wirksam und oft geradezu zwingend", weil er „die Ebene der Reflexion gar nicht" erreicht (l. c. 25). Als Erwartungsrahmen für individuelle Aktivitäten ruft er Handlungen hervor, die seinen sonstigen Werten und moralischen Überzeugungen entgegenstehen können.

Sie machen an diesem Beispiel deutlich, „dass für die basale Orientierung der Wehrmachtsoldaten – also für ihre Wahrnehmung und Interpretation dessen, was vor sich geht – das militärische Wertesystem und die soziale Nahwelt von entscheidender Bedeutung ist. Ideologie, Herkunft, Bildungsstand, Lebensalter, Dienstrang und Waffengattung differenzieren in dieser grundlegenden Hinsicht kaum" (l. c. 391).

Die Ausgestaltung von Werteräumen und gelebten Wertekulturen prägt individuelles Handeln vor allen ethischen Reflexionen. Und auch die ethische Bewertung dieser Handlungen unterliegt einem Referenzrahmen, der der Bewertung vorgelagert ist. Hierin gründet das *Dilemma der Selbstbezüglichkeit*, mit der soziale Systeme jeglichen ethisch-moralischen Angriff von außen zu unterlaufen suchen. Sie argumentieren, dass das Verhalten nicht mit einem anderen Maßstab als dem des faktischen Referenzrahmens bewertet werden kann, da von außen an das System herangetragene Referenzrahmen nur andere Werte sind und es keinen Gesichtspunkt von außerhalb gibt, mit dem wertneutral entschieden werden kann, welche richtig und welche falsch seien.

> **Referenzrahmen** Referenzrahmen sind Erwartungshorizonte, wie in raum-zeitlich definierten Situationen individuell gehandelt werden darf. Sie werden durch das situative Zusammenspiel von Gemeinschaftswerten, kulturellen Bindungen und Verpflichtungen gebildet, durch die sich soziale Systeme bewusst oder unbewusst von anderen sozialen Systemen abgrenzen.

3. Ethisch tragfähig sind solche Organisationskulturen, die die drei oben genannten Dilemmata im Umgang mit Werten auflösen, indem sie zwei gegenläufige Unternehmensinteressen zur Deckung bringen. Diese gegenläufigen Interessen liegen im Bestreben nach größtmöglicher Einheit und Homogenität auf der einen Seite und dem Bestreben, sich möglichst uneingeschränkt und flexibel verhalten zu können auf der anderen. Aus dem Streben nach Einheit und Homogenität erwächst für Unternehmen die Gefahr der Blindheit gegenüber der Notwendigkeit, sich kontinuierlich zu verändern. Der Wunsch nach größtmöglicher Flexibilität erhöht dagegen die Gefahr von mangelndem Fokus und der Beliebigkeit der Unternehmensaktivitäten.

Beide Bestrebungen können in Unternehmen zur Deckung gebracht werden, indem die Unternehmenskultur „offen" gestaltet wird. „Offen" heißt hier, im Abgleich der im Unternehmen wirkenden Leit- und Prozesswerte (vgl. Abschn. 3.3.4) eine Unternehmenskultur zu etablieren, die sich konsequent an zwei Prinzipien ausrichtet: Dem **Prinzip der Nutzenstiftung** und dem **Prinzip der Offenheit**.

In der Unternehmenskultur spiegelt sich die Umsetzung des Prinzips der Nutzenstiftung in der Forderung, dass alle Aktivitäten und Leistungen dazu beitragen, über die gesamte Prozesskette hinweg einen größtmöglichen Mehrwert zu stiften. Und die Umsetzung des Prinzips der Offenheit spiegelt sich in der Unternehmenskultur in der Forderung, über die gesamte Prozesskette hinweg den Umgang mit allen Stakeholdern des Unternehmens so zu gestalten, dass Wertekonflikte durch Transformationen zweiter Ordnung aufgelöst und notwendige Veränderungsprozesse flexibel gestaltet werden können.

Der Vorteil, die Unternehmenskultur über die Prinzipien der Nutzenstiftung und der Offenheit zu organisieren, liegt auf der Hand. **Beide Prinzipien sind in Bezug auf inhaltliche Unternehmenswerte wert- und werteneutrale Messgrößen. Zugleich sind sie Prinzipien, mit denen die inhaltlichen Unternehmenswerte nach klaren Regeln und Kriterien dahingehend bewertet werden können, ob sie einer ethisch nachhaltigen Ausgestaltung von Win-Win-Situationen dienlich sind.**

Headhunting

Als im März 2000 die Dotcom-Blase an den Börsen platzte und der DAX innerhalb von drei Jahren von seinem Tageshöchststand mit 8136 Punkten am 7.2.2000 auf den Tagestiefststand von 2189 Punkten am 12.3.2003 fiel, verloren die international agierenden Headhunting-Unternehmen um bis zu 40% ihres bis zum Jahr 2000 gezeichneten jährlichen Umsatzvolumens. In dieser Zeit konnte einzig **Egon Zehnder International AG** seine jährliche Umsatzquote halten.

Grundlage für diese Beständigkeit von Egon Zehnder war die Unternehmensphilosophie. Diese orientierte sich klar an einem auf das Unternehmen abgestimmten ethischen Prinzip der Nachhaltigkeit, mit dem sich Egon Zehnder von seinen Mitbewerbern abgrenzte. Fünf Elemente kennzeichnen das Egon-Zehnder-Prinzip ethischer Nachhaltigkeit:

1. *Lebenspartnerschaft*: Im Selbstverständnis des Unternehmens soll ein einmal aufgenommener Partner für den Rest seines Arbeitslebens im Unternehmen tätig sein. Lediglich 5% der einmal aufgenommenen Partner haben das Unternehmen vor dem Ausscheiden in den Ruhestand verlassen. Unternehmen wie Arthur D. Little (heute Accenture) machen dagegen Werbung damit, dass auf allen Ebenen des Unternehmens jährlich 20% der Mitarbeiter das Unternehmen im Rahmen von „Up or Out"-Bewertungen verlassen müssen.

2. *Incentives und Entlohnung*: Alle Partner erhalten das gleiche Salär, gleich ob sie im aktuellen Jahr eine Auszeit genommen, geringe Auftragsquoten erzielt oder mehrere „Big Deals" für das Unternehmen gewonnen haben.

3. *Recruiting Exzellenz*: Partner von Egon Zehnder müssen vor Eintritt in die Partnerschaft mindestens zwei Fachberufe gelernt und jeweils wenigstens zehn Jahre den Beruf ausgeführt haben. Werden diese Anforderungen erfüllt, müssen Aspiranten mit mindestens 25 Partnern auf vier Kontinenten ein Bewerbungsgespräch führen. Votiert nur einer der 25 Gesprächspartner, auch ohne weitere Erklärungen, gegen eine Aufnahme, wird der Aspirant als Partner abgelehnt.

4. *Kundenethik*: Egon Zehnder arbeitet innerhalb von Ländern jeweils für nur ein Unternehmen aus einer Branche. Sind es z. B. in Deutschland die Deutsche Bank oder Daimler-Benz, werden keine Aufträge angenommen, bei denen für BMW, Audi, VW oder analog für die Dresdner oder die Commerzbank Personal vermittelt wird. Kunden von Egon Zehnder haben so die Sicherheit, dass bei der Vermittlung von Managern nicht „auf mehreren Hochzeiten getanzt wird".

5. *Klientenethik*: Ein einmal von Egon Zehnder vermittelter Manager wird nach der Vermittlung lebenslang für weitere Vermittlungen durch Egon Zehnder gesperrt. Der teilweise branchenübliche „Drehtür-Effekt" durch die kontinuierliche Abwerbung und Neuvermittlung wird so kategorisch unterbunden.

Mit diesen fünf Elementen einer auf den Geschäftszweck „Headhunting" ausgerichteten nachhaltigen Unternehmensethik setzte sich Egon Zehnder in der Krise nach 2000 deutlich vom Wettbewerb ab. Während der Gesamtmarkt um mehr als ein Drittel schrumpfte, konnte Egon Zehnder seinen Umsatz und damit das zentrale Asset der Beratungsagentur, seine Personalbasis, erhalten. Grundlage für diesen Erfolg war die Gewissheit der Kunden und Klienten, stets exklusiv ohne „Nebeninteressen" von Egon Zehnder beraten und bedient zu werden.

Aufgrund der doppelten Eigenschaft, gegenüber inhaltlichen Werten wertneutral zu sein und zugleich alle inhaltlichen Werte von dieser Neutralität aus bewerten zu können, dienen die Prinzipien der Nachhaltigkeit und Offenheit als kritische Instanz, mit der falsche Unternehmenswerte identifiziert und eine ethisch nachhaltig tragfähige Unternehmenskultur aufgebaut werden können. Unter den Stichpunkten Grenzen, Ressourcen, Menschen und Werte richtet das Zusammenspiel beider Prinzipien die Unternehmenspraxis so aus, dass das Überleben des Unternehmens in veränderten Situationen gewährleistet ist. Zugleich eröffnet das stimmige Zusammenspiel beider Prinzipien den Aufbau unternehmerischer Sinnsysteme, die der Antriebsriemen für die Entwicklung der Bindekraft von Unternehmen sind.

Aus den beiden Prinzipien der Nutzenstiftung und Offenheit erwächst die Antwort auf die drei Dilemmata im Umgang mit Werten im Unternehmen:

1. *Welche Werte sollen ein Unternehmen leiten?* Nur solche, die den Grundprinzipien der Nutzenstiftung und der Offenheit nicht entgegenstehen.
2. *Wer soll die legitime Kraft erhalten, das Unternehmen und seine Werte zu prägen?* Nur Menschen, die dafür Sorge tragen, dass gegen die Grundprinzipien der umfassenden Nutzenstiftung und Offenheit nicht verstoßen wird.
3. *Wie und wodurch werden die angestrebten Unternehmenswerte langfristig verankert?* Indem das Unternehmen inhaltliche Werte definiert, die dem Nutzen- und Offenheitsprinzip dienen und die in Leitbildern, der Mission und der gelebten Unternehmenskultur so verankert sind, dass sie die Richtschnur für die Ausgestaltung aller Unternehmensprozesse werden.

Die nachfolgenden Kapitel zeigen, wie Unternehmenswerte als dritter Systemfaktor unternehmerischen Erfolgs strategisch und operativ verankert werden. Die Steuerung der Unternehmenswerte erfolgt dabei mit Instrumenten, die selbst wertneutral sind und dazu dienen, die Unternehmenskultur unverwechselbar auszurichten.

3.3 Die strategischen Eckpfeiler des Wertecockpits: Das C4-Management

Im Verständnis der Betriebswirtschaftslehre sind Unternehmen Zweck-Mittel-optimierte Organisationen. Ihr Zweck besteht darin, Erträge zu generieren. Zur Steuerung der Unternehmensorganisation nach Ertragsgesichtspunkten werden zwei Bezugssysteme aufeinander abgebildet: Ein **Messsystem**, das Controlling mit seinen Instrumenten der Gewinn- und Verlustrechnung sowie der Bilanzanalyse, und ein **Organisationssystem**, die funktionale Gliederung der Unternehmenseinheiten. Im Zusammenspiel beider Bezugssysteme wird unternehmerischer Erfolg definiert als Ertragsfunktion, ausgedrückt in den Kennzahlen von Kapitalbindung, Liquidität und Gewinn. Gemessen und gesteuert wird dieser Ertrag anhand der Stellhebel ‚Wachstum' und ‚kostenorientierte Prozessoptimierung'.

Im Verlauf der letzten hundert Jahre wurden immer kompliziertere betriebswirtschaftliche Instrumente zur Steuerung von Unternehmen ausgearbeitet. Sie folgten einer Entwicklungslogik, die begriffen hat, dass eindimensionale Sichtweisen der komplexen Dynamik von Unternehmen als sozialen Systemen nicht gerecht werden (vgl. Grochla 1972; Hill et al. 1994).

Heutige „State of the Art"-Messsysteme basieren auf „Balanced Scorecard"- und EFQM-Modellen, mit denen die Mehrstufigkeit und Multidimensionalität von Unternehmen als produktiven Systemen (vgl. Ulrich 1970) gesteuert werden. Mit diesen Instrumenten werden nicht nur Ertragsfunktionen gemessen, sondern umfangreiche zusätzliche Parameter, die als Prisma der Performanz (vgl. Neely et al. 2002) den Ertrag eines Unternehmens beeinflussen (vgl. Müller-Stewens und Lechner 2003, S. 706 ff.).

Die Krux solcher Messsysteme besteht nun darin, dass sie in ihrer Eigenkomplexität ein umfangreiches und kostspieliges Controlling benötigen, das zudem aufwändig zu handhaben ist. Auswege bieten **Unternehmenscockpits**. Sie aggregieren die Messkomplexität von „Balanced-Scorecard"-Modellen zu wenigen übergeordneten Kenngrößen. Durch ihre veränderte Perspektive repräsentieren solche Cockpits einen **messtechnischen Quantensprung** in der Steuerung von Unternehmen.

Messtechnische Quantensprünge

Messtechnische Quantensprünge kommen zustande, wenn durch veränderte Perspektiven und Messparameter mit vereinfachtem Instrumentarium verlustfrei Komplexität abgebildet werden kann. Bestes Beispiel für solche Quantensprünge ist das Messinstrument Risikoanalyse im Bereich zertifizierbarer Managementsysteme (ISO, HACCP, TQM, EFQM).

Risikomanagementsysteme setzen auf einer anderen Betrachtungsebene an als ISO, TQM und EFQM-Systeme. Nicht detaillierte Einzelprozessbeschreibungen stehen im Fokus, sondern der Durchgriff auf alle internen und externen Einflussfaktoren, die den Geschäftsprozess negativ beeinflussen und in Gefahr bringen können. Diese Faktoren werden mit einer einheitlichen Skala erfasst. Ein gelungen gestaltetes Risikomanagement ist daher ein hocheffizientes und zugleich schlankes Instrument und Frühwarnsystem, das mit einfachen, einheitlichen Kennwerten die Komplexität der Faktoren Organisation, Menschen, Märkte, Umweltbedingungen, Politik abbildet und bereichsadäquat steuert.

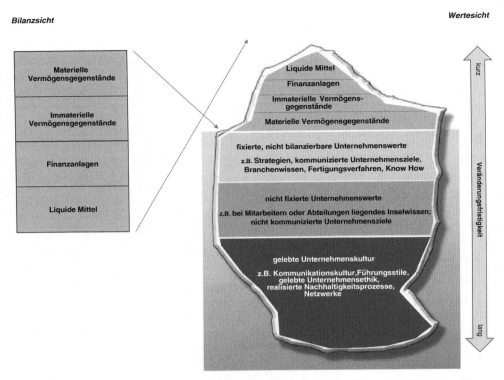

Abb. 3.14 Unternehmenswerte in der Bilanz- und Wertesicht. Die Bilanzsicht bildet das Thema Risiko und Ertrag als zeitliche Gebundenheit von Liquidität und „Cashflow" ab. Dagegen erfasst die Wertesicht die komplette Zeitschiene der Einflussfaktoren, die die Performance eines Unternehmens bestimmen. In der Wertesicht werden die langfristig tragenden Unternehmensdimensionen betrachtet. Als tiefste tragende Schicht entscheidet die Unternehmenskultur über die Dauer, Überlebensfähigkeit und Richtung, wie sich ein Unternehmen entwickelt

Von der Bilanz- zur Wertesicht: Auch die Wertesicht repräsentiert einen messtechnischen Quantensprung in der Steuerung multidimensionaler Unternehmensprozesse und Stakeholder-Interessen. Hierbei wird die Sicht auf das Unternehmen „vom Kopf auf die Füße" gestellt (vgl. Abb. 3.14). Der Abgleich der Zeithorizonte der Bilanz- und der Werteperspektive verdeutlicht dabei zwei Sachverhalte:

1. *Unternehmen* mit guten Bilanzen sind in der Regel besser aufgestellt als ausgewiesen und umgekehrt.
2. *Die langfristige Entwicklungsrichtung von Unternehmen wird von Werten getragen, die in der Bilanz selbst nicht ausgewiesen sind und durch die herkömmlichen Instrumente der Unternehmenssteuerung auch nicht gelenkt werden können.*

Aus beiden Sachverhalten resultiert **die Aufgabe eines integrierten Wertemanagements** als drittem Systemfaktor unternehmerischen Erfolgs. Sie gliedert sich in zwei Teilaufgaben:

Abb. 3.15 C4-Wertedimensionen des Unternehmens

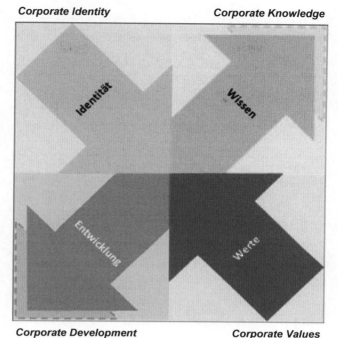

1. Der Bereich der nicht fixierten Unternehmenswerte ist so gering wie möglich zu halten.
2. Alle Unternehmensprozesse und Parameter, die ein Unternehmen tragen, sind im Rahmen eines Wertecockpits in ein stimmiges Wertegefüge zu überführen, das mit klaren Instrumenten gesteuert werden kann und dem Unternehmen Fokus und Durchschlagskraft verleiht.

Die Umsetzung dieser Aufgabe erfordert eine Perspektive, die die **vier** grundlegenden **Wertedimensionen** des Unternehmens zueinander in Beziehung setzt:

1. die Dimension der **Unternehmensidentität***(corporate identity)*;
2. die Dimension der **Unternehmenswerte***(corporate values)*;
3. die Dimension des **Unternehmenswissens***(corporate knowledge)*;
4. die Dimension der **Unternehmensentwicklung***(corporate development)* (vgl. Abb. 3.15).

Der stimmige Abgleich dieser vier Wertedimensionen erfolgt durch das **C4-Management**. Durch den Aufbau eines geeigneten Wertecockpits, mit dem die vier Wertedimensionen des Unternehmens aufeinander abgebildet werden, verschränkt das C4-Management die langfristig das Unternehmen tragende **Stabilisierungsachse** von Unternehmensidentität

(*corporate identity*) und Unternehmenskultur (*corporate values*) mit der dynamisch angelegten **Entwicklungsachse** von Unternehmensentwicklung (*corporate development*) und
Unternehmenswissen (*corporate knowledge*).

Werteballistik
Die Durchschlagskraft eines Geschosses resultiert aus vier Faktoren: Der Geschoss-
form, der Geschwindigkeit, der Masse sowie der Flugstabilität.

Der Faktor „Flugstabilität" wird beeinflusst durch den Geschossdrall. Dieser
bestimmt nicht nur die Innen- und Außenballistik, sondern auch die Zielballistik
und Präzision.

Was der Drall für die Präzision und Geschosswirkung bewirkt, bewirken die
gelebten Werte eines Unternehmens für dessen Erfolg. Werden sie adäquat auf das
Unternehmen und den Markt abgestimmt, geben sie die Entwicklungsrichtung vor,
stabilisieren seine Flugbahn und sorgen für Präzision und Durchschlagskraft der
unternehmerischen Aktivitäten.

3.3.1 Unternehmensidentität

Die Unternehmensidentität ist das Rückgrat jedes Unternehmens. Sie repräsentiert das
Selbstverständnis, wofür ein Unternehmen steht, welchen Nutzen es erbringt, wie es nach
innen und außen wirkt. Die Unternehmensidentität verkörpert sich in allen Facetten des
Unternehmens. Sie ist Ausdruck der unternehmerischen **Unverwechselbarkeit**. Diese
resultiert aus dem Zusammenspiel von Leistungen, Produkten, Menschen und gelebter
Unternehmenskultur. Ist dieses Zusammenspiel stimmig, gibt sie dem Unternehmen Fokus und Bindekraft.

Eine ausgeprägte Unternehmensidentität definiert die Nische, in der ein Unternehmen
erfolgreich besteht. Sie grenzt das Unternehmen von anderen ab, prägt die unternehmerische Attraktivitäts- und Fähigkeitsskala (vgl. Abschn. 3.2.1) und bringt die Pull- und
Push-Kräfte eines Unternehmens in Form (vgl. Abschn. 3.2.3).

Alleinstellung
Im Markt der Elektronikinstallations- und Gebäudesystemtechnik ragen aus den
international namhaften Unternehmen wie Busch-Jaeger (ABB), Siemens Haus-
technik, Jung, Berker oder Schneider Electric zwei eigentümergeführte Unternehmen heraus: GIRA und Hager.

Die **Giersiepen GmbH & Co. KG** aus Radevormwald richtet das Unternehmen
und die Marke GIRA konsequent an der Perspektive des „human interface" aus,
d. i. der Schnittstelle zwischen Mensch und Technik. Die Zielgruppe von GIRA

sind design- und technikaffine Endkunden und Absatzmittler, z. B. Architekten. Der Fokus von GIRA liegt auf hochwertigem Design mit intelligenten Techniklösungen, z. B. der Entwicklung selbsterklärender Touchpanels zur integrierten Steuerung der kompletten Gebäudetechnik. Hierzu arbeitet GIRA nicht nur nach innen auf der Grundlage offener Kommunikationsstrukturen, sondern auch in der Außenbeziehung werden Lösungen gemeinsam entwickelt, mit High-End-Marktbegleitern aus den Bereichen Leuchten, TV, Hifi, Heizungs-, Licht-, Lüftungs-, Wärme-, Wasser- sowie Fenster- und Rollladentechnik. Mit diesem Fokus auf offene, kooperative Arbeitsweisen zum Nutzen design- und technikaffiner Endkunden hat GIRA im Markt eine internationale Alleinstellung erreicht. Es ist ein virtuelles Netzwerkunternehmen mit dem Anspruch, nicht nur hochwertige Hardware, sondern herausragende Design- und Funktionslösungen mit exklusivem Unterscheidungspotenzial zu bieten. Dieses Unterscheidungspotenzial ist in allen Facetten der Marke und des Unternehmens erlebbar.

Hager, die Dachmarke der französisch-deutschen **Hager SE**, richtet die Gestaltung aller Unternehmensprozesse am größtmöglichen Nutzen der Absatzmittler für Elektroinstallationslösungen aus. Je nach Absatzmarkt werden bis zu 80 % aller Hauselektronikanlagen über das Fachhandwerk verbaut. Schon früh konzentrierte sich Hager darauf, die Prozess- und Materialketten durch prozesslinien- und plattformübergreifende Standardisierungen, z. B. von Schnittstellen oder Baugruppen beim Fachhandwerker, zu verschlanken. Arbeitet ein Elektriker mit der Produktpalette von Hager, benötigt er für die Komplettinstallation vom Starkstromanschluss außerhalb des Hauses über die Kabelverlegung, Schaltschränke bis hin zu Steckdosen vergleichsweise wenige Einzelkomponenten. Für den Handwerker reduziert sich so das Warenlager um bis zu 70 %. Zusätzlich bietet die Arbeit mit Hager den Vorteil, aufgrund der standardisierten Komponenten und Verbindungen effizienter und schneller arbeiten zu können.

Die Unverwechselbarkeit von GIRA und Hager besteht in der nutzenorientierten Fokussierung aller Unternehmensprozesse auf einen Kern, der nicht bzw. nur schlecht kopierbar ist. Schlecht kopierbar deshalb, weil der Markterfolg Folge einer weit früheren Konzentration auf den unverwechselbaren Nutzen der Unternehmensleistung ist. Ist das Zusammenspiel von Leistungen, Produkten, Menschen und gelebter Unternehmenskultur stimmig, behält das Unternehmen stets einen mehrjährigen Innovationsvorsprung gegenüber dem Wettbewerb. *Wirkliche Unverwechselbarkeit – der Kern jeder Unternehmensidentität – nährt sich selbst.* Das erklärt auch die Entwicklungsdynamik von „hidden leaders" in Märkten.

▶   **Unternehmensidentität** Die Unternehmensidentität ist der Antriebsriemen für unternehmerische Leistungsfähigkeit.

- *Sie mobilisiert die Pull- und Push-Kräfte unternehmerischer Werte.*
- *Sie fokussiert das Nutzenprofil von Produkten und Leistungen.*
- *Sie prägt die unternehmerische Unverwechselbarkeit.*
- *Sie ist Ausdruck sowohl des unternehmerischen Charakters und Tonus als auch die sich selbst verstärkende Lenkungskraft, wofür ein Unternehmen steht, wie es arbeitet und wie es sich von anderen Unternehmen im Markt unterscheidet.*

Als erste Wertedimension des Unternehmens repräsentiert die Unternehmensidentität die selbstbezügliche Lenkungsfunktion der Unternehmenswerte.

3.3.2 Unternehmenswissen

Das Unternehmenswissen ist das Zusammenspiel aller kodifizierten und nicht kodifizierten Fertigkeiten und Verfahren, die das Unternehmen als System aufrechterhalten. Wie dieses Wissen entwickelt, gespeichert und reproduziert wird, hat entscheidenden Einfluss auf die Beweglichkeit von Unternehmen. *Die Organisation des Unternehmens als Wissensprozess ist der „Flaschenhals" unternehmerischer Entwicklungsfähigkeit.* Einerseits muss der Wissensprozess an das Unternehmen (seine Form, seine Elemente – die einzelnen Menschen –, seine Ziele, Kunden und Märkte) angepasst sein, andererseits muss er Entwicklungsmöglichkeiten bieten.

Die werteorientierte Entwicklung des Unternehmenswissens hat zwei zentrale Aufgaben:

Erstens: Im Unternehmen brachliegendes Wissen zu erschließen. Hierzu gehört, eingekapseltes Insel- und Meisterwissen zu „verflüssigen". Dies erfordert die Entwicklung von Führungsfähigkeiten, mit denen „Nichtexperten" Experten dazu motivieren können, ihr Wissen offenzulegen.

Die *zweite* Aufgabe besteht darin, das Unternehmen als lernende Organisation so auszurichten, dass sich das Unternehmen nicht nur reproduzieren, sondern auch qualitativ weiterentwickeln kann (vgl. Senge 1990). Das Schlagwort hierfür lautet **kreative Anpassung**.

Anpassung ist der soziobiologische Prozess, auf veränderte Markt- und Umweltsituationen zu reagieren. Er ist zu unterscheiden von der proaktiven Fähigkeit, mit unerwarteten Leistungen die Nische selbst zu verändern. *Kreative Anpassung hat das Ziel, den Markt und die Marktspielregeln mit Blick auf die eigene Leistungsfähigkeit so zu verändern, dass es zwischen der Marktnische und der eigenen Leistungsfähigkeit zu einem „best fit" kommt.*

Profundes, reproduzierbares Wissen und Wissensmanagement ist die Grundlage für kreative „best fit"-Anpassungen.

Know-how-Pioniere

Über mehrere Jahre in Folge ist der Spezialglasfertiger **Irlbacher Blickpunkt Glas GmbH** als eines der 50 innovativsten Unternehmen Bayerns sowie mit weiteren Preisen ausgezeichnet worden. Schon früh in der über siebzigjährigen Unternehmensgeschichte konzentrierte sich das Familienunternehmen auf den USP *Fertigungswissen*. Ausgangspunkt für diesen Fokus war der heterogene Spezialglasmarkt. Er stellt an Lieferanten gegenläufige Anforderungen. So fordern Kunden wie die **Miele & Cie. KG** für ihre hochwertigen Geräteblenden simultan die Fertigung von Großserien zu international konkurrenzfähigen Preisen und von Kleinserien bis hin zu Einzelteilen. Für alle nachgefragten Blenden gelten die gleichen „State-of-the-Art"-Anforderungen bezüglich Toleranzen und innovativer Lösungen, etwa für dreidimensionale Oberflächenbearbeitung, Glassiebdruck, Leiterbahndruck, Baugruppenfertigungen und integrierte Logistiklösungen (z. B. Just-in-Time-Belieferung, Kanbansysteme, Warehousing). Moderne Glasbearbeitung in dieser Komplexion erfordert ein jederzeit transparent wiederholbares Höchstmaß an handwerklicher Präzision, gepaart mit einer herausragend variablen Prozesslogistik in allen Entwicklungs- und Produktionsabläufen.

Durch den kontinuierlichen Ausbau dieses jederzeit abrufbaren Handwerks-, Fertigungs- und Prozess-Know-hows hat Irlbacher im Bereich High-End-Flachglasbearbeitung eine internationale Position als Innovations- und Qualitätsführer für komplexe technische Lösungen in Glas erworben. Sie geht einher mit weit marktüberragenden Eigenkapital-, Rendite- und Cashflow-Quoten, mit denen die Innovationskraft, z. B. im Bereich der von Irlbacher entwickelten Chip-on-Glass-Technologie, kontinuierlich weiterentwickelt und ausgebaut wird.

▶   **Unternehmenswissen** Das Unternehmenswissen umfasst alle Fertigkeiten, Prozesse und Verfahren, die ein Unternehmen aufrechterhalten. Die Steuerung des Unternehmenswissens konzentriert sich auf die Gestaltung der Fertigkeiten und Verfahren, die für eine kreative Anpassung an und eine proaktive Gestaltung von Märkten benötigt werden.

Das Unternehmenswissen ist die zweite Wertedimension des Unternehmens. Sie prägt den Prozess der kreativen Anpassung aller Werte, die das Unternehmen tragen und leiten.

3.3.3   Unternehmensorganisation

Die Unternehmensorganisation als Ausdruck der Unternehmensentwicklung ist der Spiegel unternehmerischer Ziele und Werte. Sie bestimmt die Parameter, wie ein Unternehmen kontrolliert werden kann. Zugleich legt sie fest, wie und in welchem Raum sich ein Unternehmen bewegt: **Die Organisationsform bestimmt den unternehmerischen Aktionsradius**. Durch ihre Form legt sie die Handlungsräume fest, in denen sich der Einzelne und die Organisation als Gesamtsystem bewegen. Damit wird die Form der Organisation zu einer eigenständigen Wertedimension. Sie prägt die Inhalte (Zwecke und Möglichkeiten), die mit einer Organisation realisierbar sind.

Instrumentale, funktionale und institutionale Auslegungen der Frage, wie Organisationen optimal zu gestalten sind, orientieren sich am modernen **Architekturgrundsatz** des „**form follows function**" (vgl. Sullivan 1896). Ganzheitliche Betrachtungen folgen dagegen dem **Mediengrundsatz**, wonach Organisationen eine sich selbst erfüllende Funktion darstellen.

Der Architekturgrundsatz reflektiert die Unternehmensorganisation aus einer verkürzten Zweck-Mittel-Perspektive. Definierte Unternehmensziele werden angegangen und umgesetzt durch die zieladäquate Organisation aller Unternehmensprozesse. Der Medienansatz bricht die Zweck-Mittel-Perspektive an entscheidender Stelle auf. In Abwandlung zu Marshall McLuhans Diktum, das Medium sei die Botschaft (McLuhan 1964), ist die Organisationsform der sich selbst erfüllende Unternehmenszweck. Er bestimmt das Ausmaß und den Inhalt unternehmerischer Entwicklung. McLuhan führt als Beispiel **IBM** an. „Als IBM entdeckten, dass ihre Tätigkeit nicht die Erzeugung von Bürobedarf oder Büromaschinen ist, sondern die Verarbeitung von Information, begannen sie, ihr Unternehmen mit klarem Blick zu leiten" (l. c. 23 f.).

Ausgelöst durch den Wechsel dieses Selbstverständnisses, nicht Hersteller von Maschinen, sondern von Informationsverarbeitung zu sein, hat sich IBM im Verlauf der letzten dreißig Jahre eine neue Organisationsform gegeben und wurde damit zum Vorbild für alle informationsverarbeitenden Unternehmen. Durch die organisatorische Gestaltung von Entgrenzungsvorgängen werden Transaktionsräume und Prozesse geschaffen, welche Interessengruppen und Bedürfnisse hervorrufen, die nur durch immer neue Produkte und Leistungen zu befriedigen sind. Diese Logik steht auch Pate bei Facebook, bei Google, bei der Entwicklung der Cloud und allen anderen Plattformen, z. B. eBay, PayPal oder Amazon, die sich selbst als Produkt vermarkten. Das Medium (also die Organisationsform) wird so zur eigenen Botschaft (d. i. dem Produkt, das vermarktet wird).

Egal, ob hierarchisch, militärisch, dynamisch, vernetzt oder virtuell organisiert, alle Organisationsformen folgen der *Logik der sich in der Organisation selbst erfüllenden Funktion*: **Organisationen legen durch ihre Form die Handlungsräume fest, in denen sich der Einzelne und die Organisation als Gesamtsystem bewegen**. Damit wird die Form der Organisation zu einer eigenständigen Wertedimension. Sie prägt die Inhalte (Zwecke und Möglichkeiten), die mit einer Organisation realisierbar sind: **form creates function**.

In den Blick gelangt die Wertedimension von Organisationen, wenn vom Zweck-Mittel-Fokus der Herstellung von Produkten und Dienstleistungen abgesehen und auf den **Nutzen** geachtet wird, der in der Selbstbezüglichkeit der Organisationsform verkörpert ist. Im Fall von **IBM** war dies die Verarbeitung von Information. Bei den Beispielen **Hager**, **Irlbacher** und **Gira** sind es die Gestaltung von Prozesseffizienz (Hager), von Prozesskomplexität (Irlbacher) sowie exklusiver Schnittstellenfunktionalität (GIRA).

No titles, no ranks

Das 1958 gegründete Unternehmen **W. L. Gore & Associates** mit heute über 9500 Mitarbeitern (Associates) in 30 Ländern ist u. a. Innovations- und Marktführer im Bereich Membran-, Filter- und Fasertechnik. Dem breiten Publikum bekannt sind die Textilmembranprodukte von GoreTex. Genauso erfolgreich ist Gore aber in anderen Märkten, z. B. der Medizintechnik, Elektronik/Elektrochemie, Geochemie. Erzielt wurde diese Marktführerschaft in unterschiedlichsten Märkten durch eine einzigartige Organisationsform. Keine Geschäfteinheit umfasst mehr als maximal 150 Personen, da nur bis zu dieser Größe jeder jeden persönlich kennen könne. Innerhalb der einzelnen Geschäfteinheiten gibt es keine festgeschriebenen Hierarchien (ranks) und Zuständigkeiten (titles), sondern ausschließlich gleichberechtigte Associates. Diese organisieren sich selbst. Hierzu suchen sie sich Aufgaben, die sie in die Einheit einbringen können. Wird das Angebot angenommen und nachgefragt, übernimmt die Person die Aufgabe. Führungsaufgaben werden nach demselben Prinzip vergeben. Eine Person wird nicht für eine Führungsaufgabe eingesetzt, sondern sie erhält eine Führungsfunktion dann, wenn sie über „followers" verfügt, die sich im in Frage kommenden Bereich von ihr führen lassen. So erfolgt auch die Entlohnung bei Gore. Jeder Associate sucht sich aus dem Kollegenkreis einen Mentor. Dieser entscheidet darüber, welches Gehalt der Mentee erhalten soll. Beide sind dabei innerhalb der Organisation sichtbar, sodass durch entsprechendes Feedback die Gesamtinteressen der Einheit berücksichtigt bleiben und sich die Geschäfteinheit selbst austariert.

Mit dieser Organisationsstruktur haben die Associates einer Geschäfteinheit variable Aufgaben, die sie nach persönlicher Expertise und Unternehmensbedarf erfüllen. So kann es vorkommen, dass eine Person innerhalb ihrer Einheit zuständig ist für Hausdienste, die Pflege der IT-Infrastruktur und Computerprogramme sowie für die regional-, deutschland- oder europaweit einheitenübergreifende Führungsverantwortung des Sparteneinkaufs im Bereich „Facility-Supply".

Diese Organisationsform von Gore ist der Kern des Unternehmenserfolgs: Gore organisiert sich nach dem Nutzenprinzip „Durchlässigkeit". Sie bestimmt als Nutzenkategorie nicht nur das Produktportfolio, sondern ist Ausdruck der Organisationsform selbst. „Durchlässigkeit" als Organisationsprinzip trägt und prägt die hochdynamische Innovationskraft, die Gore durch die Organisation kreativer Rückkopplungsschleifen zum Marktführer in seinen Märkten macht.

Hochleistungsorganisationen sind Organisationen, die nutzenorientiert ihre Ziele (Werte), Produkte und ihre Organisationsform im Gleichklang zur Deckung bringen.

▶   **Unternehmensorganisation** Die Organisation ist das physische Entwick-
     lungsfeld von Unternehmen. Sie prägt den Nutzen und Mehrwert, den Unter-
     nehmen schaffen. Richten sich Unternehmen in ihrer Organisation an solchem
     Nutzen aus, erlangen sie herausragende Alleinstellungspotenziale und nach-
     haltige Durchschlagskraft.

**Die Unternehmensorganisation ist die dritte Wertedimension eines Unternehmens.
Sie prägt den Aktionsraum, der vom Unternehmen bespielt wird.**

3.3.4 Unternehmenswerte

Die **Unternehmenswerte sind die DNA eines Unternehmens** (siehe Abschn. 3.2.4) und
tragen es als lebendes System, indem sie die Richtung vorgeben, wie und wohin sich
ein Unternehmen entwickelt. Innerhalb der Unternehmenswerte sind zwei Kategorien von
Werten zu unterscheiden: Unternehmerische **Leitwerte** als Ausdruck der Unternehmensidentität und Organisation sowie die im Unternehmen verankerten **Prozesswerte**, d. i. die
gelebte Unternehmenskultur. Gemeinsam bilden sie den **Werteraum**, der jedes Unternehmen kennzeichnet und Unternehmen voneinander abgrenzt (vgl. Abb. 3.16).
   *Unternehmerische Leitwerte definieren den Nutzen, der durch ein Unternehmen reali-
siert wird.* Sie spiegeln sich in der Unternehmensidentität und Unternehmensorganisation

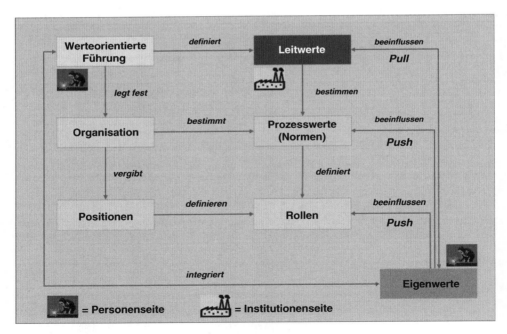

Abb. 3.16 Der Werteraum des Unternehmens

und prägen das Leitbild, woraus und wofür ein Unternehmen steht. *Prozesswerte sind* dagegen *alle Werte, die der Unternehmenskultur Ausdruck verleihen.* Am Beispiel Gore verdeutlicht: Die Gestaltung von Durchlässigkeit als Organisationsprinzip und Definition des Unternehmensnutzens ist einer der Leitwerte von Gore. Offenheit, Transparenz, Fairness und Teamgeist sind dagegen Prozesswerte. Sie lenken und leiten die spezifische Unternehmenskultur, mit der Gore seine Leitwerte lebt.

▶ **Unternehmen** Unternehmen sind Werteräume und Unternehmenswerte die in Leit- und Prozesswerte aufgegliederte DNA eines Unternehmens. Sie drücken sich in der gelebten Unternehmenskultur aus und legen fest, welchen Nutzen und Aktionsraum Unternehmen stiften und belegen.

▶ **Leitwerte** Leitwerte sind alle Werte, die zum Ausdruck bringen, was und wie ein Mensch oder Unternehmen Nutzen stiftet. Die Nutzenstiftungsfunktion der Leitwerte wird als Pull-Effekt erlebt. Menschen, die den von einem Leitwert ausgedrückten Nutzen anstreben, fühlen sich von diesem Leitwert angezogen.

▶ **Prozesswerte** Prozesswerte sind alle Werte, die den Umgang im Unternehmen regeln. Es sind Normen, mit denen das Zusammenspiel der einzelnen Unternehmensbereiche und Prozesse, z. B. spezifische Arbeitsprozesse, formatiert und ausgerichtet wird.

▶ **Normen** Normen sind Verfahrensregeln. Sie transformieren die Werte eines sozialen Systems in Handlungsvorgaben, wie und nach welchen Regeln sich der Einzelne in diesem System zu verhalten hat.

Die Unternehmenswerte repräsentieren die vierte Dimension des Unternehmens. Diese vierte Dimension prägt das Unternehmen in seiner Identität, seinen Handlungen und seinen Prozessen. Zudem verkörpern sich die Unternehmenswerte in der spezifischen Organisation und in den Reproduktionsmechanismen des Unternehmens als unverwechselbarer Einheit.

Strategisch gesteuert wird diese Dimension durch den Aufbau von Wertelandkarten. Sie bilden den Werteraum des Unternehmens ab. Im Zusammenhang von Wertecockpits dienen sie dazu, als Frühwarnsystem relevante Veränderungen in der Wertekultur des Unternehmens frühzeitig zu erkennen, sodass mit geeigneten Maßnahmen gegengesteuert werden kann.

3.3.5 Werteorientierte Führung

Wie für alle Werte gilt auch für die das Unternehmen prägenden Werte: Sie wirken nur, wenn sie vom Einzelnen *erlebt* werden. Erlebbar werden sie erst dann, wenn sie *bestimmt* sind und im Unternehmen aktiv *gelebt* werden. Hieraus resultiert die Aufgabe werteorientierter Führung:

1. Sie richtet den Werteraum des Unternehmens stimmig aus.
2. Sie legt die Erfüllungsbedingungen fest, durch die die einzelnen Werte bestimmt werden.
3. Sie prägt die Erlebnisräume („Riten", „Kulte", Organisation), mit und in denen die Unternehmenswerte mit Leben gefüllt werden.
4. Sie legt die Regeln fest, wie mit Verstößen, Konflikten und Veränderungen umzugehen ist.

Strategisch mündet werteorientierte Führung in das C4-Management. Hierzu werden die vier Dimensionen der Unternehmensidentität, des Unternehmenswissens, der Unternehmensentwicklung und der Unternehmenswerte aneinander ausgerichtet. *Operativ mündet werteorientierte Führung in die Führung mit Werten* (vgl. Abschn. 3.4).

Führung mit Werten hat *erstens* zur Aufgabe, alle bewusst und unbewusst in einem Unternehmen wirkenden Werte transparent zu machen und in ein stimmiges Wertegefüge zu überführen. Dies erfordert *zweitens*, dass alle Unternehmensprozesse der Entwicklung und Stärkung des spezifischen Werteraums untergeordnet werden, die das Unternehmen und seine Leistungen tragen. **Die messbare Ausprägungsstärke und Stimmigkeit der Unternehmenswerte wird zur primären Messlatte unternehmerischen Erfolgs.** Alle sonstigen in der Bilanz, der Gewinn- und Verlustrechnung und in „Balanced-Scorecard"-Modellen ermittelten Erfolgsparameter sind dieser Messlatte nachgelagert und ergeben sich aus dem nutzenorientierten Zusammenspiel der Menschen, die das Unternehmen bilden. Sie sind eine Funktion der primären Unternehmenswerte und erfüllen sich durch diese. *Drittens* bedeutet Führung durch Werte, dass die prägenden Primärwerte „top down" von allen Führungsebenen mitzutragen und vorzuleben sind. Ist das nicht der Fall, scheitern alle Bemühungen, ein Unternehmen werteorientiert auszurichten, schon im Keim.

Gerne!
1998 gründete sich eine Abteilung der Hella AG als **HDO Druckguss- und Oberflächentechnik GmbH** aus. 2003 wurde HDO im Rahmen eines Management-Buy-Outs in ein eigentümergeführtes Unternehmen überführt. In der Folge wurde HDO vom jetzigen Eigner und dem Managementteam konsequent werteorientiert ausgerichtet.

Mit dem Leitwert *„Gerne"* steuert HDO alle internen und externen Prozesse und kommuniziert die Botschaft, mit seinen Produkten in allen Facetten des Unternehmens proaktiver Dienstleister zu sein. Mit dem Fokus auf *Produktion als Dienstleistungsprozess* hat HDO innerhalb weniger Jahre in einem international unter Druck stehenden Massenmarkt eine Position als Innovations- und Qualitätsführer für „State-of-the-Art"-oberflächenveredelte Druckgussartikel erworben. HDO ist heute Systemlieferant und Entwicklungspartner aller High-End-Markenanbieter in den Märkten Automotive, Weiße Ware und Sanitärprodukte.

3.3.6 Zusammenfassung: Das C4-Management

Werte tragen und prägen jedes Unternehmen in vier Dimensionen:

1. Als *Unternehmensidentität* drücken sie aus, worin sich das Unternehmen von anderen unterscheidet, wofür es steht, wie es arbeitet, welche Produkte und Leistungen es anbietet, welchen Nutzen es stiftet.
2. Als Treiber dafür, wie Unternehmen nach innen und außen arbeiten, prägen sie die Form und Gestalt des *Unternehmenswissens*. Das Zusammenspiel von menschlichen Eigenwerten und systemischen Gemeinschaftswerten (das sind die Leit- und Prozesswerte des Unternehmens) steuert die Entwicklung und Reproduktion aller Fertigkeiten, die das Unternehmen erhalten.
3. Als Ausdruck und Spiegel der *Unternehmensorganisation* legen sie fest, in welcher Weise ein Unternehmen Nutzen stiften und sich entwickeln kann.
4. Als gelebter Werterahmen, der dem Unternehmen Gesicht und Gestalt verleiht, sind die *Unternehmenswerte* der dynamische Ort von Entwicklung und entscheidender Faktor für unternehmerischen Erfolg, Innovations- und Widerstandskraft.

Die gelebten Unternehmenswerte prägen das Welt- und Erscheinungsbild des Unternehmens. Sie bestimmen, welchen Aktionsradius es hat und wie es sich langfristig entwickelt.
Die Entwicklung des Werterahmens eines Unternehmens folgt der Logik der Werte in sozialen Systemen (vgl. Abschn. 3.2.3 und 3.2.4). Ist das Zusammenspiel der im Unternehmen wirkenden Werte optimal auf den Nutzen abgestimmt, der durch das Unternehmen gestiftet wird, führt dies zu überdurchschnittlichem Erfolg auch aller anderen Leistungsparameter – insbesondere seiner Innovationsfähigkeit, seiner Liquidität und seines Ertrages: **Die aktive Gestaltung unternehmerischer Werterahmen führt zu Mehrwert, Fokus und Bindekraft.**
Zwei Aufgaben stehen im Zentrum der Gestaltung von Werterahmen. Strategisch gilt es, den Werteraum des Unternehmens so auszutarieren, dass kreative Anpassung möglich wird und das Unternehmen als System in seiner Nische Nutzen und Mehrwert schafft. Dies ist die Basis unternehmerischer Existenz. *Die Abstimmung der unternehmerischen Wertedimensionen unter den Gesichtspunkten Stimmigkeit und Nutzen ist Aufgabe des* **C4-Managements**.
Flankiert wird das C4-Management durch die operativen Aufgaben der werteorientierten Führung. **Werteorientierte Führung** *hat die Aufgabe, das Wertemanagement als operative Größe im Unternehmen zu verankern.* Sie bringt die Leit- und Prozesswerte des Unternehmens mit allen sonstigen Belangen in Einklang, die im Unternehmen zu regeln sind. Ihre zentralen Instrumente sind die **werteorientierte Kommunikation** sowie der **Aufbau eines Wertecockpits**, mit dem das C4-Management und der Erfolg werteorientierter Führung gemessen werden können.

3.4 Werteorientierte Führung: Der operative Aufbau von Wertecockpits

Unternehmen sind dynamische Werteräume. Sie werden durch Führung gestaltet, nicht durch Management.

▶ **Führung** Führung ist die Fähigkeit, Menschen für eine Sache so zu begeistern, dass sie diese aus Eigenmotivation verfolgen. Gute Führung zielt auf Freiwilligkeit und die aktive Gestaltung von übertragenen Aufgaben, nicht auf die blinde, willfährige Umsetzung von Vorgaben. Führen heißt, die zwischenmenschliche Dimension geteilter Werte zu aktivieren. Sie orientiert sich am Menschen als sinnorientiertem Wesen.

▶ **Management** Management ist der mechanistische Prozess der Planung, Durchführung, Kontrolle und Steuerung von unternehmerischen Maßnahmen. Gleich ob prozessual, funktional oder institutionell interpretiert: Management orientiert sich an der normativen, strategischen und operativen Wirksamkeit der Steuerung von Prozessen. Hierbei sind Menschen zunächst Mittel, nicht primärer Zweck.

Gute Führung setzt an der **Dynamik von Werten** im Unternehmen an. Sie begreift,

1. dass alle einzelmenschlichen Aktivitäten von Werten beeinflusst sind, die ihren Handlungen Richtung und Sinn verleihen;
2. dass die im Unternehmen verkörperten „System- und Unternehmenswerte" nur durch den Einzelnen getragen werden;
3. dass die Wertedynamik in Unternehmen entscheidenden Einfluss auf die langfristige Performanz des Unternehmens nimmt;
4. dass die im Unternehmen wirkenden Wertedynamiken durch den Aufbau geeigneter Mess- und Führungssysteme transparent gesteuert werden können; und
5. dass das flexibelste dominante Element eines Systems das System am meisten beeinflussen und verändern kann (vgl. Abschn. 3.2.3).

Zwei Ebenen der Wertedynamik im Unternehmen sind zu unterscheiden, die durch den Aufbau geeigneter Wertecockpits gelenkt werden: *Erstens* die im und zwischen Einzelnen ausgetragene Dynamik von persönlichen Eigenwerten und im Unternehmen verkörperten Gemeinschaftswerten. *Zweitens* die systemische Dynamik zwischen den unternehmerischen Leitwerten und den im Unternehmen gelebten Prozesswerten, d. i. der Unternehmenskultur. In Familienunternehmen wird diese Dynamik ergänzt durch eine dritte Dynamik, den Einfluss der Familienwerte. Spiegeln sich Familien- und Unternehmenswerte, führt diese Doppelhelix zu Verstärkereffekten der unternehmerischen Leistungsfähigkeit.

Werteorientierte Führung lenkt diese Dynamiken aktiv, indem die im Unternehmen gelebten Werte in ein Cockpit überführt und nach klaren Regeln und Kriterien gesteuert

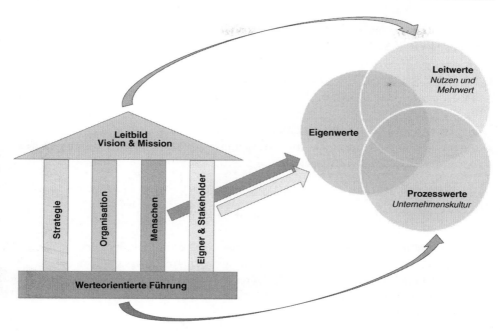

Abb. 3.17 Die Wertedynamik im Unternehmen

werden. Das Cockpit **gleicht die tragenden Eckpfeiler des Unternehmens** (die C4-Matrix) **mit den im Unternehmen gelebten Werten** (der Unternehmenskultur) **ab und richtet beide aneinander aus** (vgl. Abb. 3.17).

Die Herausforderung jeder Führung mit Werten besteht in der Wertevermittlung. Die Frage, wie Werte übertragen und vermittelt werden können, stellt sich akut in allen Aspekten der Unternehmenskommunikation, beim Recruiting, bei der Ausbildung und Entwicklung von Mitarbeitern und Führungskräften sowie insbesondere in Umbruch- und Nachfolgesituationen.

Der Aufbau des Wertecockpits verleiht dem im Unternehmen stattfindenden Handlungsgeschehen **Fokus** und **Eindeutigkeit**: In Signalen, in Prozessen, in der Organisationsform, in dem, was gewollt und geduldet wird und was nicht. Eindeutigkeit wird erzielt, wenn das Unternehmen strategisch und operativ so ausgerichtet wird, dass die im Unternehmen wirkenden Leit-, Prozess- und Eigenwerte konvergieren. **Konvergenz** lässt sich messen an der Erkennbarkeit und Wiedererkennbarkeit von Werten in dem, was gesagt und was getan wird. Sie ist einer der **Metawerte** und Messkriterien zur Entwicklung und Steuerung unternehmerischer Werteräume. Ein zweiter ist die **Stimmigkeit** aller Elemente und Dimensionen, die das Haus des Unternehmens als organische Einheit kennzeichnen.

▶   **Metawerte** Metawerte sind übergeordnete Hilfswerte, z. B. Stimmigkeit oder Authentizität, mit denen werteorientierte Führung gelenkt und fokussiert wird.

Die messbaren Kriterien von Eindeutigkeit, Konvergenz und Stimmigkeit markieren
die vier zentralen Aufgabenbereiche werteorientierter Führung:

1. Die Entwicklung der Unternehmenskultur;
2. die Steuerung der Dynamik von menschlichen Eigen- und Gemeinschaftswerten
   im Unternehmen;
3. die Ausarbeitung eindeutiger Leitwerte;
4. die transparente Lenkung der im Unternehmen wirkenden Werte durch den Aufbau eines geeigneten Wertecockpits.

3.4.1 Treiberfaktoren der Unternehmenskultur

▶ **Unternehmenskultur** Das Zusammenspiel aller expliziten und impliziten
Regeln, Werte und Überzeugungen, die in einem Unternehmen wirken und das
Handeln der Akteure prägen, ist die Unternehmenskultur. Sie ist der Stoff, der
das Unternehmen zusammenhält, ihm Masse und Gestalt sowie seiner „Drift"
Richtung und Drall verleiht.

Zwei Faktoren beeinflussen die Unternehmenskultur: *Erstens* der soziogeographische
Raum, in dem das Unternehmen steht. Zu diesem Raum gehören auch die Märkte, in
denen sich ein Unternehmen bewegt. Beide, die Märkte und die Umgebungskultur, beein-
flussen die Wahrnehmung und Handlungsweise von Unternehmen.
  Zweitens das „systemische Handlungsmuster", das ein Unternehmen als organische
Einheit von anderen abgrenzt. Dieses Muster wird durch die im Unternehmen wirkende
Dynamik aus Eigen- und Gemeinschaftswerten gebildet (vgl. Abschn. 3.2.2 und 3.2.3)
(vgl. Abb. 3.18).

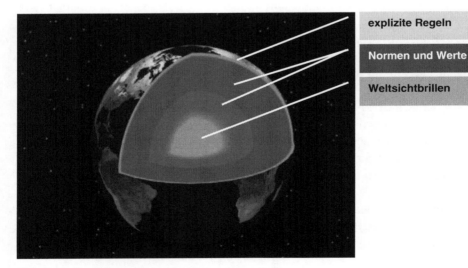

Abb. 3.18 Das Schalensystem der Unternehmenskultur

Die Unternehmenskultur ist ein **Schalensystem**. Die äußere Schale bilden alle explizit wahrgenommenen Regeln, nach denen im Unternehmen gehandelt wird. Unter diesem Mantel wirkt ein innerer Ring von Normen und Werten. Deren Dynamik setzt die tektonischen Kräfte frei, die die Gestalt der Oberfläche bestimmen. Der innere Ring wird in seiner Form und seinen Prozessen durch einen Kern definiert. Er besteht aus den impliziten Überzeugungen, die das Weltbild des Unternehmens und seiner Träger begrenzen (vgl. Abschn. 3.2.3).

Loyalität

Der Einfluss der kulturell geprägten Weltsichtbrillen auf die Performanz von Menschen zeigt sich in einer Erhebung von Fons Trompenaars. Sie verdeutlicht, dass Menschen kulturkreisbedingt ethische Anforderungen, beispielsweise den Umgang mit Wahrheit, unterschiedlich handhaben. Personen aus 38 Staaten wurden mit folgender Situation konfrontiert: Sie sollten als Journalist einer Gastronomiekolumne über das Restaurant einer engen Freundin berichten. Diese hatte dort all ihre Ersparnisse investiert. Nach der persönlichen Meinung des Kolumnisten war das Restaurant schlecht. Die Testpersonen wurden aufgefordert, folgende Frage zu beantworten: „Welches Recht hat Ihre Freundin, von Ihnen zu erwarten, dass Sie das Restaurant mit wohlwollender Nachsicht behandeln?" Die Testpersonen standen so vor dem Entscheidungsdilemma, entweder der Wahrheit und damit dem Interesse der allgemeinen Öffentlichkeit oder der persönlichen Freundschaft den Vorrang zu geben. Der Anteil der Befragten, die wahrheitsgemäß berichteten und der Freundin das Recht auf Unterstützung durch wohlwollende Berichterstattung absprachen, rangierte von 17 % (Jugoslawien) über 55 % (Schweden) bis hin zu 81 % (Frankreich) und 91 % (Schweiz). West-Deutschland lag mit 62 % wahrheitsgemäßen Berichterstattern im breiten Mittelfeld (vgl. Trompenaars 1993, S. 37).

Die Kultur eines Unternehmens ist ausschließlich durch das gelebte Miteinander geprägt. Dieses Miteinander wird durch verschiedene Einflussfaktoren bestimmt, die die Treiber sind, mit denen der gelebte Umgang im Unternehmen beeinflusst werden kann.

Eine werteorientierte Führung erfordert die Entwicklung von Parametern, die den Umgang miteinander regeln, ohne selbst zu werten oder den Blick eindimensional zu verengen.

Die wertneutralen Prozessparameter, mit der die gelebte Unternehmenskultur bestimmt werden kann, gliedern sich in sieben **Treiberfaktoren**:

1. *Kommunikationsverhalten*
2. *Kooperationsverhalten*
3. *Führungsstil*

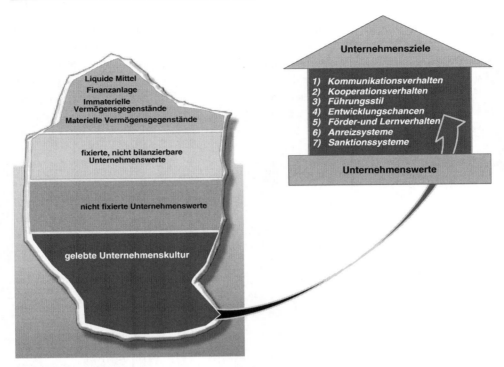

Liquide Mittel
Finanzanlage
Immaterielle
Vermögensgegenstände
Materielle Vermögensgegenstände

fixierte, nicht bilanzierbare
Unternehmenswerte

nicht fixierte Unternehmenswerte

gelebte Unternehmenskultur

Unternehmensziele

1) Kommunikationsverhalten
2) Kooperationsverhalten
3) Führungsstil
4) Entwicklungschancen
5) Förder- und Lernverhalten
6) Anreizsysteme
7) Sanktionssysteme

Unternehmenswerte

Abb. 3.19 Treiberfaktoren der Unternehmenskultur

4. *Gestaltung von Entwicklungschancen*
5. *Förder- und Lernverhalten*
6. *Anreizsysteme*
7. *Sanktionssysteme* (vgl. Abb. 3.19)

Die Treiberfaktoren der Unternehmenskultur repräsentieren voneinander unabhängige Einflussgrößen, die den zwischenmenschlichen Umgang im Unternehmen prägen. In der Zusammenschau beschreiben sie alle Facetten der gelebten Unternehmenskultur. Sie bilden ein **Raster**, mit dem werteneutral, d. h. unter Ausblendung persönlicher Wertungen und konkreter Inhalte die gelebte Struktur der Unternehmenskultur kategorisierbar wird, z. B. beim Umgang mit Fehlern und Regelverstößen durch die Kategorien Ächtung/Ausschluss, Degradierung, Statusverlust, lösungsorientierter Umgang mit Fehlern, lernorientierter Umgang mit Fehlern.

▶   **Treiberfaktoren der Unternehmenskultur** Die Treiberfaktoren der Unternehmenskultur sind Prozessfilter der gelebten Unternehmenskultur. Sie dienen als Regelungs- und Beschreibungsgrößen, mit denen die Unternehmenskultur werteneutral analysiert und operationalisiert werden kann.

3.4.2   Die Werte-Ära und das Sandwichprinzip der Arbeit mit Werten

Analog zum Strategiekreislauf des *„Plan/Do/Check/Act"* hat die werteorientierte Führung
einen eigenen **Prozesskreislauf**. Er markiert die spezifische **Werte-Ära** eines Unternehmens und umfasst die Stationen *„Analyze/Evaluate/Redefine/Act"*. Im ersten Schritt einer
Werte-Ära wird anhand der Treiberfaktoren der Unternehmenskultur das Ist-Profil der
Unternehmenskultur ermittelt. Im zweiten Schritt wird die ermittelte Unternehmenskultur
anhand der C4-Matrix mit den Leitwerten abgeglichen und die Stimmigkeit der Wertematrix bewertet. Im dritten Schritt werden die Unternehmenswerte nachjustiert und ggf.
neue Zielwerte definiert. *Werden die Werte der Unternehmenskultur neu definiert, entspricht dies einer neuen Ära der Unternehmensentwicklung.* Der vierte Schritt besteht in
der aktiven Umsetzung der Unternehmenskultur durch Vorleben der Unternehmenswerte
und Ausrichtung der Treiberfaktoren (vgl. Abb. 3.20).

Innerhalb einer **Werte-Ära** erfolgt die Steuerung der Unternehmenskultur nach dem
Sandwichprinzip. In ihm werden die Ist- und Zielwerte des Unternehmens kontinuierlich
abgeglichen. Hierbei bildet die Push-Funktion der gelebten Eigenwerte die untere Hälfte
eines Hamburgers. Die obere Hälfte wird aus der Pull-Funktion der unternehmerischen
Leitwerte gebildet. Der Belag setzt sich schließlich zusammen aus zwei Schichten: Erstens der im Unternehmen gelebten Unternehmenskultur (beim Burger wären das Salat, To-
maten, Gurken, Ketchup und Mayonnaise) sowie zweitens den im Unternehmen wirkenden Wert- und Werteschöpfungsprozessen, mit denen Nutzen und Mehrwert geschaffen
wird (beim Burger wäre das das obligatorische Rindfleischhacksteak) (vgl. Abb. 3.21).

Das Sandwichprinzip fokussiert die Arbeit mit Werten auf vier Bereiche:

1. *Das Management der im Unternehmen gelebten Eigenwerte.* Kernaufgaben in diesem Bereich sind werteadäquates Recruiting, stimmige Personalentwicklung sowie
   die Gestaltung von Werteräumen, in denen unternehmerische Leitwerte in Eigenwerte
   überführt werden können.

Abb. 3.20 Der
A.E.R.A.-Kreislauf

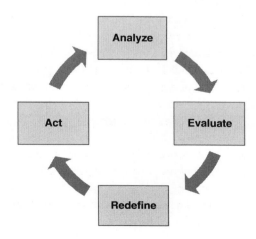

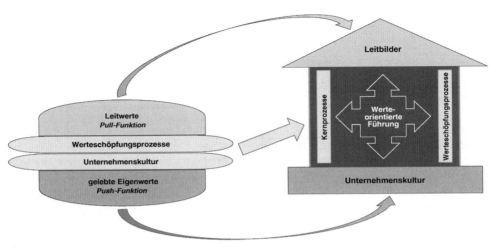

Abb. 3.21 Das Wertesandwich

2. *Das Management der Prozesswerte.* Prozesswerte sind die **Normen** für den Umgang miteinander. Sie formatieren die Treiber der Unternehmenskultur. *Die Leitfrage für die Entwicklung und Umsetzung von Prozesswerten lautet: „Wie gehen wir miteinander um?"*

Wie die einzelnen Treiber der Unternehmenskultur – also das *Kommunikationsverhalten*, das *Kooperationsverhalten*, der *Führungsstil*, die *Gestaltung von Entwicklungschancen*, das *Förder-* und *Lernverhalten*, die *Anreizsysteme* und die *Sanktionssysteme* – durch einzelne Prozesswerte formatiert werden, kann am Beispiel des Prozesswertes Teamorientierung dekliniert werden.

Teamorientierung
Der Prozesswert Teamorientierung wirkt auf alle Treiberfaktoren der Unternehmenskultur ein.

- Teamorientierte *Kommunikationsprozesse* erfordern Offenheit, Transparenz und Gleichbehandlung aller Beteiligten.
- Teamorientiertes *Kooperationsverhalten* braucht die Anerkennung des Gegenübers als gleichwertiger Partner.
- Teamorientierte *Führungsstile* benötigen kooperativ-konsensorientierte Verfahren im Umgang miteinander sowie bei Entscheidungen.
- Teamorientierte *Entwicklungschancen* sowie teamorientiertes *Förder- und Lernverhalten* erfordert partizipative Beteiligungsformen. Diese stellen das Team über den Einzelnen. Stärken und Schwächen des Einzelnen werden dabei zum Wohl des Teams ausgesteuert, und wechselseitige Unterstützung wird vor individuelle Performanz gestellt.

> - Teamorientierte *Anreizsysteme* sind so auszugestalten, dass das Einzelinteresse nur über das Teaminteresse realisiert werden kann.
> - Bei teamorientierten *Sanktionssystemen* stehen bedarfsgerechte Individualschulungen sowie bei permanenten Regelverstößen der Ausschluss im Zentrum.

1. *Das Management der Werteschöpfungsprozesse*: **Wertschöpfung erfolgt durch Werteschöpfung**. Wertschöpfung orientiert sich am Nutzen der Prozesse, Produkte und Leistungen. Der Unternehmenszweck orientiert sich nach innen und außen an diesem Nutzen. *Die Leitfrage für unternehmerische Werteschöpfungsprozesse lautet daher: „Welchen Nutzen stiften wir mit unseren Leistungen, und welche Werte benötigen wir, damit dieser Nutzen gesteigert werden kann?"*
2. *Das Management der Leitwerte*: Werteorientierte Führung schafft **kulturelle Bilder**, die die Leitwerte des Unternehmens nach innen und außen zum Ausdruck bringen. Die Leitwerte erfolgreicher Unternehmen drücken sich oft auch in der Marke aus.

Just do it!

Der Sport- und Lifestyle-Artikelhersteller **Nike** verspricht mit seinem Markenslogan „Just do it!" den Leitwert Selbstverwirklichung. Wer sich mit Nike-Produkten schmückt, verwirklicht sich in dem, was er tut, selbst. Grenzüberschreitung, Leistungsfähigkeit und Aktivität sind die Beiwerte dieser Selbstverwirklichung, erfahren durch Nike als persönliches Glück des Aktiven, der macht, was er will. *Just do it!* Alle Produkte und Leistungen des Unternehmens richten sich an diesem Nutzen aus.

Just do it! kommuniziert nicht nur den Leitwert von Nike, sondern der Slogan ist zugleich das kulturelle Bild, wofür Nike mit seinen Leistungen steht. Als Vorbild und Ausdruck des Biotops (kulturellen Raums), das Nike als Markenartikelhersteller besetzt, ermöglicht es Identifikation. Nike liefert Produkte für ambitionierte, junge, urbane und professionelle Menschen, die im Bestreben, sich selbst zu verwirklichen, über denen stehen, die diesen Wert nicht zur Maxime gemacht haben.

▶ **Kulturelle Bilder** Kulturelle Bilder sind mediale Inszenierungen und drücken Leitwerte aus. Sie sind Identifikationsfolien, mit und über die die Leitwerte eines sozialen Systems vermittelt werden.

3.4.3 Wertestrategien

Werte entfalten ihre volle Kraft nur, wenn sie in stimmige Wertesysteme integriert sind. Einzelne Werte sind nicht per se gut oder schlecht, sondern sie werden definiert durch ein **Wertekontinuum**, das es operativ auszutarieren gilt. Es wird gebildet, weil alle Werte

durch ihr Gegenteil bestimmt sind, das aus dem Übermaß oder Mangel eines Guten entsteht (vgl. Aristoteles Nikomachische Ethik 1106a ff.). So bildet sich der Wert der Freigebigkeit oder des Mutes durch seine Position zwischen Verschwendung und Geiz bzw.
zwischen Feigheit und Tollkühnheit. *Die Güte eines Wertes ist nichts Statisches, das als
arithmetisch Mittleres errechnet werden kann, sondern ergibt sich als Mittleres zwischen
zwei Polen des Schlechten.* Aristoteles nennt als Beispiel die Ernährung von Wettkämp-
fern. Die Verzehrmenge, die für den einen Sportler richtig ist, kann für einen anderen deutlich zu viel oder zu wenig betragen. **Die Güte eines Wertes kann nicht durch sich selbst,
sondern nur fallbezogen durch den Verweis auf andere Werte bestimmt werden.**

Damit ein Wert inhaltlich bestimmt werden kann, benötigt er nicht nur negative Gegenwerte und einen **Bezugsrahmen**, sondern zusätzliche Werte, die ihm Gewicht verleihen.
„Kein Wert ist an sich allein schon, was er sein soll – er wird es erst durch Einbeziehung
des positiven Gegenwertes" (Hellwig 1965, S. 66). Werte, so Schulz von Thun, erlangen
ihre „konstruktive Wirkung" nur, wenn sie in ausgehaltener Spannung zu einer Schwester-
tugend stehen (vgl. Schulz von Thun 1989, S. 38 ff.). Diese Spannung wird dargestellt im
Wertequadrat. Es verleiht einem Wert erst Kraft und Ausdruck (vgl. Abb. 3.22).

In der Sichtweise von Wertequadraten sind einzelne Werte wie Mut oder Freigebigkeit nicht ein Mittleres auf einer Linie, das das Kontinuum zwischen den Polen Feigheit
und Tollkühnheit bzw. von Verschwendungssucht und Geiz bildet, sondern ihr Wert wird
bestimmt durch einen positiven Gegenwert, im Fall des Mutes durch Vorsicht, im Fall
der Freigebigkeit durch Sparsamkeit. Die positiven Gegenwerte Vorsicht und Sparsamkeit
liegen quer zum Wertekontinuum von Feigheit – Mut – Tollkühnheit bzw. von Verschwendungssucht – Freigebigkeit – Geiz.

Großzügigkeit als Führungstugend sowie als Tugend im Umgang mit Ressourcen

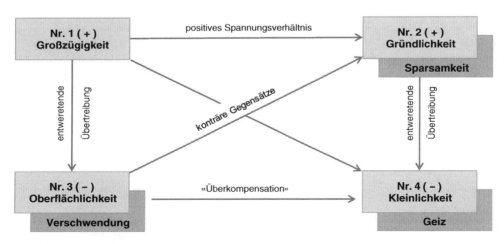

Abb. 3.22 Das Wertequadrat

Die Ausarbeitung von Wertequadraten für die im Unternehmen wirkenden Leit- und Prozesswerte ist die Grundlage jeder Wertestrategie und eine der Kernaufgaben beim Aufbau des Wertecockpits. Einzelne Werte und das Wertesystem haben dabei keinen Selbstzweck, sondern **dienende Funktion**.

▶   **Die dienende Funktion von Werten** Werte sind die Bausteine der Unternehmens-DNA. Innerhalb des Unternehmensorganismus lenken sie das Zusammenspiel der Unternehmensprozesse.

In ihrer dienenden Funktion sind Werte eingebettet in ein umfassendes **Sinnsystem**. Es besteht aus dem narrativen Zusammenhang von Unternehmensleitbild, Unternehmensmission und Unternehmenszielen. Das Unternehmen als Sinngeschehen und die Erzählung des Unternehmenssinns werden durch die strategische und operative Entwicklung der Unternehmenswerte geprägt (vgl. Abb. 3.23).

Aktiv gelebt und optimal orchestriert, entwickeln die im Unternehmensleitbild verankerten Werte die Pull- und Push-Kräfte herausragender Exzellenz. In der **Mission** drücken sie den Unternehmenszweck aus. Sie stiftet unternehmerischen Sinn, dargestellt im Nutzen, den das Unternehmen für sich, seine Kunden und alle stiftet, die mit dem Unternehmen verbunden sind. Den Gegenpol zu diesem Sinn bilden die unternehmerischen **Ziele**. Aus ihnen ergibt sich die optimale Prozessstruktur, wie sie durch die Prozesswerte der Unternehmenskultur ausgedrückt werden. Gehalten werden diese beiden Wertehemisphären durch das **Unternehmensleitbild**. Dies ist das emotionale Bild, mit dem die Unternehmensidentität verpackt und transportiert wird.

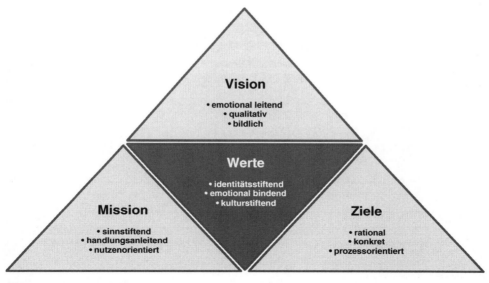

Abb. 3.23 Die Leitbildpyramide

Gründermythen

Einer der tragenden Erfolgsfaktoren von Apple ist das bis heute hochgehaltene Gründernarrativ als Identifikationsfolie für alles, wofür Apple steht. Steve Jobs, Steve Wozniak und ihr in der Garage als unternehmerischer Urzelle entwickelter Computer „Apple1" sind die tragenden Elemente dieses Mythos. Er besagt: Wir sind anders, wir sind kreativ, wir brechen Regeln und Standards für Produkte, die jeder haben möchte und die jeder bedienen kann. Wir sind das *human* im „human interface".

Erfolgreiche Wertestrategien konzentrieren sich auf die passgenaue Ausarbeitung unternehmerischer Sinnsysteme. Alle für das Unternehmen relevanten Werte werden dabei in ein Gesamtsystem sich wechselweise verstärkender positiver Effekte überführt. Je fokussierter dieses Sinnsystem ausfällt und je geschlossener sich die tragenden Unternehmenswerte zu einem Gesamtbild zusammenfügen, desto stärker wirken beide auf die Unternehmenskultur.

Fokus und Geschlossenheit sind die Kriterien für den Aufbau von Wertestrategien. Hierbei gilt die Maxime „weniger ist mehr". **Optimal abgestimmte Wertestrategien richten das Unternehmen an einem bis maximal drei Leitwerten sowie die Entwicklung der Unternehmenskultur an fünf bis maximal sieben Prozesswerten aus.** Hierbei werden die einzelnen Werte in Hierarchien überführt und das Wertehaus des Unternehmens in fugenloser Verbindung der einzelnen Wertequadrate errichtet.

Reines Wasser – reiner Service

Das gründergeführte Watercooler-Start-up **Pur Aqua Services AG** organisierte den Aufbau des Unternehmens mit einer klaren Wertestrategie. Mit dem Claim „reines Wasser – reiner Service" wurde das Unternehmen in vier Wertedimensionen aufgegliedert, um im Markt Alleinstellungsmerkmale aufzubauen. Die vier Pur-Aqua-Kernkompetenzen Wasser-Know-how, Kundenorientierung, Servicebewusstsein und Vertriebskompetenz wurden abgebildet auf das Markenprofil mit Nutzenversprechen zu Service und Convenience, erfrischend reinem Quellwasser aus dem Schwarzwald, Gesundheit und Wohlbefinden. Unterfüttert wurde das Markenprofil mit den serviceorientierten Prozesswerten der Unternehmenskultur (Offenheit, Freundlichkeit, Beständigkeit, Pünktlichkeit, Unkompliziertheit, Schnelligkeit). Die bildliche Gestaltung der emotionalen Metawerte für das Wasser- und Erfrischungserlebnis (Ruhe, Kraft, Frische, Bewegung, Dynamik, Reinheit, Klarheit) flankierte den Unternehmensauftritt. Eine kleine Start-up-Agentur wurde beauftragt, diese sieben Metawerte in einem einzigen Bild zum Ausdruck zu bringen. Mit diesem Bild für den Werteraum von Pur Aqua grenzte sich das Unternehmen gegen alle anderen Anbieter im nationalen und internationalen Wassermarkt ab, da diese zumeist nur eine oder zwei der Metawertfacetten in ihrem optischen Marketingauftritt transportierten.

Mit der konsequent werteorientierten Ausrichtung des Unternehmens konnte Pur Aqua innerhalb von zwei Jahren ein deutschlandweites Vertriebsnetz aufbauen. Mit seinem Markenauftritt setzte es sich auf dem internationalen Parkett in London und Seattle im Wettbewerb gegen alle namhaften Abfüller von Mineral- und Tafelwasser durch und gewann neun Preise für den Markenauftritt.

3.4.4   Wertekonflikte

Der Umgang mit Konflikten ist ein weiteres Aufgabenfeld der Führung mit Werten. Wie mit Konflikten und Fehlern umgegangen wird, ist Ausdruck der Unternehmenskultur und entscheidender Faktor für die Entwicklungsfähigkeit von Unternehmen.

Innerhalb von Unternehmen sind drei Konfliktfelder zu unterscheiden:

1. **Eigenwertkonflikte:** Sie entstehen zwischen Menschen oder innerhalb einer Person, wenn unterschiedliche Eigenwerte aufeinander treffen, z. B. Anerkennungs- oder Konkurrenzkonflikte.
2. **Institutionelle** und **systemische Konflikte:** Sie entstehen, wenn es innerhalb von Unternehmen zwischen den Eigenwerten einzelner Menschen sowie den im Unternehmen wirkenden Leit- und Prozesswerten zu Reibungen kommt.
3. **Systemkonflikte:** Systemkonflikte entstehen, wenn das Unternehmen als Einheit mit den Umgebungssystemen in Konflikt gerät. Solche Konflikte führen häufig zu Krisen, in denen der gesamte Werterahmen eines Unternehmens infrage gestellt wird.

Aus diesen Konfliktfeldern ergeben sich in Unternehmen sieben unterschiedliche Konfliktkonstellationen, die werteorientiert zu steuern sind (vgl. Abb. 3.24).

Zwischenmenschliche Eigenwertkonflikte werden durch Personalführungsmaßnahmen und entsprechende Ausgestaltung der Familien- und Unternehmenskultur gelöst. Als Richtschnur für die Lösung zwischenmenschlicher Konflikte dienen die in der Wertelandkarte festgelegten Erfüllungsbedingungen der Prozesswerte für das Kommunikations- und Kooperationsverhalten sowie die sie flankierenden Anreiz- und Sanktionssysteme, mit denen die gewünschte Unternehmenskultur gelenkt wird.

Institutionelle (systemische) Wertekonflikte werden mittels adäquater Wertestrategien gelöst. Sie erfordern strategisches und operatives Wertemanagement. Als Richtschnur für die Lösung institutioneller Wertekonflikte dienen die in der Wertelandkarte festgelegten Erfüllungsbedingungen der Prozesswerte für das Kommunikations- und Kooperationsverhalten, den Führungsstil, die Gestaltung von Entwicklungschancen und das Förder- und Lernverhalten sowie der Abgleich der C4-Matrix mit der Werte- und Ethik-Charta des Unternehmens.

Abb. 3.24 Wertekonflikte. Werteorientierte Führung greift zur Lösung der verschiedenen Konfliktkonstellationen in jeweils unterschiedlicher Weise auf die das Unternehmen tragende Wertematrix aus Eigen-, Leit- und Prozesswerten zurück

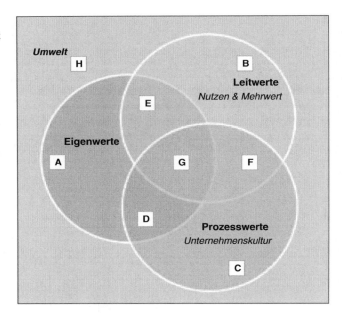

Systemkonflikte werden mithilfe einer Unternehmensethik gelöst, die das Unternehmen in einen umfassenderen Werterahmen setzt. Dieser wird in Form eines „Corporate Governance"-Kodex und einer Ethik-Charta im Unternehmen verankert (vgl. Abb. 3.25).

Der werteorientierte Umgang mit Konflikten in Unternehmen ist der Lackmustest für Flexibilität und die Entwicklungsfähigkeit von Unternehmen. Zugleich kristallisiert sich im werteorientierten Umgang mit Konflikten die **gelebte Unternehmensethik** heraus. Passgenaues Konfliktmanagement navigiert dabei zwischen zwei für jedes Unternehmen gefährlichen „Klippen". Wird das Wertesystem zu eng ausgelegt, verhindert es eine Anpassung an veränderte Situationen und Herausforderungen. Wird der Werterahmen dagegen zu weit gefasst und zu lax gehandhabt, führt die Wertedynamik zu mangelndem Fokus und Zentrifugalkräften, die das Unternehmen aus der Bahn werfen können.

Als Richtschnur für die Navigation im Umgang mit Konflikten dient der Metawert der **Homogenität**. Er ist der Schwesterwert zum Wert der Stimmigkeit. Stimmigkeit definiert die Beziehung und Stellung aller im Unternehmen wirkenden Werte zueinander. Sie ist der Metawert, an dem der unternehmerische Werterahmen ausgerichtet wird. Homogenität beschreibt dagegen das Zusammenspiel der Weltsichtbrillen, die die agierenden Menschen tragen und bei mangelnder Homogenität zu den im Unternehmen wirkenden Wertekonflikten führen. **Zu große Homogenität macht das Unternehmen als System blind gegenüber anderen Sichtweisen. Zu geringe Homogenität ist das Kennzeichen von Unternehmen, denen es an innerem Zusammenhalt und gemeinsamem Fokus mangelt.**

Konfliktfeld	Konfliktursache	Werteorientierte Lösungsstrategie
Eigenwertkonflikte		
A / A	Konfliktezwischen menschlichen Einzelwerten	**Personalführung, HR und Unternehmenskultur** (Regeln für Vermittlung, Schulung, Ausgleich)
Institutionelle (systemische) Konflikte		
A / B	Konflikte auf der Werteebene zwischen persönlichen Eigenwerten und den unternehmerischen Leitwerten	Strategisches und operatives **Wertemanagement** (C4-Management und Treiberfaktoren der Unternehmenskultur)
A / C	Konflikte auf der Normenebene zwischen persönlichen Eigenwerten und den unternehmerischen Prozesswerten der Unternehmenskultur	
B / B	Konsistenzkonflikte zwischen Leitwerten im Wertesystem	
B / C	Konflikte zwischen einzelnen Prozess- und Leitwerten	
C / C	Konsistenzkonflikte zwischen Prozesswerten der Unternehmenskultur sowie Konflikte zwischen der propagierten und der gelebten Unternehmenskultur	
Systemkonflikte		
B und/oder C / H	Konflikte zwischen dem Unternehmen und seiner Umwelt	**Unternehmensethik**

Abb. 3.25 Konfliktfeldmatrix

Werte-SWOT

Die Entwicklung von Strategien greift auf ein Instrument zurück, das Unternehmen nach vier Gesichtspunkten analysiert: Stärken, Schwächen, Möglichkeiten sowie Risiken und Gefahren, mit denen es konfrontiert ist. Homogenität und Stimmigkeit sind Metawerte, mit denen die Erfolgsfaktoren Recruiting, Wachstum und Marktmonitoring gesteuert werden. Eine zu homogene Struktur von Weltsichtbrillen macht die SWOT-Analyse blind gegenüber notwendigem Input für Veränderungen. Dies führt zu Fehleinschätzungen. Eine zu geringe Homogenität führt dagegen zu Konfliktdynamiken, die die gelenkte Entwicklung des Unternehmens unmöglich machen.

Die Metawerte der Homogenität und Stimmigkeit sind Kennwerte, die im Rahmen des Wertecockpits ermittelt werden.

3.4.5 Führungsverantwortung

Werteorientierte Führung umfasst auch das **Selbstmanagement** als Führungskraft. Werteorientiertes Selbstmanagement steht unter der Maxime *Werte leben* und reflektiert das größte Handicap für die Führung mit Werten. Werte werden verlangt, aber das Führungspersonal „predigt Wasser und trinkt selbst Wein".

Als Führungstugend zielt Führungsverantwortung auf die beiden **Systemgesetze der Arbeit mit Werten**. Sie lauten: *„Nur „top down" vorgelebte Werte können unmissverständlich von allen eingefordert werden" sowie „das flexibelste Element mit Macht beeinflusst das System am stärksten"* (vgl. Abschn. 3.2.3).

Verantwortliche Führung ruht auf der Einsicht, dass jeder in einem Unternehmen einen eigenen Charakter hat, der sein Handeln lenkt und beeinflusst. Sie begreift, dass der Mensch mehr ist als nur eine Funktion oder ein Mittel für unternehmerische Zwecke. Zur Entwicklung dieser verantwortlichen Haltung gehören drei Eigenschaften: Erstens die Entwicklung von Achtung und persönlicher Anerkennung im Umgang mit dem Gegenüber; zweitens die Einsicht, dass sich jeder Mensch anders verhalten und lernen kann, sowie drittens das Wissen, dass die Führungskraft verantwortlich dafür ist, dass sich das Gegenüber entsprechend verhält und lernt (vgl. Abb. 3.26).

Verantwortliche Führung orientiert sich an einem eigens auf diese Verantwortung zugeschnittenen Metawert, dem Wert der **Kongruenz**. Kongruenz misst die Deckung von Aussagen und Verhalten, also von dem, was jemand sagt und tut. Es ist das Kernkriterium für einen werteorientierten Führungsstil und die Messlatte, mit dem sowohl eigenes Verhalten als auch das Verhalten des Gegenübers bewertbar wird.

▶   **Führungsverantwortung** Führungsverantwortung ist die umfassende Verantwortung für die Personen, die geführt werden.

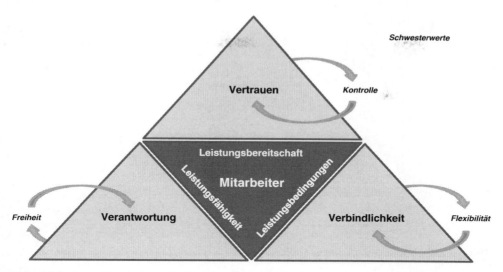

Abb. 3.26 Das magische Dreieck der Führungsverantwortung. Vertrauen bewirkt Leistungsbereitschaft, Verantwortung bewirkt Leistungsfähigkeit, Verbindlichkeit bewirkt Leistungsbedingungen: „Gib Deinen Mitarbeitern alle Informationen und Du kannst nicht verhindern, dass sie Verantwortung übernehmen!" Aber auch hier gilt, die Werte Vertrauen, Verbindlichkeit und Verantwortung wirken nur dann, wenn sie durch geeignete Schwesterwerte in Schwingung gebracht werden. Sie lauten für Vertrauen Kontrolle, für Verbindlichkeit Flexibilität und für Verantwortung Freiheit

Führungsverantwortung ruht im Wissen, dass Menschen nicht nur Mittel, sondern Zweck sind und sich zuweilen anders verhalten als ihnen zugeschrieben wird. Verantwortliche Führung gestaltet sich als offener Umgang mit Menschen und bedeutet, verantwortlich dafür zu sein, dass sich das Gegenüber in seiner Persönlichkeit entwickelt und schult.

3.4.6 Kommunikation

Kommunikation ist zugleich der Ort und das Instrument an und mit dem Unternehmenswerte geprägt und transportiert werden. Gelungene Kommunikation wird getragen durch ein eigens auf das Unternehmen abgestimmtes Wertequadrat. Es verbindet **vier Kommunikationswerte**: Offenheit, Bedachtsamkeit, Geschwätzigkeit und Verschlossenheit. Sie betreffen sowohl die Form als auch den Inhalt, was, wo, wie kommuniziert wird, und erstrecken sich auf die verbale und nonverbale Kommunikation (vgl. Abb. 3.27).

Auch die Bewertung gelungener Kommunikation wird gesteuert durch Metawerte. Für Hochleistungsunternehmen mit klaren Zielen und einer passenden Unternehmenskultur lauten sie: **Transparenz**, **Authentizität** und **Aufrichtigkeit**. Sie sind die Spiegelwerte zu den Metawerten Stimmigkeit in der Ausrichtung des unternehmerischen Werterahmens, Homogenität in der Lösung von Konflikten sowie Kongruenz im Führungsstil und Umgang mit Menschen. Gemeinsam ermöglichen sie eine **Open-Access-Kultur**.

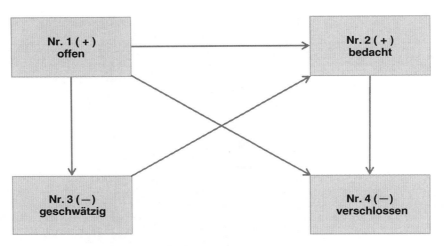

Abb. 3.27 Werteorientierte Kommunikation

Gelungene Kommunikation ist nicht nur bestimmt durch übergeordnete Metawerte, sondern sie wird durch **komplexe Äquivalenzen** auch nach unten inhaltlich konkretisiert. Sie beschreiben, wann und wie ein Wert für alle wahrnehmbar erfüllt wird.

▶   **Komplexe Äquivalenzen** Komplexe Äquivalenzen sind Beschreibungen der spezifischen Erfüllungsbedingungen, wann ein Wert für alle wahrnehmbar erfüllt ist.

Der Wert des Goldes
In seiner langen Geschichte bemisst sich der Wert von Gold an verschiedenen komplexen Äquivalenzen: Am Ausdruck von Schönheit, Macht, Reichtum; als Gegenwert zu Glasperlen, Waffen, Ochsen, Dollar, Yen und Euro. Der Wert des Goldes ist dabei mehr als sein Tauschwert. Er ist Symbol und Vehikel für Bindung und Sinnstiftung.

Bei seinem 50-jährigen Jubiläum als Imam, dem geistlichen und weltlichen Oberhaupt der Qasimschahi-Nizari, einer Abspaltung der muslimischen Ismailiten, wurde Aga Khan 1937 mit Gold aufgewogen. Der Reichtum, der ihm aus dieser und ähnlichen Ergebenheitsadressen zufloss, war das Wechselgeld für ein weitverzweigtes Netz an sozialen und politischen Aktivitäten. Sie dienten dazu, die Gemeinschaft der Nizari zu festigen. Im Fall von Aga Khan lag der Wert des Goldes nicht in seinem Geld- und Tauschwert, sondern im Ausdruck der wechselweise gelebten sozialen Verpflichtungen.

Werteorientierte Kommunikation hat die Aufgabe, für alle unternehmensleitenden Werte Bilder zu prägen, die diese Werte kommunizieren. Kommunikation ist dabei weit mehr als Marketing und die Steuerung von Information. Sie ist die Folie für Identitäts-, Nutzen- und Sinnstiftung und Grundlage der Unternehmenskultur.

Kommunikation ist die primäre Aufgabe werteorientierter Führung. Sie achtet darauf, dass ihre Bilder zur Kommunikationsform, die Form zur Kommunikationsstruktur und alle drei zum Inhalt, d. i. dem Unternehmenszweck und der angestrebten Unternehmenskultur passen.

Gruppenbild mit Botschaft

Durchblättert man die Hochglanzbroschüren von Unternehmen, fallen die häufig verwendeten Mannschaftsbilder ins Auge. Hier begegnen uns kräftig am Tau ziehende Hände, Bergsteiger im Fels, Seilmannschaften am Berg oder im Eis, Segler, Ruderer mit und ohne Steuermann oder auch Staffelläufer. Alle diese Bilder rufen uns zu: „Wir sind ein Team". Zugleich vermitteln sie **unausgesprochene Botschaften**:

- Die *Tauzieher*: Wir ziehen an einem Strang gegen opponierende Kräfte, ein anderes Team, den Markt, die Kunden, den Wettbewerb. Tauziehend sind wir ein gemeinsames „entgegen".
- Die *Ruderer*: Acht rudern, aber nur einer gibt den Takt vor, kennt die Richtung und überblickt den Weg.
- Die *Bergsteiger* und *Seilmannschaften*: Alle hängen im Seil, aber jeder Einzelne vor der Wand. Wir sind eine Schicksalsgemeinschaft in widriger Umgebung.
- Die *Segler*: Hochleistung ist das Ergebnis von engagierter Zuarbeit. Der Skipper bestimmt den Kurs, der Rudergänger führt das Steuer, an den Winchen schwitzen die Kurbler und ausgeritten wird das Boot am Trapez. Bis auf den Skipper sind alle Wasserträger zugunsten einer höheren Mission.
- Die *Staffelläufer*: Jeder für sich ist ein Einzelkämpfer, aber mit gemeinsamem Ziel.
- Alle Bilder sind unausgesprochene Botschaften, die die komplexe Äquivalenz ausdrücken, wie, wo, durch wen und wodurch ein Wert erfüllt wird.

3.4.7 Der Aufbau des Wertecockpits

Werteorientierte Führung steuert den Werterahmen inhaltlich so, dass die angestrebten Leit- und Prozesswerte mit der gelebten Unternehmenskultur konvergieren. Grundlage hierfür ist der **Werte-Ära-Zirkel** (vgl. Abschn. 3.4.2). Er enthält die Verfahrensanleitung, mit dem in acht Schritten das Wertecockpit des Unternehmens aufgebaut wird.

Abb. 3.28 Ermittlung des Stimmigkeitsindexes. Grundlage für die Ermittlung des Stimmigkeitsindexes sind die Metawerte von Homogenität, Kongruenz, Transparenz, Authentizität und Passung, an denen werteorientierte Führung ausgerichtet wird

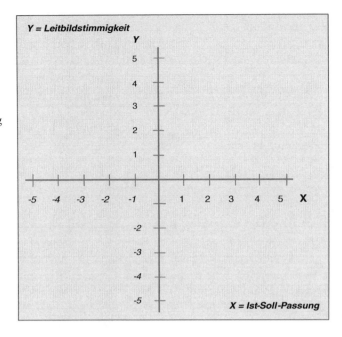

Erstens wird die gelebte **Ist-Werte-Matrix** freigelegt. Anonymisierte Befragungen ermitteln, welche Werte das Unternehmen leiten und wie sie gelebt werden. Diese gelebte **Wertelandschaft** wird nach dem Schema der C4-Matrix sowie den Treiberfaktoren der Unternehmenskultur ausgerichtet.

Zweitens wird der **Stimmigkeitsindex** für die bestehende Unternehmenskultur und die gelebten Unternehmenswerte ermittelt. Hierzu werden auf der X-Achse die Passung der Unternehmenswerte und auf der Y-Achse die Stimmigkeitswerte der definierten Leit- und Prozesswerte abgetragen. Zusammen bilden sie den zweiwertigen Stimmigkeitsindex (vgl. Abb. 3.28).

Anhand des Stimmigkeitsindexes wird *drittens* der **Risikoindex** für die unternehmerische Entwicklungsfähigkeit ermittelt. Er ist eine Funktion aus dem ermittelten Stimmigkeitsindex sowie dem **Homogenitätswert** der im Unternehmen wirkenden Eigenwerte.

Die Homogenität der Eigenwerte wird auf einer Achse von zwei Negativwerten ermittelt, dem Wert einer zu großen Gleichförmigkeit der im Unternehmen wirkenden Eigenwerte und Weltsichtbrillen sowie dem diametral entgegengesetzten Negativwert zu großer Abweichungen in den Eigenwertvorstellungen und Weltsichtbrillen. Abgeleitet wird der Homogenitätsindex aus dem Wertequadrat für die Homogenität der im Unternehmen wirkenden Wertebrillen (vgl. Abb. 3.29).

Viertens wird der positive Werterahmen des Unternehmens definiert. Hierzu wird mit Blick auf die angestrebten Leit- und Prozesswerte eine stimmige **Ziel-Werte-Matrix** erstellt und als **Wertelandkarte** ausgelesen. Die Wertelandkarte sollte nicht mehr als ma-

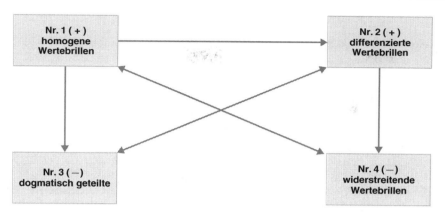

Abb. 3.29 Homogenitätsquadrat der Wertebrillen. Sind die im Unternehmen wirkenden Werte zu gleichförmig, wird es statisch und blind für Entwicklung. Wirken zu große widerstreitende Auffassungen, verliert das Unternehmen an Fokus, Binde- und Durchschlagskraft

ximal drei Leitwerte und maximal fünf bis sieben Prozesswerte umfassen, an denen das Unternehmen auszurichten ist. In der Praxis zeigt sich jedoch, dass die Konzentration auf weniger Werte in der Regel das Ergebnis einer Entwicklung ist, sodass am Anfang oft auch weitaus mehr Werte ins Wertecockpit einfließen.

Im *fünften* und *sechsten* Schritt wird das **kulturelle Leitbild** ausgearbeitet und für alle Leit- und Prozesswerte werden die **komplexen Äquivalenzen** und deren **Messparameter** festgelegt. **Die Entwicklung von komplexen Äquivalenzen und ihrer Messwerte entscheidet über den Erfolg werteorientierter Führung. Nur wenn es gelingt, Werte durch Erfüllungsbedingungen zu definieren und diese mit Messgrößen zu unterlegen, kann die Unternehmenskultur aktiv gesteuert werden.**

Effizienz

‚ef•fi•zi'ent' (Adj.) *wirksam, wirkungsvoll* (Wahrigs Deutsches Wörterbuch)
‚Effizienz' ist ein Prozesswert. Aber welcher? Und wie wird er gemessen?

1. ‚Effizienz': *Ein Begriff, viele Bedeutungen,* z. B.:
   „kurzfristig so viel und schnell wie möglich", „so wenig und gering wie möglich mit langer Wirkung", „wenig Ausschuss", „schnelle Reaktionszeit", „sorgfältige Bearbeitung", „kurze, informelle Wege", „offiziell geregelte Wege", „flache Prozessschritte mit hoher Fertigungstiefe", „tief gestaffelte Prozessschritte mit geringer Fertigungsschritttiefe", „flache Hierarchien mit großem Entscheidungsspielraum", „eindeutige Befehlsketten mit permanenter Kontrolle", … *Welche Bedeutungen (also komplexe Äquivalenzen) gelten und wie sie auszulegen sind, hängt von übergreifenden Wertesystemen ab.*

2. ,Effizienz': *Ein Wert, viele Wertewelten*, z. B.:

Die *Kurzfristwelt* ⇔ *Effizienz als Maximalprinzip*: In kurzer Zeit so viel und schnell wie möglich …

Die *Vertrauenswelt* ⇔ *Effizienz als Freiraumprinzip*: Eigenständige Entscheidungsbefugnisse mit kurzen Wegen und flachen Hierarchien.

Die *Optimierungswelt* ⇔ *Effizienz als Minimalprinzip*: Mit möglichst wenig über möglichst lange Zeit so viel wie möglich.

Die *Nachhaltigkeitswelt* ⇔ *Effizienz als Verantwortungsprinzip*: Absicherung der Eigenständigkeit mit Leistungen, die mehr in das System einspeisen als aus dem System entnommen wird, z. B. durch Upcycling. Welche Wertesysteme für ein Unternehmen leitend sind, entscheidet über den künftigen Erfolg.

3. ,Effizienz': *Ein Wert, viele Messwerte*

Jede Ausdeutung von Effizienz hat andere Inhalte und ist abhängig von unterschiedlichen Wertesystemen. Soll die Worthülse Effizienz realen Gehalt bekommen, ist sie inhaltlich spezifisch zu definieren, individuell umzusetzen und mit eigenen Kennzahlen zu belegen.

Wirksam werden Werte nur, wenn sie mit überprüfbaren Erfüllungsbedingungen versehen in spezifische Werterahmen gesetzt werden und anhand von Messgrößen steuerbar sind.

Siebtens wird der **Fahrplan zur Implementierung der Zielwerte** festgelegt. An diesem Punkt sind die Hürden, die Meilen- und Stolpersteine zu identifizieren, die den Prozess der Werteimplementierung markieren. Zudem ist zu adressieren, wie mit den Hürden und Stolpersteinen umzugehen ist.

Im *achten*, den Werte-Ära-Zirkel abschließenden Schritt wird das **Wertecockpit** aufgebaut. Es umfasst die grafische Darstellung der einzelnen Werte, ihrer Erfüllungsbedingungen, deren Messwerte sowie eine Verfahrensanleitung, wie und in welchem Turnus diese Werte ermittelt werden (vgl. Abb. 3.30).

Das Wertecockpit ist das Steuerungstool, das unter dem Gesichtspunkt der unternehmerischen Wertschöpfung die Prozessebenen der Werteschöpfung, der Unternehmenskultur und der Unternehmensorganisation miteinander verschränkt.

Hierzu werden zunächst die Leitwerte unter dem Gesichtspunkt der Nutzenstiftung (Unternehmenszweck) definiert und für den definierten Nutzen messbare Erfüllungskriterien festgelegt. Diese Erfüllungskriterien werden mit Messwerten und Vorgaben für Messintervalle unterlegt, z. B. Werten für die Kundenzufriedenheit, Patente pro Mitarbeiter oder Benchmarks für die unternehmerische Nutzenstiftung.

Im nächsten Schritt werden die Prozesswerte definiert, nach denen der Umgang im Unternehmen gestaltet wird. Die einzelnen Prozesswerte werden durch Wertequadrate beschrieben, die in ihren positiven und negativen Aspekten auf die Treiberfaktoren der

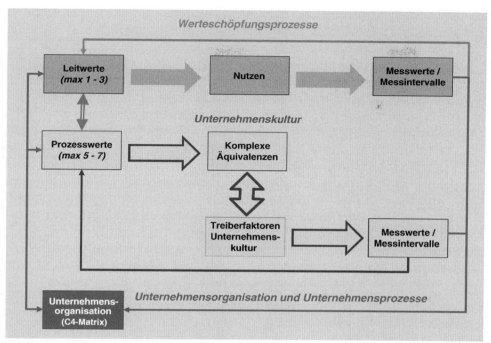

Abb. 3.30 Steuerungsebenen des Wertecockpits

Unternehmenskultur abgebildet und mit konkret wahrnehmbaren Erfüllungsbedingungen (komplexen Äquivalenzen) unterlegt werden. Sowohl in turnusmäßigen Mitarbeitergesprächen als auch in regelmäßigen Erhebungen bei Mitarbeitern, Kunden, Führungskräften und Stakeholdern wird festgestellt, wie die Prozesswerte der Unternehmenskultur umgesetzt werden.

Die Leitwerte und Prozesswerte werden mit der C4-Matrix der Unternehmensorganisation abgeglichen. An welchen Stellschrauben in der Unternehmensorganisation bzw. in der Ausgestaltung der Prozesswerte muss nachjustiert werden, damit die Leitwerte unternehmerischer Nutzenstiftung voll entfaltet und der Unternehmenserfolg langfristig abgesichert werden können?

Das Wertecockpit ist ein Messinstrument, mit dem die weichen Werte der gelebten Unternehmenskultur in einen Referenzrahmen überführt werden. Hierzu werden alle unternehmensleitenden Werte mit klaren Erfüllungsbedingungen versehen, sodass ihr Erfüllungsgrad messbar wird. Dadurch kann die Unternehmenskultur nach für alle transparenten Regeln und Gesichtspunkten darauf ausgerichtet werden, dass die Leitwerte des unternehmerischen Nutzens zur vollen Geltung kommen. Das Wertecockpit ist so das Steuerungsinstrument zur nachhaltigen Absicherung herausragender unternehmerischer Performanz.

Wertesterne

Das Zunftzeichen der Brauer ist der sechszackige Zoiglstern. Er wird aus zwei ineinandergesteckten gleichseitigen Dreiecken gebildet, die die drei am Brauen beteiligten Elemente Feuer, Wasser und Luft sowie die im Reinheitsgebot vorgeschriebenen Zutaten Wasser, Malz und Hopfen symbolisieren. Das Leitbild und Wertecockpit der **Brauerei Gebr. Maisel KG**, Bayreuth, ist diesem Wertestern verpflichtet.

Die Leitwerte von Maisel definieren den Nutzen, den das Familienunternehmen stiftet und der sich im Leitbild als Leitvision wiederfindet:

1. Wir sind 2030 ein erfolgreiches Familienunternehmen mit mindestens 200 Mitarbeitern.
2. Maisel ist der anerkannte Brauer außergewöhnlicher Bierspezialitäten, Bayreuth die Heimat erlebbarer, handwerklicher Braukultur.

Getragen werden die Leitwerte von Maisel durch sechs, den Zoiglstern aufgreifende Prozesswerte, die die Ausrichtung der Unternehmenskultur lenken:

1. Spürbare Begeisterung,
2. langfristige Unabhängigkeit,
3. ehrliche Kommunikation,
4. erlebbare Qualität,
5. gelebtes Miteinander,
6. erfrischend anders (zu sein).

Im Wertecockpit werden diese Prozesswerte durch einen Katalog von komplexen Äquivalenzen definiert, die nach innen für alle ersichtlich machen, wie diese Prozesswerte zu verstehen sind.

Gemessen wird die Erfüllung der Prozesswerte durch ein eigens auf Maisel abgestimmtes Verfahren. Das Unternehmen fährt über das Jahr drei Schichten. In den Monaten März/April werden mit Blick auf das anlaufende Sommergeschäft für drei bis fünf Wochen zusätzlich Wochenendschichten gefahren. Kurz vor Ende dieser arbeitsintensiven Periode werden alle Mitarbeiter im jährlichen Turnus aufgefordert, auf einer Skala von Null bis Zehn zu evaluieren, wie gut die Werte im Unternehmen gelebt werden. Benchmark ist eine Zielerreichung von 7,5 Punkten für jeden der Werte auf der Messskala. Seit Einführung des Systems nähert sich Maisel kontinuierlich der selbst gesetzten Benchmark. Im gleichen Zeitraum entkoppelte sich Maisel mit jährlichen Wachstumsraten im oberen einstelligen und unteren zweistelligen Bereich vom Biermarkt, der seit Jahren kontinuierlich zwischen ein und zwei Prozentpunkten schrumpft.

3.4.8 Werte leben – der Umsetzungsfahrplan

Fünf **Systemgesetze der Arbeit mit Werten** prägen die Umsetzung und Vermittlung von Werten im Unternehmen:

1. Werte als Treiber aller Prozesse sind im Menschen verankert. Sie prägen sein Selbstverständnis, Denken und Handeln und wirken so auf das soziale System ein, in dem er sich bewegt.
2. Unternehmen als soziale Systeme haben kein Eigenbewusstsein. Sie sind ihren Werten gegenüber „blind".
3. Werte in sozialen Systemen sind die gelebten Werte, auf deren Basis ein Unternehmen arbeitet.
4. Das stärkste und flexibelste Element im System hat den größten Einfluss auf die Wertedynamik des Unternehmens.
5. Um erlernt zu werden, sind Werte vorzuleben.

Die Implementierung von Werten im Unternehmen erfolgt gemäß einem **Vier-Phasen-Fahrplan,** der den soeben beschriebenen Aufbau eines Wertecockpits spiegelt. In der ersten Phase wird die bestehende Wertelandschaft im Unternehmen erschlossen. In der zweiten Phase wird das Leitbild mit Leit- und Prozesswerten entwickelt und das Wertecockpit aufgebaut. *Die dritte Phase ist die kritische.* In ihr sind die angestrebten Zielwerte so zu kommunizieren, dass alle sie verstehen und mittragen. Die vierte Phase ist offen und entwickelt sich in jährlichem Zyklus nach den Regeln des Werte-Ära-Kreislaufs (vgl. Abb. 3.31).

Hochleistungsunternehmen mit einem ausgeprägten Wertesystem und entsprechend gelebter Unternehmenskultur begreifen den Wertefahrplan als **Prozessmatrix**, mit der den Unternehmenswerten Leben eingehaucht wird. Diese Matrix wird anhand von fünf Feldern aufgebaut, die die einzelnen Phasen des Wertefahrplans bestimmen: Was ist zu tun, wie wird es umgesetzt, welche Instrumente werden eingesetzt, wer sind die Beteiligten, welche konkreten Ziele sollen erreicht werden (vgl. Kap. 7.2, Checkliste: ‚Der Aufbau von Wertecockpits') (vgl. Abb. 3.32)?

Abb. 3.31 Der Wertefahrplan. Bei der Umsetzung des Wertefahrplans ist das **Gesetz der Biotopveränderung** zu berücksichtigen. Zu schnelle Veränderungen verursachen Stress und führen zu Krisen. Gleiches gilt für mangelnde Anpassungsfähigkeit aufgrund verkrusteter Strukturen innerhalb des Unternehmens

Was	Wie	Instrumente	Beteiligte	Ziele
Phase 1: Ermittlung Wertelandkarte und Analyse der gelebten Wertelandschaft *Zeitrahmen ca. 1 – 3 Monate*				
Ermittlung der im Unternehmen gelebten Eigenwerte Ermittlung der im Unternehmen gelebten Gemeinschaftswerte Ermittlung bestehende Leitbilder und kommunizierte Werte (CI)	z.B. • Befragungen • Beobachtungen	z.B. • Persönlichkeits-profile (MBTI …) • auf das Unternehmen abgestimmte Fragebögen zur Ermittlung der Unternehmens-werte und der Unternehmens-kultur • Stimmigkeits-index • Homogenitäts-index	z.B. • einzelne Führungskräfte • komplette Führungsebenen • Teams • Abteilungen • Mitarbeiter • Kunden • Lieferanten	Ermittlung von individuellen Werteprofilen • Eigenwerte • Wertehierarchien • Werteverständnis (komplexe Äquivalenzen) Ermittlung der Wertelandkarte des Unternehmens • Führungskräfte • Teams • Abteilungen Analyse der gelebten Wertelandschaft • Passen die im Unternehmen wirkenden Eigen- und Gemeinschafts-werte zueinander? • Passen die gelebten Werte zu kommunizierten Unternehmens-zielen?
Phase 2: Leitbildentwicklung *Zeitrahmen ca. 3 – 6 Monate*				
Leitbildentwicklung inkl. • Definition der Leitwerte • Definition der Prozesswerte • Aufbau des Wertecockpits	z.B. • Strategie-workshops erste Führungsebene • Teamworkshops mit ausgewählten Mitarbeitern	z.B. • Einbindung von Führungsteams, Werteteams, Abteilungen • C4-Matrix • Stimmigkeits-index • Homogenitäts-index • Wertequadrate • komplexe Äquivalenzen • Wertevorbilder (Werte-Ken) • Kunden-befragungen	z.B. • Führungsteams • Werteteams • Abteilungen und Bereiche • Kunden	Ausarbeitung • Leitbild und Wertekonzept, inkl. Mission, Vision, Code of Conduct, Code of Governance • komplexe Äquivalenzen für Leit- und Prozesswerte • Messwerte zur Steuerung des Wertecockpits

Abb. 3.32 Die Prozessmatrix des Wertefahrplans

Phase 3: Werteimplementierung / Wertekommunikation *Zeitrahmen ca. 3 – 6 Monate*				
Aufbau Plattform und Instrumente für die Wertekommunikation	z.B. • Schulungen • Recruiting und Mitarbeiter-entwicklung	z.B. *CI* • Kommunikations-plattformen (Internet, Intranet, Apps, Social Media, Broschüren, Wall-Papers, schwarze Bretter, Firmenzeit-schriften, Good Stories und Best Practice Beispiele …) • Embleme & kulturelle Bilder *Mitarbeiter-entwicklung* • Schulungs-konzepte • Mentoren-programme • Recruiting *Werteräume* • CSR-Projekte (Corporate Social Responsibility) • Riten und Kulte	Top down: alle • Führungsebenen • Abteilungen • Mitarbeiter • Lieferanten • Kunden	Organisation der Unternehmens-kommunikation als wertebasierter Wertschöpfungs-prozess
Phase 4: Werte leben *kontinuierlicher Werteprozess*				
Kontinuierliche Entwicklung, Stärkung und Umsetzung • Leitbild • Unternehmens-ethik • Unternehmens-kultur	Umsetzung der Leit- und Prozesswerte im Unternehmen Messung Zielerreichung gelebte Unternehmens-kultur	*Werte leben*: • Instrumente der Werte-kommunikation • Wertecockpit • Abgleich C4-Matrix mit Unternehmens-leitbild (Leit- und Prozesswerte) *Werte überprüfen*: Turnusmäßige Erhebung Ist-Soll-Entwicklung der gelebten Unternehmenswert e (Leitwerte, Prozesswerte) • A.E.R.A.-Zirkel • Wertecockpit • Befragungstools	Top down: Einbindung aller mit dem Unternehmen verbundenen Menschen und Institutionen	Verankerung der Unternehmenskultur als kontinuierlicher Entwicklungs- und Wertschöpfungs-prozess

Abb. 3.32 (Fortsetzung)

Werte leben – Praxisbeispiel SanoCore

Die Geschäftsleitung der SanoCore-Kliniken *[Name vom Autor geändert]*, ein Pflegedienstleister im REHA-Bereich, nahm Mitarbeiter- und Patientenbefragungen zum Anlass, die Ausrichtung des Unternehmens zu überprüfen.

Die Befragungen hatten ergeben, dass die oft über mehrere Monate in der Einrichtung verweilenden Patienten große Schwankungen in der Leistungserbringung beklagten. Insbesondere wurde bemängelt, dass der im Leitbild genannte Wert der menschlichen Pflege und Fürsorge im Alltag nicht durchgängig erlebt wurde.

Die in vier Schritten angelegte Ermittlung der bei SanoCore gelebten Wertelandschaft brachte die Erklärung für das unvorteilhafte Abschneiden.

1. Alle Führungskräfte und Ärzte sowie jede vierte der angestellten Pflegekräfte wurden in einer anonymisierten Erhebung zu ihren persönlichen Werten sowie zu ihren Werten im Umgang mit Patienten und der Arbeit bei SanoCore befragt.

2. Die ermittelten Werte wurden in eine Liste eingetragen, die den Befragten zur anonymisierten Bewertung übergeben wurde. Die Liste der genannten Werte umfasste die Spalten *„sehr wichtig, wichtig, weniger wichtig, unwichtig"*. In der Bewertung sollten die Befragten aus allen gelisteten Werten jeweils drei Werte markieren, die für ihre Arbeit und den Umgang mit den Patienten *„sehr wichtig, wichtig* und *weniger wichtig"* seien.

3. Bei der Auswertung der Rückläufe wurden ausschließlich die sehr wichtigen und wichtigen Werte aufgelistet in eine aggregierte Liste überführt. Die Befragten wurden aufgefordert, aus dieser Liste jeweils fünf Werte, je nach persönlicher Wichtigkeit, mit drei, zwei oder einem Punkt zu versehen. Zugleich wurden sie aufgefordert, die mit drei Punkten versehenen Werte inhaltlich zu beschreiben.

4. Die Auswertung ergab, dass aufseiten der Ärzte in absteigender Ordnung folgende Arbeitswerte die Rangliste anführten: Ordnung, Sauberkeit, Pflichtgefühl wurden als besonders wichtig, Teamfähigkeit, Respekt, Ausgeglichenheit als wichtig erachtet. Von den Pflegekräften wurden dagegen Mitgefühl, Fürsorglichkeit, Sinnhaftigkeit als besonders wichtig und Ordnung, Teamfähigkeit, Ausgeglichenheit, Gelassenheit/Ruhe sowie Treue/Loyalität als wichtige Arbeitswerte genannt.

Eine Überlappung ergab sich ausschließlich bei den für wichtig befundenen Arbeitswerten Ordnung, Teamfähigkeit, Ausgeglichenheit. Bei den von Ärzten und Pflegekräften als sehr wichtig genannten Arbeitswerten im Umgang mit den Patienten gab es keine Überlappung. Zudem wurde offensichtlich, dass auch die inhaltliche Ausdeutung der einzelnen Werte innerhalb der Ärzteschaft und dem Pflegepersonal teils sehr unterschiedlich ausgelegt wurde.

Auf der Grundlage dieses Befundes entwickelte SanoCore ein neues Leitbild. Kern dieses Leitbildes wurde der Leitwert *„Fürsorge"*. Zum übergeordneten Patientennutzen wurden alle Unternehmensprozesse diesem Leitwert untergeordnet und entsprechend ausgestaltet. Flankiert wurde der Leitwert des SanoCore-Nutzens durch drei Prozesswerte, an denen sich SanoCore orientiert: *„Verantwortlichkeit"*, *„Verbundenheit"*, *„Kompetenz"*. Alle Werte, die seitens der Ärzte und des Pflege-personals in der Befragung als sehr wichtig charakterisiert worden waren, leiteten sich aus diesen drei Prozesswerten ab.

In der **Implementierungsphase** und danach steuern neue Kommunikationsinst-rumente die weitere Entwicklung von SanoCore:

1. Alle Patienten erhalten einen Mentor, der als Ansprechpartner und Mittler den Patienten zu Diensten steht. Patientenmentoren sind nicht nur die Pflegekräfte, sondern auch die Ärzte und das Verwaltungspersonal. Sie betreuen ebenfalls mindestens einen Patienten und befragen ihn wenigstens einmal wöchentlich zu dessen Wünschen und Befindlichkeiten.

   Das Instrument der Mentoren hebt nicht nur die Ansprache der Patienten durch SanoCore auf eine persönliche Ebene. Es sichert zugleich, dass alle Mitarbeiter von SanoCore ein Gefühl für ihre „Kunden" bekommen und übergreifend erfas-sen, wo „der Schuh drückt".

Flankiert wird das Mentorenmodell durch zusätzliche Maßnahmen:

1. Ein neu eingerichtetes Werteteam aus Ärzten, Verwaltungs- und Pflegekräften bespricht monatlich den Rücklauf aus dem Mentorenprogramm und erarbeitet Vorschläge zur Optimierung der Betreuungsleistungen. Das Werteteam sorgt für den Austausch zwischen Ärzten, Verwaltungs- und Pflegepersonal und zieht dar-aus handlungsleitende Schlüsse.

2. Befragt werden nun auch die Angehörigen zum Betreuungskonzept und den Leistungen von SanoCore.

3. Zum Austausch der Patienten untereinander und mit ihren Mentoren ist im Intra-net eine „Social Media-Plattform" eingerichtet.

4. Im Bereich der Pflegekräfte sind Teil- und Gleitzeitmodelle für selbstorganisierte Pflegeteams installiert, mit denen die Vereinbarkeit von Familie und Beruf ver-bessert und der Leitwert „Fürsorge" auch auf das Pflegepersonal umgemünzt wird.

Innerhalb eines Jahres verbesserte sich die Benotung von SanoCore durch die Pa-tienten deutlich. Parallel entwickelte sich die Bewertung des Arbeitsklimas zum Positiven, was sich auch in verringerten Ausfallzeiten beim Pflegepersonal sowie einer erhöhten Bewerberzahl qualifizierter Pflegekräfte ausdrückte. Auch im Bench-mark-Vergleich zu anderen Einrichtungen verbesserte sich SanoCore im Ranking deutlich gegenüber seinen Mitbewerbern.

3.4.9   Zusammenfassung: Der operative Aufbau von Wertecockpits

Werteorientierte Führung organisiert das Unternehmen unter dem Gesichtspunkt der gesteigerten Nutzenstiftung anhand eines Wertecockpits.

1. Das Wertecockpit fokussiert die Unternehmensführung auf die Gestaltung von Werteschöpfungsprozessen, die der Unternehmenswertschöpfung Substanz verleihen.
2. Es dient zur Entwicklung einer Unternehmenskultur, die zu den Unternehmenszielen passt und bei Mitarbeitern und Kunden jene Bindekraft erzeugt, die dem Unternehmen Fokus und Durchschlagskraft verleiht.
3. Im Wertecockpit wird das strategische Haus des Unternehmens mit seiner gelebten Unternehmenskultur abgeglichen. Dabei wird beides so aneinander ausgerichtet, dass Konflikte minimiert werden.
4. Zusammen mit den ertrags- und leistungsorientierten Kenngrößen des Unternehmenscockpits sorgt das Wertecockpit für die nachhaltige Ausrichtung des Unternehmens.

Mit den operativen Instrumenten der Treiberfaktoren der Unternehmenskultur, dem Wertesandwich, dem Werte-Ära-Zirkel, dem Wertecockpit und dem werteorientierten Konfliktmanagement verfügt werteorientierte Führung über einen Baukasten, mit dem ein dynamischer Werteraum aktiv und zielorientiert gestaltet werden kann.

Literatur

Ashby WR (1954) Design for a brain. Wiley, New York
Babiak P, Hare RD (2007) Menschenschinder oder Manager. Psychopathen bei der Arbeit. Carl Hanser Verlag, München
Barbuto J, Scholl RW (1998) Motivation sources inventory: development and validation of new scales to measure an integrative taxonomy of motivation. Psychol Rep 82(3):1011–1022
Bourdieu P (1982) Die feinen Unterschiede. Kritik der gesellschaftlichen Urteilskraft, 4. Aufl. (1987). Suhrkamp, Frankfurt a. M.
Buckingham M, Clifton DO (2002) Entdecken Sie Ihre Stärken jetzt. Das Gallup-Prinzip für individuelle Entwicklung und erfolgreiche Führung, 3. Aufl. (2007). Campus, Frankfurt a. M.
Doppler K, Lauterburg C (1994) Change Management. Den Unternehmenswandel gestalten, 10. Aufl. (2002). Campus, Frankfurt a. M.
Durkheim E (1981) Die elementaren Formen des religiösen Lebens, 3. Aufl. Suhrkamp, Frankfurt a. M.
Ethical Brand Monitor (Hrsg) (2010) Brands & Values GmbH. Bremen
Frankl VE (1985) Der Mensch vor der Frage nach dem Sinn. Eine Auswahl aus dem Gesamtwerk, 17. Aufl. (2004). Piper, München
Frankl VE (1994) Logotherapie und Existenzanalyse. Texte aus sechs Jahrzehnten. Quintessenz, Berlin
GfK-Trendsensor Konsum (Hrsg) (2010) Roland Frank. GfK-Nürnberg e.V., Nürnberg
Grochla E (1972) Unternehmensorganisation Neue Ansätze und Konzeptionen. Rowohlt, Reinbek
Heckhausen H, Gollwitzer PM (1987) Thought contents and cognitive functioning in motivational versus volitional states of mind. Motiv Emot 11(2):101–120

Hellwig P (1965) Charakterologie, 4. Aufl. Klett Verlag, Stuttgart

Hemel U (2007) Wert und Werte. Ethik für Manager – Ein Leitfaden für die Praxis. Hanser, München

Herzberg F, Mausner B, Snyderman BB (1959) The motivation to work. Transaction Publishers, New York

Hill W, Fehlbaum R, Ulrich P (1994) Organisationslehre I: Ziele, Instrumente und Bedingungen der Organisation in sozialen Systemen, 5. Aufl. UTB, Bern

Homann K, Blome-Drees F (1992) Wirtschafts- und Unternehmensethik. UTB, Göttingen

Homann K, Lütge C (2002) Vorteile und Anreize. Zur Grundlegung einer Ethik der Zukunft. Mohr Siebeck, Tübingen

Homann K, Lütge C (2004) Einführung in die Wirtschaftsethik, 2. Aufl. (2005). LIT Verlag, Münster

Joas H (1996) Die Kreativität des Handelns, 4. Aufl. (2012). Suhrkamp, Frankfurt a. M.

Joas H (1999) Die Entstehung der Werte, 5. Aufl. (2009). Suhrkamp, Frankfurt a. M.

Kreikebaum H (1996) Grundlagen der Unternehmensethik. UTB, Stuttgart

Krogh Gv, Roos J (1995) Organisational epistemology. Palgrave Macmillan, Basingstoke

Löhr A (1996) Die Marktwirtschaft braucht Unternehmensethik. In: Becker J et al (Hrsg) Ethik in der Wirtschaft. Chancen verantwortlichen Handelns. W. Kohlhammer, Stuttgart, S 48–83

Luhmann N (1973) Zweckbegriff und Systemrationalität, 6. Aufl. (1999). Suhrkamp, Frankfurt a. M.

Luhmann N (1984) Soziale Systeme. Grundriß einer allgemeinen Theorie, 2. Aufl. (1985). Suhrkamp, Frankfurt a. M.

Maturana HR (1982) Erkennen: Die Organisation und Verkörperung von Wirklichkeit. Ausgewählte Arbeiten zur biologischen Epistemologie. Vieweg, Braunschweig

McClelland D (1961) The achieving society. D. Van Nostrand Co., Princeton

McClelland D (1984) Human motivation. Cambridge University Press, Cambridge

McLuhan M (1964) Understanding media: the extensions of man, 1. Aufl. McGraw Hill, NY. Understanding media: the extensions of man, 1st edn. McGraw Hill, NY; reissued MIT Press, 1994, with introduction by Lewis H. Lapham. Deutsche Ausgabe: Die magischen Kanäle – Understanding Media Verlag der Kunst, Dresden/Basel 1994

Miller GJ (1993) Managerial dilemmas. The political economy of hierarchy. Cambridge University Press, Cambridge

MoRAL Studie (2011) Die erste Trendstudie zur Moral in Deutschland. RAL Deutsches Institut für Gütesicherung und Kennzeichnung e.V. Sankt Augustin 2011 (Hrsg). http://www.presseportal.de/pm/103145/2136526

Müller-Stevens G, Lechner C (2003) Strategisches Management. Wie strategische Initiativen zum Wandel führen, 2. erw. Aufl. Der St. Galler General Management Navigator. Schäffer-Poeschel, Stuttgart

Neely A, Adams C, Kenerly M (2002) The performance prism. The scorecard for measuring and managing business success. Pearson Education Limited, Harlow

Neitzel S, Welzer H (2011) Soldaten. Protokolle vom Kämpfen, Töten und Sterben, 4. Aufl. S. Fischer Verlag, Frankfurt a. M.

Neuorientierung im Wirtschaftsjournalismus. Redaktionelle Strategien und Publikumserwartungen (Hrsg) (2012) Claudia mast. Springer VS, Wiesbaden

Parsons T (1972) Das System moderner Gesellschaften, 5. Aufl. 2000. Juventa, Weinheim

Parsons T (1994) Aktor, Situation und normative Muster. Ein Essay zur Theorie des sozialen Handelns. Suhrkamp, Frankfurt a. M.

Porter ME, Kramer MR (2011) Shared value. How to reinvent capitalism – and unleash a wave of innovation and growth. Harv Bus Rev 1:62–77

Russel B (1908) Mathematical logic as based on the theory of types. In Russel B (Hrsg) Logic and knowledge, 7. Aufl. Essays 1901–1950. George Allen and Unwin, London, S 57–102

Schulz von Thun F (1989) Miteinander Reden 2. Stile, Wert und Persönlichkeitsentwicklung. Diffe-
    rentielle Psychologie der Kommunikation, 20. Aufl. (2001). Rororo, Hamburg
Schumpeter JA (2005) Kapitalismus, Sozialismus und Demokratie. UTB, Stuttgart
Senge PM (1990) The fifth discipline. The art and practice of the learning organization, 5. Aufl.
    (1993). Random House Audio, London
Sullivan L (1896) The tall office building artistically considered. Lippincott's Magazine
Trompenaars F (1993) Riding the waves of culture. Understanding cultural diversity in business.
    London (4. Aufl., 1995)
Tuleja T (1987) Ethik und Unternehmensführung. verlag moderne industrie, Landsberg
Ulrich H (1970) Die Unternehmung als produktives soziales System. Grundlagen der allgemeinen
    Unternehmungslehre, 2. Aufl. Haupt, Bern
Ulrich P (1997) Integrative Wirtschaftsethik. Grundlagen einer lebensdienlichen Ökonomie, 4. Aufl.
    (2008). Haupt, Bern
Varela FJ (1981) Autonomie und Autopoiese. In: Schmidt SJ (Hrsg) Der Diskurs des radikalen
    Konstruktivismus, 4. Aufl. Suhrkamp, Frankfurt a. M., S 119–132
Watzlawick P (1974) Lösungen. Zur Theorie und Praxis menschlichen Wandels, 7. Aufl. (2009).
    Huber, Bern
Watzlawick, P (1988) Münchhausens Zopf oder Psychotherapie und „Wirklichkeit": Aufsätze und
    Vorträge über menschliche Probleme in systemisch-konstruktivistischer Sicht. Huber, Bern
Weber M (1977) Politiker als Beruf, 6. Aufl. Duncker und Humblot, Berlin
Wieland J (Hrsg) (2001) Human capital und Werte. Die Renaissance des menschlichen Faktors.
    Metropolis Verlag, Marburg
Wittgenstein L (1989) Werkausgabe Bd. 1 Tractatus logico-philosophicus. Tagebücher 1914–1916.
    Philosophische Untersuchungen, 1. Aufl. Suhrkamp, Frankfurt a. M.

Wertewelten in der Praxis

Kennzeichen aller weit über Durchschnitt erfolgreichen Unternehmen ist eine ausgeprägte Unternehmenskultur. Sie wird in exzellenten Unternehmen durch ein klares Wertegerüst getragen, das in allen Bereichen – nach außen und nach innen – konsequent umgesetzt wird. Mit den Mitteln und Instrumenten des Wertecockpits wird an sechs Fallbeispielen gezeigt, wie bei den Unternehmen HIPP GmbH & Co. Vertrieb KG, Hilti AG, DJG-Healthcare GmbH, Brauerei Gebrüder Maisel KG, dm-drogerie markt GmbH + Co. KG sowie Pro Natur GmbH eine stimmige Unternehmenskultur gepflegt wird, die sich fortlaufend erneuert und damit krisenbeständig bleibt. Interviews mit den diese Unternehmen führenden Persönlichkeiten Professor Claus Hipp, Michael Hilti, Dr. Dieter Jung, Jeff Maisel, Erich Harsch und Rudolf F. Schreiber zeigen, dass ihre jeweilige Unternehmenskultur derjenige zentrale Wertschöpfungsprozess ist, der allen anderen Prozessen vorausgeht. Es wird deutlich, dass werteorientierte Unternehmensführung und „Corporate Social Responsibility" (CSR) entscheidende Elemente dieses Wertschöpfungsprozesses sind.

Mit den Instrumenten des Wertecockpits definiert werteorientierte Führung nicht nur den tragenden Referenzrahmen der Unternehmenskultur, sondern selektiert mit ihnen auch relevante CSR-Projekte, die die gelebten Werte für Dritte erfahrbar machen. Werden CSR-Maßnahmen und die Unternehmenskultur als Wertschöpfungsprozess mit den Instrumenten des Wertecockpits gesteuert, sind sie Bausteine zur Unternehmensentwicklung, stärken den Marken- und Unternehmenskern und stiften einen nachhaltigen Mehrwert.

Es wird deutlich:

- Werte sind steuerbar.
- Werte sind der dritte Systemfaktor für ökonomischen Erfolg.
- Werte vertiefen die Kundenbindung und die Mitarbeiterloyalität.
- Werte leisten einen Beitrag zur Positionierung und zum Markenkern.
- Werte wappnen gegen Krisen und stärken Resilienz.

© Springer-Verlag Berlin Heidelberg 2016
F. Glauner, *CSR und Wertecockpits,* Management-Reihe Corporate Social Responsibility,
DOI 10.1007/978-3-662-48930-7_4

- Werte sind die Grundlage für Nachhaltigkeit. Sie entsteht aus einer starken Unternehmenskultur, wenn diese tief verankert, konsequent gepflegt und kontinuierlich weiter entwickelt wird.
- Das Wertecockpit ist ein wertneutrales Instrument zur Ausrichtung der Unternehmenswerte.

Im dritten Kapitel wurden die Instrumente des Wertecockpits dargestellt. Wie aber sieht es mit diesen Instrumenten in der Praxis aus? Und welchen Wert hat die Unternehmenskultur in der Praxis für den Erfolg von Unternehmen? Die nachfolgenden Unternehmensporträts der HIPP GmbH & Co. Vertrieb KG, der Hilti AG, der DJG-Healthgroup GmbH, der Brauerei Gebr. Maisel KG, dm GmbH + Co. KG sowie der Pro Natur GmbH geben eine Antwort auf diese Fragen.

Für den im ersten Teil entwickelten Argumentationsgang sind diese Porträts Fallstudien, warum eine ausgeprägt werteorientierte Unternehmenskultur Grundlage für den Erfolg dieser Unternehmen ist.

Aus der Zusammenschau der dargestellten Unternehmen werden sechs Sachverhalte deutlich:

1. Die gelebte Unternehmenskultur wirkt als Referenzrahmen, der das Handeln aller Akteure lenkt.
2. CSR und Wertemanagement werden als ein grundlegender Wertschöpfungsprozess begriffen, der allen anderen Unternehmensprozessen vorgeschaltet ist und diesen erst Fokus und Durchschlagskraft verleiht.
3. An oberster Stelle des Werteverständnisses der porträtierten Unternehmer und Unternehmen steht das Bewusstsein, dass langfristiger Erfolg nur dann erzielt werden kann, wenn das Unternehmen mit seinen Leistungen einen umfassenden Nutzen und Mehrwert stiftet, der weit über kurzfristige ökonomische Ziele hinausgeht. Solche Nutzen- und Mehrwertstiftung gelingt aus Sicht der porträtierten Unternehmen nur, wenn Unternehmen eine entsprechende Kultur entwickeln, die das Bewusstsein für diese Nutzenstiftung befördert und unterstützt. Unternehmensperformanz ist für sie alle deshalb eine Frage der nachhaltigen Unternehmenskulturentwicklung.
4. Unternehmenskulturentwicklung erfordert die aktive Steuerung des gelebten Werteverständnisses. Die Porträts verdeutlichen, wie dieser Prozess gesteuert wird. Damit verdeutlichen die Praxisbeispiele, dass und wie die im ersten Teil entwickelten Instrumente in der Praxis eingesetzt werden können.
5. Ersichtlich wird auch, dass hinter den sehr individuellen Unternehmenswerten und -kulturen ein geteiltes Denk- und Handlungsmuster steht. An ihm richtet sich die Arbeit mit dem Wertecockpit aus. Sie kann deshalb in jedem anderen Unternehmen erfolgreich umgesetzt werden.
6. Die Unternehmensporträts verdeutlichen, dass ein verantwortliches, ethisch und ökonomisch tragfähiges Unternehmertum keine Frage der Größe oder Finanzkraft ist, sondern eine Frage des konsequent an Exzellenz ausgerichteten Prozessdenkens. Dieses ist

unabhängig von Branchen, Märkten, Unternehmensgrößen, Organisationsformen oder der Geschäftsausrichtung umsetzbar. Was die Fallstudien somit eint, ist das geteilte Bewusstsein, dass eine ethisch und ökonomisch nachhaltige Unternehmenskultur der dritte Systemfaktor für Erfolg ist. Die dargestellten Unternehmen geben so ein eindrückliches Beispiel, wie verantwortliche Unternehmensführung mit Augenmaß und Konsequenz realisiert und mit rational operationalisierbaren Mitteln – den Mitteln des Wertecockpits – umgesetzt werden kann. Sie geben eine Antwort auf die Frage, wie zukünftiges Wirtschaften in Anbetracht der Grenzen des Wachstums ethisch und ökonomisch nachhaltig erfolgreich gestaltet werden kann.

4.1 „Dafür stehe ich mit meinem Namen": Claus Hipp, HiPP GmbH & Co. KG, Pfaffenhofen

HiPP GmbH & Co. KG, Pfaffenhofen 1932 wurde das Unternehmen von Georg Hipp sen. aus der väterlichen Manufaktur von Kinderzwiebackmehl ausgegründet. Seit der ersten industriellen Erzeugung von Babynahrung 1956 setzt HiPP konsequent auf die Verwendung von Obst und Gemüse, das auf naturbelassenen Böden ohne Einsatz von Chemie angebaut wird. Heute ist das in vierter Generation geführte Familienunternehmen Weltmarktführer für Baby- und Kleinkindkost aus organisch-biologischem Anbau. Es beschäftigt über 2000 Mitarbeiter und verfügt über ein Zulieferernetz von ca. 6000 bäuerlichen Bio-Betrieben.

Im Geschäftsjahr 2001 setzte die Gruppe mit einem Auslandsanteil von rd. 50 % am Gesamtumsatz ca. 550 Mio. € um. HiPP betreibt Produktionsstätten in Deutschland, Kroatien, Österreich, Russland, der Schweiz, Ukraine und Ungarn und vertreibt seine Produkte in mehr als 26 europäischen Ländern sowie in Südafrika.

Der internationale Erfolg von HiPP wird durch eine gelebte Unternehmenskultur getragen, in der die Familienwerte der Eigentümerfamilien Hipp die langfristigen Werte des Unternehmens prägen. Alle Prozesse werden nach Maßgaben einer ethisch und ökologisch tragfähigen Ressourcennutzung organisiert, die sich christlicher Verantwortung im Handeln verpflichtet fühlt. Die *HiPP Ethik-Charta* münzt diese Verantwortung in alltagstaugliche Orientierungsvorgaben um, die im Rahmen eines umfassenden Ethik-Managements festlegen, auf welcher Grundlage HiPP seine Leistungen erbringt.

Die Unternehmensphilosophie „*Herstellung von Produkten in Spitzenqualität und im Einklang mit der Natur*" sowie der Unternehmerslogan „*Dafür stehe ich mit meinem Namen*" sind so Markenkern, Programm und Credo eines verantwortungsbewussten, ehrbaren Unternehmertums, das „die Lebensbedingungen der Generationen von morgen gestalten will." Die verantwortliche Sicherung der Lebensbedingungen erschöpft sich nicht „in der Bereitstellung von hochwertigen Nahrungsmitteln für Säuglinge und Kleinkinder" aus organisch-biologischem Anbau, sondern verpflichtet HiPP dazu, „unseren Beitrag zu einer gesunden Umwelt für ihr ganzes Leben zu leisten" (HiPP-Ethik-Charta).

Dieser Beitrag basiert auf vier ethisch geprägten Wertesäulen:

Erstens auf dem Verständnis, dass der Schutz unserer Lebensgrundlagen eine von freien Bauern getragene Landkultur erfordert, die der Diversität, Artenvielfalt, dem Bodenschutz und der tragfähigen Nutzung von Ressourcen verpflichtet ist,

zweitens auf dem Verständnis, dass freies Unternehmertum die Grundlage von Wohlstand ist,

drittens auf der Einsicht, dass egoistische Einzelinteressen das Allgemeinwohl zerstören können und verantwortliches Unternehmertum nur gedeiht, wenn es auch dem Allgemeinwohl gegenüber gesellschaftliche Verantwortung übernimmt,

viertens gilt, dass der Umgang zwischen Menschen durch Achtung, Fairness und Fürsorge geprägt sein soll.

Fokussiert werden diese Wertesäulen durch das Leitmotiv Nachhaltigkeit. Es trägt die drei Säulen der HiPP-Unternehmenspolitik und wird in den jährlich publizierten Nachhaltigkeitsberichten von HiPP zum Ausdruck gebracht:

„1. **Nachhaltiger Schutz von Ressourcen und Umwelt:** Der Nachhaltigkeitsgedanke ist auf allen Ebenen des Unternehmens fest verankert – von der Rohstoffbeschaffung bis zum Abfallrecycling. Durch eine ökologisch verträgliche und ressourcenschonende Herstellung biologischer Lebensmittel trägt HiPP nachhaltig zum Schutz der Umwelt bei.
2. **Nachhaltige Sicherung von Lebensmittelqualität und Wachstum:** Der Wunsch nach gesunder Nahrung für Babys und Kleinkinder wächst ebenso wie die Nachfrage nach HiPP Bio-Produkten. Was als Vision begann, ist heute Markenzeichen: HiPP steht für beste Qualität aus biologischem Anbau, verlässliche Partnerschaft in einem festen Netz von Vertragsanbauern, modernste Lebensmitteltechnologie, strenge Rückstandsanalytik und verstärkten Einsatz nachwachsender Rohstoffe.
3. **Nachhaltige Gestaltung des sozialen Miteinanders:** Ethisches Handeln ist die Voraussetzung für nachhaltigen Erfolg. Wirtschaftliche Grundsätze gehören ebenso dazu wie der verantwortungsvolle Umgang mit Mitarbeitern und Partnern. HiPP hat bereits 1999 ein Ethik-Management ausformuliert und damit das Verhalten am Markt, innerhalb des Unternehmens und gegenüber Staat, Gesellschaft und Umwelt geregelt.

Wenn wir unsere Umwelt, unser soziales Leben und unsere Wirtschaft nachhaltig gestalten, sind wir zukunftsfähig und sichern auch die Chancen der nachfolgenden Generationen auf eine lebenswerte Existenz. Wir handeln nachhaltig, wenn wir das, was wir tun, bei unveränderten Rahmenbedingungen immer tun könnten.

Nachhaltigkeit ist die ausgewogene Balance zwischen den drei Dimensionen Ökologie, Ökonomie und Soziales.

Ökologisch: Natur, Umwelt und Klima schützen

- Schonend und sparsam mit Ressourcen umgehen
- CO_2-Emissionen senken
- Abfall vermeiden
- Bodenfruchtbarkeit erhalten
- Biologische Vielfalt schützen und fördern
- Kultur- und Landschaftsräume in ihrer ursprünglichen Gestalt bewahren

Ökonomisch: Wirtschaften auf einer tragfähigen Grundlage

- Fairen und ethischen Umgang im Wettbewerb pflegen
- Nachhaltige Werte aufbauen statt kurzfristiger Gewinnorientierung

Sozial: Dauerhaft eine zukunftsfähige, lebenswerte Gesellschaft gestalten

- Vertrauen schaffen und glaubwürdig sein
- Soziales und gesellschaftliches Engagement leben
- Sozialen Ausgleich und Chancengleichheit fördern"[1]

(aus: HIPP Nachhaltigkeitsbericht 2012; http://www.hipp.de/uploads/media/Nachhaltig-keitsbericht2012.pdf)

HiPP hat mit dieser ethisch orientierten Ausrichtung des Unternehmens und seiner Unternehmenskultur seit 2000 zahlreiche nationale und internationale Auszeichnungen und Preise erhalten, darunter den Deutschen Nachhaltigkeitspreis (2009), die Auszeichnung „Marke des Jahrhunderts" (2009), Entrepreneur des Jahres (2010), „Der ehrbare Kaufmann" (2011), den Deutschen Nachhaltigkeitspreis der Bundesregierung (2012) und jüngst den 2013 erstmals verliehenen CSR-Preis der Bundesregierung.

Die Downloads des HiPP Ethik-Managements und der HiPP Ethik-Charta sind im Anhang III abgedruckt.

„Dafür stehe ich mit meinem Namen": Claus Hipp im Gespräch

Herr Professor Hipp, Sie leiten in dritter Generation Ihr Familienunternehmen, das aufgrund seiner Ethik mit zahlreichen Preisen und Auszeichnungen geehrt worden ist. Was hat Sie als Unternehmer geprägt und gibt es in Ihrem Werdegang Erfahrungen, die für Sie von entscheidender Bedeutung waren?

---

[1] HIPP Nachhaltigkeitsbericht 2012; http://www.hipp.de/uploads/media/Nachhaltigkeitsbericht2012.pdf, © HiPP GmbH & Co. Produktion KG.

Geprägt hat mich die Erziehung, die ich genossen habe und die mein Vater von seinem Vater bekommen hat. Jeder Vater hat natürlich andere Schwerpunkte, andere Anschauungen, aber der Wille, Werte weiterzugeben, der ist immer der Gleiche.

Welche Werte waren das?
Das waren die Werte des christlichen Weltbildes.

Und wie haben Sie diese vermittelt bekommen? Gab es da spezielle Dinge, die Sie noch in Erinnerung haben?
Das ist zum Teil die Erziehung gewesen. Ohne irgendwelche speziellen Dinge. Sicher, ein Schwerpunkt war immer schon, als ich noch ganz klein war, dass wir uns als Unternehmer um die uns anvertrauten Menschen kümmern müssen und dass die Schwachen zu schützen sind, persönliche Bescheidenheit, dass keiner was mitnehmen kann, dass wir ein Glied in der Kette sind, und dass wir später nicht daran bemessen werden, wie viel Geld wir angehäuft haben, sondern was wir mit den uns anvertrauten Gütern gemacht haben.

Gibt es eine Leitvorstellung, die Ihr Handeln als Unternehmer lenkt?
Wir haben eine Ethik-Charta geschaffen zusammen mit Mitarbeiterinnen und Mitarbeitern und auch mit Vertretern der Hochschule, in diesem Fall war es Ingolstadt-Eichstätt, die wird laufend aktualisiert und soll Leitfaden und Richtschnur bei uns im Unternehmen sein.

Wie werden die Mitarbeiter in dieser Ethik-Charta geschult?
Jedem, der zu uns kommt, wird sie ausgehändigt, und der jeweilige Vorgesetzte hat die Verantwortung, danach zu leben und sie umzusetzen. Wer sich da schlecht behandelt fühlt oder das Gefühl hat, dass sie nicht gelebt wird, der kann sich melden.

Das heißt, die Ethik-Charta von HiPP ist dialogisch organisiert?
Ja.

Ist es dann richtig zu sagen, dass es die Werte Ihrer Familie sind, die die Werte von HiPP prägen?
Es ist das christliche Weltbild, das ist die Grundlage, zu der wir uns auch bekennen. Wenn Sie sagen, es seien die Werte der Familie, ist das nicht ganz treffend. Familienwerte können ja oft einmal unterschiedlich sein. Es braucht schon ein übergeordnetes Wertebewusstsein, das unverrückbar ist.

Wie gehen Sie bei HiPP mit anderen Weltanschauungen um? Sie beschäftigen ja über 2000 Mitarbeiter. Nicht jeder von ihnen wird christlich geprägt sein.
Wir entnehmen dem christlichen Weltbild natürlich auch die Toleranz. Wir beschäftigen Muslime und Menschen anderer Religionen. Wir haben auch Atheisten bei uns. Aber

jeder, der zu uns kommt, weiß, wie wir denken. Und wer sich bei uns trotzdem wohl fühlt, dem soll's gut gehen.

Neben den christlichen Werten spielt im Wertekanon von HiPP auch der Bereich Ökologie eine große, wenn nicht die zentrale Rolle. Wie würden Sie den Nutzen definieren, den Sie mit Ihrem Unternehmen stiften?
Wir kümmern uns seit 50 Jahren um den biologischen Landbau. Es sind allein schon 6000 Biobauern, die für uns aktiv sind und die einen Nutzen davon haben. Durch den Verzicht auf schnell wasserlösliche chemische Dünger und Spritzmittel halten wir sehr viel Grundwasser sauber. Pro Jahr ist das die vierfache Menge vom Titisee. Wir führen unsere Abfälle zu 97 % einer Wiederverwertung zu. Unsere Energieversorgung ist CO_2-neutral. Wir haben schon sehr früh angefangen, auch einen CO_2-Fußabdruck für unsere Produkte aufzuzeichnen. Und aktuell kümmern wir uns sehr um den Erhalt der Artenvielfalt, denn darin sehen wir den größten Schutz vor möglichen Problemen in der Schöpfung. Dass wir gegen grüne Gentechnik sind, ist ganz logisch. Und ein weiteres wichtiges Problem ist sicher der Umgang mit Energie, dass wir Energie sparen und dass wir trotzdem schauen, dass Energie verfügbar, bezahlbar und ökologisch vertretbar erzeugt wird.

Und wie werden die Menschen bei HiPP behandelt? Haben sie spezielle Sozial- und „Corporate Social Responsibility"-Projekte oder fokussieren Sie sich vorrangig auf ökologische Themen?
Wir behandeln unsere Mitarbeiter gut und es gibt eine Reihe von Dingen, die andere nicht machen. Wir bieten über 200 verschiedene Arbeitszeitmodelle für Frauen, die bei uns tätig sind. Zudem haben wir viele Zusatzleistungen, die andere nicht vorhalten und die auch sonst im Tarifvertrag nicht festgelegt sind. Die Menschen sind bei uns gerne und lang, teilweise seit Generationen, – also dritte Generationen, sogar vierte haben wir schon.

Reflektieren über 200 Arbeitszeitmodelle, dass in Ihrer Ethik-Charta auch der Bereich Familie und Gemeinschaft ...
Familie und Arbeit, dass das in Einklang zu bringen ist.

Woraus ziehen Sie die Motivation für Ihre Arbeit als Unternehmer?
Das ist meine Aufgabe von klein auf. Ich bin daraufhin erzogen worden, ich mache es gerne und das ist mein Leben, da brauche ich keine weitere Motivation. Und natürlich, im Familienbetrieb denkt man auch in Generationen, und wir schaffen etwas, das andere dann weiterführen.

Heißt das für Sie, im christlichen Sinn mit Demut zupackend aktiv sein?
Selbstverständlichkeiten sind das eigentlich.

Wie definieren Sie dann für sich Ihre unternehmerische Verantwortung?
Unsere unternehmerische Verantwortung betrifft einmal die Lieferanten, die Kunden, aber auch all die, die bei uns beschäftigt sind. Das schließt alle ein, die irgendwie mit uns in Berührung kommen, die damit rechnen, dass wir auch weiter so handeln, wie wir es jetzt tun.

Wie wird diese Verantwortung bei Ihnen vermittelt? Durch Schulungen, bei Einstellungsgesprächen und der Auswahl von Mitarbeitern?
Ja. Da brauchen wir gar nicht so viel drumherum reden. Das ist einfach das Handeln. Wir haben es mal festgeschrieben, aber wir wollen es auch nicht zu sehr ‚gesetzlich' festlegen. Denn je mehr geschrieben ist, umso mehr sucht der Einzelne den Ausweg, die Lücke.

Verglichen zu anderen Unternehmen hat HiPP seine Ethik-Charta und auch den Ethik-Management-Leitfaden im Internet veröffentlicht. Sie knüpfen dort „moralisch legitimiertes Verhalten von und im Unternehmen" an das ganze Wirtschaftssystem. Welche Wirtschaftsordnung ist für Sie „moralisch gerechtfertigt"?
Das ist die soziale Marktwirtschaft, die einerseits den Wettbewerb bejaht und auch das Einzelinteresse bejaht und die die Grenze findet am Sozialverhalten. Das heißt das Allgemeinwohl ist wichtiger, das muss als erstes angestrebt werden, und das Privatwohl ist dann die Folge des Allgemeinwohls. Wenn wir aber erst auf das Privatwohl gehen würden, dann bliebe das Allgemeinwohl auf der Strecke, dann würde immer mehr Egoismus walten. Und wenn das Privatwohl an oberster Stelle steht, haben wir die Situation, dass immer mehr Regulierungen notwendig sind, um eben das individuelle Interesse des Einzelnen zu schützen. Das geht dann auf Kosten des Allgemeinwohls.

Spiegelt dieser Vorrang des Allgemeinwohls vor dem Wohl des Einzelnen Ihr christliches Verständnis von Verantwortung wider?
Die christliche Verantwortung erkennt eine höchste Instanz an, die über unserem irdischen Bemühen steht. Dadurch fällt sicher manche Entscheidung leichter oder auch anders. Umgekehrt wird ein gläubiger Mensch – das muss man nicht einschränken auf das Christentum, auch im Islam ist das so – in der stärkeren Position sein, weil er durch den Glauben Dinge für wahr hält, die er nicht verstehen kann, sonst wäre es ja Wissen; er kennt aber auch das Gebet, das dem Einzelnen Hoffnung und Hilfe gibt, also eine Unterstützung, die der Atheist eben nicht hat. Aus dem Grund allein ist, rein wirtschaftlich gesehen, ein gläubiger Mensch in einer stärkeren Position.

Sie sagten gerade, Ihr Glaube an eine höchste Instanz mache manche unternehmerische Entscheidung einfacher. Haben Sie hier ein Beispiel?
Ja, die Entscheidung für den ökologischen Landbau. Die haben wir nicht aus Marketinggründen getroffen, sondern aus Verantwortung vor der Schöpfung. Wir haben ihn Jahrzehnte betrieben, ohne darüber zu reden. Das ist langfristiges Denken. Wir hatten einmal eine Auseinandersetzung mit einem großen Kunden, der unsere Bioqualität zwar bejahte, aber nicht die höheren Kosten. Dann haben wir den nicht mehr beliefert. Zwei Jahre lang

ist das gegangen. Das war eine harte Entscheidung, weil uns auch sehr viel Umsatz wegge-brochen ist. Aber mir haben meine Mitbewerber gesagt, die eben Kapitalgesellschaften sind: „Ihr könnt euch so etwas leisten, wir wären rausgeflogen, wenn wir das gemacht hätten, unser Aufsichtsrat hätte uns vor die Tür gesetzt."

Wie hängen für Sie die Grenzen sozialer Marktwirtschaft und die zehn Gebote der Bibel als Referenzgröße mit Ihren Unternehmensregeln zusammen?
Ich sehe da keinen Gegensatz. Wenn wir die soziale Marktwirtschaft bejahen, haben wir Wettbewerb und Einzelinteressen, und die zehn Gebote wirken ja vor allem auf die sozia-len Aspekte und grenzen damit das natürliche Bestreben der Menschen, mehr haben zu wollen, ein und bringen es in die richtige Bahn.

Wie würden Sie aus diesem Blickwinkel gesehen langfristigen Erfolg für sich und für HiPP definieren?
Langfristigen Erfolg gibt es nur auf anständige Weise. Man kann niemanden zweimal über den Tisch ziehen. Das unehrbare Handeln merkt der Verbraucher, merken die Lieferanten, merken Mitarbeiterinnen und Mitarbeiter. Also langfristig kann nur ehrbares Handeln und ein ehrbarer Kaufmann Erfolg haben.

Zu diesem langfristigen Erfolg gehört bei HiPP auch das Qualitätsmanagement. In Ihrer Ethik-Charta wird formuliert, dass das Qualitätsmanagement „die gelebte Philosophie aller Leistungsaktivitäten" von HiPP sei. Wie fügt sich das Qualitätsverständnis in den Wertekanon von HiPP ein?
Alle sind dem Qualitätsbegriff untergeordnet und jeder hat auf seiner Position alles zu tun, dass wir in der Lage sind, höchste Qualität zu liefern. Das ist die Forschung, das ist die Rohstoffbeschaffung, das ist die Verarbeitung, die Vermarktung. All das ist dem unter-geordnet. Und – es soll nicht Qualität geopfert werden, des schnellen Geldes wegen. Denn das wäre kein langfristiges Denken.

Das heißt Qualität ist immer auch an diese Langfristigkeit und Ökologie rückgekoppelt?
Ja.

Gehört hierzu auch Ihre Philosophie der ausgestreckten Hand gegenüber Wettbewerbern? In Ihrer Ethik-Charta definieren Sie den Umgang mit Ihren Marktbegleitern durch die Prinzipien von Vertrauensvorschuss und Gegenseitigkeit. Diese legen fest, dass HiPP auf Angriffe mit angepasstem Verhalten reagiert.
Ja. Wir haben natürlich auch rechtliche Auseinandersetzungen und müssen mal von Ge-richten Dinge klären lassen, die wir unterschiedlich sehen. Das gibt es schon. Wir haben einen harten Wettbewerb, aber wir wollen nicht schlecht übereinander reden. Nur, wenn wir angegriffen werden, verteidigen wir uns. Und wir werden auch immer wieder ange-griffen. Das gehört zum Wettbewerb.

Was bedeutet für Sie „faire Beziehungen zu Lieferanten"? Und woran bemessen Sie „Treue"? Sie sagten ja, Sie hätten mittlerweile einen Pool von 6000 Biolandwirten, die für HiPP produzieren.

Faire Beziehungen zu Lieferanten sind dann gegeben, wenn auch der Lieferant seine Existenz gesichert hat. Und wenn die Beziehungen fair sind, dann kommt auch die Treue. Das heißt unsere Treue, dass wir abnehmen, was der Lieferant erzeugt. Umgekehrt erwarten wir, dass der Lieferant uns seine Produkte anbietet und dass wir damit rechnen können. Also in schwierigen Zeiten, wenn es ein Überangebot von Rohstoffen am Markt gibt, bekommt der Lieferant die zugesagten Preise trotzdem bezahlt. Aber umgekehrt, wenn ein Unterangebot da ist, erwarten wir, dass wir eben auch geliefert bekommen, was wir brauchen.

Das heißt auch hier beruht der Umgang ...
… auf Gegenseitigkeit.

Gibt es bei HiPP ein Instrument, ohne es technisch zu sehen, mit dem der Erfolg Ihrer Unternehmenswerte gemessen werden kann?

Es gibt kein Messinstrument dafür, aber es gibt Erfahrungswerte und Erfolgsmeldungen. Wir sind im Wettbewerb mit Großkonzernen, aber wir sind Marktführer. Wir haben eine zufriedene Mannschaft. Das wird auch von außen geprüft. Wir haben also vor zwei Tagen den CSR-Preis der Bundesregierung bekommen für Betriebe von 500 bis zu 5000 Mitarbeitern. Und ein Grund war eben auch, dass in der Belegschaft nach unserem Engagement gefragt wurde, ohne unsere Einflussnahme.

Das heißt der Erfolg bemisst sich letztlich daran, dass Sie diese Werte leben, der Verbraucher dies auch wahrnimmt und sich für Ihre Produkte entscheidet?

Der Erfolg misst sich an der Marktsituation und schlussendlich sind wir ja wirtschaftlich tätig, um am Markt Erfolg zu haben. Und wenn – was ja auch Ihre These ist – der Erfolg einer zufriedenen Mannschaft besser ist, dann ist das der beste Parameter. Wir sehen ja auch im Sport, dass eine Mannschaft, die vielleicht nicht so teure Einzelkämpfer hat, aber ein Zufriedenheits- und Zusammengehörigkeitsgefühl teilt, mehr zu leisten bereit ist als die teuersten Individualisten, die aber nichts verbindet.

Das führt zu einem weiteren Begriff Ihrer Ethik-Charta. Was verstehen Sie dort unter „soziale Kompetenzen"?

Jeder soll so behandelt werden, wie er es für gut hält und jeder soll auch so handeln, wie er behandelt werden will. Da ist alles mit drin.

Auch hier wirkt wieder das Prinzip der vertrauensvollen Gegenseitigkeit, unterstützt durch die christlichen Werte Achtung, Respekt, Anerkennung?

Ja.

Im Leitfaden Ihres Ethik-Managements ist auch Loyalität definiert. Sie erwarten aber zugleich, dass Ihre Mitarbeiter nicht zu allem „,Ja'-Sagen". Auf der anderen Seite wollen Sie keine Querulanten und wünschen konstruktives Mitdenken. Wie passt das zusammen?
Jeder soll frei seine Meinung sagen, ohne zu verletzen und ohne sie nur darum zu sagen, um Macht auszudrücken. Loyalität heißt, zum Wohl der Gesamtheit tätig zu werden. Und dazu gehört zum Beispiel auch der sparsame Umgang mit anvertrauten Gütern. Wenn zwei LKW-Fahrer die gleiche Leistung erbringen, und der eine fährt mit einem Satz Reifen 150.000 km und der andere 200.000 km, dann ist der mit 200.000 km bei gleicher Leistung eben rücksichtsvoller mit dem ihm anvertrauten Gut umgegangen. Und das zieht sich durch alle Abteilungen durch. Auch Zeit ist ein Gut, mit dem sparsam umgegangen werden muss.

Und das wird auch gemessen und im Unternehmen darauf geachtet?
Wir sprechen über die Dinge und thematisieren diese. Wenn wir bei der Zeit bleiben, gibt es vielleicht Menschen, die aus Prestigegründen viel reisen wollen. Da können wir auch Konferenzschaltungen machen, um das Gleiche zu erreichen.

Kommen wir zum Begriff des „konstruktiven Querdenkens" zurück. Haben Sie ein Beispiel, was Sie hier von Ihren Mitarbeitern erwarten?
Also grundsätzlich soll keiner niedergemacht werden, wenn er eine Außenseitermeinung bringt, keiner darf verlacht werden wegen einer anderen Meinung, die ganz neu ist. Und jeder soll den Mut haben, seine Meinung frei zu äußern. Jeder soll auch den Mut haben, die Anschauung eines Vorgesetzten zu kritisieren – im guten Sinne. Und jeder kann auch mir sagen, dass er die Dinge anders sieht und dass er Bedenken hat, wenn irgendetwas so und so gemacht wird. Das ist wichtig.

Eine letzte Frage: gibt es weitere Aktivitäten, mit denen die von HiPP gelebten Werte im Unternehmen verankert werden?
Wir haben sie nur in der Ethik-Charta und dem Ethik-Management festgeschrieben und wollen möglichst wenige Gesetze schreiben. Wir wollen mit einfachen Worten reden, denn es ist ganz wichtig, dass es jeder versteht, und wir wollen nicht eine Fachsprache benutzen, die nur ein paar wenige Leute sprechen. Wenn jeder ans Allgemeine denkt, dann fällt es leichter, bescheiden aufzutreten. Denn wenn das Gegenteil passiert, dann kommt Unruhe hinein. Ein friedliches Zusammenwirken ist für den gemeinsamen Erfolg wichtig.

Herzlichen Dank für das Gespräch, Herr Professor Hipp.
Gern geschehen.

Der Werteraum der HiPP GmbH & Co. KG aus Sicht des Wertecockpits ist durch drei Dimensionen geprägt: die Familienwerte der Familie Hipp, die Unternehmerwerte von Claus Hipp sowie die Unternehmenswerte der HiPP GmbH & Co. KG.

Die Werte der Familie Hipp stehen im Zeichen christlicher Verantwortung. Getreu dem Motto des Firmengründers Georg Hipp sen. „Fürchte Gott, tue Recht, scheue niemanden!" sind die zehn christlichen Gebote Leitfaden für ein Unternehmertum, das sich in allen Aspekten einer freien und zugleich sozialen Marktwirtschaft verpflichtet fühlt und sich in der Ausdeutung der christlichen Werte auch auf Personen wie Ludwig Erhard oder Friedrich August von Hayek beruft (vgl. Hipp 2008, 2010, 2012).

Die Unternehmerwerte von Claus Hipp Auch das Unternehmerethos von Claus Hipp steht im Zeichen der zehn christlichen Gebote, ergänzt durch die abendländischen Kardinaltugenden Klugheit, Gerechtigkeit, Tapferkeit und Mäßigung (Bescheidenheit). Diese Werte werden von Claus Hipp als moderner Leitfaden für die ethische Gestaltung unternehmerischen Handelns ausgedeutet. So fordert beispielsweise das siebte Gebot „Du sollst nicht stehlen" in der Lesart von Claus Hipp auch zur ‚Sozialpflichtigkeit des Eigentums' auf und damit zur Pflicht sozialer Verantwortung: „Im gleichen Maße, wie das siebte Gebot das Eigentum schützt, verpflichtet es das Eigentum aber auch. Die katholische Gesellschaftslehre hat dazu den Begriff der ‚Sozialpflichtigkeit des Eigentums' geprägt. Man soll Geld nicht einfach nur um seiner selbst willen anhäufen, sondern es nutzen, um etwas zu schaffen, um Werte zu schaffen, um Arbeit zu schaffen. Und um Gutes zu tun. Wenn einer auf einem riesigen Geldsack sitzt und neben ihm verhungert jemand, dann kann auch das Diebstahl sein. Man soll den anderen nicht seiner Lebensgrundlagen berauben. (…) Mit dem siebten Gebot ist auch die Frage nach der gerechten Entlohnung verbunden. Als Unternehmer bin ich verpflichtet, für eine Arbeit einen ordentlichen Lohn zu bezahlen – aber auch für meine Produkte oder Dienstleistungen keinen übermäßigen Preis zu verlangen. Korruption und Bestechlichkeit fallen unter das siebte Gebot. Keiner soll Geld geben oder nehmen, damit etwas Ungesetzliches getan wird" (Hipp 2008, S. 50 f.).

Die Unternehmenswerte von HiPP fokussieren den Familien- und Unternehmerwerten von Claus Hipp entsprechend die Kernwerte Fairness, Verantwortung und Nachhaltigkeit.

Die nutzenstiftenden **Leitwerte** lauten dabei: Nachhaltigkeit und Spitzenqualität im Einklang mit der Natur. Mit diesen Leitwerten wird das Nutzenprofil der Unternehmensleistungen von HiPP abgesteckt. Es besteht aus fünf Nutzenkategorien:

1. der Absicherung der ökonomischen und sozialen Lebensgrundlagen durch nachhaltige Bewahrung der Schöpfung;
2. der Absicherung eines freien Unternehmertums durch den Erhalt einer kleinbäuerlichen Struktur freier Öko-Bauern;
3. der Absicherung der Interessen aller mit HiPP verbundenen Menschen (Kunden, Mitarbeiter, Eigner, der Gesellschaft);
4. der Aufrechterhaltung einer freien und zugleich sozialer Verantwortung gerecht werdenden Wirtschaftsweise und schließlich
5. der nachhaltigen Absicherung des Unternehmens.

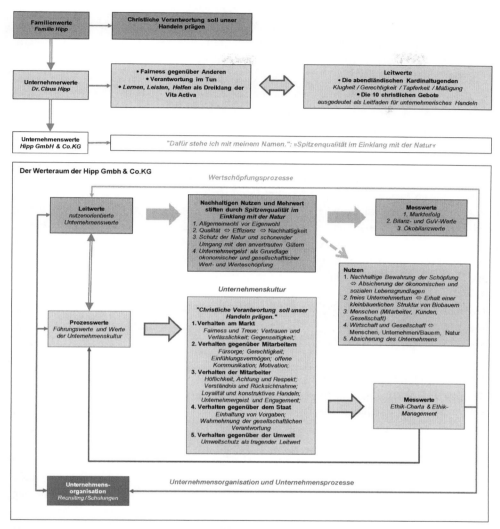

Abb. 4.1 Wertelandkarte HiPP GmbH & Co. KG

Umgesetzt werden die Unternehmens-Leitwerte mit der HiPP Ethik-Charta (siehe Anhang III), in der die **Prozesswerte der Unternehmenskultur** und des Umgangs im Unternehmen festgelegt sind (vgl. Abb. 4.1). Diese das HiPP-Handeln tragenden Werte sind in fünf Verhaltensbereiche gegliedert:

Für das **Verhalten am Markt** gelten die Werte Fairness und Treue, Vertrauen und Verlässlichkeit und Gegenseitigkeit.

Für das **Verhalten gegenüber Mitarbeitern** gelten die Werte Fürsorge, Gerechtigkeit, Einfühlungsvermögen, offene Kommunikation und Motivation.

Für das **Verhalten der Mitarbeiter** gelten die Werte Höflichkeit, Achtung und Respekt im Umgang miteinander, Verständnis und Rücksichtnahme der Belange des Gegenübers, Loyalität und konstruktives Handeln im Interesse des Unternehmens sowie Unternehmergeist und Engagement.

Für das **Verhalten gegenüber dem Staat** gelten die Werte Einhaltung von Vorgaben und Wahrnehmung der gesellschaftlichen Verantwortung.

Für das **Verhalten gegenüber der Umwelt** gilt schließlich der tragende Leitwert Umweltschutz.

Das Wertecockpit von HiPP HiPP steuert seine Unternehmenswerte mit dem Instrument seines Ethik-Managements (siehe Anhang III). Hierbei setzt HiPP nicht auf messtechnische Kennzahlensysteme, sondern auf ein dialogisch gestaltetes Führungssystem, mit dem die Einhaltung der HiPP-Werte überprüft und nachgehalten werden. Zu diesem Führungssystem gehört auch, dass alle Mitarbeiter turnusmäßig anonymisiert befragt werden, ob die Werte im Unternehmen eingehalten und die Führungsprozesse entlang dieser Werte umgesetzt werden. Auffälligkeiten wird dabei konsequent nachgegangen.

4.2 „Passion for People": Michael Hilti, Hilti AG, Schaan, Liechtenstein

Hilti AG, Schaan, Liechtenstein Das 1941 von den Brüdern Martin und Eugen Hilti gegründete Unternehmen ist mit rund 21.000 Mitarbeitenden in 120 Ländern tätig. Der Weltkonzern erwirtschaftete 2012 einen Umsatz von 4,2 Mrd. Schweizer Franken. Die Hilti Aktiengesellschaft mit Sitz in Liechtenstein wird durch einen Verwaltungsrat und eine von ihm bestellte Konzernleitung geführt. Alle Anteile der Aktiengesellschaft werden vom Martin-Hilti-Familien-Trust gehalten. Der langfristige Ansatz des Trusts garantiert Hilti Unabhängigkeit und Stabilität, damit sich das Unternehmen voll und ganz auf die Umsetzung seiner Strategie konzentrieren kann. Im Zentrum der Mitarbeiterentwicklung stehen persönliches Wachstum, langfristige Perspektiven und Karrieremöglichkeiten.

Die Ziele des Trusts sind in einer umfassenden Trusturkunde niedergelegt, welche gleichzeitig als Familiencharta dient und die Interessen der Familien Hilti regelt. So ist durch die Bestimmungen innerhalb der Trusturkunde auch das Verhältnis von Familie, Trust und Unternehmen geregelt. Michael Hilti, der Sohn des Gründers Prof. Dr. h. c. Martin Hilti, ist seit 1974 in unterschiedlichen Führungsfunktionen im Unternehmen tätig, derzeit als Mitglied des Verwaltungsrates, dem er von 1994–2006 präsidierte. Zugleich ist Michael Hilti Trustee des Martin-Hilti-Familien-Trusts sowie Präsident des Stiftungsrats der Hilti Foundation.

Mit seinen Produkten, Systemen und Dienstleistungen für die Bauindustrie ist Hilti in zahlreichen Produktbereichen weltweit anerkannter Technologieführer. Das Geschäftsmodell basiert auf einem Direktvertrieb mit fünf Säulen: den Hilti Außendienstmitarbeitern im direkten Kundenkontakt, den stationären, lokalen Hilti Centern mit dem kompletten

Dienstleistungs- und Verkaufsprogramm, dem internen Hilti Customer Service (Call-Center) zur Kundenbetreuung, dem Hilti ProShop (Shop-in-Shop-Geschäfte) in ausgewählten Ländern, die in Eigenregie geführt werden, sowie dem Hilti Online (E-Business).

Fast zwei Drittel aller Mitarbeitenden sind im Verkauf und Marketing sowie im Engineering direkt oder indirekt für die Kunden tätig. Mit über 200.000 Kundenkontakten täglich ist Hilti ein enger Partner seiner Kunden und weiß um deren Bedürfnisse aus erster Hand. Auch im Bereich Innovation bindet Hilti seine Kunden proaktiv ein: Bei der Neuentwicklung von Produkten und Dienstleistungen werden diese im Vorfeld in den Entwicklungsprozess miteinbezogen. Hilti legt besonderes Augenmerk auf die Optimierung der kompletten Anwendungsprozessketten. Neben Effizienzgesichtspunkten stehen Anwendersicherheit, Gesundheit und Umweltschutz gleichberechtigt im Vordergrund, sodass für Kunden ein umfassender Mehrwert geschaffen wird. Beispielsweise entwickelte Hilti als erstes Unternehmen ein kartuschenloses System mit einem styrolfreien Injektionsmörtel für chemische Dübelverbindungen und konnte so die Anwenderfreundlichkeit erhöhen, Arbeitsprozesse vereinfachen und Umweltbelastungen reduzieren.

Alle Aktivitäten des Unternehmens orientieren sich am Hilti-Leitbild „Wir begeistern unsere Kunden und bauen eine bessere Zukunft." Dazu gehört auch die Entwicklung, Verankerung und permanente Pflege der Unternehmenskultur. Mit dem Ziel, die Zufriedenheit der Mitarbeitenden und deren persönliche Entwicklung zu fördern, ist sie auch im Sinne des langfristigen Erfolgs ein wesentlicher Baustein.

Die Umsetzung wird als ein kontinuierlicher Entwicklungsprozess begriffen, der als Kulturreise, „Our Culture Journey", definiert wird. In und mit ihr werden die tragenden Unternehmenswerte Integrität, Mut, Teamarbeit und Engagement im Unternehmen verankert.

Im Selbstverständnis von Hilti ist die unternehmensweite Entwicklung des Werteverständnisses einer der zentralen Wertschöpfungsprozesse des Unternehmens. Um das im täglichen Umgang zu sichern, investiert das Unternehmen in die Unternehmenskulturentwicklung jährlich rund 25.000 Personentage für Schulungen sowie einen Betrag im fast zweistelligen Millionenbereich.

Bei dem von unabhängiger Seite ausgerichteten Wettbewerb „Great Place to Work©" rangierte Hilti 2011 im weltweiten Vergleich an fünfzehnter Stelle. An der ebenfalls von externen Instituten im Auftrag von Hilti durchgeführten Mitarbeiterbefragung GEOS (Global Employee Opinion Survey) nehmen jährlich über 90 % aller Mitarbeitenden freiwillig teil. Das Ergebnis spricht für sich: 2012 sagten 94 % aller Befragten, dass sie bereit seien, ihr Möglichstes zu tun, damit Hilti erfolgreich ist, 91 % seien stolz darauf, bei Hilti zu arbeiten und 81 % würden Hilti als guten Arbeitgeber empfehlen. Damit ist das Unternehmen auch im Bereich Mitarbeitermotivation, -loyalität, -identifikation und -leistungsbereitschaft führend.

Hilti ist Mitglied im „UN Global Compact" und hat 2007 die UN-Initiative „Caring for Climate" unterschrieben. Über die Hilti Foundation fördert das Unternehmen in den Bereichen Kultur, Katastrophenhilfe, Bildung, gesellschaftliche Entwicklung, bezahlbarer Wohnraum und soziales Unternehmertum im globalen Maßstab CSR-Projekte. Getreu

dem Hilti-Wertekanon leisten diese Projekte Hilfe zur Selbsthilfe. So werden beispielsweise in Ägypten, Palästina, Libanon, Marokko, Jordanien und Indien Projekte und Personen unterstützt, die sich auf innovative Weise unternehmerischen Tätigkeiten widmen,
um einen langfristigen, positiven gesellschaftlichen Wandel zu erzielen. In Kolumbien,
den Philippinen und Äthiopien werden Projekte zur Schaffung von neuem finanzierbarem
sowie zur Sanierung von bestehendem Wohnraum unterstützt. Gefördert wird in diesem
Zusammenhang die Forschung und Entwicklung von kostengünstigen alternativen Bau-
materialien und -methoden sowie der Zugang zu sicheren und günstigen Energiequellen.
Und im Bereich Kultur werden in Ägypten, Großbritannien, USA, Österreich, Schweiz,
Venezuela, Südafrika und Kolumbien junge Menschen in den Bereichen Orchestermusik,
Gesang und Tanz ausgebildet mit dem primären Ziel, sozial benachteiligte Jugendliche in
die Gesellschaft zu integrieren.

Downloads

Hilti „Corporate Responsibility" Broschüre
http://www.hilti.com/fstore/holcom/LinkFiles/Corporate%20Responsibility%20
[deutsch].pdf

Hilti Verhaltenskodex für Mitarbeitende
http://www.hilti.com/fstore/holcom/LinkFiles/Global_CodeofConduct_de_lay.pdf

Hilti Verhaltenskodex für Lieferanten
http://www.hilti.com/fstore/holcom/LinkFiles/Verhaltenskodex%20fuer%20Lieferan-
ten_2012.pdf

„Passion for People": Michael Hilti im Gespräch
*Herr Hilti, die jüngste Gallup-Studie zeigt, dass fast ein Viertel (24 %) der Beschäftigten
in Deutschland bereits innerlich gekündigt hat, 61 % Dienst nach Vorschrift machen und
nur 15 % der Mitarbeiter eine hohe emotionale Bindung an ihren Arbeitgeber haben und
bereit sind, sich freiwillig für dessen Ziele einzusetzen. 94 % der weltweit befragten Mitarbeiter von Hilti sagen dagegen, dass sie ihr Möglichstes tun würden, damit Hilti erfolgreich ist. Wie erklären Sie sich diesen Zuspruch?*
Die Mitarbeiterinnen und Mitarbeiter sind entscheidend für den Erfolg eines Unternehmens. Entsprechend wichtig ist es, diese zu begeistern und eine Unternehmenskultur zu
schaffen und zu leben, die dazu inspiriert, den eigenen Erfolg und damit den des Unternehmens zu fördern. Das ist nichts Neues und wird eigentlich von allen Unternehmen
betont. Leider bleibt es oft bei Lippenbekenntnissen oder wird nur halbherzig umgesetzt.

Weil die Unternehmen es nicht leben?
Ja, weil Wort und Tat nicht im Einklang stehen, weil nicht das gelebt bzw. vorgelebt wird,
was geschrieben oder gesagt wird. Schöne Worte in einer Hochglanzbroschüre über die
Wichtigkeit der Mitarbeitenden und ein dazu im Widerspruch stehendes Verhalten schaf-

fen keine emotionale Bindung zum Unternehmen und keine inspirierende Unternehmenskultur.

*Meine Erfahrung ist, man muss es machen, man muss es wollen, und man muss es von
oben nach unten vorleben.*
Das kann ich nur bestätigen. Zur Verankerung einer unternehmensweiten Unternehmenskultur braucht es neben dem festen Willen auch ein klares Verständnis über die damit
verbundenen Folgen und Konsequenzen. So etwas ist Führungssache, es muss von oben
kommen und entsprechend vorgelebt werden.

Ein spannender Einstieg.
Und gleichzeitig so einleuchtend.

*Und zugleich so komplex. Sie sind ja in 120 Ländern vertreten. Wie gehen Sie dort mit
Ihrer Unternehmenskultur, dem „Hilti Way" um, damit ein übergreifendes Wir-Gefühl
entsteht?*
Wir haben uns unternehmensweit auf vier Grundwerte geeinigt: Integrität, Teamarbeit,
Mut und Engagement. Das sind alles Werte, die weltweit Gültigkeit haben. Entscheidend
ist, dass die Vermittlung und das Vorleben der Werte lokal geschehen und die kulturellen
Unterschiede berücksichtigt werden. Beispielsweise wird mit einem Unternehmenswert
wie „Mut zur Veränderung" in Asien anders umgegangen als in den USA.

Ein übergreifendes Wir-Gefühl entsteht, wenn ich mich als Teil des Ganzen empfinde
und meine Aufgabe und meinen Beitrag zum gemeinsamen Erfolg auch verstehe. Warum
scheitern so viele wohlgemeinte Unternehmensstrategien? Sie scheitern daran, dass sich
die Mitarbeitenden darin nicht wiederfinden. Die Strategie mag noch so plausibel klingen,
doch was diese direkt für sie bedeutet und was ihr Beitrag ist, wird nicht verstanden. Das
Gleiche trifft für die Unternehmenskultur zu; der einzelne Mitarbeitende muss verstehen,
was von ihm erwartet wird und was er dazu beitragen kann. Es muss eine gemeinsame
Kultur sein, auf die man stolz ist. Daraus entsteht ein nachhaltiges Wir-Gefühl.

*Das heißt Mitarbeiter werden geführt über Anerkennung und Respekt, aber auch über ihre
Stärken.*
Es ist einerseits der Respekt zur Person, ungeachtet ihrer Position und Herkunft, und andererseits die Anerkennung des Beitrags, der geleistet wird. Es geht um die Wertschätzung
der Arbeit, egal ob Putzfrau, Pförtner, Produktionsmitarbeiter oder Vorstand. In allen Teilen der Welt möchten die Menschen Anerkennung und Respekt – der Inder genauso wie
der Chilene, der Japaner wie der Tscheche. Wertschaffende Arbeit motiviert und erzeugt
einen Beitrag zum Erfolg des Unternehmens und der Person.

*Apropos Inder oder Chilene, gibt es überhaupt so etwas wie ein gemeinsames
Werteverständnis?*

Wie bereits gesagt, wir haben unsere vier Werte Integrität, Teamarbeit, Mut und Engagement. Jeder Mensch hat aber aufgrund seiner Herkunft, seiner Ausbildung, seines kulturellen Umfeldes und den lokalen Normen seine eigene Definition, was er unter diesen Begriffen versteht. Daher ist es unabdingbar, diese Wertbegriffe auch jeweils lokal mit entsprechenden Inhalten zu füllen.

Sie brechen das lokal herunter.
Dies geschieht mit eigenen Trainern vor Ort, welche mit der jeweiligen Kultur, den lokalen Normen und Gewohnheiten vertraut sind. Integrität hat in Japan eine andere Bedeutung als in der Schweiz. So geht es darum, sich damit als lokales Team auseinanderzusetzen und herauszuarbeiten, was unter Integrität verstanden wird: Was ist der allgemeine Konsens oder was bedeutet das für mich in meiner täglichen Arbeit?

Wir beschäftigen 70 eigene, lokale Hilti-Trainer, die größtenteils vollamtlich für die Schulungen eingesetzt werden. So stellen wir sicher, dass alle Mitarbeitenden weltweit in Abständen von 15 bis 18 Monaten mit jeweils zwei bis drei Tagen die Kultur-Workshops durchlaufen. Wir haben gelernt, dass es wenig Sinn macht, Unternehmenskultur nur einmal und nur partiell zu vermitteln, sondern dass alle Mitarbeitende ungeachtet ihrer Position, also inklusive Konzernleitung und Verwaltungsrat, diese Schulungen – wir nennen sie Team-Camps – regelmäßig durchlaufen sollten. Gleichzeitig erachten wir es für wichtig, dass Führungskräfte selbst die Rolle des Trainers wahrnehmen. So ist zum Beispiel jedes Mitglied unserer Konzernleitung rund zehn Tage im Jahr als Trainer in diesen Camps tätig.

Es wird also an Beispielen, ich nenne das komplexe Äquivalenzen, festgemacht, sodass die Leute wirklich wissen, was bedeutet das für uns?
Ja, denn wenn ich es nicht verstehe, weiß ich auch nicht, was ich tun soll bzw. was von mir verlangt wird, und damit wird es bedeutungslos. Bleiben wir beim Beispiel Integrität. Was heißt Integrität? Wo verletze ich diese? Auf was muss ich achten? Das ist wichtig, damit das gemeinsame Verständnis geschaffen wird und verbindliche und allgemein akzeptierte Spielregeln entstehen.

Und wie gehen Sie dann mit Fehlern um?
Fehler zu machen und zu erkennen, bedeutet Erfahrungen zu machen, und diese sind essenziell für unsere persönliche Weiterentwicklung. Somit ist ein Fehler nichts Negatives, solange man diesen als solchen erkennt, entsprechend reagiert und daraus lernt. Einer unserer Werte ist Mut zur Veränderung. Das heißt auch: Neues anzugehen, bewusst Risiken einzugehen und unter Umständen auch Fehler zu machen. Was einen jedoch nicht von der gebotenen Sorgfaltspflicht entbindet. Fehler, die immer wieder gemacht werden oder aus grober Nachlässigkeit entstehen, sind natürlich anders zu bewerten.

Was passiert denn, wenn jemand nicht die Kultur lebt oder leben will?
Wir unterscheiden zwischen Spielfeld und Spielregeln. Unser Spielfeld ist definiert innerhalb unserer Unternehmensstrategie. Hier bestimmen wir die Bereiche, in denen wir

tätig sein wollen, welche Marktsegmente wir bearbeiten wollen, welche Produkte und Dienstleistungen wir erbringen wollen etc. Um dies aber bestmöglich machen zu können, bedarf es allgemein akzeptierter Spielregeln, und diese sind bestimmt durch die Werte und Prinzipien unserer Unternehmenskultur. Sie ist Ausdruck dafür, wie wir arbeiten, wie wir miteinander umgehen, wie wir uns verhalten, wie wir kommunizieren oder wie wir führen – uns selbst und andere.

Das sind unsere Spielregeln und es herrscht klarer Konsens darüber. Wenn sich jemand nicht an die Spielregeln hält und es wiederholt zu Verstößen kommt, gibt es klar die rote Karte. Und das gilt für alle Hierarchieebenen. Man verliert an Glaubwürdigkeit, wenn man erlaubt, dass ein Mitarbeitender ungeachtet seiner Position und seiner Leistungen ständig gegen Regeln und Werte verstößt.

Wenn man jetzt platt fragt: welchen Anteil am Erfolg von Hilti messen Sie Ihrer Unternehmenskultur bei?
So etwas kann man nicht in Zahlen ausdrücken. Ich kann Ihnen nur sagen, wir haben klare Korrelationen, anhand derer wir nachweisen können, dass vorbildliches Führungsverhalten, geprägt durch die Unternehmenskultur, zu einer hohen Mitarbeiterzufriedenheit und diese wiederum zu einer hohen Kundenzufriedenheit führt. Als Ergebnis werden bessere wirtschaftliche Resultate erzielt. Gleichzeitig sehen wir eine Steigerung der Veränderungsfähigkeit und -bereitschaft im Unternehmen. Es gibt aber auch andere Effekte, wie zum Beispiel bei unseren täglichen Kontakten mit unseren Kunden. Diese sehen und erleben hautnah, wie unser Unternehmen und seine Mitarbeitenden ticken. Sie erleben auch den Stolz der Mitarbeitenden, für dieses Unternehmen tätig zu sein, ihre Identifikation und die Bereitschaft, die „Extra-Meile" zu gehen.

Kundenzufriedenheit, Kundenbindung, reibungslose Geschäftsprozesse und dann letztendlich eine viel effizientere Personalentwicklung und Personalgewinnung.
Richtig. Dazu kommt noch die Attraktivität als Arbeitgeber, der Perspektiven bietet. Entscheidend ist natürlich der offene und ehrliche Umgang miteinander, der gegenseitige Respekt auch bei Meinungsverschiedenheiten und Konflikten, insbesondere bei Vorbildern wie Führungskräften.

Sie haben gerade Konflikte unter Führungskräften angesprochen, die durch eine geeignete Unternehmenskultur unterbunden werden können.
Ja, das war eine prägende Erfahrung am Beginn meiner nun 40-jährigen Hilti-Karriere. Zum Verständnis muss ich ein wenig ausholen. Mein Vater hatte Ende 1972 einen schweren Herzinfarkt. Aus dieser kritischen Situation heraus – die damalige Lebenserwartung nach einem solchen Vorfall war ungefähr fünf Jahre – schuf er 1973 eine neue Konzernführung, um die Kontinuität des Unternehmens zu sichern. Bis dahin war er mehr oder weniger Einzelunternehmer gewesen. Ein klassischer Patron, aber im sehr gutem Sinne, denn er war jemand, der immer offen für das Neue war, viel Freiräume gab und früh Verantwortung übertrug. Er war ein starker Teamplayer, und Erfolg für ihn war nie sein

persönlicher Erfolg, sondern immer der Erfolg des Teams. So gab es bereits damals den legendären „Hilti Geist", eigentlich unsere damalige, erste Unternehmenskultur.

Die neu einberufene Konzernleitung harmonisierte aber nicht und kämpfte intern primär um die Nachfolge meines Vaters. Ich selbst hatte mein Studium Ende 1972 beendet, durchlief das „Credit Officer Training" bei der Chase Manhattan Bank in London und kam im Herbst 1974 zurück. Dies mit dem Ziel, für Hilti nach Japan zu gehen. Es kam aber ganz anders, denn ich erlebte an meinem Arbeitsplatz im Großraumbüro der damaligen Vorstandetage hautnah Machtkämpfe und Intrigen mit all ihren negativen Erscheinungen. Ich pflege oft zu sagen, dass dies wahrscheinlich eine der teuersten Ausbildungen war, die man an keiner Universität so unmittelbar vermittelt bekommt, nämlich: How *not* to run the business. Im Mai 1975 kam es dann zum sofortigen Ausscheiden zweier Konzernleitungsmitglieder. Mein Vater war wieder allein mit dem CFO. Mit zwei weiteren Kollegen wurde ich als stellvertretendes Vorstandsmitglied in dieses Gremium berufen und im Jahr darauf als Vorstandsmitglied der Konzernleitung bestätigt.

Ich vergleiche das mit einer Kiste Äpfel. Ist einer faul und wird nicht entfernt, ist bald die ganze Kiste kaputt. Und selbst wenn man zu lange wartet, und dann drei Viertel wegwirft, bleibt immer noch ein Viertel. Wenn man die faulen Äpfel aber nicht entfernt, werden am Ende alle verdorben. Es ist unendlich teurer jemanden, der nicht loyal ist, im Unternehmen zu belassen, weil das auch die Mitarbeiter sehen.

Das gilt natürlich besonders für Führungskräfte. Das Sprichwort „Der Fisch beginnt am Kopf zu stinken" passt auch für Unternehmen. Nichts zu tun, ist nicht nur unendlich teurer. Was damit einhergeht, ist ein immenser Vertrauensverlust der Mitarbeitenden in die Führung, und das wiegt außerordentlich schwer und bleibt lange in Erinnerung.

Zurückkommend auf das Vorherige, Sie sind also direkt in die Geschäftsleitung eingestiegen?

Das kann man so sagen, war aber ursprünglich gar nicht geplant und widerspricht eigentlich jeglicher Karriereentwicklungstheorie und -praxis. Sagen wir, es waren die damaligen Umstände und es hat gut geklappt. Glücklicherweise lebte mein Vater dann noch viele Jahre bis 1997, und wir hatten eine fantastische Zusammenarbeit. Denn auch ich genoss große Freiräume, zahlreiche Gestaltungsmöglichkeiten und sein volles Vertrauen.

Fortune gehört auch dazu. Hilti ist heute eine Stiftung. Hilft dies auch, die Unternehmensführung frei von negativen Rivalitäten zu halten?

Das Unternehmen Hilti ist eine Aktiengesellschaft, deren Aktien und Partizipationsscheine heute vollumfänglich im Besitz der Martin Hilti Familientreuhänderschaft sind, einem Trust nach liechtensteinischem Recht.

Dieser Trust wurde im vollen Einverständnis und unter Erbverzicht aller Familienmitglieder 1980 gegründet und hat meinem Vater ermöglicht, seine damaligen Aktien in diesen Trust einzubringen. Eine der Hauptzielsetzungen des Trusts ist die Sicherung der erfolgreichen Weiterentwicklung des Hilti-Konzerns. Gleichzeitig wurde der unmittelbare Familieneinfluss verringert bzw. Entwicklungen innerhalb der Familie von denen des Unternehmens abgekoppelt. Da nun der Trust alleiniger Eigentümer ist und nicht mehr das einzelne Familienmitglied, haben potenzielle negative Strömungen oder Streitigkeiten innerhalb der Familie wie auch Erbschaftsprobleme keinerlei Auswirkungen auf das Unternehmen. Innerhalb der Trusturkunde ist festgehalten, welche Qualifikationen für oberste Führungspositionen erforderlich sind. Dies betrifft sowohl den Hilti-Konzern wie auch den Trust und gilt für Familienmitglieder wie familienfremde Funktionsträger gleichermaßen. Die Trusturkunde enthält ebenso klare Bestimmungen über die Art und Weise, wie der Trust zu führen ist und wie die Beteiligung an Hilti mittel- und langfristig zu betrachten ist. Somit ist die Unternehmensführung weitestgehend frei von möglichen Einflüssen innerhalb der Familie, und insbesondere auch die Mitarbeitenden sind vor allfälligen unberechenbaren Aktivitäten seitens der Familie geschützt.

Im Sinn der ‚Checks and Balances'?
Ja, wir haben im gesamten Konstrukt des Trusts wie auch in Bezug auf die Wechselbeziehungen zwischen Trust und Hilti-Konzern sehr darauf geachtet, dass es immer ‚Checks and Balances' gibt und dass Machtkumulation und damit verbundener möglicher Missbrauch möglichst verhindert wird. Es hat sich gezeigt, dass es bei der Entwicklung solcher Konstrukte von großem Vorteil ist, immer auch den „worst case" durchzuspielen und auf solche Situationen vorbereitet zu sein. Ebenso wurde klar definiert, welche Doppelmandate – also Funktionen in Hilti-Konzern und Trust erwünscht bzw. nicht erlaubt sind.

Familienmitglieder sind auch bei Hilti tätig?
Ich selbst bin derzeit als Verwaltungsratsmitglied aktiv, nachdem ich nach 13-jähriger Tätigkeit als Verwaltungsratspräsident das Amt abgegeben habe. Und meine Tochter Michèle, die letztes Jahr ins Unternehmen eingestiegen ist, arbeitet heute als Produktmanagerin bei unserer Vertriebsorganisation in Deutschland.

Meine beiden Brüder wie auch meine Schwester sind nicht im Unternehmen tätig, und die Kinder eines Bruders sind noch sehr jung. Konzernleitung, CEO wie auch der Präsident des Verwaltungsrates und die weiteren Verwaltungsratsmitglieder sind familienfremde Personen mit einer hohen Loyalität zur Familie und persönlicher Integrität.

Die Integrität muss ja dann gewährleistet sein.
Selbstverständlich, die ist eine grundsätzliche Voraussetzung und Anforderung. Wenn diese nicht gegeben ist, dann würden wir sofort reagieren.

Als ein Schlüsselerlebnis hatten Sie bei Ihrem Eintritt die Diadochenkämpfe im Vorstand genannt. Gab es weitere Schlüsselerlebnisse, die für Sie von Bedeutung waren?
Ja, da gab es einige, aber eines möchte ich ganz besonders hervorheben. 1982 hatten wir erstmals eine weltweite Baurezession und wir mussten unternehmensweit handeln. In dieser Krise – ich war damals für die Märkte in Europa verantwortlich – mussten wir feststellen, dass wir viele Pioniere im Unternehmen hatten, die zwar große Leistungen

erbracht hatten, aber nicht mehr veränderungsfähig noch veränderungswillig waren. Es hatten sich mittlerweile kleine Fürstentümer, Bereichskönige, Abgrenzungen und Mauern gebildet. Veränderungsbereitschaft und den Willen, sich als Teil eines Gesamten zu sehen, gab es nicht. Das mussten wir ändern und hat dazu geführt, dass wir uns mit unserer Unternehmenskultur intensiver auseinandergesetzt haben.

...was dazu führte, dass Sie Ihre Unternehmenskultur komplett neu aufgebaut haben.
Ja und Nein. Wie bereits gesagt, mein Vater hat als Gründer – sein Bruder und Mitgründer ist 1964, als das Unternehmen noch jung war, sehr frühzeitig verstorben – das Unternehmen stark geprägt. Er war jemand, der eine Passion für Menschen hatte und ihnen immer Wertschätzung entgegenbrachte. Als Gründer, Eigentümer und langjähriger CEO hat er natürlich auch sehr stark den Hilti-Geist geprägt. So gab es bereits viele Elemente, auf denen wir die neue Unternehmenskultur aufbauen konnten.

Mit Unterstützung von außen begannen wir 1984 mit der Entwicklung eines entsprechenden Trainingsprogramms. Praktisch gleichzeitig, 1985, beschäftigten wir uns im Rahmen eines internationalen Meetings intensiv mit Führungsfragen. Dies auch vor dem Hintergrund der großen Veränderungen in den Führungsetagen. Quintessenz dieser Tagung war, dass wir als neue Führungsgeneration eine weltweit einheitliche Unternehmenskultur mit gemeinsamen Werten wollten. Da ich diese mehrtägige Tagung führte und mich auch als Treiber der Umsetzung dieses Wunsches sah, gab es natürlich einige, die sagten, der „Hilti" hat ein neues Hobby. Vorher war es Qualität, dann Innovation, dann war es dies, dann das und nun ist es Kultur. Manche dachten, das geht wieder vorüber, aber sie hatten sich getäuscht – aus dem Wunsch wurde eine Initiative, aus der Initiative ein unternehmensweites Aktionsprogramm und daraus eine Kernfähigkeit von Hilti.

Und daraus entstanden dann die vier Hilti-Werte Integrität, Teamarbeit, Mut und Engagement?
Nicht unmittelbar. Entwickelt wurde ein Trainingsprogramm, welches damals noch sieben Werte umfasste. Neben den Werten ging es um das Bewusstsein von zusätzlichen Kernbotschaften, wie z. B. der Frage der Wahlfreiheit/Selbst- oder Fremdbestimmung. Da ging es um die Lernfähigkeit des Menschen, positive oder negative Erfahrung und um Commitment, was bedeutet: „Wenn ich ja sage, dann muss ich auch dazu stehen und zwar zu 100 % und es bedeutet nicht: ‚Ja, aber…'". Das waren Kernbotschaften, die sehr wertvoll waren und geholfen haben, Barrieren zu lösen und die interne Zusammenarbeit zu verbessern.

Wir haben diese Seminare von 1985 bis 2003 weltweit durchgeführt und wurden 2003 von der Bertelsmann Stiftung mit dem ersten Preis für hervorragende Führungskultur ausgezeichnet. Eine große Bestätigung, dass wir auf dem richtigen Wege sind. Dennoch hatten wir uns bereits damals entschlossen, mit einem neuen Ansatz weiteres Potenzial zu erschließen.

So entstand unsere „Culture Journey", nun „Hilti Way" genannt. Wir haben die Werte auf vier Grundwerte reduziert. Am Ende eines jeden Trainingscamps, das in Gruppen von bis zu 20 Personen durchgeführt wird, werden verbindliche Maßnahmenpläne für das Team, aber auch für den Einzelnen aufgestellt. Diese Maßnahmenpläne werden auf ihre Erfüllung hin auch kontrolliert, weil wir gelernt haben, dass ohne Messen des Erreichten, auch bei sogenannten „soft facts", die erwünschte Wirkung ausbleibt. Die Camps bauen auf verschiedenen Modulen auf und haben jeweils ein Hauptthema. Bei der Entwicklung sind Verwaltungsrat und Konzernleitung aktiv involviert – in der Konzeptphase wie auch als erste „Testkaninchen". Auch der Verwaltungsrat durchläuft jährlich ein dreitägiges Kulturcamp, an welchem der Fortschritt des Unternehmens in diesem Kernbereich beurteilt und zukünftige Stoßrichtungen in der Weiterentwicklung der Kultur besprochen werden. Der Verwaltungsrat wird somit zusammen mit der Konzernleitung zum Treiber und maßgeblichen Gestalter der Unternehmenskultur. Ich denke, dies ist ein ganz wichtiges Signal für die gesamte Organisation.

Neuerungen werden also von der Führungsebene ausprobiert?
Ja, wie bereits gesagt, die oberste Führungsebene spielt eine ganz wesentliche Rolle. Unternehmenskultur darf und kann man nicht delegieren, dies ist ureigene Verantwortung der obersten Führungsebene. Es ist immer gut, wenn man sich von Zeit zu Zeit den Spiegel vorhält und sich kritisch hinterfragt: „Was ist gut und was ist weniger gut, woran muss man noch arbeiten?" Mit unserem Claim „Wir wollen eine exzellente Firma sein" haben wir definiert, was exzellent sein bedeutet. Im Verwaltungsrat betrachten wir dann die wichtigsten Geschäftszahlen, die Ergebnisse unserer jährlichen Mitarbeiterzufriedenheitsanalysen, die Ergebnisse unserer Kundenzufriedenheitsanalysen, den Stand unserer Innovationen, unsere Qualität und evaluieren, was gut lief oder was wir als Verwaltungsrat falsch gemacht und deshalb Ziele nicht erreicht haben. Wir fragen nicht, was andere falsch gemacht haben. Diese kritische Hinterfragung, wir nennen dies: „Face the brutal facts", ist eine außerordentlich wertvolle Reflexion, denn wir finden jedes Mal neue Ansätze und Möglichkeiten, um anders zu agieren, Agenden anzupassen oder Fragestellungen zu ändern.

Das Hilti-Prinzip „Wir ermutigen einander" ist so im Unternehmen verankert, dass auch der Verwaltungsrat sagt, wir haben eine „dienende Funktion" für das Unternehmen?
Wir alle haben eine „dienende Funktion" und da macht auch der Verwaltungsrat keine Ausnahme. So stellen wir uns auch jährlich einer Beurteilung, ob diese „Dienstleistung" genügt oder nicht. Diese Betrachtung erfolgt mittels einer 360-Grad-Bewertung, bei der der Verwaltungsrat gesamtheitlich wie auch einzeln beurteilt wird. 360-Grad bedeutet eine Beurteilung durch die Mitglieder des Verwaltungsrats, durch die Konzernleitung und durch den Trust als Aktionär.

Der Verwaltungsrat kommt viermal jährlich zu mindestens zweitägigen Sitzungen zusammen. Eine Sitzung im Jahr ist spezifisch den Marktfragen vorbehalten. Dazu reisen wir in eine bestimmte Marktregion, verteilen uns dort auf verschiedene Länder und verbringen ein bis zwei Tage zusammen mit Hilti-Mitarbeitenden bei Kunden. Das machen wir seit Jahren so und es ist immer wieder eine außerordentlich wertvolle Erfahrung. So sieht

ein Verwaltungsratsmitglied vor Ort, was effektiv geschieht und vertieft sein Wissen im
Hinblick auf unser Geschäft. Die Hilti-Mitarbeitenden, die sie begleiten, erkennen, dass
Verwaltungsräte ganz normale Menschen wie du und ich sind und ein starkes Interesse
am Hilti-Geschäft haben. Auch unsere Kunden schätzen diese Besuche, da sie nur selten
bzw. gar nicht Verwaltungsratsmitglieder von Lieferanten zu Gesicht bekommen. Es ist
also auch Ausdruck der Wertschätzung, die wir ihnen entgegen bringen. Zusätzlich kann
ein Verwaltungsrat Türen öffnen bzw. Kontakte auf höheren Managementebenen ermöglichen, die sonst schwierig oder gar nicht möglich sind. Eine Win-Win-Situation für alle.

*Im Hilti-Leitbild steht der Satz „Wir begeistern unsere Kunden und bauen eine bessere
Zukunft." Was verstehen Sie darunter? Ist die Tatsache, dass z. B. der Verwaltungsrat
rausgeht, ein Beispiel dafür, wie Sie Ihre Kunden begeistern?*
Begeistern können Sie Kunden nur durch eine langjährige und konstruktive Partnerschaft,
die dem Kunden echten Mehrwert, also Nutzen bringt. Sonst bleibt es ein Strohfeuer.
Wir erreichen dies durch die Begeisterung unserer Mitarbeitenden für ihre Arbeit, unseren
hohen Innovations- und Qualitätsanspruch, aber auch durch die Verlässlichkeit als Geschäftspartner. Es geht nicht um das Einzelprodukt, sondern immer die Gesamtlösung, die
für den Kunden am besten, sinnvollsten, wirtschaftlichsten und sichersten ist.

*Das heißt Sie beraten auch, wenn Sie ihre Produkte verkaufen, um zu sehen, wie kann man
die Prozesse optimieren?*
Die bedarfsgerechte Kundenberatung ist ja die Kernkompetenz eines Direktvertriebes. Es
gibt Bereiche, wo wir für den Kunden die technische Planung und Ausarbeitung übernehmen, aber natürlich auch Bereiche, wo wir die notwendigen Zulassungen einholen und in
der Umsetzung mit Rat und Tat zur Seite stehen. Aber es gibt noch weitere Aspekte, wie
die Beratung vor dem Verkauf, Gewährleistung und Service nach dem Verkauf oder die
Qualitätssicherung. Natürlich auch die Frage der Anwendersicherheit: Staub, Lärm, Vib-
ration, Emission. All diese Themen benötigen fachgerechte Beratung.

*Wenn Sie sagen, Sie gehen beim Kunden in den Prozess rein, ist das der normale Hand-
werker, oder eher die „Bilfinger und Bergers"?*
Sowohl als auch.

Und Ihr Außendienst wird da von der Entwicklung und Forschung flankiert?
Sehr häufig ist das der Fall und bei Bedarf unterstützen auch unsere lokalen Techniker den
Vertrieb vor Ort.

Und dann holen Sie sich einen Pool von Kunden, mit denen das getestet wird?
Im Rahmen der Produktentwicklung sind Kunden unmittelbar in den Prozess eingebunden. Und auch innerhalb der Markt- und Akzeptanztests involvieren wir unsere Kunden
intensiv und diskutieren Anforderungen, Bedürfnisse und Feedbacks.

Das führt ja auch zu einer Bindung.

Sicher, denn wenn man in einem solchen Prozess von Anfang an miteingebunden ist, dann entsteht eine höhere emotionale Bindung bzw. Identifikation mit der Lösung.

Ein weiterer Satz in Ihrem Leitbild rankt um den Begriff der Eigenverantwortung. In Ihrem Unternehmensleitbild heißt es, „Gemeinsam verfolgen wir unser Ziel und unseren Zweck. Wir übernehmen Eigenverantwortung für die Entwicklung unseres Unternehmens, unseres Teams und von uns selbst. Wir ermutigen, fördern und unterstützen uns gegenseitig, um hervorragende Ergebnisse zu erreichen." Mit welchen Maßnahmen wird dieses „Wir-Gefühl" über die Schulungen hinaus gefördert. Und vor allem, was wäre das ideale Beispiel für diese teamorientierte Eigenverantwortung?

Zur Frage der Eigenverantwortung. Prinzipiell ist jeder selbst verantwortlich für sein Tun, Handeln und Weiterkommen. Als Unternehmen kann man nur das Umfeld schaffen, aktiv muss der Mitarbeitende selbst werden. Wir bieten Freiräume und geben Verantwortung. Ziel ist es, ein Unternehmen mit möglichst vielen Unternehmern zu sein. Als Entrepreneur zu agieren ist derzeit zentrales Thema unserer neuen Kulturtrainings.

Das Wir-Gefühl ist Resultat vieler Komponenten, nicht nur der Kultur. Es fängt damit an, ob man sich mit dem Unternehmen identifiziert. Stehe ich hinter dem Unternehmen, den Produkten und dem Verhalten, ist meine Arbeit sinnvoll und erfahre ich dabei Anerkennung und Respekt. Fühle ich mich als Teil von Hilti, ganz plakativ ausgedrückt: „Hilti – das bin Ich". Wenn dem so ist, dann kommt es zu einem Wir-Gefühl. Das zeigt sich bei uns auch beim „Leben der Marke". Vor einigen Jahren haben wir diskutiert, ob wir den Außendienst ‚branden' sollen, also ob wir ihnen zumuten können, mit Kleidung in unserem Design unterwegs zu sein. Da gab es viele Pro- und Contra-Stimmen. Heute ist es gar keine Frage mehr. Heute tragen sie die rote Hilti-Kleidung mit Stolz, da sie Ausdruck der Zugehörigkeit zum Unternehmen ist. Selbst Verwaltungsräte tragen bei ihren Marktbesuchen ein rotes Hilti-Hemd oder die Hilti-Jacke. Das ist die Identifikation zur Marke und zum Unternehmen.

Und was wäre ein Beispiel für teamorientierte Eigenverantwortung?

Vor zwei Jahren brannte unser Zentrallager in Frankreich infolge eines Einbruchs fast vollständig aus. Das war an einem Wochenende. Unmittelbar nach Erhalt der Nachricht setzten sich spontan interdisziplinäre Teams aus verschiedenen Marktorganisationen und dem Headquarter zusammen, um eine Übergangslösung zu erarbeiten, damit die Lieferungen an unsere Kunden sichergestellt werden können. Bereits am darauffolgenden Dienstag war dank des persönlichen Engagements dieser Teams die komplette Auslieferung wieder gewährleistet. Das nenne ich teamorientierte Eigenverantwortung.

Auch die persönliche Verantwortung und der eigene Erfolg ist rückgekoppelt an die Hilti-Werte Integrität, Mut, Engagement und Teamorientierung.

Ein starkes Wertesystem hat nicht den Zweck, eine Wellnessoase zu sein. Wir sind eine Leistungsgemeinschaft und man kann nur langfristige persönliche Entwicklungsmöglichkeiten bieten, wenn man auch nachhaltig profitabel ist.

Keine Nibelungentreue?
Nein, denn wir sind weder eine verschworene Gesellschaft noch eine obskure Vereinigung. Wir haben eine klare Vorstellung von dem, was wir wollen. Wir wollen in allem, was wir tun, exzellent sein. Das bedeutet auch, sich ambitionierte Ziele zu setzen, und die kann man nur erreichen, wenn man klar in der Sache ist, sich gegenseitig fordert und fördert.

... also eine gute Sportmannschaft. Nur im Team kommt der eigene Erfolg.
Und dies muss sich auch in der Bezahlung widerspiegeln. Wir zahlen grundsätzlich keinen Individualbonus mehr, sondern nur noch Team-Boni. Das gilt für die Konzernleitung ebenso wie für alle Mitarbeitenden. Es gibt dabei die Betrachtung der Leistungen der jeweiligen Teams sowie die der Gesamtleistung des Unternehmens. Alle kennen die Bewertungskriterien, haben Transparenz bezüglich des Geleisteten und sehen, wo sie stehen und was sie erwarten können. Immer im und als Team.

Für starkes Engagement ist das Gehalt nie das primäre Motivationsinstrument.
Geld ist sicher wichtig, aber nicht alles. Wir verlieren eigentlich nur wenige gute Führungskräfte. Oft wird unseren Führungskräften von extern eine deutlich höhere Bezahlung in Aussicht gestellt. Die meisten aber bleiben, denn das Arbeitsumfeld, die Kollegen, die interessante Marke sowie die gebotenen Möglichkeiten und Freiräume werden ebenfalls geschätzt und in solche Überlegungen miteinbezogen.

Die einen unterstützen auch die anderen, weil man da gemeinsam rangeht.
Wenn man das Gemeinsame vor Augen hat, die gemeinsam zu bewältigende Aufgabe oder Arbeit, dann unterstützt man sich gegenseitig und hilft auch Schwächeren. Aber es kann auch sein, dass ein Team sagt, „Sorry, wir haben jemanden bei uns, mit dem funktioniert es nicht." Das Team ist da manchmal härter als die Führungskraft. Dann muss man schauen, ob für diesen Mitarbeitenden eine andere Tätigkeit besser geeignet ist.

In Ihrem Leitbild steht auch, es gibt ein interdisziplinäres Team, das den Rahmen für das strategische Nachhaltigkeitsmanagement organisiert. Was heißt hier interdisziplinär?
Dieses Team besteht aus Führungskräften mit unterschiedlichen Fähigkeiten und Schwerpunkten. Es setzt sich aus einem Mitglied der Konzernleitung, dem Geschäftsführer der Hilti Foundation, dem Leiter „Global Human Resources", dem Leiter der Abteilung „Health, Safety and Environment" sowie dem „Chief Compliance Officer" zusammen.

Fließt das ins normale Geschäft hinein?
Selbstverständlich, denn diese Personen sind mit ihrer Funktion ja auch völlig im normalen Geschäft integriert. Entscheidungen werden nicht nur von diesem Team gefällt, sondern sind zum Teil von anderen Gremien zu beschließen.

Das strategische Nachhaltigkeitsmanagement ist also Teil der normalen Geschäftsprozesse.
Ja, denn die Themen sind Teil unseres alltäglichen Geschäfts. Das Gremium vermittelt die Anforderungen in die entsprechenden Bereiche, die dafür verantwortlich sind.

Das zeigt nochmals, dass die kontinuierliche Arbeit an Ihrer Unternehmenskultur ebenfalls Teil Ihres normalen Geschäfts ist.
Unsere Unternehmenskultur ist heute ein vollständig integraler Bestandteil unseres unternehmerischen Denken und Handelns. Sie ist zu einer Kernfähigkeit von Hilti geworden, sie ist Teil unseres Erfolges, aber auch unserer Differenzierung gegenüber anderen Unternehmen.

Und wenn man es einführt, braucht man genügend Zeit. Wenn ich heute einen Regenwald zur Savanne wandeln möchte und ich drehe da von einem zum anderen Tag das Wasser ab, dann kollabiert das System. Es braucht Zeit. Man muss die Menschen mitnehmen, man muss zuvorkommend sein, empathisch sein. Viele gehen dann von allein, aber man darf sie nicht rauswerfen, sondern muss das auch einfordern. Und neue kommen dann auch.
Ja, es braucht Zeit, Disziplin und Beharrlichkeit. Seit rund 30 Jahren arbeiten wir daran, unsere Unternehmenskultur im gesamten Unternehmen zu verankern und weiterzuentwickeln. Wir haben das Glück, im Unternehmen hohe Kontinuität und Stabilität vorzufinden und einen Aktionär, der die Wichtigkeit einer solchen Kultur begreift. Wenn sie an der Führungsspitze permanent Wechsel haben und Konzernleitungsmitglieder ausschließlich von extern rekrutieren, haben sie es deutlich schwerer.

Und dadurch unterscheiden Sie sich von anderen Unternehmen.
Es ist ein klares Differenzierungsmerkmal, worauf wir stolz sind. Natürlich kochen wir auch nur mit Wasser, aber ich denke, wir kochen mit mehr Disziplin und mehr Beharrlichkeit und das ist sicherlich ein Vorteil. Wenn man das Journalisten erzählt, wollen die das manchmal nicht so recht glauben. Ich mache dann mit ihnen einen einfachen Lackmustest, indem ich ihnen die Möglichkeit biete, mit fünf zufällig ausgewählten Mitarbeitenden ein kurzes Gespräch zu führen. Das Ergebnis überzeugt sie dann.

Im Schwäbischen heißt es: es menschelt überall. Aber die Frage ist ja, wie gehe ich damit um?
Wenn man es mit Menschen zu tun hat, dann menschelt es naturgemäß. Daher sind klare Spielregeln – also gemeinsame Verhaltensbestimmungen – notwendig, insbesondere gemeinsame Werte und gemeinsame Ziele.

Die tägliche Erfahrung im Arbeitsprozess spielt dabei eine wesentliche Rolle. Die Mitarbeitenden müssen erkennen, dass es menschelt und auch mal menscheln darf, dass man offen damit umgehen kann und dass keine „Zwei-Klassen-Gesellschaft" existiert, dass es verbindliche Werte gibt, die für alle gelten, unabhängig von Rang und Position.

Es gibt ein weiteres Credo bei Ihnen: „Bei uns befindet sich das Unternehmenswachstum im Einklang mit dem Wachstum unserer Mitarbeiter". Wie gewährleisten Sie das?
Das ist ein langjähriger Grundsatz von uns. Ein Unternehmen kann sich nur dann entwickeln, wenn sich auch die Mitarbeitenden entwickeln. Das heißt, wenn Sie für die Mitarbeiterentwicklung nichts tun, haben Sie früher oder später ein Problem. So beurteilen wir eine Führungskraft nicht nur anhand der erbrachten Leistung, sondern auch danach, ob sie Mitarbeitende entwickelt und weiterbringt.

Ich habe immer das Bild des als Meisterbetrieb organisierten Unternehmens. Der größte Engpass ist der Meister selber, wenn er niemand anderen hochkommen lassen kann.
Der Engpass ist nicht der Meister, es ist sein Vorgesetzter, der eine solche Entwicklung zulässt. Entweder muss man dem Meister Möglichkeiten für seine eigene Weiterentwicklung aufzeigen oder, falls er perfekt für seine Aufgabe ist, ihm verständlich machen, dass er mit seinem profunden Wissen einen großen Beitrag zur Entwicklung und zum Fortkommen seiner Mitarbeitenden leisten kann und dies seine Aufgabe als Meister ist und keine Bedrohung für ihn darstellt.

Dazu braucht er Anforderungen und Anregungen von anderen und auch von außen. Das führt mich zur Frage, wie die Bereiche Kunden, Mitarbeitende, Unternehmen und Familientrust zueinander stehen. Kann man das so verstehen, dass Sie im Sinn Ihres ‚checks and balances' alle dem Kunden dienen, dass man so zueinander steht, dass am Ende ein exzellentes Ergebnis gelingt?
Wir alle stehen hinter unserer Vision: Wir begeistern unsere Kunden und bauen eine bessere Zukunft. Es ist eine Vision, die auch vom Trust als Alleinaktionär und damit der Familie getragen wird. Hätten wir als Trust eine andere Auffassung, dann gäbe es Probleme im gegenseitigen Verständnis und in der Führung des Unternehmens. Die oberste Zielsetzung des Trusts ist die erfolgreiche Weiterentwicklung der Hilti-Gruppe und diesem Ziel ordnen wir uns alle unter – auch die Familie. Und somit gibt es auch keine Konflikte: Begeisterte Kunden sind unser gemeinsames Ziel, wie auch ein nachhaltig exzellentes und profitables Unternehmen. Nur so kann man Kunden wie auch Mitarbeitende langfristig als Partner haben und begeistern.

Sie haben also ganz klare Langfristperspektiven, an denen sich die Firma misst.
Ja, und wir haben auch Korridore gesetzt, wo und wie viel Wachstum wir erwarten, welche finanziellen Ergebnisse erwirtschaftet werden sollen, welche Produktivität, Mitarbeiterzufriedenheit, Kundenzufriedenheit, Entwicklung der Kundenplattform, Innovationskraft, Qualität usw. Das sind in der Regel nicht absolute Werte, sondern Bandbreiten, die aber durchaus ambitiös sind.

Wie geht Hilti damit um, wenn sich die Wirtschaftslage schlecht entwickelt?

Wir haben durch die Bau- und Finanzkrise und die gleichzeitige negative Währungsentwicklung in 2009 konsolidiert rund 1 Mrd. Franken Umsatz verloren. Wir sind von fast 5 auf 3,8 Mrd. Franken Umsatz zurückgefallen. Das sind beachtliche Dimensionen. Wir waren gezwungen, ein striktes Kostenreduktionsprogramm durchzuführen, teilweise mit der Verlagerung von Tätigkeiten nach außen, teilweise mit dem Abbau gewisser Funktionen. Da gab es auch harte Einschnitte im Unternehmen. Doch wir haben uns den größtmöglichen Handlungsspielraum genommen und den notwendigen Stellenabbau so sozialverträglich wie möglich über einen Zeitraum von zwei Jahren umgesetzt. Das hat zwar entsprechende Spuren in der Bilanz hinterlassen, aber wir waren noch nie Befürworter des „Hire-and-Fire-Prinzips". Auch im Headquarter haben wir uns auf einen gemeinschaftlichen Lohnverzicht verständigt und der Trust als Shareholder hat im Krisenjahr einen Dividendenverzicht erklärt. All diese Maßnahmen haben wir gemeinsam getragen und transparent kommuniziert durch die Unternehmensführung, aber auch durch mich als Vertreter des Aktionärs. Das hat das Wir-Gefühl noch gestärkt und als Bestätigung unseres Tuns erzielten wir eine weitere Steigerung der Mitarbeiterzufriedenheit in und nach dieser schwierigen Zeit. Dabei hat sich gezeigt, dass unsere Unternehmenskultur keine „Schönwetter-Kultur" ist, sondern auch in schwierigen Zeiten funktioniert und gelebt wird.

Ein weiterer Satz der Hilti-Philosophie lautet: „Nur wenn wir unsere Verantwortung in sozialer, ökologischer und wirtschaftlicher Sicht wahrnehmen, können wir auf Dauer erfolgreich sein." Was heißt das konkret?

Wenn Sie sich nur auf eine Dimension konzentrieren und die anderen beiden weglassen, dann haben Sie keine nachhaltige Entwicklung. Es ist immer ein Balanceakt. Mein Vater hatte ein passendes Motto: „Gewinn ist nicht alles, aber alles ist nichts ohne Gewinn". Man kann langfristig nur sozial sein oder ökologisch handeln, solange Erträge erwirtschaftet werden. Und man kann langfristig nur dann Erträge erwirtschaften, wenn man sozial und ökologisch handelt.

Das ist der Begriff des Mehrwerts.

Der Begriff Mehrwert bedeutet, dass man echten zusätzlichen Nutzen schafft – Nutzen, der in einem Unternehmen möglichst vielen Stakeholdern zugutekommt.

Und das ist auch die Weise, wie Sie Mehrwert begreifen? Auf der Basis dieser drei Begriffe, dass man langfristig agiert?

Nicht ganz. Wir sprechen einerseits von Mehrwert mit Blick auf unsere Kunden. Das heißt höhere Wirtschaftlichkeit, Produktivität, Anwendungsfreundlichkeit und -sicherheit. Mehrwert schafft man aber auch für die Mitarbeitenden als attraktiver, innovativer und sicherer Arbeitgeber. Und Mehrwert schafft man auch für sein Umfeld, indem man als verantwortungsvoller und verlässlicher Partner agiert.

*Und Ihre Mitarbeiterbefragungen sind da als Steuerungsinstrument der Unternehmens-
kultur ein Teil der Geschäftsprozesse?*
Ja, denn wir betrachten das Messen als absolut notwendigen Teil eines Geschäftsprozes-
ses. Es gibt den Spruch: „Only what gets measured gets done". Entsprechend ist es wichtig, die Zufriedenheit der Mitarbeitenden periodisch zu messen. Aus den Ergebnissen erkennen wir auch zukünftige Handlungsfelder. Wir machen diese Befragungen jährlich und
weltweit, und der Prozess wird von externen Spezialisten begleitet. Insgesamt umfasst die
Erhebung rund 54 Fragen zu Themen wie Identifikation, Einbindung, Kommunikation,
persönliche Entwicklung, Handlungsspielräume und Sicherheit. Die Ergebnisse werden
eingehend besprochen. Zuerst auf Konzernebene mit dem Fokus der Konzernrelevanz.
Ebenso diskutieren alle Organisationseinheiten, ihre Abteilungen, die einzelnen Bereiche
und Teams ihre Ergebnisse und arbeiten für sich entsprechende Maßnahmenpläne aus.
Dass diese freiwilligen Mitarbeiterbefragungen ernst genommen werden und keine Alibi-
übungen des Managements sind, beweist die bereits langjährige durchschnittliche Beteili-
gungsquote von über 90 % der 21.000 Mitarbeitenden weltweit.

Aber die Mitarbeiter wissen, es wird durch Externe anonymisiert befragt.
Das ist Grundvoraussetzung, die Anonymität muss gesichert sein.

*Und es wird trotzdem soweit heruntergebrochen, dass Sie sagen können, in der Abteilung
in Shanghai oder in dem Werk in den USA gibt es die und die Problematik.*
Jedes Team erhält sein eigenes Resultat, wobei die Minimalgröße einer Gruppe zum
Schutz der Anonymität nie unter acht Personen liegen darf. So kann das Team auch an den
für sich relevanten Themen arbeiten. Gleichzeitig kennen sie den Zufriedenheitsstand der
anderen, sie können sich also einordnen. Schlechte Ergebnisse sind meistens das Resultat
von Führungsschwäche, und so hat man auch einen guten Gradmesser über die Führungs-
stärke einzelner Vorgesetzter.

   Neben diesen Mitarbeiterbefragungen gibt es natürlich noch andere Formen von Feedback, wie beispielsweise aus den Ergebnissen der Trainingscamps. Darüber hinaus lassen
wir uns von externen Institutionen prüfen, wie zum Beispiel „Great Place to Work", bei
dem wir 2011 weltweit den fünfzehnten Platz erreichten. Ebenso vergleichen wir uns periodisch mit anderen exzellenten Unternehmen, was auch immer wieder Anregungen gibt.

*Sie sind mittlerweile ein Konzern, sehen Sie Hilti auch noch als Familienunternehmen?
Und wie empfinden Sie das in der Eigenwahrnehmung?*
Natürlich empfinde ich Hilti noch als Familienunternehmen, auch wenn die einzelnen Fa-
milienmitglieder nicht mehr selbst Aktionäre sind. In meiner heutigen Position als Trustee
und gleichzeitig als Mitglied des Verwaltungsrates bin ich das Bindeglied zur Familie und
im Außenverhältnis auch der Vertreter der Familie. Ich selbst habe mich aber immer als
Teil des Ganzen gefühlt, als jemand, der die große Chance hatte, in einem fantastischen
Unternehmen mit hervorragenden Mitarbeitenden und spannenden Produkten zu arbeiten.
Wenn dann Leute sagen, „das ist Deine Firma", dann ist das zwar nicht ganz richtig, denn

der Besitzer ist der Trust, aber natürlich macht mich das stolz und ich versuche, meinen Teil dazu beizutragen.

Angestellte kommen ja auch manchmal in einen Konflikt, weil sie aufgefordert werden, etwas Fragwürdiges zu tun. Einer meiner Interviewpartner führt ein mittelständisches Unternehmen und setzt sich ganz ausdrücklich von den Begriffen Lügen, Betrügen, Pokern und Manipulieren ab. Integrität ist für ihn die Leitwährung der Unternehmensleistungen und nicht integerem Verhalten wird mit Null-Toleranz begegnet. Wie geht bei Ihnen jemand mit Interessenkonflikten um, wenn er in der Linie ist?

Nicht umsonst haben wir Integrität als einen unserer vier Grundwerte definiert. Integrität bedingt Berechenbarkeit und Verlässlichkeit. Selbstverständlich verfügen wir über klare und eindeutige Compliance-Regeln, welche Fragen wie Diskriminierung, Korruption, Bestechung, Verhalten im Wettbewerb, Datenschutz und Datenvertraulichkeit sowie ähnlich gelagerte Themen regeln. Die darin aufgeführten Entscheidungshilfen unterstützen die Mitarbeitenden bei Interessenkonflikten und empfehlen bei Zweifeln, sich entweder an den Vorgesetzten oder an die extra dafür eingerichteten Compliance-Stellen zu wenden. Bezüglich Bestechung und Korruption verfolgen wir weltweit eine klare ‚zero tolerance' Politik, unabhängig davon, ob es lokal einen anderen Stellenwert hat oder es vor Ort gängige Geschäftspraxis ist. Alle Mitarbeitenden weltweit werden dahingehend geschult.

Und diese Schulungen werden regelmäßig durchgeführt.

Ja. Ich musste gerade selbst wieder die neueste Compliance-Schulung durchlaufen.

Wenn Sie die Zukunft von Hilti vor sich sehen, wo sehen Sie die großen Herausforderungen für Ihr Unternehmen, auch gesellschaftlich? Und wie glauben Sie, können Sie mit der geschaffenen Hilti-Kultur diese Herausforderungen meistern?

Wir bewegen uns in einem dynamischen Umfeld mit großer Volatilität, was die Planbarkeit der Zukunft erschwert. Da ist einerseits eine Verlagerung der Kaufkraft und des globalen Bauvolumens in Regionen wie Asien und Lateinamerika auszumachen. Aber auch, wie ganz aktuell zu erleben, die Unsicherheiten in Europa, unserer nach wie vor stärksten Absatzregion. Gleichzeitig sehen wir eine zunehmende Konsolidierung der wesentlichen Marktspieler in unserer Industrie. Alles Veränderungen, denen wir uns stellen müssen und stellen werden.

Und ich bin überzeugt, dass wir das gut meistern werden. Gerade in der jüngeren Vergangenheit haben wir bewiesen, wie veränderungsbereit wir sind und wie erfolgreich wir uns auf neue Gegebenheiten ausrichten können. Sehen Sie, Hilti ist eine weltweit angesehene und bewährte Marke. Wir haben ein hervorragendes Team, unsere Produkte sind von höchster Güte, unser Service ist einzigartig in der Branche und unsere Kundennähe ist aufgrund unseres Direktvertriebs unerreicht. Darauf sind wir stolz und Sie können sicher sein, dass wir alles tun, um diese wichtigen Wettbewerbsvorteile nicht nur zu halten, sondern fortlaufend auszubauen.

Die Herausforderung in einem sich rasch verändernden Umfeld wird sein, Kontinuität und Verlässlichkeit sicherzustellen. Nicht nur in unserer Unternehmenskultur, sondern auch insgesamt in unserer Unternehmensführung. Der Schutz und die Fortschreibung unserer Grundsätze und Maxime im Unternehmen ist Aufgabe aller Teammitglieder und muss sowohl über Verwaltungsrat und Konzernleitung der Hilti Aktiengesellschaft, aber auch über den Martin-Hilti-Familien-Trust und den Stiftungsrat der Hilti Foundation bei den kommenden Generationen verankert sein. Entsprechend legen wir großen Wert auf die frühzeitige Regelung einer langfristigen Nachfolgeplanung und leben das Prinzip, Konzernleitungsmitglieder ausschließlich intern zu rekrutieren. Nur so können wir als Unternehmen und Trust Kontinuität und eine nachhaltige Wertschaffung erreichen.

Unsere stark verankerte Unternehmenskultur wird uns dabei helfen, diese Wertschaffung auch künftig sicherzustellen. Wir werden immer Menschen im Unternehmen haben, die unser Werteverständnis festigen, die Zufriedenheit der Mitarbeitenden und deren persönliche Entwicklung fördern und dies als wesentlichen Baustein des langfristigen Unternehmenserfolgs sehen.

Das ist ein guter Aufhänger für meine letzte Frage, was bedeutet für Sie ‚passion for people'?
Es ist eine Grundeinstellung, die mein Denken und mein Handeln leitet. Es ist die Frage der gegenseitigen Anerkennung und des Respekts. Es ist eine Frage des Gebens und Nehmens und des Loslassens. „Passion for people" heißt für mich, Teil eines großartigen Teams zu sein, mit diesem zusammenzuarbeiten, offen und ehrlich miteinander umzugehen und gemeinsame Ziele zu haben. Aber auch Freiräume, Vertrauen und Anerkennung zu geben, sich inspirieren zu lassen und gleichzeitig Inspiration zu sein. Es heißt, Menschen für und von etwas zu begeistern und ihnen dabei ein Umfeld zu bieten, das es ermöglicht, gemeinsam herausragende Ergebnisse zu erzielen und miteinander zu wachsen.

In diesem Zusammenhang zitiere ich gerne einen Spruch aus dem Buch „Der Weg zu den Besten" von Jim Collins: „If you have success, look out of the window and say, ‚these people made the success'. And if you have a problem, look into the mirror and ask yourself, ‚what did I do wrong, that we got these problems'?" Anerkennung von Teamerfolg und kritische Selbstreflektion sind sicherlich gute Ratgeber für eine erfolgreiche Zusammenarbeit und die Führung von Menschen.

Herr Hilti, ich bedanke mich für das Gespräch.
Gerne geschehen.

Der Werteraum von Hilti aus Sicht des Wertecockpits Das Besondere am Werteraum der Hilti AG ist, dass sich die leitenden Wertvorstellungen aller Stakeholder – also der Familie Hilti, des Martin-Hilti-Familien-Trusts, des Verwaltungsrats, des Vorstands und der Mitarbeiter – den Werten der Hilti-Unternehmenskultur unterordnen. Die Hilti-Unternehmenskultur, der „Hilti Way", ist mit den Leitwerten ‚Integrität', ‚Mut', ‚Teamarbeit' und ‚Engagement' die zentrale Steuerungsgröße für die operative Ausrichtung aller

Abb. 4.2 Hilti Konzernorganisation

Unternehmensprozesse. Bei diesem Wertefundament stehen das Kundeninteresse und die Mehrwertstiftung für den Kunden an oberster Stelle. Alle Ebenen und die Konzernorganisation stellen sich in den Dienst dieser Kundenorientierung und begreifen sich als „dienende Funktionen" in einer Dienstleistungskette. In dieser Kette werden die Hilti-Werte „top down" im Unternehmen verankert, wobei sich die Führungsgremien als „bottom up"- Glieder dieser Kette verstehen, an deren Spitze der Kunde steht (vgl. Abb. 4.2).

Das findet seinen Ausdruck im zweigliedrigen Unternehmensleitsatz „Wir begeistern unsere Kunden und bauen eine bessere Zukunft."

„Unsere Kunden begeistern" heißt für Hilti, durch Identifikation von Kundenbedürfnissen und innovative Lösungen mit überlegenem Mehrwert die Kunden in deren Geschäft zu unterstützen. Für Hilti setzt das voraus, in allen Facetten des Unternehmens Exzellenz zu schaffen. Dieses Exzellenzverständnis prägt den zweiten Teil des Unternehmensclaims.

„Eine bessere Zukunft bauen" bedeutet für Hilti, in und mit dem Unternehmen ein Klima zu schaffen, in dem jedes Teammitglied geschätzt wird und persönlich wachsen kann. Zu diesem Klima gehört erstens die Win-win-orientierte Entwicklung von Partnerschaftsbeziehungen zu Lieferanten, Geschäftspartnern und Kunden, zweitens das verantwortliche Handeln gegenüber der Umwelt und der Gesellschaft sowie drittens ein substanzielles, ethisch tragfähiges und nachhaltig profitables Wachstum, mit dem die Handlungsfreiheit des Unternehmens abgesichert wird.

Unternehmerische Freiheit, Verantwortung, Teamgeist und Engagement sind so die Säulen eines Erfolgsverständnisses, in dem Unternehmenserfolg und Verantwortung einander in die Hände spielen: „Nur wenn wir unsere unternehmerische Verantwortung in sozialer, ökologischer und ökonomischer Hinsicht wahrnehmen, können wir auf Dauer wirtschaftlich erfolgreich sein." Im Hilti Selbstverständnis sind Verantwortung und Erfolg zwei Seiten einer Medaille: „Das Ziel unserer Unternehmensstrategie ist, nachhaltig profitables Wachstum zu generieren. Dazu gehört auch, Verantwortung für die Bereiche zu übernehmen, auf die unsere Geschäftätigkeit Auswirkungen hat. Deshalb ist unsere

Abb. 4.3 Hilti Corporate Responsibility

Corporate Responsibility ein integraler Bestandteil unseres Geschäftsmodells" (aus: Hilti-Broschüre Hilti Corporate Responsibility) (vgl. Abb. 4.3).

Die Leitwerte von Hilti Integrität, Mut, Teamarbeit, Engagement

Die Prozesswerte von Hilti Das Besondere am Werteverständnis von Hilti ist, dass die Nutzen und Wertschöpfung stiftenden Leitwerte Integrität, Mut, Teamarbeit, Engagement

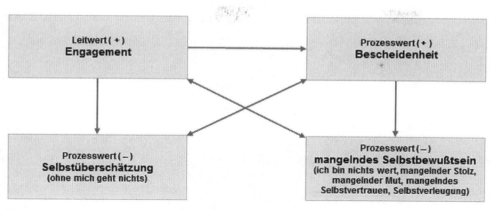

Abb. 4.4 Die Verschränkung von Leit-und Prozesswerten

zugleich die Prozesswerte sind, die die Unternehmenskultur und den Umgang miteinander regeln. In ihrer Funktion als Prozesswerte werden die Hilti-Leitwerte flankiert durch weitere Prozesswerte, die den geforderten Umgang definieren. Als Begleitwerte für die Leitwerte Mut und Integrität stehen die Prozesswerte Ehrlichkeit, Eigenverantwortung, Offenheit, Transparenz und Konsequenz. Als Begleitwerte für die Leitwerte Teamarbeit und Engagement stehen die Prozesswerte Flexibilität, Veränderungsbereitschaft, Wertschätzung (des Gegenübers) und Toleranz sowie Anerkennung, Respekt und Loyalität.

Das Zusammenspiel dieser Werte schlägt sich nieder im nach innen und außen kommunizierten Selbstverständnis von Hilti:

> Das ist Hilti.
> Wir beliefern die Bauindustrie mit technologisch führenden Produkten, Systemen und Dienstleistungen. Wir bieten innovative Lösungen mit überlegenem Mehrwert.
> Wir begeistern mit rund 21.000 Mitarbeitenden in mehr als 120 Ländern unsere Kunden und bauen eine bessere Zukunft.
> Wir leben klare Werte. Integrität, Mut zur Veränderung, Teamarbeit und hohes Engagement bilden das Fundament unserer Unternehmenskultur.
> Wir verbinden langfristigen wirtschaftlichen Erfolg mit ganzheitlicher Verantwortung gegenüber Gesellschaft und Umwelt. Offenheit, Ehrlichkeit und Toleranz im gegenseitigen Umgang gelten für Teammitglieder, Partner und Lieferanten gleichermaßen. Das Ziel unserer Strategie ist, den Unternehmenswert nachhaltig zu steigern. (Geschäftsbericht 2012)

Das Wertecockpit Analysiert man den Werteraum von Hilti mit dem Instrument des Wertecockpits, kann er von außen gesehen durch Wertequadrate definiert werden, in denen die Hilti-Leitwerte prozesswertorientiert definiert sind, z. B. der Leitwert Engagement durch den positiven Gegenwert Bescheidenheit und ihre jeweils negativen Überhöhungen der Selbstüberschätzung sowie des mangelnden Selbstbewusstseins als negative Abgrenzungswerte (vgl. Abb. 4.4).

Die kontinuierliche Entwicklung der Unternehmenskultur und Unternehmenswerte wird durch jährliche Mitarbeiterbefragungen und daraus abgeleitete unternehmensübergreifende

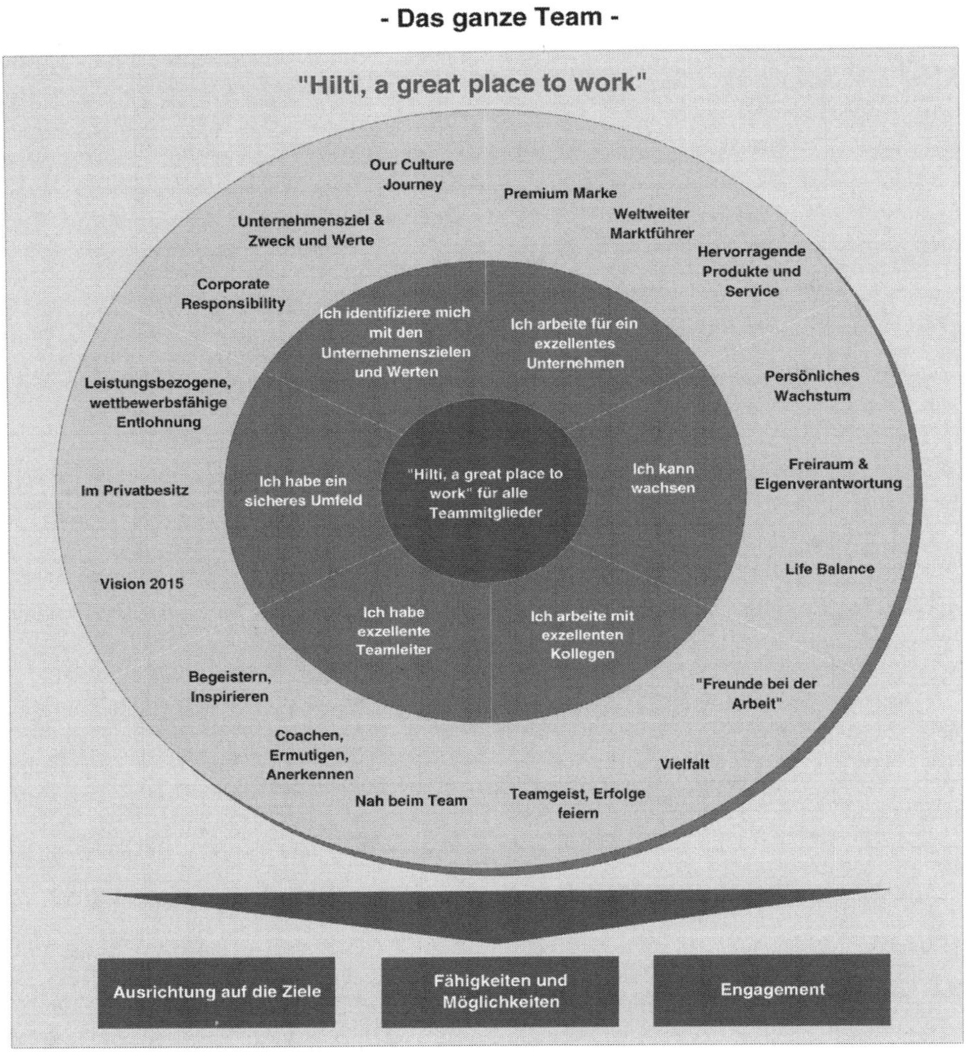

- Das ganze Team -

"Hilti, a great place to work"

Our Culture
Journey

Premium Marke

Unternehmensziel &
Zweck und Werte

Weltweiter
Marktführer

Hervorragende
Produkte und
Service

Corporate
Responsibility

Ich identifiziere mich
mit den
Unternehmenszielen
und Werten

Ich arbeite für ein
exzellentes
Unternehmen

Leistungsbezogene,
wettbewerbsfähige
Entlohnung

Persönliches
Wachstum

Im Privatbesitz

Ich habe ein
sicheres Umfeld

"Hilti, a great place to
work" für alle
Teammitglieder

Ich kann
wachsen

Freiraum &
Eigenverantwortung

Vision 2015

Life Balance

Ich habe
exzellente
Teamleiter

Ich arbeite mit
exzellenten
Kollegen

Begeistern,
Inspirieren

"Freunde bei der
Arbeit"

Coachen,
Ermutigen,
Anerkennen

Vielfalt

Nah beim Team

Teamgeist, Erfolge
feiern

Ausrichtung auf die Ziele

Fähigkeiten und
Möglichkeiten

Engagement

Abb. 4.5 Hilti GEOS (Global Employee Opinion Survey)

Schulungsmaßnahmen gesteuert. Diese Befragung erhebt in sechs Segmenten, wie stark
die Unternehmenswerte gelebt werden und wo nachgesteuert werden muss (vgl. Abb. 4.5).

Das Hilti C4-Management Auch das Geschäftsmodell von Hilti folgt dem Instrumentarium der werteorientierten Unternehmensführung. Bei Hilti werden die vier Unternehmensdimensionen Wissen (*corporate knowledge*), Werte (*corporate values*), Selbstverständnis
(*corporate identity*) und Entwicklung (*corporate development*) so ausgerichtet, dass sie
zur Mehrwertstiftung des Unternehmens beitragen (vgl. Abb. 4.6).

„Unser Ziel – nachhaltiges profitables Wachstum – kann nur durch zufriedene Kunden,
Mitarbeitende, Geschäftspartner und Lieferanten sowie mit großer Verantwortung gegenüber

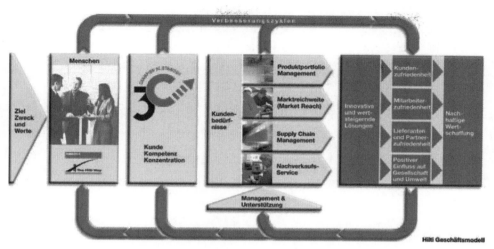

Abb. 4.6 Das Hilti Geschäftsmodell

Davon sind wir überzeugt

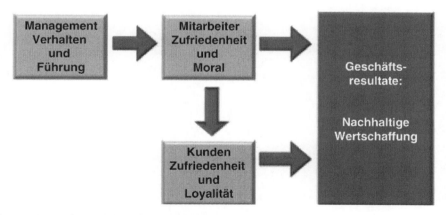

Abb. 4.7 Unternehmenskultur als Wertschöpfungsprozess

Umwelt und Gesellschaft erreicht werden."[2] Deshalb steht für Hilti der „Hilti-Way", also die Hilti-Unternehmenskultur mit den Leitwerten Integrität, Mut, Teamarbeit, Engagement am Beginn der Wertschöpfungskette (vgl. Abb. 4.7), mit der Hilti ganzheitlichen Nutzen stiftet und die mit den Mitteln der Wertelandkarte dargestellt werden kann (vgl. Abb. 4.8).

---

[2] http://www.hilti.com/holcom/page/module/home/browse_main.jsf?lang=de&nodeId=-8548.

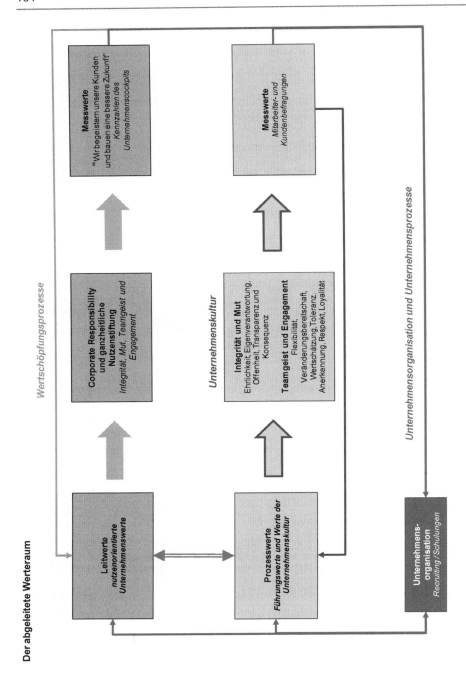

Abb. 4.8 Mögliche Wertelandkarte Hilti AG aus Sicht des Wertecockpits

4.3 „Du-orientiertes Denken": Dieter Jung, DJG-Healthcare GmbH, Planegg

Das nachfolgende Beispiel der DJG-Healthcare GmbH zeigt, weshalb gelebte Unternehmenswerte lediglich der dritte Systemfaktor für unternehmerischen Erfolg sind. Denn nach Erscheinen der ersten Auflage von „CSR und Wertecockpits" wurde durch Beschluss des Amtsgerichts München vom 29.08.2013 (Az. 1508 IN 2116/13) das Insolvenzverfahren über das Vermögen der DJG eröffnet. Die Darstellung des Unternehmens wurde in der vorliegenden zweiten Auflage belassen, um hervorzuheben, dass es nicht genügt, das Unternehmen lediglich werteorientiert zu steuern. Die Insolvenz der DJG beleuchtet deshalb eindrucksvoll das Faktum, dass auch nachhaltigkeitsorientierte Unternehmen mit herausragenden Organisationskulturen scheitern können, wenn auf der operativen oder strategischen Ebene der Unternehmensführung kritische Situationen entstehen oder handwerkliche Fehler unterlaufen.

Mängel in der operativen oder strategischen Unternehmensführung, d.i. bei der Innovationskraft und Wandlungsfähigkeit sowie bei der Marktfähigkeit von Produkten, Organisationsformen und Leistungen, stehen deshalb als erster und zweiter Systemfaktor unternehmerischen Erfolgs immer dann im Vordergrund unternehmerischen Handelns, wenn es um die Basisabsicherung der Zukunftsfähigkeit eines Unternehmens geht. Erst wenn diese gewährleistet ist, wirken die gelebte Kultur und die gepflegten Werte als dritter Treiber und verantwortlicher Systemfaktor für exzellentes Unternehmertum und herausragenden Unternehmenserfolg.

DJG-Healthcare GmbH, Planegg Die 1988 gegründete DJG ist ein familiengeführtes Unternehmen in der ersten Generation. Neben dem Gründer und CEO, Dr. Dieter Jung, sind sein Sohn Hans-Philip Jung und seine Tochter Johanna Jung im Unternehmen tätig. Hans-Philip Jung ist als Leiter Projektmanagement und in der zur Unternehmensgruppe gehörenden Effipharm GmbH als CEO tätig. Johanna Jung arbeitet in Festanstellung als Managerin für Nachhaltigkeit und CSR bei einem Hersteller im Kosmetikbereich. Zugleich ist sie im Eurecon Verlag GmbH, einem Schwesterunternehmen der DJG-Healthcare, als CEO und Chefredakteurin eingebunden. Mit 40 festangestellten Mitarbeitern und 80 externen Projektmitarbeitern setzt die DJG rund 4,5 Mio. € im Jahr um.

Seit 1988 ist die DJG als Healthcare-Spezialist für die führenden internationalen Arzneimittelhersteller in Marketing, Kommunikation und der Vermarktung von Arzneimitteln tätig und deckt heute im „Multi Channel Marketing" das gesamte Spektrum der Vermarktung und des Vertriebs von Medikamenten ab. Bei der Vermarktung von Medikamenten konzentriert sich DJG auf umfassende Nachhaltigkeit. In den Kommunikationskonzepten zu Arzneimitteln wird auf ressourcenschonende Techniken wie Email-, Fax-, Mail- und Telefonmarketing gesetzt. Wo immer es geht, werden umweltverträgliche Werbemittel und Druckprodukte verwendet. Die Nachhaltigkeitsbestrebungen der DJG werden mit einem Kennzahlensystem gesteuert. Dieses misst, wie bei gleichem Kontaktdruck im Markt die Vertriebs- und Umweltkosten durch „Multi Channel Marketing" um bis zu zwei Drittel gesenkt werden können.

Über den von DJG entwickelten PharmaBarometer-Ehrenpreis wird die Unterstützung von Selbsthilfegruppen und Stiftungen in die Vermarktung einbezogen. In „Digital Healthcare Marketing Communities" werden alle Zielgruppen abgedeckt, „Healthcare Professionals", Ärzte und Patienten.

In allen Aspekten der Geschäftsgestaltung bekennt sich DJG zu ethischem Handeln und orientiert sich über den leistungsorientierten Geschäftsbetrieb hinaus an einer ganzheitlichen Nutzenstiftung. DJG möchte, „dass Patienten das Wissen über die beste Medizin zur Verfügung steht". Hierbei gilt für DJG: „Wenn Rendite der (einzige) Erfolgsmaßstab wäre, sind andere erfolgreicher als wir."

DJG ist Teilnehmer am „Global Compact", Mitglied im DNWE (Deutsches Netzwerk Wirtschaftsethik) und seit 2009 erfolgreich gemäß DIN EN ISO 9001:2008 zertifiziert.

Schulungen zu Unternehmenswerten berücksichtigen die Tätigkeit jedes Mitarbeiters im Hinblick auf Soft und Hard Skills, die die gelebte Unternehmensphilosophie zum Ausdruck bringen. Inhalte dieses Programms, an dem alle Mitarbeiter teilnehmen, sind u. a. Selbstführung, Führungsverhalten, emotionale und soziale Kompetenz, Ethik, Werte etc.

Das jährliche Schulungsprogramm umfasst pro Mitarbeiter im Schnitt bis zu fünf Tage und wird im Bereich ‚Soft Skills' mit externen Managementtrainern im hauseigenen Trainingscenter durchgeführt. Die Schulungen untermauern ganzheitliche Leadership-Konzepte von DJG mit praktischen Anleitungen zu Zen-buddhistischen und christlich-jesuitischen Werten, die das ethisch nachhaltige Handeln von DJG prägen.

Hinzu kommen Aktivitäten, die die Ethik der Mitarbeiter untermauern sollen. Zudem sind seit 2012 alle Mitarbeiter aufgefordert, im Rahmen ihrer Arbeitszeit ein bis zwei Tage sozialen Projekten im Großraum München zu widmen.

Zur Gesunderhaltung und Entwicklung der Mitarbeiter bietet DJG ihnen einen Meditationsraum, die Möglichkeit zur Kontemplation sowie einmal im Jahr einen Gesundheitstag an.

Flankiert wird die Entwicklung der Mitarbeiter durch eine starke Selektion der Bewerber. Bei Bewerbungsgesprächen und Assessment-Center-Aufgaben wird neben fachlichen Eignungskriterien geprüft, ob die Bewerber die von DJG vertretenen Werte und die philosophischen Grundgedanken teilen.

„Du-orientiertes Denken": Dieter Jung im Gespräch

Herr Jung, Ihr Unternehmenscredo lautet, Unternehmenserfolg gründet in einer ethisch orientierten Führung. Welche Werte sind für Sie in Ihrem Unternehmen wichtig und für Ihre Unternehmensphilosophie unabdingbar?

Dass alle Mitarbeiter in den unternehmensrelevanten Soft Skills trainiert und geschult sind. Wir investieren im Jahr über 200 Mitarbeitertage in Schulungen, das sind rund fünf Mitarbeitertage pro Mitarbeiter.

Und welche Werte werden da geschult?
Das sind im Grunde die vier christlichen Kardinaltugenden Klugheit, Gerechtigkeit, Tapferkeit, Bescheidenheit und die sieben Tugenden der Samurai, das Bushido, mit seinen Werten Aufrichtigkeit und Gerechtigkeit, Mut und Tapferkeit – also Härte, Geduld, Ausdauer, Güte; Höflichkeit, Wahrheit und Wahrhaftigkeit mit den Werten Ehrlichkeit, Einfachheit, Klarheit und Reinheit, Ehre, Treue, Pflicht und Loyalität.

Diese Werte werden bei uns in unseren zentralen Führungswerten Achtsamkeit, Loyalität, Tapferkeit und Mut umgesetzt.

Und was bedeuten diese Werte für Sie im Einzelnen?
Achtsamkeit bedeutet, sich und anderen gegenüber aufmerksam zu sein. Das heißt z. B. eine Aufgabe nur dann weiterzugeben, wenn man sie selbst verstanden hat. Das erfordert Klugheit. Klugheit ist nicht Intelligenz allein. Achtsam sein heißt auch, zuhören können, was der andere sagt als wahr hinnehmen und nicht gleich überlegen, „was kann ich erwidern und wie antworte ich?" Das alles mündet in Du-orientiertes Denken; Daniel Goleman, der amerikanische Psychologe und Bestsellerautor, nennt es emotionale Intelligenz.

Loyalität bedeutet, dass der Umgang miteinander sich an den Werten des Unternehmens orientiert und die Mitarbeiter sich vollständig für das Unternehmen und ihre Aufgaben einsetzen. Ich versuche mich in die Lage anderer Menschen zu versetzen, deren Sichtweisen zu verstehen, zu integrieren und deren Leidenschaft zu wecken. Ich gebe Vertrauen und erwarte Vertrauen. Darin gründet das Resonanzprinzip. Was ich gebe und wie ich handle, wird gespiegelt und kommt zurück. Ab dem Einstellungsprozess haben die Mitarbeiter mein volles Vertrauen.

Tapferkeit und Mut bedeutet, dass konsequent und ehrlich vorangegangen wird, eine offene Fehlerkultur herrscht. Wir reden über Ethik, die rote Linie und Fehler. Unter den Teppich kehren führt dazu, dass er sich wellt und dass man irgendwann darüber stolpert! Wer etwas zum Kritisieren oder Meckern hat, soll es ändern. Wenn er es nicht ändern kann, soll er seinen Anspruch runterschrauben. Wenn das auch nicht geht, soll er kündigen.

Aus den drei zentralen Werten Achtsamkeit, Loyalität und Tapferkeit erwachsen unsere Leitprinzipien im Umgang miteinander, mit den Kunden und Lieferanten.

Das ist Ihr ‚Du-orientiertes Denken' und das ‚Resonanzprinzip'?
Ja, das Resonanz-Prinzip besagt, was ich gebe, kommt zurück. Wenn ich als Führungskraft der DJG ehrlich mit meinen Mitarbeitern umgehe, dann werden meine Mitarbeiter auch mit mir ehrlich umgehen. Dies führt zu Loyalität und stärkt das Unternehmen. Gerade in schwierigen Zeiten. Wenn meine Mitarbeiter spüren, dass für mich als Führungskraft Lügen, Betrügen, Pokern und Manipulieren keine probaten Mittel für ein erfolgreiches Business sind, dann kann ich auch bei meinen Mitarbeitern mit Offenheit, Fairness, Klarheit und Ablehnung von Mobbing rechnen.

Und Kunden schätzen die offene Kommunikation von Fehlern. Denn so lassen sich die Folgen eines Fehlers schnell begrenzen. Ein Sprichwort sagt: „Wo gehobelt wird, da fallen Späne." Hieraus hat sich die Fehlerkultur der DJG entwickelt und im Reklamationsmanagement des Unternehmens etabliert.

Und in der Lieferantenbeziehung: Wenn ich Lieferanten pünktlich bezahle, ernte ich Engagement und Einsatz für zukünftige Projekte.

Friedrich Hebbel, ein deutscher Lyriker des 19. Jahrhunderts, hat einmal formuliert: „Wenn Du wahrhaft liebst, musst Du wieder geliebt werden. Denn die Natur berechnet immer die Kraft auf die andere."

Und wie sieht dieses Du-orientierte Denken konkret aus?
Wir denken für den anderen. Bei Entscheidungen berücksichtigen wir, was für den anderen wichtig ist. Mitarbeiter werden aus der Energie der Mitarbeiter heraus geführt. Mitarbeiter können sich in ihren Interessen und Werten uneingeschränkt entfalten, wenn die Ziele zu DJG passen und DJG diese Ziele umsetzen möchte.

Wo liegen für Sie die Grenzen im Eingehen auf das, was der andere möchte?
Wenn der Kunde oder das Gegenüber mich nicht achtet. Wenn ich nicht mehr geachtet werde.

Gibt es für Ihre Haltung Schlüsselerlebnisse, die für Sie von entscheidender Bedeutung waren?
Zunächst einmal habe ich in meinem Leben festgestellt, dass der Mut eine wichtige Größe ist, die über mein Leben bestimmt hat. Und ich habe für mich verankern können, dass alles, was ich möchte, was ich will, auch erreichbar ist. Dazu bedarf es der Tapferkeit, des Mutes, natürlich der Energie, aber dann stehen mir auch die Wege offen. Ich selbst habe Schlüsselerlebnisse an dieser Stelle gehabt. Ich war gerade in der Industrie, als ich die ersten Ideen entwickelt habe, aber nicht mutig genug, diese Ideen in einer Selbständigkeit umzusetzen. Das ist mir zweimal passiert. Als ich zum zweiten Mal erlebt habe, dass die Ideen, die ich hatte, ein anderer mit Erfolg umsetzte, habe ich beim dritten Mal die Chance beim Schopfe gepackt und mich selbständig gemacht.

Gibt es für Sie eine Leitvorstellung, die Ihr Handeln als Unternehmer leitet?
Ich bin der festen Überzeugung, dass ich einen Nutzen stiften muss und nutzenorientiert arbeiten muss, damit ich im Markt eine Berechtigung habe, und insofern richte ich meine Tätigkeit auf den Vorteil des anderen aus, um für den anderen eine Chance zu sein. Das gilt für mich auch in der Mitarbeiterführung. Ich selbst möchte Chance für meine Mitarbeiter sein, ich möchte auch, dass meine Führungskräfte für meine Mitarbeiter und das Unternehmen insgesamt eine Chance sind. Es muss einen Nutzen für die Gesellschaft haben.

Gehört zu diesem Nutzen auch, dass ein Unternehmen ressourcenschonend arbeiten soll?
Ich bin vom Herzen her Forscher, Naturwissenschaftler. Und ich hatte das Glück, während meiner Ausbildung am Max-Planck-Institut während meiner Promotion mit statistischen

Verfahren in Kontakt zu kommen. Diese statistischen Kenntnisse konnte ich später in der pharmazeutischen Industrie bei einer ganz spezifischen Fragestellung einsetzen: Lassen sich im Gesundheitsbereich Marketing und Vertrieb fokussieren und damit Kosten einsparen? Als ich in die Industrie kam, ins Marketing, hat mich gewundert, dass keine Kunden betreffende Differenzierungen vorhanden waren. Jeden Kunden behandelte man gleich. Das war für mich eine große Verschwendung. 40.000 Ärzte wurden über den pharmazeutischen Außendienst für ein Produkt besucht, das gerade mal 3000 oder 4000 Verordner hatte. 37.000 Besuche fanden also bei Kundengruppen statt, die zum Fenster rausgeschmissen waren. Das hat mich angetrieben, hier eine Fokussierung herbeizuführen, die der pharmazeutischen Industrie hilft, sich zu konzentrieren und damit im Grunde genommen Ressourcen, also Geld zu sparen. Ich hatte dann die Möglichkeit, das in dem damaligen Unternehmen umzusetzen, und mir gelang es, mit der Verrechnung von Marketing- und Vertriebsdaten und meinen spezifischen Kenntnissen, die ich aus dem Studium mitgebracht hatte, ein sogenanntes „Targeting Model" aufzubauen, das damals noch mit Großrechnern geführt wurde und das half, die diffuse Masse von 40.000 potenziellen Kunden namentlich zu selektieren. Ich hatte die Chance, das System mit dem Ergebnis einzuführen, dass sich in wenigen Monaten ein sehr großer Erfolg für dieses pharmazeutische Unternehmen abzeichnete. Und das führte dann letztendlich auch dazu, dass ich den Mut gefasst habe, mich mit dieser Idee, mit dieser Technik selbständig zu machen.

Das heißt der Nutzen, auf den Sie gezielt haben, ist letztendlich der, Ressourcen zu sparen und fokussierter voranzugehen in Ihren Aktivitäten. Dadurch schaffen Sie für Ihre Kunden einen Mehrwert.
Das ist richtig, das ist bis heute so geblieben. Von der ersten Idee des sogenannten „Targetings", des Fokussierens auf Kundengruppen und der Segmentierung von Kundengruppen ist es unseren Auftraggebern möglich, mit ihren Ressourcen gezielter umzugehen und bei gleicher Effizienz Ressourcen einzusparen.

Und weshalb sind für diese Nutzenstiftung Ihre ethischen Werte von zentraler Bedeutung?
Unsere Werte orientieren sich an den christlichen Kardinaltugenden und den Wegen des Samurai. Für uns sind Lügen, Betrügen und Manipulieren keine probaten Mittel im Business. Für uns steht Vertrauen, Vertrauen den Mitarbeitern gegenüber, Vertrauen den Kunden gegenüber, an oberster Stelle. Vertrauen und Verlässlichkeit. Mit diesen Werten erreichen wir eine Loyalität auch in der Beziehung zwischen Unternehmen und Kunden, zwischen Unternehmen und Lieferanten, zwischen Unternehmen und Mitarbeitern. Das sind im Kern unsere Werte.

Und das sind auch die Werte, die für Sie persönlich leitend sind? Oder kommt da noch etwas anderes hinzu? Sie erwähnten den Begriff ‚Chance' zu sein?
Das ist das Du-orientierte Denken, von dem wir bereits sprachen. Es ist für mich eines der Mittel, die ich einsetze. Ich orientiere mich am anderen, ich versuche, Standpunkte

und Sichtweisen des anderen zu verstehen, und zwischen unterschiedlichen Sichtweisen
zu integrieren und zu vermitteln. Es gibt nicht die eine Wahrheit. Es gibt unterschiedliche
Sichtweisen, und die hohe Kunst der Führung von Mitarbeitern und der Führung von Kunden liegt ja gerade darin, zwischen diesen Sichtweisen vermitteln zu können.

Wie fließt das in die Unternehmenskultur von DJG ein?
Wenn Ihr Wertekanon sich an den Parametern orientiert, nicht zu manipulieren, nicht zu
lügen, nicht zu betrügen, nicht zu pokern, dann haben Sie die Grundvoraussetzung für
Verlässlichkeit. Ein Teil unserer Unternehmensgruppe, die Eurecon, führt eine wichtige
Befragung durch, die für die Industrie von hohem Interesse ist. Wir ermitteln diejenigen
Arzneimittel, die den Innovationspreis für das beste Produkt erhalten und auch jene Unternehmen, die sich am nachhaltigsten im Markt bewegen. Diese Befragung wird bei über
1500 Ärzten durchgeführt. Sie ist absolut repräsentativ und unantastbar und sie ist deshalb
unantastbar und repräsentativ geworden, weil wir und die Mitarbeiter, die diese Befragung
durchführen, uns an dem bestehenden Wertekanon orientieren und unbestechlich sind.
Dadurch hat der Preis eine hohe Bedeutung für die Industrie erlangt, und es wird deutlich,
wie sich die ethische Ausrichtung eines Unternehmens, der Mitarbeiter, der Produkte und
der Erfolg im Markt verbinden. In diesem Fall in einer anerkannten sehr wichtigen Studie
für das Gesundheitswesen.

*Könnte man es so auffassen: Integrität ist die Leitwährung, mit der Sie Ihre Leistungen
erbringen? Ist sie der Kern, mit dem Sie Ihre anderen Werte transportieren, und verleihen
umgekehrt diese anderen Werte Ihrer Integrität Ausdruck und Tragkraft?*
Ja. Es ist die Glaubwürdigkeit, das Vertrauen unserer Kunden auf die Qualität dieser Studie. Es ist das, was man als eine integere Person, eine authentische Person beschreiben
würde, wenn das, was gesprochen wird, auch gelebt wird. Und ich denke, hier wird der
Wertekanon, das Wertespektrum des Unternehmens, eins zu eins umgesetzt.

*Die christlichen Kardinalstugenden und der Kodex der Samurai werden in die Werte des
Unternehmens, d. h. Loyalität, Vertrauen, Verantwortung, Nachhaltigkeit und Integrität
kondensiert. Sind dies die Weisen, wie Sie mit Ihrem Unternehmen Nutzen stiften?*
Ja. Es ist in dieser Übersetzungsarbeit wichtig, dass alle Mitarbeiter auf diesen Wertekanon verpflichtet sind. Wir investieren erhebliche Mittel in die Schulung unserer Mitarbeiter, um sie in diesen Grundwerten zu festigen.

Haben Sie da spezielle Programme, Prozesse und Verfahren?
Wir haben uns vor geraumer Zeit entschlossen, auf der einen Seite mit Beratern zusammenzuarbeiten. Einem Berater mit christlichem Hintergrund, einem ehemaligen Jesuiten-
schüler, und auf der anderen Seite mit einem weiteren Berater, der uns die Seite des Zen
und die Lehren der Samurai vermittelt, neben Schulungen, die ich auch selbst im Unternehmen durchführe.

Sie haben ja auch einen Meditationsraum.

Die Gesundheit unserer Mitarbeiter ist ein Thema. Hoher Krankenstand in einem Unternehmen drückt immer die Unzufriedenheit der Mitarbeiter aus. Hoher Krankenstand kann auch Ausdruck einer sehr schnellen Welt sein, einer Welt, die hohe Anforderungen an Mitarbeiter stellt. Und es ist das Phänomen Stress, mit dem Mitarbeiter heute umgehen müssen. An dieser Stelle tut es gut, einen Raum der Stille zu haben. Wir haben diesen Raum eingerichtet, einen Meditationsraum.

Ich möchte nochmals auf das Resonanzprinzip und Ihre Maxime des Du-orientierten Denkens zurückkommen. Wie fügen sich diese Prinzipien in Ihre Vorstellung von Integrität ein?

Nun, grundsätzlich bedeutet Du-orientiertes Denken ja das Verstehen des anderen und das Ausrichten der eigenen Handlung am anderen. Das heißt nicht die Konfrontation ist die Lösung, sondern die Integration. Dies realisieren wir mit unseren Kunden, vor allem auch mit unseren Mitarbeitern. Es gibt etliche Situationen, in denen wir auf unterschiedliche Sichtweisen kommen, Kunden, Lieferanten, wer auch immer. Da tut es gut, wenn man Lösungen erarbeiten kann, indem man schlichtweg versucht, die Sichtweise des anderen zu verstehen. Das Resonanzprinzip ist etwas ganz Entscheidendes. Im Grunde genommen ist es so einfach, Menschen auszurichten. Resonanzprinzip heißt nichts anderes als, dass das, was ich aussende, auch zurückkommt. Resonanzprinzip bedeutet, dass ich nicht berechnend bin, indem ich versuche, eine Botschaft zu transportieren, um dann an einen entsprechenden Erfolg zu kommen. Es lässt sich ganz einfach am Wertekanon festmachen. Wenn ich zeige, dass ich nicht lüge, will ich auch nicht angelogen werden. Wenn ich zeige, dass ich nicht pokere, dann kann ich auch erwarten, dass mit mir nicht gepokert wird. Wer einmal das große Vertrauen erfahren hat, das ein Unternehmer seinen Mitarbeitern schenkt, der weiß das zu schätzen und gibt dieses Vertrauen in Form von Verlässlichkeit auch wieder zurück. Resonanzprinzip ist eines der ganz entscheidenden Fundamente unseres Handelns.

Sie haben nun schon mehrfach die kritische Bedeutung von Lügen, Betrügen, Manipulieren und Pokern betont. Weshalb gilt für diese Handlungen eine Null-Toleranz?

Hier muss ich weiter ausholen. Das Ganze ist im Einzelnen sehr differenziert zu betrachten.

Lüge und Mitarbeiterführung: Hier besteht eine klare Ablehnung, Lüge ist ein absoluter Vertrauensbruch. Denn das Vertrauen, dass wir unseren Mitarbeitern geben, ist das größte Kapital eines Unternehmens. Vertrauen kann nur verspielt werden. Kommt es zur Lüge, wird dies in der Regel zur Kündigung führen. Denn mit der Lüge vergeht sich der lügende Mitarbeiter am Kapital der Gesellschaft.

Mitarbeiter neigen manchmal bei Fehlern zum Lügen. Gerne will man vor seinen Vorgesetzten glänzen und Fehler vertuschen. Aber wie einfach ist es doch, offen über Fehler zu sprechen. Kürzlich antwortete ein Bewerber im Einstellungsgespräch auf die Frage, wie er denn mit Fehlern umgehe: „Berichten natürlich, denn berichten macht frei und schafft lediglich ein Problem beim Vorgesetzten." Wie recht hat er. Eine Anstellung hat er im Übrigen in unserem Unternehmen gefunden.

Lüge in der Werbung: Viele werden hier unsicher. Man fragt sich, was ein Produktmanager mit einem Produkt macht, das Nachteile zum Marktführer aufweist? Darf er nur über die Vorteile reden oder muss er auch über die Nachteile sprechen? Der entscheidende Faktor ist dann die Verfügbarkeit von Information.

Ein Autoverkäufer, der im Verkaufsgespräch nicht über die Nachteile und Schwächen seines Autos spricht, ist nicht negativ zu beurteilen. Denn zahlreiche Autotests werden durchgeführt und stehen dem Kunden zur Verfügung. Im Gegensatz dazu verhält sich ein Pharmaunternehmen unethisch, wenn es auftretende Nebenwirkungen oder gar im Zusammenhang mit der Einnahme des Medikamentes stehende Todesfälle verschweigt. Allein die für den Verbraucher bzw. Kunden allgemein verfügbare Information entscheidet darüber, ob unethisches Handeln vorliegt.

Lügen in der Kundenführung: wenn beispielsweise einem Vertriebsmitarbeiter eine Kundenanfrage vorliegt, die in sieben Arbeitstagen zu erfüllen ist. Der Auftrag ist noch nicht gesichert, und er weiß, dass die Produktion durch andere Aufträge belegt ist, sodass der vom Kunden geforderte Liefertermin nicht eingehalten werden kann. Der Vorgesetzte drängt den Mitarbeiter, den Auftrag um jeden Preis zu holen, auch unter Zusage des Liefertermins.

Ethisch ehrliches Verhalten ist solches Verhalten, das auch gegen Vorgaben der Führungskraft eine Lösung sucht, ohne zu lügen. Hier spiegeln sich die Werte Achtsamkeit, Loyalität, Tapferkeit und Mut wider. Es ist für mich ein „no-go", wenn ‚Facts' und ‚Figures' vertauscht werden.

Für die DJG gilt auch hier der Grundgedanke des Resonanzprinzips: Wenn Vorgesetzte dazu auffordern, den Kunden zu belügen, dann müssen sie sich nicht wundern, wenn Mitarbeiter sie selbst belügen.

Betrügen: Hier ist das Rechtsempfinden noch gut ausgeprägt. Auf die Frage, ob Betrügen ein probates Mittel im Business sein kann, erhält man eine klare Absage. Die hohen Strafen im Zusammenhang mit Betrug sorgen hier für Klarheit.

Pokern: Auf die Frage, ob Pokern ein probates Mittel für das Business sein kann, werden viele unsicher. Aber zunächst einmal: Was ist das überhaupt?

Es ist die Kunst, etwas vorzugeben, was man nicht wirklich hat und dies mit überzeugender Miene (Poker Face) zu vertreten. Mit der Vorgabe von etwas, was man gar nicht hat (Bluffen), verfolgt man sein Ziel, das Gegenüber zum eigenen Vorteil in die Irre zu führen und damit sein Spiel zu gewinnen.

Ein Beispiel: Ein Kandidat hat sich um eine Stelle beworben. Vor der Einstellung hat er sich ein Mindestgehalt von z. B. 50.000 € gesetzt. Nach mehreren Gesprächen hat er sich im Bewerbungsverfahren gegen alle seine Mitbewerber durchgesetzt und es steht lediglich noch die Vereinbarung des Gehaltes mit dem Personalchef im Raum. Der Personalchef teilt dem Bewerber mit, dass die Stelle mit 65.000 € ausgestattet sei und fragt, ob der Bewerber damit zufrieden ist. Der Bewerber entgegnet: „Na ja, nicht so ganz. Ich wollte schon 70.000 verdienen." Und das fordert er ein, obwohl er kein alternatives Stellenan-gebot hat und zudem zuvor mit 50.000 € zufrieden war. Ein klassischer Fall von Pokern. Denn wenn der Personalchef die 70.000 € für diese Stelle für nicht angemessen hält, wird er das Arbeitsplatzangebot zurückziehen und einem anderen Bewerber den Vorzug geben. Und unser pokernder Bewerber verliert sein Arbeitsplatzangebot.

Wäre er allerdings auf dem Boden geblieben und hätte nicht gepokert, dann hätte er jetzt eine Anstellung mit einem Gehalt, das über seinem ursprünglichen Gehaltswunsch lag.

Wie dieses Beispiel eindrucksvoll zeigt, hat Pokern nicht zum Ziel geführt. So oder so ähnlich habe ich in den vergangenen 20 Jahren viele Situationen erlebt, im Umgang mit Lieferanten oder Kunden. Die Beispiele ließen sich beliebig fortsetzen.

Ich frage mich, wie kann man eine tragfähige von Vertrauen geprägte Kundenbezie-hung aufbauen, wenn man Pokern zulässt? Wie kann man von Mitarbeitern seines eigenen Unternehmens Offenheit und Ehrlichkeit erwarten, wenn diese von ihrer Führungskraft lernen, dass Pokern und Bluffen angesagte Mittel der Unternehmenskultur sind? Pokern ist für DJG kein probates Mittel im Business.

Manipulation: Menschen manipulieren einander, sobald sie miteinander kommunizie-ren. Es gibt verschiedene Ausprägungen in Form und Stärke. Die minimale Manipulation besteht bereits darin, den anderen zum Zuhören zu bewegen. Dies gilt somit nicht nur für zielgerichtete Kommunikation, sondern auch für einfache Unterhaltungen.

In diesem Sinne ist Werbung Manipulation, denn sie verfolgt das Ziel, eine Person zu einer Handlung, und zwar den Kauf der angebotenen Ware oder Dienstleistung zu ver-anlassen. Doch allein deswegen Werbung abzulehnen, wäre falsch. Denn gute Werbung orientiert sich immer an den Bedürfnissen des Konsumenten bzw. Kunden.

Also: wenn sie dienlich ist für den Kunden, dann ist sie erlaubt; wenn sie schädlich ist, d. h. zum Nachteil von anderen, dann ist sie verwerflich und verboten. Beispiel: Bewer-bung von drittbesten Produkten. Wenn ein Produkt nur wenige herausragende Eigenschaf-ten hat, ansonsten aber im Vergleich zu anderen Produkteigenschaften schlecht abschnei-det, ist es erlaubt, das Produkt mit Hinweis auf die Top-Eigenschaften zu bewerben, ohne die anderen Eigenschaften zu nennen. Dies geht natürlich nicht, wenn die nicht beworbe-nen Eigenschaften für den Kunden Risiken oder Gefahren bergen. Das heißt gefährliche Nebenwirkungen dürfen nicht unterschlagen werden.

Gier: In einem kürzlich geführten Gespräch mit einem Geschäftsführer zum Thema Gier führte dieser aus, dass die Gier eine der größten Todsünden sei. Ich bestätigte dies und fügte hinzu, dass sie vieles zerstöre und Menschen alles verlieren lassen könne.

Gier hat immer etwas mit Neid zu tun. Jemandem etwas zu gönnen, was er durch red-liche Arbeit erreicht hat, fällt vielen von uns schwer.

Gierige Menschen tragen häufig ihre Statussymbole nach außen, um das Erreichte zur Schau zu stellen. Und man schielt nach den Statussymbolen und Markenzeichen der an-deren. Schließlich möchte man ja selber bald schon dazu gehören. So schnell als möglich, so viel wie möglich ist die Devise des Gierigen.

Nur wenige lassen sich von einem Maserati nicht beeindrucken und fragen sich eher: „Woher kommt das Geld? Hat der Eigentümer eventuell ‚Dreck am Stecken'?" Gier ist egogetrieben und einer der meisten Gründe für Misserfolg.

Was bedeutet in diesem Zusammenhang der Begriff Ego?
Mein Ego ist ungemein hinderlich. Bescheidenheit kennt kein Ego. Gier und alle Laster sind Ergebnis eines starken Egos, eines falschen Egos und für jede Verhandlung ist das Ego hinderlich. Wenn ich das Ego des anderen erkennen kann, kann ich ihn führen, z. B. einen Mitarbeiter, der einen Dienstwagen will.

Wenn ich das eigene Ego aufgeben kann, dann kann ich ganz für den anderen da sein, seine Bedürfnisse wahrnehmen. Das Ego führt zu mir und nicht zum Anderen. In seiner Selbstbezogenheit steht das Ego-Denken den Werten Klugheit, Achtsamkeit, Respekt, Achtung, Verantwortung, Loyalität entgegen. Es macht blind für die Notwendigkeiten der jeweiligen Aufgaben. Es steht dem Du-orientierten Denken im Weg.

Gute Führungskräfte erkennen das Ego-Problem als Eigenproblem. Sie können den Erfolg des Mitarbeiters als den Erfolg des Mitarbeiters genießen. Auch hier also wieder das Du-orientierte Denken, Achtsamkeit und das Führen der Mitarbeiter aus deren Energie heraus: Der Fehler eines Mitarbeiters ist der Fehler des Chefs. Der Erfolg eines Mitarbeiters ist immer der Erfolg des Mitarbeiters.

Sie sagen, Mitarbeiter sind an ihrer Energie zu führen. Was bedeutet dies und haben Sie da Beispiele? Wie wird das von Ihnen umgesetzt?
Immer wieder treffe ich auf Mitarbeiter, die nicht ihre ganze Leistung geben, nicht geben können. Möglicherweise ist ihre Energie blockiert. Die große Kunst ist es, die Energie des Mitarbeiters zu lockern, herauszufinden, was sind die Antriebskräfte dieses Mitarbeiters? Und wenn es mir gelingt, als Führungskraft diese Antriebskräfte mit den Unternehmenszielen in Gleichklang zu bringen, dann habe ich die Voraussetzung für ein erfolgreiches Wirken des Unternehmens geschaffen.

Wissen Sie, das größte Kapital eines Unternehmens sind seine Mitarbeiter. Sind Mitarbeiter motiviert, leisten sie Bestes. Das Ziel eines jeden Unternehmens muss es sein, seinen Mitarbeitern das Beste zu entlocken. Und wie lässt sich das erreichen? Durch Gleichklang von Mitarbeiter und Unternehmen.

Füge keinem etwas zu, was du nicht selber zugefügt haben möchtest. Wer möchte schon gerne betrogen, belogen und manipuliert werden? Und wer arbeitet auch gerne in einem Unternehmen, in dem anstelle offener Kommunikation gepokert und geblufft wird? Mitarbeiter fühlen sich dort am wohlsten und geben ihr Bestes, wo sie sich am stärksten in ihren eigenen Bedürfnissen aufgehoben wissen und sich sozusagen mit dem Unternehmen im Gleichklang befinden.

Es ist der Glaube, dass in letzter Konsequenz Werte das Entscheidende sind. Dahinter steht das Resonanzprinzip. Die Werte ermöglichen, dass man Mitarbeitern vertrauen kann. Das ist das wichtigste Kapital. Sich trauen und vertrauen können. Es ist die Grundlage, dass auch andere Dinge stimmen. Lügen haben kurze Beine. Wer lügt, wird nicht gewinnen. Die Wahrheit wird gewinnen. Auch im Umgang mit Kunden. Wir legen deshalb großen Wert auf unsere offene Fehlerkultur. Fehler werden reportet. Wir gehen offen mit Fehlern um. Daraus resultiert das Vertrauen im Dienstleistungsbereich. Dass alles offen ist.

Die Pharmabranche ist ja im öffentlichen Bewusstsein recht schlecht beleumundet. Wie gehen Sie damit um?

Das Bild, das man von der pharmazeutischen Industrie vermittelt, zeigt aus meinem Verständnis nur eine Seite, die dunkle Seite. Die andere Seite wird im öffentlichen Raum nicht so wahrgenommen. Wenn Sie heute die Lebenserwartung mit der Lebenserwartung noch vor 100 Jahren vergleichen, so ist diese um bald 20 Jahre gestiegen. Sicherlich auch ein Verdienst der pharmazeutischen Industrie. Das wird bei all den Angriffen und den zum Teil unethischen Verhaltensweisen einzelner Betriebe oft vergessen. Die pharmazeutische Industrie hat sich einen Kodex gegeben, um ihre Mitglieder an einem ethischen Marketing auszurichten. Wir selbst sind auch Teilnehmer und sehr auf diesen Kodex verpflichtet. Ich stehe dafür ein, dass wir ein objektives Bild für die Leistungen der pharmazeutischen Industrie bekommen. Mein Beitrag ist eine Studie, die die Innovationskraft und das nachhaltige Wirken der pharmazeutischen Industrie bewerten soll.

Wie wählen Sie Ihre Mitarbeiter aus?

Zunächst einmal prüfen wir schon bei der Einstellung die Bewerber hinsichtlich ihres Verständnisses über unsere Werte, ob sie ein ähnliches Verständnis haben, wie wir es zum Ausdruck bringen und in unserem Leitbild festgeschrieben haben. Solche Bewerber haben selbstverständlich auch die Möglichkeit, bei uns beschäftigt zu werden. Daneben bleibt die Schulung, das Training der Mitarbeiter im eigenen Trainingscenter. Es ist eine Feedback-Kultur, die wir eingerichtet haben, die es auch dem Mitarbeiter ermöglicht, wenn er gegen ethische Prinzipien verstößt oder unsicher wird, strukturiert geführt zu werden resp. sich an eine entsprechende Person zu wenden, die ihm an dieser Stelle weiterhilft. Compliance spielt ja beispielsweise in der pharmazeutischen Industrie eine ganz entscheidende Rolle. Compliance meint an dieser Stelle auch ein Eintreten für ein nachhaltiges Business, das nicht geprägt ist von Empfänglichkeit und Korruption. Wir haben sichergestellt, dass die Personen, die im Kontakt zu Personen stehen könnten, die sich nicht „compliant" verhalten, über einen entsprechenden Verhaltenskodex geschult und trainiert werden. Und das erfolgt mindestens einmal jährlich für die Mitarbeiter.

Wenn Sie heute Ihr Unternehmen sehen, welchen Einfluss hat Ihre Unternehmenskultur auf den Erfolg der DJG?

Ich denke, dass diese Werte eine hohe Wichtigkeit genießen. Gerade in dieser Branche, die selbst umdenkt. Wir stehen für ein ethisches Business in einer Branche, die teilweise noch schlecht beleumundet ist. Aber wir stehen für ein ethisches Business. Als Teilnehmer am „Global Compact" agieren wir auf Augenhöhe mit unseren Auftraggebern, internationalen

Pharmakonzernen, die heute überwiegend auch Teilnehmer dieses „Global Compact" geworden sind und für ein ethisches nachhaltiges Business stehen.

Das heißt, wenn man Ihre Wertekultur auf der einen Seite sieht und auf der anderen Seite Ihre Innovationskraft, haben beide Anteil an Ihrem Erfolg?
Eine ganz große Rolle am Erfolg spielt die richtige strategische Ausrichtung. Unsere Werte beeinflussen die Strategie. Das ist der Unternehmer. Das ist die Voraussetzung für Erfolg. Drei Bereiche müssen zusammen spielen: Soft Skills – unsere gelebten Werte, Hard Skills – das operative Rüstzeug, strategische Kompetenz – das Wissen und die Vision, was zu tun ist. Werte sind dabei ganz entscheidend. Die Basis dieser Dreiheit sind die Soft Skills. Werte sind der entscheidende Faktor. Ohne die anderen Faktoren helfen die Werte aber auch nicht.

Wenn man die vier Bereiche Kunden, Unternehmen, Mitarbeiter und Eignerfamilie in Beziehung setzt, wie stehen diese für Sie zueinander, wer ist für wen da, wer hat was für wen zu leisten?
Das ist eine zentrale Frage in unseren Beratungsgesprächen: Wer zahlt die Gehälter? Nein, es ist nicht das Unternehmen, es sind die Kunden. Wir verstehen uns als Dienstleister für unsere Kunden, unsere Mitarbeiter. Ich als Unternehmer, als Eignerfamilie bin derjenige, der dafür sorgt, dass die strategische Ausrichtung des Unternehmens stimmig ist und dass die sogenannten Soft Skills eingehalten und gelebt werden. Im Grunde genommen machen die Mitarbeiter letztendlich den Erfolg aus, d. h. sie sind diejenigen, die das Geld im Unternehmen verdienen.

Wie überprüfen Sie die Grundsätze in Ihrer Unternehmenskultur, und wie werden diese an veränderte Bedingungen im Unternehmen und in der Gesellschaft angepasst?
Wir haben vor etlichen Jahren begonnen, zunächst Kundenbefragungen durchzuführen. Dies folgte unserer Vorstellung des Resonanzprinzips, des Du-orientierten Denkens, was uns natürlich wichtig ist: Wie denkt unser Kunde? Wie denkt unser Nichtkunde, der potenzielle Kunde über unsere Leistung und die entsprechenden Dienstleistungen? Neben Kundenzufriedenheitsanalysen, die einmal jährlich durchgeführt werden, führen wir auch immer Mitarbeiterzufriedenheitsanalysen durch. Das ist an dieser Stelle gut investiert, sind doch die Mitarbeiter diejenigen, die den Erfolg des Unternehmens ausmachen. Und hier möchte das Unternehmen sehr wohl wissen, wo sind die Bereiche, die gut laufen, oder auch die Bereiche, die es zu verbessern gilt? Wir als Führungskräfte können von unseren Mitarbeitern lernen, und das ist das Ziel dieser Mitarbeiterzufriedenheitsanalyse.

Das heißt, sie sind ein zentrales Steuerungsinstrument für die Ausrichtung des Unternehmens.
Das Unternehmen wird ja durch ein Managementteam geführt. Und die Ergebnisse der beiden Befragungen werden im Managementteam besprochen und diskutiert. DJG ist ein

ISO zertifiziertes Unternehmen, d. h. mit einem entsprechenden Managementreview, und da spielen diese Befragungen eine zentrale Rolle. Wir richten so unser Unternehmen aus.

In jedem sozialen Zusammenhang gibt es Konflikte, sei es intern zwischen Mitarbeitern, sei es extern mit Kunden. Wie wird bei Ihnen mit Konflikten umgegangen und wie werden diese gelöst?

Grundsätzlich gilt, Fehler sind dazu da, dass sie gemacht werden, aber es gehört dazu, dass sie offen kommuniziert werden, damit man sie bearbeiten kann. Ein Fehler, der sich beim selben Mitarbeiter wiederholt, ist schon der Punkt, der uns darin achtsam werden lässt als Führungskräfte. Wir treten dann zunächst in ein Gespräch mit dem Mitarbeiter und geben ihm die Chance, sich entsprechend auszurichten. Wir haben das sogenannte ABC-Prinzip, um Zufriedenheit zu erreichen, will sagen, der Mitarbeiter hat die Mög-lichkeit, Dinge, die ihn unzufrieden sein lassen, zunächst einmal zu verändern, mit seiner Führungskraft zu besprechen. Wenn er das nicht ändern kann, tritt Fall B ein, dann muss er sich überlegen, ob vielleicht er sich in seinem Anspruch bewegen und seine Sichtweise ändern muss, um wieder zur Zufriedenheit zu kommen. Wenn das auch nicht möglich ist, dann bleibt nur der Fall C. Das heißt, das Unternehmen zu verlassen. Den Fall D, den man bei der Mehrzahl der Mitarbeiter in Unternehmen vorfindet, den gefrusteten Mit-arbeiter, der lamentiert und sich beklagt, aber keine Entscheidungen trifft, den dulden wir nicht.

Das heißt, Konsequenz ist auch einer der zentralen Werte und drückt sich letztendlich in den Begriffen der Loyalität, des Vertrauens, der Verantwortung aus?

Ja, Mitarbeiter, die zu Entscheidungen herangezogen werden, sind auch aufgefordert, selbst Dinge im Unternehmen zu verändern, eben auch bis hin zu dieser Entscheidung, das Unternehmen zu verlassen.

Gesellschaftliches Engagement ist eine der tragenden Säulen Ihres Selbstverständnisses und der Ziele der DJG. Wie engagieren Sie sich und wie engagieren sich die DJG und ihre Mitarbeiter in dieser Hinsicht?

Auf mehreren Ebenen. Bereits vor vielen Jahren habe ich einen Sozialpreis eingerichtet, von dem ich schon sprach. Ich nutze meine Kontakte in die Industrie, um diesen Sozial-preis zu unterstützen. Es ist der sogenannte PharmaBarometer-Ehrenpreis.

Wir haben die zweite Ebene, dass wir im Marketing die Technik des sogenannten „Cross Related Marketing" einsetzen. Beispielsweise werden Zielpersonen, die Leistung für unsere Kunden, die Leistung für unser Haus erbringen, eingeladen, anstelle des ver-dienten Honorars das Honorar zu spenden. Diese Spendenmittel fließen in soziale Projek-te im Gesundheitsbereich.

Und auf einer dritten Ebene über das Tun, da sind alle Mitarbeiter bei uns eingeladen. Wir haben ein bis zwei „Social Days" im Unternehmen und meine Mitarbeiter resp. ich und die Führungskräfte bringen sich ein. Wir unterstützen hier im regionalen Umfeld ein Altenheim.

Mit Dienstleistungen oder mit konkreten Leistungen?

Das kann einfach nur sein, sich der Älteren anzunehmen. Mitarbeiter machen Spaziergänge, fahren behinderte ältere Menschen im Rollstuhl aus, führen Gespräche, sind einfach mal nur da oder begleiten sie beim Basteln und und und…

Was sind für Sie die zentralen Herausforderungen der Zukunft und wie, glauben Sie, hilft die Wertekultur bei DJG diese Herausforderungen zu meistern?

Nun, die zentrale Herausforderung liegt in der Nachhaltigkeit und in der Ethik. Wir sind immer wieder erschreckt von Bestechungsskandalen, von Korruption. Die Herausforderungen für ein mittelständisches Unternehmen liegen darin, nur durch Leistung zu überzeugen und nicht über Zuwendungen an Auftraggeber. Die zweite Herausforderung ist das Thema Nachhaltigkeit. Wir haben nur diese eine Ressource, wir haben nur diese Erde mit all ihren Möglichkeiten. Sorgfältig mit diesen Ressourcen umzugehen, ist eine Herausforderung für die Zukunft. Dort neue Lösungen zu schaffen, in der Kommunikation, verstehe ich als meine Aufgabe. Eine dritte Herausforderung sehe ich im Umgang mit Gier in unserer Gesellschaft, die der größte Hemmschuh ist und die Grundlage bildet für soziale Unruhe, soziale Ungerechtigkeit. Die Gier ist Ausdruck auch einer Ich-Zentrierung, und wenn es gelingt, dieses Ich zurückzudrehen zugunsten eines Du-orientierten Denkens, dann haben wir die Basis für Erfolg und Zukunft.

Auch hier ist im Sinn Ihres Samurai Kodex und der christlichen Tugenden das Ego für Sie hinderlich?

Das Ego ist hinderlich, um konfliktfrei, zufrieden, nachhaltig auf dieser Erde zu leben, wenn man das philosophisch betrachtet. Und deshalb ist es wichtig, zu begreifen, dass Erfolg nur durch Führen nach dem ethischen Prinzip entsteht. Ein auf Ethik basierendes Business ist immer geprägt von Vertrauen und einer offenen Kommunikation. Diese sind die Basis für eine vertrauensvolle Zusammenarbeit zwischen dem Unternehmen und seinen Mitarbeitern einerseits, seinen Lieferanten andererseits und schließlich seinen Kunden. Mitarbeiter genießen absolutes Vertrauen. Das heißt, vor allem neuen Mitarbeitern einen Vertrauensbonus einzuräumen.

Albert Schweitzer hat einmal formuliert: „Vertrauen ist für alle Unternehmen das große Betriebskapital, ohne welches kein nützliches Werk auskommen kann. Es schafft auf allen Gebieten die Bedingungen gedeihlichen Geschehens."

In einem auf Ethik begründeten Verständnis von Business haben Manipulation und Pokern keinen Platz. Dies bietet auch keinen Raum für Lügen, Betrügen und Vorteilsnahme, welcher Art auch immer.

Wie gelingt es Ihnen, Ihr Unternehmen nach Ihren ethischen Prinzipien auszurichten und damit die Voraussetzung für einen nachhaltigen Erfolg zu bieten?

Manche Unternehmen versuchen, Compliance im Unternehmen zu positionieren, indem sie ihre Mitarbeiter kurz schulen und dann durch Unterschrift eines „Compliance Letter" zu einem „compliant" Verhalten verpflichten.

Ich meine, damit ist es nicht getan. Ethisches Business muss gelebt werden, vor allem von den Führungskräften. Und es ist auch nicht damit getan, dass man „Compliance Manager" in der Organisation etabliert. Bei Siemens waren beispielsweise die „Compliance Manager" selbst Teil des Systems und schauten zu, wie Gelder über dunkle Kanäle zur Bestechung ins Ausland transferiert wurden.

Ich meine, es sind drei Faktoren, die zu beachten sind: 1) Klare Positionierung der Geschäftsleitung, 2) Vorbildfunktion der Führungskräfte, 3) Resonanzprinzip.

Ein Unternehmen, das sich für ein ethisches Business entscheidet, muss dies klar formulieren. Es gilt, diese Positionierung des Unternehmens erlebbar werden zu lassen: durch Führungskräfte und leitende Mitarbeiter, allen voran die Geschäftsleitung.

Die Geschäftsleitung sollte eine Richtschnur vorgeben, vielleicht in Form eines Mitarbeiterhandbuches, das allen Mitarbeitern bekannt ist und auf das alle Mitarbeiter verpflichtet sind. Und es muss die Konsequenzen aufzeigen, mit denen bei einem Verstoß zu rechnen ist.

Aber Positionierung und Verpflichtung alleine sind noch nicht genug. Schulungen von Mitarbeitern mit Besprechung von Einzelfällen und Fallbeispielen sind notwendig, damit der Einzelne seinen Aufgaben in der täglichen Arbeit gewachsen ist. Und es gehört ein Verfahren implementiert, an wen sich Mitarbeiter wenden können, wenn ihm ein nicht „compliantes" Verhalten auffällt.

Und warum ist Ethik für Sie ein Faktor für nachhaltigen Unternehmenserfolg?
Es heißt: jedes Unternehmen hat die Kunden, die es verdient. Ich möchte ergänzen: Jedes Unternehmen verfügt über die Mitarbeiter, die es verdient.

Herr Jung, ich bedanke mich für das Gespräch.
Bitte sehr.

Der Werteraum der DJG Healthcare GmbH aus Sicht des Wertecockpits Das Besondere am Werteraum der DJG Healthcare GmbH ist, dass die zentralen Wertvorstellungen der Unternehmenskultur zu 100 % den Werten des Gründers Dr. Dieter Jung folgen. Als Dienstleistungsunternehmen begreift DJG seine Wertekultur als zentrales Fundament für die Wertschöpfung des Unternehmens, die die Interessen der Kunden, Mitarbeiter und der Eigentümerfamilie zur Deckung bringen. Entsprechend wird das Wertecockpit im Unternehmen umgesetzt und durch regelmäßige Schulungen der Unternehmenswerte etabliert. In jährlichen Mitarbeiter- und Kundenbefragungen wird überprüft, wie sich die Unternehmenskultur und das Werteverständnis im Unternehmen entwickeln.

Die Familienwerte Die Familienwerte der Familie Jung orientieren sich an den Leitwerten Ehrlichkeit, Aufrichtigkeit und Exzellenz. Exzellenz wird verstanden als uneingeschränkter Wille zur Leistungsbereitschaft, der sich ausdrückt im kontinuierlichen Streben, sich zu verbessern und zu engagieren.

Die Unternehmerwerte von Dr. Dieter Jung sind geprägt durch das Streben nach Eigenständigkeit und Autonomie, nach Achtsamkeit im Umgang mit Menschen und durch Kämpfergeist und Reflexion. Sie findet ihren Ausdruck in dem Credo, dass nur der ethisch tragfähige Umgang miteinander und mit unseren Ressourcen Unternehmenserfolg schaffen kann. Solcher Erfolg erfordert in den Augen von Herrn Dr. Jung eine werteorientierte Unternehmensführung, die im Fall der DJG den Geboten der christlichen Kardinaltugenden (insbesondere Klugheit, Gerechtigkeit, Tapferkeit, Bescheidenheit und Liebe) sowie dem Verhaltenskodex der Samurai verpflichtet ist. Die Samurai-Werte Mut (interpretiert als Tapferkeit, Härte, Geduld und Ausdauer), Güte, Höflichkeit (interpretiert als Liebe, Bescheidenheit und Etikette), Wahrheit und Wahrhaftigkeit (interpretiert als Ehrlichkeit, Einfachheit, Klarheit und Reinheit), Ehre sowie Treue (interpretiert als Pflicht und Loyalität gegenüber dem Unternehmen und gegenüber sich selbst) sind für Herrn Dr. Jung der Leitfaden, wie das Dienstleistungsunternehmen DJG seine Leistungen zu erbringen hat.

Die Leitwerte der DJG lauten Integrität und Nutzenstiftung. Integrität in der Leistungserstellung und im Umgang miteinander sind für DJG der Garant, dass das Unternehmen seinen Kunden einen Mehrwert und Nutzen stiften kann. Dieser Nutzen und Mehrwert hat zwei Facetten, zum einen die ressourcenschonende, ökologische und ökonomische von Marketing- und Vertriebsaufwendungen bei vergleichbarem Kontaktdruck im Markt. Die zweite Facette besteht darin, mit dem Unternehmen nicht nur für Kunden einen Nutzen zu schaffen, sondern auch für alle anderen Interessengruppen, die von DJG tangiert sind, also Mitarbeiter, Lieferanten und Eigentümergesellschaft.

Die Prozesswerte der DJG lassen sich unter dem Leitwert „Du-orientiertes Denken" bündeln. In ihm kristallisieren sich die von Herrn Dr. Jung angestrebten christlichen Kardinaltugenden und Regeln der Samurai aus. Du-orientiertes Denken erfordert Achtsamkeit, Loyalität, Mut sowie als tragende Basis Konsequenz im Umgang miteinander.

Das Wertecockpit und C4-Management bei DJG Im engeren, technischen Sinn arbeitet die DJG nicht mit einem Wertecockpit und dem Instrument des C4-Managements. Mit Blick auf die überschaubare Größe des Unternehmens wird das Wertemanagement durch umfangreiche Mitarbeiter- und Kundenbefragungen sowie umfangreiche Schulungsmaßnahmen und konsequente werteorientierte Unternehmensführung gesteuert und nachgehalten (vgl. Abb. 4.9).

4.4 „Spürbare Begeisterung": Jeff Maisel, Brauerei Gebrüder Maisel KG, Bayreuth

Brauerei Gebrüder Maisel KG, Bayreuth Das 1887 gegründete und in vierter Generation von Jeff Maisel geführte Familienunternehmen ist eine sehr erfolgreiche Spezialbierbrauerei, deren Biere auch über Deutschland hinaus vertrieben werden. Grundlage

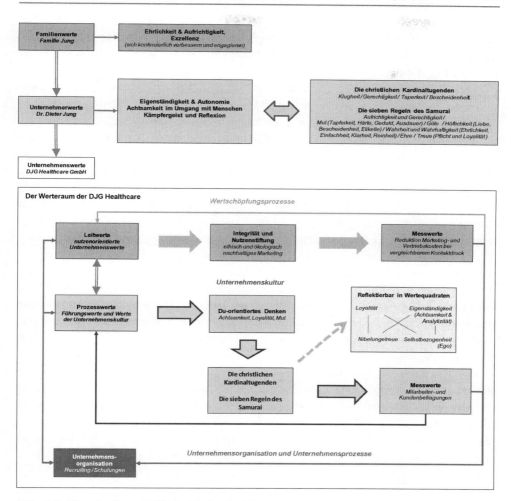

Abb. 4.9 Wertelandkarte DJG-Healthcare GmbH

für den Markenerfolg von Maisel war die 1955 getroffene Entscheidung, mit dem Maisel „Champagner-Weizen", einem klaren, gefilterten Kristallweizen ohne Heferückstände in der Flasche, zum Trendsetter für Weizenbierkreationen in Deutschland zu werden.

Mit heute rund 175 Mitarbeitern – Absatz- und Umsatzzahlen werden nicht veröffentlicht – ist Maisel im sehr kleinteiligen und seit mehr als 20 Jahren stark rückläufigen Markt eine der wenigen mittelgroßen Brauereien, die gegen den Markttrend wachsen. Seit gut fünf Jahren hat sich Maisel dabei von der allgemeinen Marktentwicklung abgekoppelt. Diese war in den 1970er- und 1980er-Jahren von einem starken Marktwachstum mit erheblichen Konzentrationseffekten und ab den 1990er-Jahren von einem kontinuierlichen Rückgang geprägt. Von rund 2200 Brauereien Ende der 1950er-Jahre und einem Pro-Kopf-Bierkonsum von weit über 140 L/Jahr in den 1970er- und 1980er-Jahren ist der deutsche Biermarkt auf heute rund 1300 Brauereien und einen Pro-Kopf-Konsum von

106 L zurückgefallen. In der Zeit des starken Wachstums ging Maisel eine externe Beteiligungspartnerschaft ein. Heute liegt das Unternehmen wieder zu 100 % in der Hand der Familien Maisel.

Grundsteine für das heutige Wachstum von Maisel sind eine innovative Braukultur, die konsequente Ausrichtung des Familienunternehmens nach Grundsätzen einer werteorientierten Unternehmensführung sowie der Aufbau einer unverwechselbaren Unternehmenskultur, mit der sich das Unternehmen nach Jahren der Stagnation neu positionierte. Bei der Restrukturierung des Unternehmens wurde darauf geachtet, dass sich alle Bereiche von Maisel konsequent einem werteorientierten C4-Management verpflichten. Hierbei werden die Bereiche Unternehmenswerte (corporate values), Unternehmensidentität (corporate identity), Organisationsentwicklung (corporate development) und Unternehmenswissen (corporate knowledge) aufeinander abgebildet und das Unternehmen wird in allen Facetten der Führung, der Mitarbeiterentwicklung und der Unternehmensorganisation stimmig an dem ‚Wertestern' der Brauerei Maisel ausgerichtet, der die Unternehmenswerte symbolisiert. Das bei Maisel installierte Wertecockpit richtet das Unternehmen nach vier Prinzipien aus: hohe Prozessorientierung, gelebte Werteorientierung, flache Hierarchien, ausgefeilte Teamstrukturen. Die Überprüfung der gelebten Werte erfolgt durch jährliche Mitarbeiterbefragungen, mit denen die Entwicklung der Unternehmenskultur sowie das C4-Management im Rahmen eines „Total Quality Management-Prozesses" kontinuierlich nachjustiert werden.

Maisel begreift den Aufbau seiner Unternehmenskultur als Wertschöpfungsprozess, mit dem das Leistungsversprechen „Mit uns macht's einfach mehr Spaß" für alle mit Maisel in Verbindung stehenden Interessengruppen umgesetzt wird. Dabei stehen an erster Stelle die Kunden und in der Folge gleichberechtigt die Mitarbeiter, die Eigentümerfamilie, die Lieferanten und die Gesellschaft. Im Zentrum steht immer der Mensch. Auf ihn ist das Markenversprechen der Brauerei gemünzt: „Spürbare Begeisterung".

Jeder einzelne Wert des „Maisel-Wertesterns" ist an klar definierte Erfüllungsbedingungen geknüpft. Dadurch wird die Unternehmenskultur alltagstauglich gemacht und konsequent nach innen und außen kommuniziert. Die Umsetzung der kommunizierten Wertekultur ist für Maisel eine Kernaufgabe und in allen Führungsprozessen verankert.

Basis der gelebten Werteorientierung von Maisel sind eine hundertprozentige Mitarbeiterorientierung und die konsequente Entwicklung eines gemeinsamen, unternehmensübergreifenden Verständnisses dafür, „was wir wollen, was wir geben und was wir versprechen".

Auch das CSR-Engagement spiegelt die fokussierte Wertehaltung von Maisel. Die Maisel-Werte Verantwortung, Wertschätzung, Ehrlichkeit und Hilfsbereitschaft werden dabei in ein Regionalengagement umgemünzt, die die Verwurzelung von Maisel in Bayreuth und Oberfranken zum Ausdruck bringen. So wird ein hohes Maß an Authentizität und Identifikation mit der Region vermittelt, sodass alle Beteiligten stolz auf „ihre" Brauerei sind.

Mit dem Aufbau seiner Unternehmenskultur erlangte Maisel nach einer Phase mit externen Beteiligungspartnern neue Eigenständigkeit und Glaubwürdigkeit am Markt. Beides ist die Grundlage für den herausragenden Erfolg von Maisel. Dieser wird auch zum Aufbau weiterer Geschäftsfelder genutzt. Aus dem eigenen gesunden Wachstum heraus finanziert, ergänzen diese das Unternehmensportfolio und sichern Maisel gegen einseitige Cluster-Risiken sowie den anhaltenden Trend eines weiterhin rückgängigen Biermarktes ab.

Maisel ist Mitglied der Vereinigungen „Genussregion Oberfranken", „Die Freien Brauer" und im „Umwelt Pakt Bayern".

„Spürbare Begeisterung": Jeff Maisel im Gespräch

Herr Maisel, viele Unternehmen versuchen heute, durch Verschlankung und Personalabbau profitabler zu werden. Im Unterschied dazu lautet einer Ihrer Leitsätze: „Wir sind in 2030 ein erfolgreiches Familienunternehmen mit mindestens 200 Mitarbeitern." Warum ist für Sie eine wachsende Zahl an Mitarbeitern so wichtig, dass dies einer der Leitwerte von Maisel geworden ist?

Das ist für uns kein Wert, sondern unsere Vision, also die zentrale Frage, wohin wir wollen. Durch ein rückgängiges Marktwachstum haben wir über viele Jahre Mitarbeiter abgebaut. Gott sei Dank aber hauptsächlich altersbedingt. Uns ist klar gewesen, dass wir nicht dauerhaft konsolidieren können, sondern uns weiter entwickeln müssen. Und die Zielsetzung war, in zehn Jahren so und so viel Umsatz zu machen. Das ist aber nicht wirklich greifbar.

Mit der Vision des Mitarbeiterwachstums wollten wir deshalb ein konkretes Signal setzen. Wir wollten uns nicht auf Bier oder auf das Brauereigeschäft beschränken, sondern uns lag die großartige Kernmannschaft am Herzen. Für die lohnt es sich zu kämpfen, denn mit ihr finden wir Produkte, bei denen wir unsere Fähigkeiten in der Technik, der Verwaltung, im Vertrieb und Marketing so einsetzen, dass es dem Zeitgeist entspricht und nicht von einem Konzern abgedeckt wird, der über mehr Geld verfügt als wir. Wir fragen uns also, wo sind die Nischen, die wir mit unseren Mitarbeitern füllen können, denn wir wollen nach vorne und gleichzeitig wachsen. Das erfordert Motivation und Begeisterung und mit der Vision der 200 Mitarbeiter haben wir die Basis dafür geschaffen.

Der Fokus, der in unserer Vision enthalten ist, ist, dass wir auf Menschen setzen und wachsen wollen. Offen ist aber, womit genau. Wahrscheinlich mit Bier, aber das ist noch nicht definitiv entschieden. Unser Leitsatz bringt auch zum Ausdruck, dass wir Menschen mögen. Er sagt, wir wollen ausdrücklich mit Mitarbeitern wachsen. Logisch ist, dass ich für 200 Mitarbeiter auch einen entsprechend höheren Umsatz brauche. Aber die Mitarbeiter stehen hinter unseren Zielen und sagen: „Ja, für diese Vision wollen wir kämpfen. Die wollen nicht weiter abbauen, und ich bin nicht der Nächste, der seinen Job verliert, sondern ich bin der Start, ich bin der Beginn, ich gehöre zu dieser Kernmannschaft. Es werden auch noch mehr Arbeitsplätze aufgebaut, ganz gleich, was dann hergestellt wird. Ob es dann Bier ist oder Socken oder was auch immer." Und mit dieser Vision haben wir die Wende geschafft und wachsen seitdem gut.

Dieser Leitsatz ist also Ausdruck einer Unternehmensphilosophie, die den Menschen und seine Leistungen ins Zentrum stellt?

Genau. Der Mensch steht im Mittelpunkt. Wir sehen die Menschen im Zentrum. Das ist unser Leitmotiv. Wir sagen damit auch, begeisterte Mitarbeiter schaffen begeisterte Kunden.

Was hat Sie bewogen, die Restrukturierung von Maisel als Kulturprozess auf den Weg zu bringen? Und welche Rolle spielt Ihre werteorientierte Unternehmensführung und die Maisel Unternehmenskultur für den heutigen Erfolg von Maisel?

Als Familienunternehmen kommen wir natürlich aus einem eher patriarchalischen System. Es gibt den Entscheider, und der war früher auch wirklich der Kluge, der alles gewusst hat. Der sagte, wenn Sie so wollen, „Ich bringe die Dinge voran und habe zwei, drei oder fünf Leute um mich herum, die mir dabei Rat geben. Ich bin die zentrale Figur und alle anderen setzen das um." Das ist heute überhaupt nicht mehr möglich, und wenn man die Mitarbeiter in den Mittelpunkt stellen will, dann muss man sie auch teilhaben lassen. Dabei ist es notwendig, klare Leitplanken und Regeln aufzustellen, möglichst wenige, aber so, dass jeder damit zurechtkommt. Ich muss auch Versprechen machen, damit die Leute sich engagieren. Nehmen Sie Kolumbus als Beispiel. Es hätte sich keiner an Bord begeben, wenn er seinen Leuten nicht etwas versprochen hätte. Ich muss Werte schaffen, damit die Menschen wissen, worauf sie sich einlassen. Menschen müssen erfahren, wofür sie arbeiten und dass sie sich darauf verlassen können. An diesem Beispiel wird klar, dass wir nur mit Werten führen und begeistern können. Nur mit Werten schaffe ich es, dass 200 Mitarbeiter in dieselbe Richtung ziehen.

In Ihrem Firmenauftritt heißt es, Sie richten Ihr Unternehmen an vier Prinzipien aus, Prozessorientierung, gelebter Werteorientierung, flachen Hierarchien und ausgefeilten Teamstrukturen. Was bedeuten diese vier Prinzipien für Sie und für Maisel?

Mit diesen Prinzipien bündeln wir unsere Leitvorstellung, dass der Mitarbeiter unser Kern ist. Wenn ich nicht im Team arbeite, engagiert sich der Mitarbeiter nicht für die Erreichung der Ziele. Um im Team arbeiten zu können und den notwendigen Zusammenhalt zu erreichen, muss ich mich auf Werte konzentrieren. Das ist wie bei einer Fußballmannschaft auf dem Spielfeld. Wenn da nicht gewisse Regeln und Werte gelten, können die Spieler nicht spielen. Und wenn sie nicht mit demselben Ziel nach hinten und vorn spielen, geht es daneben, selbst wenn man da elf Klassespieler hat. Jeder muss seine Position halten und wissen, welchen Wert er für das ganze Team hat. Daher die Werte. Die können sich wohl verändern, aber eigentlich sind das die Grundprinzipien, die jedes Unternehmen braucht. Und als Mittelständler halten wir außerdem eine langfristige Zusammenarbeit für geboten. Wir sagen: „Vielleicht kannst Du bei uns nicht das meiste verdienen, aber Du hast hoffentlich bei uns am meisten Spaß, weil Du mitmachen kannst, weil Du integriert bist und Teil des Ganzen." Prozessorientierung gibt den Fokus, und flache Hierarchien sorgen dafür, dass alles überschaubar bleibt, wir schnell reagieren können und sich jeder einbringen kann.

Sie hatten gesagt, die Maisel-Unternehmenswerte sind die Leitplanken des täglichen Handelns. Wie wird das konkret umgesetzt?

Wir haben ja unseren Wertestern. Dieser hängt in jedem Büro, in jedem Sitzungsraum und auch an den Arbeitsplätzen. Es finden im Jahr sechs Besprechungen in den Bereichen statt, wo immer auf die Werte und das gesamte Leitbild eingegangen wird. Es wird dann erst einmal erklärt, wie diese zu verstehen sind, ob sie umgesetzt werden und was wir dazu tun können.

Zusätzlich wird einmal jährlich auf der Basis unserer Werte eine Mitarbeiterbefragung durchgeführt. Dort wird klar abgefragt: „Halten wir uns an diese Werte, halten wir uns an unser Versprechen? An welchen Stellen ist das zu wenig der Fall? Was können wir tun, um uns zu verbessern?" In der kommenden Woche bekommen wir die Ergebnisse der aktuellen Befragung. Beim letzten Mal hatten immerhin schon 60 % der Mitarbeiter mitgemacht. Und wir waren auf der Skala von 1 bis 10 bei etwa 6,7. Da ist also noch viel zu tun. Unser Ziel ist 7,5. Aber ich muss zugeben, dass ich heute noch nicht weiß, ob das erreichbar ist oder ob das nicht schon zu luxuriös und anspruchsvoll gedacht ist, denn Luxus können wir uns nicht leisten. Da wird der Wert unserer langfristigen Unabhängigkeit wieder torpediert. Dennoch, das Ziel ist ganz klar, wir wollen Mitarbeiterorientierung. Wir fragen alle: „Bist Du einverstanden? Gib' uns ein Feedback." Wichtig ist, dass dann auch Taten folgen und alle sehen können, es bewegt sich was. So kam beispielsweise kostenloses Mineralwasser als Service für die Mitarbeiter heraus. Die Bereichsbesprechungen sind daraus entstanden, der Betriebsstammtisch und unser Familienfest. Viele Aktionen sind daraus hervorgegangen und deshalb sind diese Werte die Leitplanken, zumal auch in jeder Besprechung die Frage gestellt wird: „Halten wir uns an diese Werte, wenn wir die und die Entscheidung treffen?"

Und wenn es ‚Nein' heißt, wird dann nachjustiert? Ist das ein kontinuierlicher Prozess?

Das ist ein kontinuierlicher Verbesserungsprozess auf der menschlichen eher als auf der fachlichen Ebene. Wir haben z. B. ein umfangreiches Projekt zum Führungskräftecoaching eingeführt, weil wir keine Leitlinien für das obere Management hatten. Die Mitarbeiterbesprechungen hatten aber gezeigt, dass hier Bedarf bestand.

Die Unternehmenskultur ist für Sie also einer der Wertschöpfungsprozesse bei Maisel?

Ja. Auf jeden Fall.

Welche Rolle spielen Sie in diesem Prozess und gibt es etwas, das Sie als Unternehmer geprägt hat?

Was mich geprägt hat, war die Zeit als Fußballer in meinem Stadtteil, wo ich Teil der Mannschaft war, also nicht ein Mitglied der Maisel-Familie, sondern einfach der Jeff. Als Fußballer habe ich mitbekommen, dass eine Mannschaft die beste Managementschmiede sein kann, denn da gibt es Spieler mit unterschiedlichsten Hintergründen. Allen Widerständen zum Trotz mussten wir bei Diskussionen und Streitigkeiten, die zu einer Mannschaft gehören, ein Team bilden. Da habe ich auch erfahren, dass ich Menschen motivieren kann, dass ich Durchhaltevermögen habe und Vorbild sein kann. Ich war vielleicht nicht der beste Spieler, aber ich habe für das Team gekämpft. Das, würde ich sagen, hat mich als Manager und Unternehmenslenker am meisten geprägt.

Auf der fachlichen Ebene hat mich ein zweiwöchiger Aufenthalt in einer großen deutschen Pilsbrauerei geprägt. Ein Bundesbruder zeigte mir zwei Wochen lang seine Brauerei, öffnete mir alle Türen, auch zu seinem Qualitätsmanagement. Auf meine Frage, warum er mir das alles zeige, sagte er: „Dieses Pils kannst Du sowieso nicht nachahmen, denn das gibt es nur hier. Und inwieweit Du die Technik weiterentwickelst, ist Dir überlassen. Insofern habe ich da keine Sorge." Diese Offenheit hat mich geprägt. Sie hat mir gezeigt, dass in der Offenheit die Chance liegt, immer einen Schritt weiter zu sein als der andere. Bis ich da etwas abschaue, ist der andere schon wieder einen Schritt weiter. Das hat mich auch von einer sehr offenen kommunikativen Politik überzeugt, wir binden deshalb alle Mitarbeiter ein. Auch da sind wir wieder bei der Mitarbeiterorientierung. Wenn dann doch einmal Internes nach außen getragen wird, stört uns das nicht, denn wir sind dann schon wieder weiter. Wenn einer uns nacheifern möchte, denken wir schon, dass das, was wir jetzt tun, noch verbessert werden kann. Diese Erfahrung hat mich beim Aufbau unserer Unternehmenskultur am meisten beeinflusst.

Mündet das in eine Leitvorstellung, die Sie als Unternehmer bestimmt?
Ich würde sagen, das sind die Werte Ehrlichkeit, Partnerschaft und Langfristigkeit. Die sind für den Mittelstand dringend notwendig. Wenn man nicht mit Offenheit und Ehrlichkeit in ein Unternehmen gehen kann, muss man es ganz sein lassen. Damit meine ich nicht Kleinigkeiten, eine Ausrede sucht jeder mal. Aber man darf nicht lügen und versuchen, den Kunden über den Tisch zu ziehen. Lieber soll mich jemand angreifen, weil ich zu ehrlich bin. Ehrlichkeit ist eine wirkliche Maxime.

In der Unternehmensdarstellung von Maisel findet sich der Satz, dass die Wertvorstellungen, die Sie für sich in Anspruch nehmen, eine lange Tradition in der Brauerfamilie haben. Gibt es da eine bis heute wahrnehmbare Kontinuität der Werte der Familie Maisel?
Es gibt in der Familie gelebte Werte, zu denen Ehrlichkeit, Fleiß und Respekt gehören. Mir wird noch heute berichtet, mein Großvater sei ein sehr strenger Mann gewesen. Jeder hatte Respekt vor ihm, weil er auch selbst sehr diszipliniert gelebt hat und sich nicht anders darstellte als er war. Das war sehr wichtig, denn die Qualität hatte bei uns im Unternehmen schon immer einen sehr hohen Wert. Auch das Thema Langfristigkeit wurde in der Familie weitergegeben. Dazu kommt unsere Vorstellung von spürbarer Begeisterung. Auch die spielt seit der Gründung eine große Rolle. Es gab damals 70 Brauereien in Bayreuth. Maisel war die Einzige, die sich traute, nur auf Bier zu setzen. Also nicht, wie z. B. Bäckereien, die zusätzlich Bier brauten. Das ist ein Wert – sich etwas zu trauen und ganz darauf zu setzen. Eine Vision zu haben.

Die zweite Generation hat diesen Wert weiter getragen. Sie hat gesagt, wir wollen nicht nur Bier für die hiesige Gastronomie, wir wollen es so haltbar machen, dass wir es auch exportieren können, also über die Stadt hinaus transportieren. Export bedeutete damals, in die Vororte von Bayreuth zu liefern. Die dritte Generation hat dann erklärt, wir setzen jetzt auch auf Weißbier, nicht nur auf Pils, Helles und Exportbier. Und alle Generationen teilten diese Begeisterung.

Diese Werte haben wir nicht gesammelt und gesagt, jetzt machen wir in Werten, weil es gerade in Mode ist, sondern das entsprang der Zusammenarbeit mit Menschen, mit Freunden. Wir können deshalb sagen, wir leben diese Werte wirklich und das schon seit Generationen.

Ein weiterer Maisel-Wert lautet „Freude am Lernen". Woran macht Maisel lebenslanges Lernen fest und wie wird das im Unternehmen für alle gefördert?
Wir haben hier sicherlich noch zu wenig gemacht, weil in den letzten Jahren keine Zeit dafür übrig war und wir andere Prioritäten setzen mussten. Wir sind uns aber im Klaren darüber, dass es wichtig ist, die Menschen kontinuierlich zu motivieren, und auch selbst nicht aufzuhören, zu lernen. Input ist für alle wichtig. Wenn die Mitarbeiter keinen Input bekommen, um damit ihrerseits Impulse geben zu können, fällt unser zentraler Leistungskern aus. Daher bauen wir aktuell die Maisel Akademie auf. Diese beruht auf den Führungsleitlinien und auf den Mitarbeiterleitlinien. Anhand eines Siebenjahresplans, der unsere Absatzentwicklung mit der Kapazität und den Personalstrukturen verbindet, wissen wir heute schon, wen wir ausbilden müssen, welche Leute und Qualifikationen wir benötigen. Dieses Wissen wird in die Maisel-Akademie einfließen, damit wir unser wichtiges Ziel erreichen, nämlich nach Möglichkeit die Rekrutierung unseres Personals aus eigenen Ressourcen. Wir wissen, dass wir das nicht immer schaffen. Gleichzeitig sind wir aber sicher, dass wir mit Menschen, die wir bei uns ausbilden, drei Jahre Vorsprung im Vergleich zu einem Mitarbeiter haben, der neu ins Unternehmen kommt. Wir glauben auch, dass es mehr der menschliche Wert ist, der unser Unternehmen verändert, als der fachliche.

In Ihrer Unternehmensphilosophie heißt es zu Ihren Mitarbeitern: „Wir achten auf Begeisterungsfähigkeit und Ausstrahlung bei der Auswahl". Was heißt das und wie setzen Sie diesen Anspruch um?
Ich habe schon gesagt, das Wichtigste für uns ist die Menschlichkeit, dass der Mensch zu uns passt, dass wir ihn „riechen können", wie es so schön heißt. Das Fachliche kann man in den meisten Fällen dazu lernen, aber natürlich spielt es auch eine Rolle. Bei der Personalauswahl ist es so, dass wir in den Bewerbungsgesprächen immer zu zweit oder zu dritt sind, damit der Personal- und der fachliche Bereich abgedeckt sind. Wir stellen Fragen, die sehr auf die Reaktionen als Mensch ausgerichtet sind. Es gibt im Interview darüber hinaus Fragen zu unseren Werten. „Wie sehen Sie diesen Wert, was verstehen Sie darunter?" Anschließend wird besprochen, ob der Bewerber zu uns passt. Dann wird nicht nur im Team, unter Beteiligung weiterer Personen, alles miteinander kombiniert. Tatsächlich fällt in den meisten Fällen die Entscheidung für denjenigen, der den besseren persönlichen Eindruck gemacht hat.

Also ist für Sie die Persönlichkeit der Garant für das individuelle Leistungsversprechen eines Mitarbeiters?
Das ist unsere Meinung. Auch die WHO hat das bestätigt. Dass jemand passt und Leistung bringt, beruht zu 80 % auf der menschlichen Seite und nur zu 20 % auf der fachlichen. Wenn der Bewerber prinzipiell in das Raster hineinpasst, ist das gut. Das Fachliche kann er bei uns lernen. Das Menschliche ist mehr oder weniger angeboren. Das können wir ihm nicht beibringen.

Einer Ihrer Claims lautet „Wir führen kooperativ-situativ." Was heißt das im Einzelnen?
Vielen scheint der Begriff „kooperativ-situativ" nur so dahin gesagt. Aber er steht für uns als Team. Wir haben unterschiedlichste Teams, die sich auf verschiedenste Situationen einstellen müssen. „Kooperativ" bedeutet deshalb, dass ich auf jeden Fall immer meine Mitarbeiter einbringe, dass ich sie mitreden lasse, dann aber je nach Situation entscheide.

Es kommt vor, dass ich rasch eine Entscheidung treffen muss, weil sonst „das Kind in den Brunnen fällt". Dann kann ich weniger auf Kooperation setzen, sondern muss situativ reagieren. Das gilt auch im Hinblick auf die Geschäftsleitung. Wenn ich selbst nicht im Haus bin und eine dringende Lösung ansteht, wissen meine Mitarbeiter, dass sie diese Entscheidung treffen müssen. „Kooperativ" dagegen würde immer bedeuten, dass man versucht, mich vorher nochmals um meine Meinung zu befragen, wie man auch versucht, die Mitarbeiter einzubinden, um möglichst viele Erfahrungen in die Entscheidung einfließen zu lassen.

Da „situativ" für uns bedeutet, der Situation entsprechend zu entscheiden, müssen auch die einzelnen Menschen berücksichtigt werden. Der eine liebt die enge Führung, der andere braucht eine 1000 m Leine und zieht noch daran. Wenn ich so einen Menschen nicht laufen lasse, kann er nichts leisten. Auch hier gehen wir situativ vor. Ein Konzern hat im Vergleich dazu den Nachteil, Leute ganz klaren Regeln unterwerfen zu müssen. Man kann sonst nicht 1000 Mann führen. Ich dagegen kann sagen, den leisten wir uns, weil die Kunden ihn sehr schätzen. Dafür müssen wir da und da Abstriche machen und den Kollegen erklären, warum derjenige das darf und ein anderer nicht. Das ist für uns kooperativ-situativer Führungsstil.

Wie verhält sich die kooperativ-situative Führung einzelner Mitarbeiter mit Blick auf Ihr Teamverständnis? Das Team steht ja bei Maisel nicht nur für ein großes Wir-Gefühl, sondern ist auch Garant für Exzellenz, da es für Sie die Inputquelle Ihres TQM-Prozesses ist.
Das Team ist der Beweis, dass wir zu Recht sagen, der Mensch ist derjenige, der uns Input bringt und nicht die Maschine. Die Maschine kann nur produzieren. Früher war der Schweiß der Beweis dafür, dass jemand gearbeitet hat. Heute kann alles, was Schweiß produziert, von Maschinen besser erledigt werden. Um bestehen zu können, brauchen wir neue Ideen und Gedanken. Also müssen Strukturen geschaffen werden, die es erlauben, Gedanken zu sammeln und umzusetzen. Das gelingt nur im Team. Wenn wir diese Vision

verwirklichen, haben wir dauerhaft Erfolg. Wir sind auf dem Weg dahin, immer einen Schritt weiter zu sein als andere, weil wir Mitarbeiter haben, die denken können. Dazu brauchen wir begeisterte Mitarbeiter, die sinnvolle Strukturen schaffen, und diese führen wiederum zu begeisterten Kunden.

Sie glauben also, offene Strukturen und Begeisterung spielen sich in die Hand, da sich engagierte Mitarbeiter nur so entfalten können?
Ja. Und gute Strukturen führen zu guten Produkten.

Und das begeistert Ihre Kunden?
Genau. Der Ausgangspunkt ist der Mitarbeiter. Aber ohne gute Strukturen fehlt etwas. Wenn wir passende Strukturen haben und im Unternehmen eine Orientierung an Werten, Mitarbeitern, Prozessen und Kunden, dann generieren wir tragfähige Ideen. Vielleicht sind wir in 30 Jahren Sockenhersteller. Von mir aus gern, wenn wir die Mitarbeiter haben, wenn das Vermögen erhalten bleibt und wenn die Marke dazu passt. Dann ist es gut. Auch das geht, wenn man den Mut hat, nach vorne zu denken.

Und dieser Mut und die Begeisterung macht Ihre Unverwechselbarkeit im Markt aus.
Ja. Ein Hirnforscher hat einmal gesagt, man kann im Körper eines Menschen alles austauschen, aber nicht das Gehirn. Ohne sein Hirn ist der Mensch nicht mehr existent. Er hat ja auch unverwechselbare Erfahrungen. Deshalb sind bei uns die Menschen das Gehirn unserer Firma, nicht austauschbare Maschinen und Prozesse. Die 200 Menschen, die wir hoffentlich haben werden, sind an diesem Ort einmalig. Daher auch meine tiefe Überzeugung der Bedeutung guter Mitarbeiter. Auch wenn ich heute sagen muss, wir haben vielleicht erst zu 30 % unser Ziel erreicht. Aber dieses Ziel lässt mich nicht los und wir sind auf einem sehr guten Weg.

Ihr Erfolg gibt Ihnen recht. So wie Sie nach innen in Teams arbeiten, arbeiten Sie nach außen in Netzwerken. Wie sieht diese Zusammenarbeit aus und wo liegen die Vorteile für Ihre Netzwerkpartner?
Ich glaube, dass auch hier Ehrlichkeit das Wichtigste ist. Wir haben zu unseren Kunden auf den verschiedensten Ebenen Kontakte, z. B. in Kundennetzwerken. Das ist weniger ein Nehmen als ein Geben. Wir betätigen uns auch ehrenamtlich, z. B. im Brauerbund, und geben dort Input, damit der Biermarkt als Ganzer weiter kommt. Außerdem arbeiten wir im Netzwerk der „Freien Brauer" mit, wo man Impulse erhält und gibt und mit dem eigenen Vorgehen abgleicht. Das ist ein Geben und Nehmen, aber die wichtigsten Netzwerke sind natürlich diejenigen, in die unsere Kunden eingebunden sind und wo wir uns als Förderpartner anbieten. Diese Netzwerkteilnehmer vermarkten uns. Wir brauchen diese Strukturen als verlängerten Arm unserer Organisation. Deshalb pflegen wir diese wie unsere Mitarbeiter.

Sie stärken Ihre Kunden, um Ihre Basis zu stärken.

Wenn unsere Kunden erfolgreich sind, sind wir es auch. Darum herum finden sich die klassischen Netzwerke, Kontakte zur Stadt, zur Region, eine ständige Teilnahme am öffentlichen Geschehen, z. B. Spenden bei der aktuellen Überschwemmung, wo wir bewusst nicht anonym spendeten, sondern auch einen Artikel in der Zeitung platzierten. Mit solchen Initiativen zeigen wir, dass uns die Region wichtig ist und wir Verantwortung darin übernehmen.

Ein anderes Statement des „Maisel-Wertesterns" lautet: „Querdenken ist gefragt und Kreativität wird bei Maisel gefördert". Was bedeuten Querdenken und Kreativität? Wie werden diese gefördert und umgesetzt?

Wenn ich leistungsfähige Teams haben möchte, nützt es nichts, zu sagen: „Der Vorschlag ist Blödsinn, das machen wir nicht." Auch mit dem Spruch „Das haben wir schon immer so gemacht" kann man nichts bewegen. Und da der Mensch sich nur wenig verändern möchte, müssen wir die Bereitschaft dazu fördern. Bei Maisel ist ‚anders denken' gefragt und wir tragen dafür Sorge, dass neue Vorschläge anerkannt werden. Da muss ich bei mir selbst anfangen. Etwa, warum muss ich eigentlich nur mit Bier meinen Unterhalt verdienen? Ich habe einen guten Freund, der eine Brauerei besaß und zusätzlich eine Zulieferfirma für Reflexmarkierungen an der Autobahn. Die stellte die dazu benötigten Reflexkügelchen her. Es ist ihm dann bewusst geworden, dass dieses Geschäft lukrativer war. Heute ist das ein sehr florierendes Unternehmen. Das ist Querdenken par excellence. Das ist überall möglich. Warum soll man nicht etwas überdenken, neu machen und seine Kreativität dadurch zeigen?

Nur wenn ich querdenke, kann ich kreativ sein. Das gilt auch für mich, denn natürlich bekomme ich auch den Hinweis „Da steht doch ‚querdenken'. Jetzt hast Du schon wieder gleich ‚Nein' gesagt". Und dann kann ich nur sagen: „Stimmt, schreiben wir es erst einmal auf, lassen es sich setzen und dann denken wir weiter." Im Prinzip ist es immer das gleiche Verfahren, wir dürfen Kreativitätsprozesse nicht abwürgen.

Querdenken ist also der Lackmustest für die Offenheit, die die Kommunikation und die Unternehmenskultur von Maisel prägen?
So ist es.

Ein weiterer Ihrer Grundsätze lautet: „Wir stehen zu unseren Prinzipien und Werten und lassen uns daran messen." Gibt es hier Beispiele, wo Sie daran gemessen werden, und wie messen Sie selbst, dass diese Werte gelebt und in Führungsprozessen berücksichtigt sind?

Wie erwähnt, befragen wir unsere Mitarbeiter. Wir befragen auch unsere Kunden erstmalig in diesem Jahr. Auch da wieder mit einem kooperativ-situativen Ansatz, aber nicht, indem wir ein Standardschreiben versenden, sondern spezifisch nach Kundengruppen. Noch lieber ist es uns, die Kunden persönlich zu interviewen. Manchmal ist es aber sinnvoller, die Befragung schriftlich durchzuführen, sodass man die verschiedenen Ebenen erreicht, nicht nur den Chef, sondern tatsächlich die, die mit unserem Prozess in Berührung kommen.

Zusätzlich machen wir ein Unternehmensaudit bzw. einen Unternehmensfitnessprozess, wo wir in Richtung EFQM den Spiegel vorgehalten bekommen. All das hat uns Antworten auf Fragen geliefert, aus denen wir wirkliche Optimierungspotenziale ableiten können. Und ich hoffe, dass die strukturierte Kundenbefragung uns noch mehr Aufschluss gibt.

Das bringt mich zum Thema Führungsprozesse. Gibt es spezielle Maßnahmen, wie Sie die Führungsprozesse bei Maisel gestalten?
Da sind wir am Anfang. Wir haben bei der Mitarbeiterbefragung gesehen, dass wir beim Thema Führung Schwächen haben. Deshalb haben wir, mit dem Betriebsrat zusammen, ein Führungsleitbild und, was vielleicht einmalig ist, auch ein Mitarbeiterleitbild entwickelt. Jetzt gerade dokumentieren wir die dahinter liegenden Werte in Führungsgesprächen und Mitarbeiterjahresgesprächen so, dass man an einer Skala festmachen kann, wo sich der Mitarbeiter gerade befindet. Daraus werden wieder zu 80 % menschlich begründete Zielvereinbarungen getroffen, denn das Fachliche wird zwar am Rande besprochen, aber es ergibt sich schon über das Jahr verteilt. In der Maisel-Akademie werden dann Weiterbildungen für Führungskräfte angeboten, z. B. zur Strategiearbeit und zu Führungsmodulen. Das wird mit einem Diplom abgeschlossen und die Führungskräfte werden anschließend individuell weiter geschult. Die Führungskraft wird nicht nur vom Mitarbeiter beurteilt und umgekehrt, sondern dieser Vorgesetzte wird wiederum durch seinen Vorgesetzten beurteilt und umgekehrt. So schaut man immer gegenseitig in den Spiegel, der eine Bewertungsgrundlage für weitere Schulungsmaßnahmen darstellt. Wie gesagt, da stehen wir am Anfang. In der kommenden Woche werden wir besprechen, ob die testweise durchgeführten Orientierungsgespräche gut laufen. Und dann geht es in die Umsetzungsphase.

Die meisten Unternehmen sagen, „wir wollen Geld verdienen" und machen das mehr oder weniger erfolgreich, mit nicht immer moralischem Anspruch. So wie ich Sie und Maisel wahrnehme, verfolgen Sie eine an Langfristigkeit orientierte nachhaltige Unternehmensphilosophie. Hierzu gehört auch ein grundlegendes Verständnis unternehmerischer Verantwortung, also „Corporate Social Responsibility".
Das ist richtig. Es gehört zu unseren Werten, etwas für die Umwelt und die Region zu tun, denn wir leben ja hier. So wollen wir Bayreuth zum Ort für eine greifbare Braukultur machen. Das haben wir mit unserem Versprechen und in unseren Werten festgehalten. So ist Sponsoring in vielen Projekten in Bayreuth für uns ein Muss. Wir unterstützen den Medi Bayreuth mit einer hohen Summe, weil das für die Lebensqualität vor Ort notwendig ist. Wenn das nur ein werbetechnisches Sponsoring wäre, würde mir jede Agentur sagen, „das ist das Geld nicht wert". Es ist aber auch kein Mäzenatentum, wo wir sagen würden, das Geld haben wir halt, sondern wir verstehen das als Verantwortungssponsoring in unserem direkten Umfeld, bei dem es um Langfristigkeit geht.

Wenn die Leute sagen, Maisel ist ein guter Arbeitgeber, hat gute Produkte, engagiert sich für die Region, und die Familie Maisel hat „gute Werte", dann könnte das alles in diesem Bild der Langfristigkeit zusammengefasst werden. Da sehe ich unsere Verantwortung. Wir würden für Sponsoring kein Geld ausgeben, wenn wir nicht langfristig denken würden. Und hier sagen wir, wenn es Bayreuth gut geht, geht es uns wahrscheinlich auch nicht schlecht. Das hilft. Also müssen wir schauen, dass wir ein gutes Image haben. Und dazu müssen wir uns in der Region engagieren.

Wie überprüfen Sie die Grundsätze Ihrer Unternehmenskultur, und wie wird diese an die veränderten Bedingungen im Unternehmen und der Gesellschaft angepasst? Sie arbeiten langfristig auf der Basis von Siebenjahresplänen. Wie wird das auf kürzere Zeiträume heruntergebrochen?
Es gibt einen klar abgestimmten Prozess, der den gesamten Strategieprozess beinhaltet, von der Umfeldanalyse bis zur Analyse der Firmensituation selbst, über mögliche Strategieaspekte, die Stärken-Schwächen-Analyse bis zur Definition des Positionspapiers. Das Ganze wird von einem großen Strategiekreis entwickelt, der von einem kleinen Strategiekreis berufen wird. Dieser große Kreis spiegelt mehrheitlich den repräsentativen Durchschnitt aller Mitarbeiter und Bereiche wider. So werden auch alle sicher über die Ergebnisse informiert. Die Mitglieder dieses Kreises haben den Auftrag, die Information in die Bereiche hineinzugeben und alle Informationen umgekehrt von dort in den Strategiekreis zu bringen, z. B. mit Statements wie „Da wird es knapp, da hapert es, da gibt es Ideen." Natürlich geht es auch um Trendanalysen, um zu überprüfen, wo wir stehen. Selbst wenn wir heute sagen, es hat sich nichts verändert, wird dennoch für die Diskussion darüber ein Tag eingeplant. So haben wir heute eine klar fokussierte Strategie und denken in einem Zyklus von sieben Jahren. Wenn sich der Absatz innerhalb von drei Monaten verändert, wird jedoch die Siebenjahresplanung zumindest infrage gestellt und bei gleichbleibender Tendenz nach sechs Monaten unwiderruflich verändert und den neuen Prognosen angepasst. Wenn die aktuellen Prognosen nach unten weisen, wird der Plan zunächst einmal geändert und die Frage gestellt, wie das zu konsolidieren ist.

Auch hier legen Sie einen Blickwinkel zugrunde, der auf die Menschen gerichtet ist?
Ja.

Welche Rolle spielt die Familie Maisel im Unternehmen, bei den Mitarbeitern und Kunden?
Es ist wunderbar, dass mein Vater und mein Onkel immer noch Kunden besuchen. Wir haben ja viele alte Kunden, manche sind seit 100 Jahren dabei. Die möchten, dass man zu ihnen kommt. Dass mein Vater und mein Onkel das übernehmen, ist für mich eine große Entlastung, denn die Familie ist für die Kunden von großer Bedeutung. Durch den viel zu frühen Tod meines Cousins ist allerdings ein Mosaikstein weggefallen. Und so bin ich heute draußen weniger als Familienmitglied unterwegs, aber der Außendienst weiß genau, wann es besonders wichtig ist. Dann kommen entweder mein Vater, mein Onkel oder ich mit raus. Im Hintergrund ist es in der Familie so, dass ich jetzt allein zuständig bin. Ich berichte meinem Vater und meinem Onkel, wie die aktuelle Situation jeweils ist, auch wenn sie nicht mehr am operativen Geschäft teilnehmen. Daher haben wir einen Beirat gegründet, in dem wir zurzeit allerdings zu wenige Familienmitglieder haben. Wir führen außerdem Gespräche in der Familie, mit Ausnahme der jungen Mitglieder, die erst zwischen fünf und elf Jahre alt sind. Wir arbeiten an einer Familienverfassung und einem

Gesellschafterpositionspapiers, sodass dort auch gewisse Spielregeln gemeinsam erarbeitet werden können. Die Senioren unterstützen mich darin, die Vergangenheit zu berücksichtigen, sodass wir dann die neue Generation mit einbinden können, und wir wollen diese auch die Familienverfassung unterschreiben lassen.

Kommen wir zur letzten Frage. Wo liegt für Sie die Zukunft von Maisel, was sind die größten Herausforderungen und welchen Stellenwert hat die Wertekultur von Maisel, um diese Herausforderungen zu meistern?

Ich glaube, dass mehr denn je Ehrlichkeit und damit auch Langfristigkeit und Regionalität miteinander verbunden sind. Das hat einen enormen Wert und da sind wir erst am Anfang, aber das ist das Zentrum. Um diese Werte herum muss man alles andere aufbauen. In diesem Zusammenhang schauen wir darauf, was große und kleine Unternehmen nicht so gut wie wir machen können. Und dann stehen wir vor allgemeinen Herausforderungen, wie z. B. dem Verbot von Alkoholwerbung, die uns natürlich auch hemmen können. Außerdem stellen sich Fragen, wie man im emotionalen Bereich weiterkommen kann, was unsere größten Stärken sind. Dies müssen wir nach vorne bringen und auch einmal andere Wege gehen, als es in den Geschäftsmodellen der Großen aufscheint. Natürlich haben die ihre Berechtigung, denn ich bin absolut dagegen, irgendein Unternehmen als den Bösen darzustellen, ganz gleich, ob es klein oder groß ist. Wir müssen uns auf uns selbst besinnen, schauen, wo wir stehen und wo wir in die Welt noch hineinpassen, selbst wenn das bedeuten würde, dass wir am Ende verkaufen müssen, weil man zu keinem Ergebnis kommt. Das wäre aber die Ultima Ratio. Im Mittelpunkt stehen für mich das Vermögen der Familie Maisel, die Mitarbeiter und Arbeitsplätze sowie die Marke Maisel. Diese drei Werte müssen gehalten werden, und wenn man da immer wieder diskutiert und demütig bleibt, dann werden wir auch in Zukunft erfolgreich sein. So sind Demut und Aufmerksamkeit mit Ehrlichkeit gepaart unsere wichtigste Herausforderung.

Herzlichen Dank für das Gespräch.

Der Werteraum von Maisel aus Sicht des Wertecockpits wird geprägt durch eine Familientradition, in der sich die heutigen Unternehmer- und Unternehmenswerte herausgebildet haben.

Die Familienwerte orientieren sich am Verständnis einer kreativen, verantwortungsvollen Unternehmensführung. Diese gründet für Jeff Maisel in den tradierten Familienwerten Fleiß, Respekt, Mut zu Visionen und Tatkraft bei der Umsetzung von Visionen sowie Begeisterung für die Tätigkeit und das Unternehmen.

Flankiert werden diese Familienwerte von der persönlichen Wertehaltung von Jeff Maisel. Vor alle anderen Werte setzt er den Wert Ehrlichkeit, ergänzt durch die Werte Demut, Aufmerksamkeit und Mut, nach vorne zu denken.

Die Unternehmenswerte von Maisel sind kaskadenartig angelegt und werden durch den „Maisel-Wertestern" ausgedrückt. An oberster Stelle stehen die Werte Qualität, Menschenorientierung und unternehmerische Unabhängigkeit. Im Unternehmensleitbild werden diese Leitwerte aufgeschlüsselt in sechs Dimensionen, die gleichberechtigt nebeneinander stehen und sich zum „Maisel-Wertestern" verschränken:

1. Spürbare Begeisterung
2. Langfristige Unabhängigkeit
3. Ehrliche Kommunikation
4. Erlebbare Qualität
5. Gelebtes Miteinander
6. Erfrischend anders (zu sein)

Die sechs Wertedimensionen des „Maisel-Wertesterns" werden in jeweils drei bis acht konkrete Erfüllungsbedingungen heruntergebrochen, an denen für alle sichtbar wird, wie diese Werte von Maisel interpretiert werden, beispielsweise der Wert „erlebbare Qualität" durch die Erfüllungsbedingungen „Wir sind schnell, aber fundiert in unseren Entscheidungen" und „Wir verbessern uns ständig in allen Unternehmensbereichen"; der Wert „ehrliche Kommunikation" durch die Erfüllungsbedingung „Wir handeln offen, ehrlich und nachvollziehbar, sowohl nach innen als auch nach außen" oder der Wert „erfrischend anders (zu sein)" durch die Erfüllungsbedingung „Bei uns ist Querdenken gefragt".

Die Leitwerte von Maisel Analysiert man den „Maisel-Wertestern" nach dem Schema Leit- und Prozesswerte, werden die nutzenstiftenden Leitwerte von Maisel durch vier Prinzipien ausgedrückt: Prozessorientierung und flache Hierarchien als Grundlagen für bedingungslose Qualität sowie gelebte Werteorientierung und ausgefeilte Teamstrukturen als Grundlagen für die bedingungslose Menschenorientierung.

Die Prozesswerte von Maisel folgen ebenfalls übergeordneten Grundprinzipien, mit denen die Ausgestaltung des „Maisel-Wertesterns" und der Umgang im Unternehmen organisiert werden. Sie lauten für Maisel: Begeisterung, Offenheit, Partnerschaft, Langfristigkeit und lebenslanges Lernen (TQM/EFQM).

Das Wertecockpit Im Maisel-Wertecockpit werden die Leit- und Prozesswerte mit Instrumenten der Mitarbeiterbefragung gesteuert. Hierbei kommt eine Prüfskala zum Einsatz, mit der gemessen wird, wie sich die gelebten Unternehmenswerte entwickeln und Maisel seine im Wertestern ausgedrückten Unternehmensversprechen einlöst.

C4-Management Im Selbstverständnis von Maisel ist die gelebte Unternehmenskultur Basis für alle Wertschöpfungsprozesse (vgl. Abb. 4.10). Deshalb ist ein umfassendes Wertemanagement Grundlage für das Maisel-C4-Management. In ihm greift die konsequent gepflegte Prozess-, Team- und Werteorientierung ineinander. Dabei werden die Entwicklungsachse aus Unternehmenswissen und -organisation sowie Stabilisierungsachsen aus Unternehmensidentität und -werten so ausgerichtet, dass der Wertestern authentische Strahlkraft und Substanz erhält. In dieser Verschränkung wird das Augenmerk des

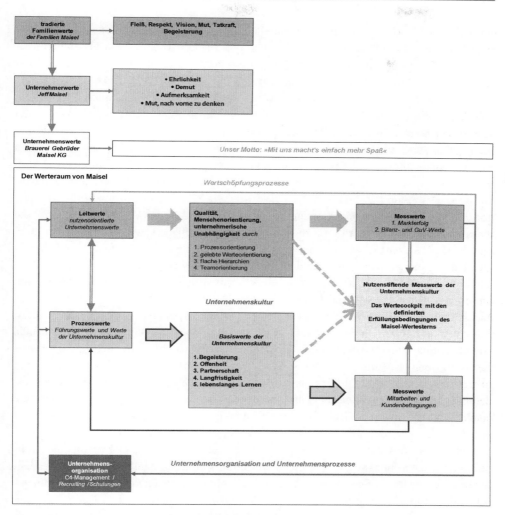

Abb. 4.10 Wertelandkarte Brauerei Gebrüder Maisel KG

C4-Managements darauf gerichtet, alle Hürden auszuräumen, die den Leitwerten und Unternehmenszielen im Weg stehen könnten.

4.5 „Führungsarbeit ist eine Bewusstseinsführungsarbeit": Erich Harsch, dm-drogerie markt GmbH + Co. KG, Karlsruhe

dm-drogerie markt GmbH + Co. KG, Karlsruhe Mit seinem ersten Drogeriemarkt begründete Götz W. Werner 1973 in Karlsruhe dm. Heute ist das Unternehmen mit mehr als 1400 Drogeriemärkten in Deutschland und insgesamt rund 2800 Märkten in zwölf europäischen Ländern tätig. Im Geschäftsjahr 2011/2012 erwirtschafteten etwa 29.000 Mitarbeiter in Deutschland einen Umsatz von gut 5,1 Mrd. € bzw. mehr als 46.000 Mitarbeiter in Europa 6,9 Mrd. €. Götz W. Werner wechselte 2008 vom Vorsitz der Geschäftsführung in den Aufsichtsrat. Seitdem hat Erich Harsch den Vorsitz inne.

Von Anfang an setzten dm, Götz W. Werner und auch Erich Harsch, der 1981 bei dm eintrat, auf ein ganzheitliches unternehmerisches und soziales Denken. Alle Aktivitäten stellen den Menschen in den Mittelpunkt. dm liegt in der Kundengunst als Markt- und Innovationsführer für Drogeriewaren und -dienstleistungen vorne. Bei einem jährlich von externer Seite erhobenen Marktmonitoring antworteten 2012 40 % der Befragten, dm sei ihr favorisierter Drogeriemarkt. Damit rangiert dm weit vor allen anderen nationalen Mitbewerbern, die von den Befragten lediglich zu 28 % (Rossmann) bzw. zu 9 % (Müller) gewählt werden. Gespiegelt wird dieser Kundenzuspruch durch die Wertschätzung, die dm von seinen Mitarbeitern erfährt. In einer extern erhobenen Auswertung sagten 2012 weit über 90 % aller befragten Mitarbeiter, sie setzten sich mit Engagement für dm ein und stünden loyal hinter der Werte- und Unternehmenshaltung von dm.

Grundlage des Erfolgskonzeptes ist eine ethisch ausgerichtete Unternehmensführung, die auch von der Philosophie Rudolf Steiners inspiriert ist. Aus einem ganzheitlichen Menschenbild werden die zentralen Leitsätze von dm abgeleitet: „Der Mensch steht im Mittelpunkt", „Unternehmen und auch die Wirtschaft als Ganzes sind für die Menschen da und nicht umgekehrt" sowie „Ein Unternehmen kann nur dann langfristig erfolgreich wirtschaften, wenn es gelingt, die wirtschaftlichen Belange mit den ökologischen, kulturellen und sozialen in Einklang zu bringen". Mit diesen Leitsätzen bringt dm zum Ausdruck, dass Nachhaltigkeit nicht bloß ein anzustrebender Zustand ist, sondern, so Erich Harsch, Nachhaltigkeit „die innere Haltung" sei, „die dem gesamten unternehmerischen Handeln" von dm zugrunde liege.

Umgesetzt wird dieses Bekenntnis zu einer nachhaltig ethischen Unternehmensführung durch eine einzigartige Unternehmenskultur. Ihre kontinuierliche Pflege und Weiterentwicklung ist im Selbstverständnis von dm eine Voraussetzung für einen gelingenden Wertschöpfungsprozess. Hierbei will dm einen nachhaltigen Mehrwert stiften, der die ökonomischen Interessen der Kunden, der Mitarbeiter, des Unternehmens und der Gesellschaft mit den sozialen, ökologischen und kulturellen Interessen aller Stakeholder verknüpft. „Menschenorientierung" besagt in diesem Zusammenhang für dm, dass durch entsprechende Bewusstseinsbildung darauf hingewirkt wird, dass im Umgang miteinander „die Eigentümlichkeiten jedes Menschen" anzuerkennen und zu respektieren sind.

Dieses Eingehen auf den Einzelnen und die dazu benötigte Arbeit am eigenen Bewusstsein begreift dm als Herzstück seiner Unternehmenskultur. „Kulturarbeit ist an einer lebendigen Entwicklung orientiert", die nicht dogmatisch verengt werden darf. Sie setzt deshalb auf situativ angemessenes Urteilen und Handeln aus eigener Einsicht. Vor diesem Hintergrund wird Führung von dm als ein Prozess des Dienens verstanden, bei dem die Unternehmenspyramide auf den Kopf gestellt ist. Oben stehen die Kunden, die durch die einzelnen Marktteams vor Ort in ihren Bedürfnissen wahrgenommen und bedient werden.

Darunter befinden sich in absteigender Folge die Führungsebenen bis hin zur Spitze – der Geschäftsleitung – die ganz unten angesiedelt ist. Die Führungsverantwortung wird als Prozess begriffen, in dem jede Führungsebene im Dienst der Menschen steht, für die sie Verantwortung trägt. Entsprechend diesem Verantwortungsverständnis lautet die Definition von Führung bei dm: „Führungsarbeit ist eine Bewusstseinsführungsarbeit".

Im Umgang mit den „individuellen Wesenszügen der Beteiligten" und der Konzentration darauf, dass ein ganzheitlicher Nutzen geschaffen wird, begreift sich dm als „Arbeitsgemeinschaft" mit einem dreifachen Aufgabenprofil. Erstens „veredelt" dm die Konsumbedürfnisse seiner Kunden durch eine umfassende Mehrwertstiftung. Zweitens bietet dm den zusammenarbeitenden Menschen Entwicklungsmöglichkeiten. Drittens trägt man dafür Sorge, dass „dm als Gemeinschaft vorbildlich in seinem Umfeld wirkt". Der Ausgangspunkt für diese nutzenorientierte Ausrichtung liegt in der grundlegenden Einsicht, dass der Umgang zwischen Menschen auf Gegenseitigkeit beruht. Zusammen mit den Prinzipien der Ganzheitlichkeit und der Nachhaltigkeit ist das Prinzip der Gegenseitigkeit die Grundlage aller Wertschöpfungsprozesse: „So wie ich mit meinen Mitarbeitern umgehe, so gehen sie mit den Kunden um".

Auch in der Ausgestaltung der Unternehmensentwicklung liegt der Fokus auf nachhaltiger Nutzenstiftung. Drei Dimensionen der nutzenorientierten Unternehmensentwicklung ragen heraus: Erstens die autonome Organisation der einzelnen Märkte; zweitens der Fokus auf Lernen und Ausbildung und drittens die Überzeugung, dass auch auf der Ebene der einzelnen Märkte vor Ort gelebte Unternehmensverantwortung und CSR Grundlage der unternehmerischen Wertschöpfung ist.

dm-Märkte Jeder einzelne Markt arbeitet als Team mit einem festen Stamm aus Voll- und Teilzeitkräften. Bis hin zur konkreten Arbeitszeitplanung sowie damit verbundenen Gehaltsregelungen haben die Teams eigenständige Verantwortung und Gestaltungsspielraum. Leitplanken für diese Spielräume sind die unternehmensübergreifenden Kunden-, Mitarbeiter- und Partnerleitsätze:

* „Sich die Probleme des Konsumenten zu eigen machen" steht dabei für die kundenorientierte Haltung, mit den individuellen Leistungen vor Ort „eine bewusst einkaufende Stammkundschaft zu gewinnen, deren Bedürfnisse wir mit unserem Waren-, Produkt- und Dienstleistungsangebot veredeln".
* „Transparenz und Gerechtigkeit" sowie die „Bereitschaft zur Zusammenarbeit in Gruppen" stehen für die mitarbeiterorientierte Haltung, allen zu helfen, „Umfang und Struktur unseres Unternehmens zu erkennen". Hierzu eröffnet dm allen Mitarbeitern die Möglichkeit, „gemeinsam voneinander zu lernen, einander als Menschen zu begegnen" und „die Individualität des anderen anzuerkennen". Durch die kontinuierliche Unterstützung der Mitarbeiter in ihrer persönlichen Entwicklung schafft dm die Voraussetzungen dafür, dass sich die Mitarbeiter mit den Aufgaben und Zielen von dm auf allen Ebenen des Unternehmens verbinden können.

- „Erkennen seines Wesens. Anerkennen seiner Eigentümlichkeit" steht schließlich für die partnerorientierte Haltung, mit allen Geschäftspartnern „eine langfristige, zuverlässige und faire Zusammenarbeit" zu pflegen.

Grundlage der Autonomie der einzelnen Märkte ist die hohe Eigenständigkeit der einzelnen Mitarbeiter, gepaart mit klaren Anforderungen, dass sich der Einzelne entsprechend der dm-Philosophie teamorientiert entwickelt. Untermauert wird diese Haltung gelebter Gegenseitigkeit durch die Werte Achtsamkeit im Umgang miteinander sowie Angemessenheit, insbesondere auch in den Vergütungssystemen, die ebenfalls dem Gebot der Nachhaltigkeit verpflichtet sind.

Lernen und Ausbildung Auch die Mitarbeiterentwicklung spiegelt die Grundüberzeugungen von dm, dass sich Individualität, Eigenverantwortung, Nachhaltigkeit und unternehmerische Wertschöpfung in die Hand spielen und deshalb gemeinsam entwickelt werden müssen.

Oberstes Ziel aller Aus- und Weiterbildungsprogramme ist es, Mitarbeiter darin zu unterstützen, fachlich und menschlich eine autonome und verantwortungsvolle Persönlichkeit zu werden. Dahinter steht die Vision, dass unternehmerisch sinnvolles Handeln nur dort gelingt, wo die einzelnen Akteure ein eigenes Bewusstsein entfalten, indem sie aktiver Teil eines Systems werden, das ganzheitlichen Nutzen schafft. Lernen und persönliche Entwicklung sind für dm keine hierarchisch organisierten Vermittlungsprozesse, sondern ein partnerschaftlicher Gemeinschaftsprozess. Er gelingt nur dann, wenn die Beteiligten zum Wohl des Ganzen gemeinsam aktiv werden und begreifen, dass darin alle voneinander lernen.

Damit sich der Einzelne in seiner ganzen Person entwickeln kann, verknüpft dm drei Ausbildungssäulen. Das Programm „LidA" (Lernen in der Arbeit) fokussiert den Bereich Eigenverantwortung. In diesem Ausbildungsstrang erhalten Lehrlinge Aufgaben, die sie selbständig und beim täglichen Tun lösen sollen. Dabei werden die Auszubildenden ermutigt, auch selbständig Aufgaben zu entdecken und anzugehen, um in der Praxis persönliche Eigenständigkeit und Verantwortung zu lernen. Flankiert wird diese Ausbildungssäule durch die Säulen „Forum Schule" und „Abenteuer Kultur". Im „Forum Schule" wird das theoretische Wissen vermittelt, welches für eine umfassende Drogerieberatung notwendig ist. In der Ausbildungssäule „Abenteuer Kultur" werden dagegen Persönlichkeitskompetenzen, wie z. B. der Auftritt vor Gruppen gelernt und trainiert. Hier nehmen Lehrlinge im Rahmen ihrer Ausbildungszeit zweimal an einem achttägigen Theaterworkshop teil. Die Workshops werden mit einer Präsentation vor Kollegen, Eltern und Freunden abgeschlossen, sodass das Gelernte auch hier in der praktischen Selbsterfahrung verankert wird.

CSR als Wertschöpfungsprozess Ein weiterer Ausdruck für die hohe Eigenständigkeit der Filialen und das ganzheitliche Versprechen, Kundenbedürfnisse zu veredeln und durch nachhaltige Mehrwertstiftung zu befriedigen, ist das gelebte CSR-Verständnis von dm. „Corporate Social Responsibility" ist für dm nicht nur eine philanthropische Aufgabe auf der Ebene des Gesamtunternehmens und der Führungszentrale, sondern eine individuell gelebte Wertschöpfungspraxis der dm-Märkte vor Ort.

Gemeinsam mit der deutschen UNESCO-Kommission hat dm hierzu jüngst das Projekt „Ideen Initiative Zukunft" ins Leben gerufen. Über dieses Projekt wurden 2012 mehr als 2000 Einzelprojekte und Projektideen entwickelt, die in den einzelnen Märkten vor Ort praktizierte Nachhaltigkeit erlebbar machen. Schon in Vorläuferprojekten wurden seit 2008 im Rahmen der UN-Dekade „Bildung für nachhaltige Entwicklung" gemeinsam mit der deutschen UNESCO-Kommission mehr als 3800 Ideen und Projekte gefördert und in einzelnen dm-Märkten präsentiert. Alle vorgestellten Projekte verbindet der dialogische Fokus auf praktische Umsetzbarkeit, gepaart mit einem Vernetzungsverständnis, das die vier Nachhaltigkeitsvorstellungen von dm, also ökologische, ökonomische, soziale und kulturelle Nachhaltigkeit, verknüpft. Hierbei präsentieren die einzelnen Teilnehmer, seien es Mitarbeiter einzelner Märkte oder externe Akteure, sich und ihr Engagement in ihrem dm-Markt. Die Projekte werden an Infotischen und in persönlichen Gesprächen von den Akteuren dargestellt. Durch diese Präsentationsform wird das Engagement der Projektträger für Kunden erlebbar gemacht, und auch die Kunden sind in diese Projekte eingebunden. Welches Projekt in einem Markt präsentiert wird, legt das Team des jeweiligen Marktes fest. Die einzelnen Märkte profilieren sich so in ihrem Umfeld als Orte, an denen vernetztes nachhaltiges Denken und Handeln am konkreten Projekt erlebbar wird.

Alle Projekte sind unter http://www.projekte.ideen-initiative-zukunft.de/projekte einsehbar, beispielsweise das Projekt „Lehrer lernen" (dm-Markt Starnberg), bei dem das Thema Nachhaltigkeit Lehrern und Schulen vermittelt wird. Das Projekt „Mit Zuversicht in die Zukunft" (dm-Markt Bochum-Wattenscheid) zeigt, wie Alt und Jung gemeinsam die Zukunft gestalten und das Handwerk mit alten Erfahrungen und modernen Ideen erhalten und gefördert werden kann. Das Projekt „Wasser zum Leben, Licht zum Lernen – 25 Jahre Schulpartnerschaft mit Sambia" (dm-Markt Gladbeck) demonstriert, wie von Ferne Schulprojekte in Sambia unterstützt werden können. Das Selbstverständnis der Gladbacher Projektträger kann dabei als Leitbild für alle Projekte genommen werden: „Das afrikanische Sprichwort ‚Wenn viele kleine Leute an vielen kleinen Orten viele kleine Dinge tun, können sie das Gesicht der Welt verändern' vermittelt am eindrucksvollsten die Idee unseres Projektes, denn durch viele kleine und große Aktionen in den unterschiedlichsten Bereichen – den Sponsorenläufen im Rahmen des Sportfestes, einem Minilädchen, den SV-Aktionen zum Nikolaustag und zum Valentinstag, der Teilnahme von Technikkursen an Wettbewerben u. v. m. – tragen alle Schülerinnen und Schüler der IDG zum Gelingen dieser Partnerschaften bei. Im Endeffekt muss es also nicht ein Megaprojekt sein, mit dem man etwas in unserer Welt verändern will, sondern jeder für sich kann im Kleinen und Großen etwas bewirken."

Alle geförderten Projekte vereint das Selbstverständnis, dass der abstrakte Begriff ‚Nachhaltigkeit' durch Förderung konkreter, lokaler und regionaler Initiativen mit Leben gefüllt wird, sodass dm mit diesen Projekten sein Versprechen auf lokaler Ebene erfüllt, für die einzelnen Menschen und die Gemeinschaft als Ganzes da zu sein. CSR in den Märkten vor Ort ist so der Transmissionsriemen eines Werte- und Wertschöpfungsverständnisses, das die vier Bereiche Team, individuelle Selbstentfaltung, gesellschaftliche Verantwortung und unbedingte Kundenorientierung so verbindet, dass jeder sich mit dem dm-Werteverständnis konkret identifizieren kann. Die praktizierte unternehmerische Verantwortung wird zum greifbaren Leumund der dm-Nutzenstiftung und ist zentraler Bestandteil der nachhaltigen Kundenbindung und des unternehmerischen Wertschöpfungsprozesses vor Ort.

Aufgrund einer ethischen Ausrichtung und des daraus resultierenden überdurchschnittlichen Erfolgs hat dm zahlreiche Auszeichnungen erhalten. Von allein 19 Auszeichnungen der letzten zwei Jahre seien besonders erwähnt: der ‚Best Brands Award 2013' für Götz W. Werner als „Beste Unternehmermarke", der ‚Deutsche Kulturförderpreis 2012' für das Projekt „Singende Kindergärten", die dm-Initiative „ZukunftsMusiker", der ‚ECR Award 2011' für Pionierarbeit in Kundenorientierung, Mitarbeiterführung, zukunftsfähigem Wirtschaften sowie der ‚Deutsche Nachhaltigkeitspreis 2011' in der Kategorie „Deutschlands nachhaltigste Initiative" für das mit der deutschen UNESCO-Kommission ins Leben gerufene Dachprojekt „Ideen Initiative Zukunft".

Alle Zitate aus http://www.dm.de/de_homepage/ sowie aus dem Gespräch mit Herrn Harsch.

„Führungsarbeit ist eine Bewusstseinsführungsarbeit": Erich Harsch im Gespräch

Herr Harsch, Sie sind 1981 acht Jahre nach seiner Gründung bei dm eingestiegen. Wie nehmen Sie Ihren eigenen Werdegang wahr? Ist er ein Ausdruck der Wertephilosophie von dm?

Das erste Erlebnis hatte ich schon bei meiner Einstellung. Ich wurde in der EDV, wie es damals hieß, eingestellt, obwohl dieser Bereich für mich ganz neu war. Es gab zu jener Zeit in diesem Bereich noch nicht viele Ausbildungsberufe. Ich kam dann relativ schnell in verantwortliche Position, weil mir das Organisieren lag. Nach etwa einem Jahr bekam ich schon ein Projektteam mit drei Menschen aus der Geschäftsleitung sowie zwei Abteilungsleitern. Man hatte mich gebeten, für sie die Teamleitung für das Projekt zu übernehmen. Zunächst hatte ich etwas Bedenken, ob ich das schaffe. Ich bin schon ein bisschen „ins kalte Wasser geworfen" worden, aber immer sozusagen mit helfenden Händen im Hintergrund, sodass ich es gut bewältigen konnte.

Dass man das Zutrauen – auch in einen jungen Menschen – entwickelt, ist typisch für dm. Auch als ich in die Geschäftsleitung kam, war ich erst dreißig Jahre alt, also noch recht jung. Das war für mich schon eine Herausforderung. Davor hatte ich zehn Jahre lang nur IT gemacht und dann kam ich in die Geschäftsleitung und übernahm auch eine Region mit Filialen. Bei uns wurde damals eingeführt, dass jeder in der Geschäftsleitung auch gleichzeitig verantwortlich für eine bestimmte Anzahl von Filialen ist. Die Basis für diese Entscheidung war ein Matrixverständnis. Geschäftsführungskräfte, so unsere Überzeugung, sollen in unterschiedlichen Funktionen eingebunden sein, d. h. immer auch im Vertrieb und nah am Kunden. Scherzhaft bedeutet das, dass ich den Unfug, den wir in der IT fabriziert hatten, in den Filialen in meiner Region ausbaden durfte. Scherzhaft, denn unter dem Strich war es doch mehr „Fug" als Unfug. Zum Glück, sonst hätte sich dm nicht so entwickeln können.

Um auf Ihre Frage zurückzukommen, fällt mir noch ein dritter Punkt dazu ein. Eines Abends bei einer Klausurtagung fragte Herr Werner bei einem Spaziergang: „Herr Harsch, ich möchte irgendwann einmal aus dem operativen Geschäft austreten und jetzt zunächst einen Stellvertreter haben. Meinen Sie, Sie könnten diese Aufgaben übernehmen?" Ich sagte: „Ja, ich hätte schon Freude daran und kann mir das vorstellen. Ich fände es gut, wenn wir die Frage nach ihrem Stellvertreter – nicht auf mich bezogen – in die Geschäfts-leitung einbringen. Wir können daraus einen Prozess machen, bei dem die Betroffenen auch Beteiligte sind. Wenn dann am Ende herauskommt, dass ich das machen soll, mache ich es gerne." So hat er es dann umgesetzt und zu meiner persönlichen Freude war das Ergebnis, dass ich das machen sollte.

Es gab immer wieder Situationen, die mit Zutrauen in mich verbunden waren. Das Zutrauen war die Voraussetzung dafür, dass sich etwas entwickeln konnte, obwohl, genau genommen, die Fähigkeiten, zumindest bei den ersten Schritten, noch gar nicht so ausge-prägt waren. Bei meiner Einstellung wusste ich nicht viel über IT, als ich in die Geschäfts-leitung kam, hatte ich noch keine operative Filial- und Regionserfahrung. Und die Rolle des Geschäftsführers war zunächst auch etwas Neues. Die internen Entwicklungsmöglich-keiten sind enorm. Wir haben in der Geschäftsführung drei Kollegen, die ihre Berufstätig-keit mit einem dualen Hochschulstudium bei dm begonnen haben. Sie sind seit mehr als 20 Jahren dabei. Die meisten Verantwortlichen kommen aus dem eigenen Unternehmen.

Weil sie die gelebte Philosophie teilen. Ist das der Hintergrund?
Wenn man in jungen Jahren „mit der Muttermilch" alles mitbekommt, hat man es viel-leicht leichter als jemand, der von außen kommt.

Es gibt ja Unternehmen, die alle Führungskräfte ausschließlich intern entwickeln. Deren Auffassung ist, dass sich das Menschliche nur im gelebten Miteinander entwickeln lässt. Sozusagen „bottom up".
Das wäre mir persönlich viel zu dogmatisch. Das würde bedeuten, außerhalb des Unter-nehmens findet man keine „menschlichen" Menschen. Der dogmatische Ansatz ist uns völlig fremd und fern. Wir haben eine Tendenz, aber immer auch die Bereitschaft, es anders zu machen, wenn wir gute Gründe dafür haben.

So verstehe ich Ihren Begriff „menschorientiertes Denken". Wenn der für sich dogmatisch genommen wird, ist das die beste Form einer Antidogmatik. Weil hundert Menschen hun-dert verschiedene Individuen sind und damit gibt es hundert unterschiedliche Meinungen und Ansichten.
Dogmatisches hat immer eine Scheuklappe auf, jedes Dogma. Auch das Dogma des Menschlichen kann in manchen Situationen eine Scheuklappe sein. Deswegen geht es uns nie darum, dogmatisch zu agieren, sondern es geht uns um Werte und Haltungen und um

das situativ angemessene Urteilen und Handeln aus eigener Einsicht. Das ist der Kernpunkt, auf den wir abzielen, Urteilen und Handeln aus eigener Einsicht.

Und das Urteilen aus eigener Einsicht, wie verhält sich das zu Ihrem Wert Teamorientierung? Einsicht und Entscheidungsprozesse werden ja bei dm immer auch über das Team gespiegelt.

Jetzt werfen Sie die Frage nach dem Verhältnis zwischen Individualität und Gemeinschaft auf. Die ist natürlich wesentlich, denn Individualität, die sich von der Gemeinschaft loslöst, wird einsam und ist in der Regel sozial schwer tragbar. Deswegen muss man die Individualität immer in Verbindung mit der Gemeinschaft betrachten. Das Ich muss sich im Spiegel der Gemeinschaft weiter entwickeln. Und umgekehrt, wenn sich die Ichs der Vielen in der Gemeinschaft entwickeln, entwickelt sich auch die Gemeinschaft weiter.

Wenn die Entwicklung von Individualität und Gemeinschaft ein osmotisches Verhältnis ist, wie entwickeln sich dann die Werte von dm langfristig, wenn diese beiden Pole im Austauschprozess stehen?

Die Frage ist eben, ob man etwas statisch sieht oder ob man etwas sich entwickeln sieht. Das sich Entwickelnde und der Fokus auf Entwicklung ist das Besondere an dm. Sie sprechen über „die Werte" von dm. Ich kenne „die Werte" von dm nicht. Es gibt gewisse Grundhaltungen, die wirken und die dazu führen, dass sich eine Wertewelt und eine Kultur der Zusammenarbeit bildet und entwickelt, aber die ist nicht statisch. Wenn sie statisch wäre, wäre sie tot. Die Kernfrage der Kulturarbeit ist die Arbeit am Lebendigen. Kulturarbeit ist an einer lebendigen Entwicklung orientiert. Das ist die Kunst. Es ist keine Kunst, ein paar Sätze zu schreiben, die irgendwelche Werte ausdrücken und dann mit mehr oder weniger hilflosen Anweisungen zu versuchen, diese Kultur wirksam zu machen. Das geht im Sozialen gar nicht.

Das ist klar. Werte sind ja nichts Statisches. Darum geht es mir auch nicht. Es geht darum, wie weit der Einzelne seine Werte in das System hineintragen und damit das System verändern kann. Der Einzelne verändert ja das System und es gibt Rückkopplungseffekte. Wenn dort die Falschen großen Einfluss haben, kann das ganze System Schaden nehmen. Gibt es hier Wertevorstellungen, die nicht verändert werden dürfen? Bei aller Entwicklung bleiben ja gewisse Werte für dm als Orientierung vorhanden.

Das scheint mir noch zu kurz gesprungen. Wenn wir es dabei beließen, zu sagen, „das oder jenes wollen wir nicht", dann hätten wir noch nichts für die Kulturentwicklung erreicht, sondern wir müssen sagen: „Das und das wollen wir nicht, weil…" Und dafür muss sich ein Bewusstsein bilden, dass es vernünftig ist, damit Menschen es verinnerlichen. Es geht also um das Warum, das *Know-why* und nicht nur um das Know-how. Die Frage ist, wie man sich in der Zusammenarbeit aufstellt und wie viel Mühe man sich gibt. Das klappt natürlich nicht immer in der operativen Tageshektik. Da geht schon das eine oder andere Mal unter. Auch bei uns. Aber das Bewusstsein für das *Warum* muss das Ziel sein.

Sie nennen es ‚Haltung‘, ich nenne es ‚Werte‘. Ist dieses Arbeiten am Bewusstsein, also am Wissen, was vernünftig ist und warum es vernünftig ist, einer der Werte von dm? Und welches sind Ihre persönlichen Werte?

Unsere Werte stehen in unserer Unternehmensphilosophie. Und je mehr man versucht, sie fest zu greifen, desto mehr Schwierigkeiten bekommt man, weil es so komplex ist, dass jeder individuelle feste Griff wieder viele andere Situationen generiert, in denen das Festgeschriebene genau falsch ist. Deswegen sind unsere grundsätzlichen Werte in lebendige Haltungen zu überführen und ständig neu zu entwickeln. Das müssen wir bei einem Organismus wie dm auch deswegen machen, weil kontinuierlich neue Menschen ins Unternehmen kommen. Situationen verändern sich. Was uns gestern an diesen Punkt gebracht hat, führt uns nicht ins Morgen. Jeder Tag beginnt neu. Und die Konstanz in einer sich entwickelnden Wertewelt, das ist unser Fundament. Hier liegt auch die Verbindung zu meinen persönlichen Werten, nach denen Sie gefragt haben.

Bei mir war es schon als Jugendlicher so, dass ich gern Jugendgruppen organisiert habe, wir haben die tollsten Sachen im Dorf gemacht. Und ich habe schon damals gern Verantwortung übernommen. Ein einfaches Beispiel: Wir hatten einen Fußballplatz am Bach. Beim Fußballspielen landete der Ball oft im Bach. Und es war ganz klar, dass der, der ihn hineingeschossen hatte, ihn auch wieder herausholen musste. Da musste man schnell sein, denn sonst war er weg. Es gab aber immer mal wieder sogenannte Pressschläge, wenn zwei gleichzeitig den Ball traten und der Ball im Bach landete, und dann gab es Streit, wer den Ball aus dem Bach holen muss. Ich war immer schon so „gestrickt", dass, bevor die sich gestritten haben, ich den Ball aus dem Bach geholt habe, obwohl ich gar nicht beteiligt war. Da habe ich eine gewisse Veranlagung in mir, die eher das Verbindende und Situative anstatt das Macht durchsetzende sucht. Deswegen glaube ich, hat sich etwas gefunden und verbunden, was im Unternehmensorganismus und in mir als Veranlagung da ist.

Das heißt, auch dm begreift Führen eher als Dienen, wenn wir das Beispiel nehmen, das Sie gerade genannt haben. Sie hatten das Team im Auge und die Lösung des Problems, als Sie in den Bach stiegen, um den Ball zu holen.

Das dienende Element gehört auch dazu. Aber wenn Sie nach der Legitimation von Führung fragen, gibt es für dm zwei Antworten. Die erste Legitimation zur Führung ist: Die Führung zur Selbstführung. Und zweitens ist die Führungsarbeit der Verantwortlichen keine dirigierende, sondern die Arbeit am Bewusstsein, damit die eigene Einsicht entstehen kann. Führungsarbeit ist dann eine Bewusstseinsführungsarbeit. Das ist eine andere Führungsarbeit als die klassische in pyramidalen Machtsystemen veranlagte.

Wie wird das auf die einzelnen Märkte und Mitarbeiter heruntergebrochen? Gibt es Beispiele?

Das muss jeder für sich ergreifen. Da gibt es in unserem, salopp gesagt, „Flohzirkus" auch die unterschiedlichsten Handhabungen. Aber je mehr Kollegen sich in diese Richtung Mühe geben, desto besser wird es sich entwickeln. Über die vergangenen 20 Jahre habe ich den Eindruck gewonnen, dass sich dieser Gedanke, dass Führung Bewusstseins-führung ist und dass sie die Selbstführung des anderen zum Ziel hat, virusartig verbreitet hat. Erfreulicherweise.

Ein schönes Beispiel: In der vergangenen Woche war ich zwei Tage lang mit 20 Filial-leitern zusammen. Ich biete Workshops an, bei denen die Fragen der Kollegen diskutiert werden. Bei diesem Workshop kam die Frage der Erfüllung von Zielen auf. Und im weite-ren Verlauf des Gesprächs ist mir klar geworden, dass sie ausschließlich von der Erfüllung ihrer selbst gesetzten Ziele sprachen. Da habe ich gedacht: „Wie schön ist das, dass das schon so selbstverständlich geworden ist." Denn Sie müssen wissen, bei dm gibt es keine vorgesetzten Ziele, also die klassischen Mechanismen der Zielvorgaben und Zielerfüllun-gen aus dem alten Bilderbuch der Führung. Und deswegen war ich glücklich. Da standen 20 Filialleiter und drückten aus, es sei wichtig, Ziele zu erfüllen. Als ich hier nachfragte, ob jemandem etwas auffällt, konnte keiner das explizit benennen. Es war für sie einfach selbstverständlich, dass es nur um selbst gesetzte Ziele gehen kann. Und nicht um die Ziele von irgendwelchen Chefs.

Ziele werden bei dm also vom Einzelnen und aus den Teams heraus entwickelt?
Ja. Das war für mich fast schon ein Schlüsselerlebnis zur Frage, welche Selbsttragekraft die Kultur von dm entwickelt hat.

Welche Rolle spielen Ihre drei Ausbildungsstränge „Abenteuer Kultur", „Forum Schule" und „LidA" bei der Entfaltung dieser Selbsttragekraft der dm-Kultur? Sind sie Instru-mente, mit denen Sie den Prozess der Selbst- und Teamentwicklung vorantreiben? Was wird Ihren Auszubildenden, Götz Werner nennt sie ja „Lernlinge", vermittelt?
Welche Rahmenbedingungen wir für junge Menschen schaffen, damit sie sich gut ent-wickeln können, ist ein ganz eigenes Thema. Die Berufsschule gehört mit dazu, daran kommen wir nicht vorbei. Die Frage ist: Woran müssen wir *bei uns* arbeiten? Der Haupt-teil ist bei uns in dem enthalten, was im täglichen Tun passiert, was wir mit LidA – Lernen in der Arbeit – bezeichnen. Das ist aber nichts anderes als die konsequente Umsetzung der Erkenntnis aus der modernen Hirnforschung, dass sich Menschen dann Dinge am besten merken können, wenn sie sie selbst tun. Das wurde früher schon von Menschen auch ohne Forschung erkannt, z. B. von Konfuzius. Dass beim Tätigwerden im Freiraum und aus eigener Initiative, also beim tätigen Lernen, sich die Synapsen besser verschalten als beim berieselnden konsumierenden *Nichtlernen* – dies kann ja gar kein Lernen sein. Tätiges Lernen ist natürlich verbunden mit dem Risiko des Fehlermachens und dem Reflektieren darüber, wie gut es gelungen ist, auch mit denjenigen, die es schon besser beherrschen.

Und wenn man erkannt hat, dass tätiges Lernen wichtig ist, muss man sich fragen, wie man das umsetzen kann. Daher haben wir den Begriff „Auszubildende" gestrichen. Das ist grammatikalisch ein Passiv und heißt, es wird konsumiert, was verabreicht wird. Und lernen ist etwas Aktives, nichts Passives. Auszubildender heißt „ich steh' da, schütt' mal was in mich rein". Das funktioniert aber nicht.

*Lehrling ist das Gleiche. Auch hierin steckt ja Vorgabe. Nennen Sie deshalb Ihre Auszu-
bildenden Lernlinge, weil Lernen eigenständige Aktivität voraussetzt?*

Ja, aber das Wort ist mir auch etwas zu verniedlichend. Die dritte Säule unserer Ausbildung folgt aus der Fragestellung: Welche Menschen kommen aus der Schule und dem
Elternhaus zu uns? Da hat Rainer Patzlaff vor vielen Jahren einen Artikel mit dem Titel
„Kindheit verstummt" geschrieben. In dem Artikel ging es darum, dass viele Kinder im
Vergleich zu früher, auch durch die technischen Medien, gar nicht mehr in der Lage sind,
sich persönlich auszudrücken und in die Gemeinschaft einzubringen. Wir haben daraufhin
gesagt, es gibt zwei Möglichkeiten: „Wir können jammern und klagen oder wir können
etwas tun." So ist „Abenteuer Kultur" entstanden. Nach drei verschiedenen Pilotprojekten
hatten wir die Erkenntnis, dass wir junge Menschen so am besten unterstützen können,
damit sie mehr Selbstbewusstsein und auch soziales Bewusstsein in der Gemeinschaft
entwickeln. Das schließt auch Haltung und Ausdrucksfähigkeit gegenüber den Kunden
ein, was ja für uns sehr wichtig ist. Hier erfahren sie eine Weiterbildung für ihr ganzes
Leben. Das machen wir schon seit fast 14 Jahren und da gibt es viele, die sozusagen als
verschreckte Mäuschen zu uns gekommen sind und die sehr von diesen Rahmenbedingungen profitiert haben. Wir sprechen hier lieber von Rahmenbedingungen und nicht von
Maßnahmen, weil Maßnahmen in unserem Selbstverständnis viel zu dirigistisch sind. Wir
wollen Rahmenbedingungen geben, damit sich der Einzelne entwickeln kann. Das ist für
uns ein Kernpunkt. „Abenteuer Kultur" ist eine Rahmenbedingung, die wir schaffen, damit sich etwas entfalten kann, aber nicht muss, nicht bei jedem.

*Wie verhält sich dies zur Vorstellung, dass ein Unternehmen mit klaren Instrumenten
geführt werden soll?*

Für uns steht nicht im Vordergrund, wie man Instrumente einsetzt und kontrolliert, sondern für uns ist die Transparenz die passende Methode. Wenn man Transparenz generiert,
kann man darauf vertrauen, dass Dinge, die möglicherweise problematisch sind, auch ab-
gearbeitet werden. In Regel- und Kontrollsystemen dagegen neigen die Menschen eher
zum Vertuschen und Verheimlichen. Eine allgemeine Transparenz dagegen schafft Lern-
chancen. Und die führen zu Lösungschancen.

*Instrumente und Maßnahmen zur Entwicklung Ihrer Mitarbeiter begreifen Sie also nicht
als „top down"-Maßnahmen.*

Der Grat ist schmal, wo wir etwas als Instrument und Kontrollmittel verstehen und wo
Hilfe zur Selbsthilfe begriffen wird als eine Möglichkeit, das Wahrnehmungsfeld so zu
erweitern, dass die eigene Handlungsfähigkeit gesteigert wird. Das funktioniert nur mit
Transparenz. Es kann natürlich manchmal der Zweck die Mittel heiligen, aber wenn es
darum geht, eine Zahl zu erreichen, wird es schwierig. Denn dann spricht man nur über
die Zahlen und nicht über die Sache. Aber es geht doch eigentlich darum, die Sache so
gut zu bearbeiten, dass das, was als scheinbares Ziel da ist, also die Zahlen, dass das die
Folge ist. Und der Erfolg folgt. *Folge* steckt auch im Wortstamm von Erfolg. Deswegen
ist es immer ein zweischneidiges Schwert für mich, wenn Zahlen im Zentrum stehen.

Nach unserer Erfahrung und unserem Verständnis muss man sehr aufpassen, dass man über fremdgesetzte Zahlenziele nicht die Sache verfehlt. Zahlen sind Spiegel und Wahrnehmungsoberfläche. Sie helfen uns, dass wir nicht im Blindflug unterwegs sind, sondern im Instrumentenflug. Aber wir haben bei dm keinen Controller, der jemandem auf die Finger klopft, weil er etwas nicht erfüllt hat. Gewinn ist nicht Ziel, sondern Ergebnis erfolgreichen Handelns.

Problematisch wird es, wenn sich der Eigennutzen verselbständigt. Wenn man sich klar macht, dass man am erfolgreichsten durch Kundenorientierung ist, gibt es zwei Dinge, die im Wege stehen. Zum einen ist das die Gewinn- und Eigennutzenmaximierung. Das bedeutet, dass die Verkäufer nicht das verkaufen, was dem Kunden am meisten nützt, sondern das, womit sie den höchsten Deckungsbeitrag erzielen. Wenn man bei einem Verkäufer einkauft, der eher an sich als an den Kunden denkt, fühlt man sich in der Regel nicht so gut aufgehoben. Die Eigennutzenorientierung schlägt die Nutzenorientierung – und das ist schlecht. Darüber hinaus ist es problematisch, wenn die Macht, also die strukturelle und hierarchische Prägung eines Unternehmens, Kundenorientierung für nachrangig erklärt. Deswegen sollte immer das Motto herrschen: „Please the customer" und nicht: „Please the boss".

Haben Sie durch diese offene Herangehensweise auch eine andere Art von Bewerbern?
Ich habe den Eindruck, dass sich da in den letzten Jahren etwas verändert. Je mehr die Rahmenbedingungen, die bei uns geboten werden, an die Öffentlichkeit gelangen, desto mehr finden die Menschen, die dafür ein Bewusstsein haben, auch den Weg zu uns. Es gibt sehr viele ganz bewusste Bewerber, die deswegen zu dm kommen, weil man gehört hat, es werde etwas für die Menschen getan. Natürlich gibt es auch einige, die eher aus der konsumierenden Haltung heraus kommen, nach dem Motto: „Die tun etwas für mich, naja prima, dann gehe ich da einmal hin, damit die was für mich tun". Das gibt es natürlich auch. Wenn man attraktiv ist, begegnen viele der Attraktivität mit Bewusstsein, und andere wollen sie auf Kosten der Gemeinschaft nur für sich nutzen.

Wie finden Sie das heraus, wer nur an sich denkt, und wie reagiert dm auf solche Menschen?
Das sollte sich schon im Bewerbungs- und Einstellungsprozess zeigen, denn wenn jemand eine unsoziale Grundhaltung hat, dann ist die Wahrscheinlichkeit gering, dass er ins Team hineinfindet. Es gibt aber auch welche, die das in ihrem Erleben merken und deshalb dm als persönliche Entwicklungschance begreifen. Umgekehrt gibt es Menschen, die im Bewerbungsprozess gut verbergen konnten, wie sie wirklich denken, und sich das wahre Gesicht erst im täglichen Tun zeigt. Dann reagieren die Teams in der Regel ziemlich genervt. Denn wenn jemand ‚RaKa' betreibt, also ‚Rationalisierung auf Kosten anderer', dann wird das im Team nicht geschätzt und führt zu negativem Feedback, mit welcher Art und welcher Konsequenz auch immer.

Was den Umgang im Unternehmen anlangt, haben Sie da Compliance-Regeln, wie es sich die großen Firmen vorschreiben?

Schon allein aus rechtlichen Gründen muss man sich damit befassen und auch gewisse Dinge festschreiben. Aber das ist nicht der Kern des Funktionierens bei dm. Wir haben beispielsweise die mit Abstand niedrigste Inventurverlustquote unserer Unternehmens-geschichte. Ich führe das einerseits darauf zurück, dass die technischen Hilfsmittel sich verbessert haben, klar, – aber ich glaube auch, dass wir bei dm einfach durch die hohe Lo-yalität unserer Menschen eine andere Haltung entwickelt haben. Üblicherweise ist Waren-verlust zu einem Drittel organisatorischer Schlamperei, zu einem Drittel Kundendiebstahl und zu einem Drittel Mitarbeiterdiebstahl geschuldet. Das ist scheinbar erwiesen. Ich gehe einfach davon aus, dass unsere Menschen eine andere Haltung entwickelt haben. Sonst wäre die vorliegende Quote nicht erklärbar. Jemand, der sich von seinem Arbeitgeber ständig betrogen, gedrückt und gedemütigt fühlt, der ist natürlich geneigter, etwas mitge-hen zu lassen als jemand, der sich in der Gemeinschaft wohlfühlt, wertgeschätzt fühlt und denkt, dass alles soweit gut ist.

Führen Sie Mitarbeiterbefragungen durch?
Das haben wir im vergangenen Jahr gemacht. Das Ergebnis war so, dass die GfK, die uns dabei begleitet hat, sagte, so ein positives Ergebnis habe sie noch nie gesehen, auch über die Philosophie, über den Umgang miteinander und die Geschäftsleitung. Das hat insgesamt ein sehr positives Bild ergeben, aber es gab auch einzelne negative Fälle, bei denen man gemerkt hat, an der einen oder anderen Stelle in unserem „Flohzirkus" gibt es doch noch welche, die eher als „Dompteur" agieren und nicht indirekt über die Schaffung positiver Rahmenbedingungen.

Wird bei diesen Fällen nachgehakt?
Klar, das wird nachbearbeitet.

Und wo lag Ihre Problemquote?
Der Durchschnitt im Positiven war so hoch, dass es nur Einzelfälle gab, die negativ waren. Und wenn so ein Einzelfall da ist, dann muss man ins Gespräch gehen, ein Bewusstsein dafür bilden und sich fragen, was muss man möglicherweise ändern. Denn es gibt Men-schen, denen gar nicht klar ist, wie sie wirken. Es ist ja auch ein Unterschied zwischen dem, was ein Mensch denkt, wie er wirkt, und wie es tatsächlich von anderen empfunden wird. Und manche wirken dann anders als sie vielleicht denken. Deshalb gibt es dann erst einmal das Gespräch zur Bewusstseinsbildung. Zuerst geben wir eine Chance zur Ver-änderung. Wenn sich dann aber jemand zum dritten Mal als hartnäckiger diktatorischer Meister beweist, wird es wieder ein negatives Feedback von der Gemeinschaft geben.

Bei der Analyse solcher Befragungen interessiert mich immer auch das Ergebnis der Mitarbeitermotivation. Sie kennen ja die Gallup-Studie, die besagt, dass in deutschen Unternehmen rund ein Viertel innerlich gekündigt hat, 61% Dienst nach Vorschrift machen und lediglich 15% sich für ihr Unternehmen engagieren. Wo liegt da die Quote bei dm?

Unsere Zustimmungswerte lagen deutlich über 90 %. Es ist aber ein landläufiges Missverständnis, dass dm ein „Kuschelkonzern" ist, wie die Zeitung „Die Welt" einmal titelte. dm ist kein Kuschelkonzern. Denn es ist ja viel unbequemer, sich gemeinschaftlich um eine Sache zu bemühen und dann die Kontroversen aushalten zu müssen, um einen Konsens zu finden. Unser Bestreben ist ein Konsens- und kein Kompromissbemühen. Einen Konsens finden ist qualitativ höherwertig, aber eben auch anstrengender. Es ist viel einfacher, wenn einer eine Anweisung schreibt und man weiß, wenn man die Anweisung erfüllt, hat man seine Arbeit gut gemacht. Das ist viel bequemer, denn dann muss man ja noch nicht einmal selber denken. Wie herrlich – scheinbar. Das ist aber nicht unser Weg. Deswegen ist die Kuschelkonzernidee auch völlig falsch.

Wenn man sich bemüht, von einem hierarchischen Duktus wegzukommen, indem man Freiraum für Eigeninitiativen schafft, Betroffene zu Beteiligten macht und für Transparenz und Eigenverantwortlichkeit sorgt, heißt das nicht, dass man damit Verantwortlichkeiten aufgibt. Das ist ein Problem, weil das nicht immer verstanden wird, denn natürlich gibt es Verantwortlichkeiten. Und es gibt auch das Subsidiaritätsprinzip in der Verantwortlichkeit. Wenn ein Selbstverantwortlicher im Rahmen seines Teams, für das wieder ein anderer ganzheitlich verantwortlich ist, mit seiner Verantwortung Schwierigkeiten hat, dann darf nicht nur, dann *muss* derjenige, der für das Ganze verantwortlich ist, seine Hilfestellung einbringen. Das ist sozusagen das Netz, das Subsidiaritätsnetz, das bei uns existiert. Sich weg zu bemühen vom hierarchischen Denken heißt nicht, keine klaren Verantwortlichkeiten und für die jeweiligen Verantwortlichkeiten keine eindeutigen Entscheidungskompetenzen zu haben. Das wäre ein Missverständnis und weltfremd dazu. Natürlich stellt das ein Spannungsfeld dar. Wenn sich jemand als Verantwortlicher für das Ganze entscheidet, können sich andere durchaus „overruled" fühlen. Die stellen dann natürlich die Frage: „Wie ist das mit der Eigenverantwortlichkeit bei dm?"

Mein Lieblingsbild ist der Kapitän, der auf der Kommandobrücke gemeldet bekommt: „Eisberg voraus." Wenn der zuerst eine dreistündige Beraterrunde auf dem Oberdeck abhält, wird er seiner Verantwortung gerade nicht gerecht, denn in dieser Situation geht es um seine Entscheidung, die *er* zu treffen hat. Deshalb ist es wichtig, dass bei allem Freiraum für Eigeninitiative trotzdem eine klare Verantwortlichkeit und Entscheidungskultur vorhanden ist. Alles andere führt zu Laissez-faire. Das ist etwas, was viele nicht verstehen. Deshalb muss man bei jeder Gelegenheit wiederholen, dass Eigeninitiative und Verantwortungskultur sich nicht ausschließen.

Könnte das gefasst werden als das Prinzip vom Fördern und Fordern? Fördern der Eigenverantwortung und Fordern, dass die persönliche Eigenverantwortung auch verantwortlich begleitet wird?
Wir würden nicht „Fordern" sagen. Wir sagen „Fragen stellen." Denn „Fordern" ist sehr nah am „fremd gesetzten Ziel". Also aus meinem Wortverständnis heraus.

Also ist es ein Einfordern?

Einfordern ja. Ich sage immer ‚RaKa' geht nicht, „auf der faulen Haut liegen" geht nicht. In dem Sinn haben Sie recht mit Einfordern. Aber inhaltlich fordern ist tendenziell einen Schritt zu weit. Ganz am Anfang, als wir unsere Kultur entwickelt haben, haben wir alle Anweisungen bei dm gestrichen. Zugleich haben wir gesagt, dass es nicht sinnvoll ist, wenn jeder „sein eigenes Rad" erfindet. Wir haben Anweisungen dann durch Empfehlungen ersetzt, Empfehlungen heißt: „Mach es so oder besser." Es gab aber Verantwortliche, die gesagt haben: „Ich empfehle etwas, und wenn Du nicht tust, was ich empfohlen habe, dann weise ich es an." Das ist natürlich „ein Schuss ins Knie". Da entsteht keine Kultur der Eigenverantwortung. Wir haben daran einige Jahre gearbeitet, damit das klar wird.

Was war der Auslöser? Sie erwähnten, Sie hätten Ihre Unternehmenskultur umgestellt. Auch der Slogan wurde ja geändert.

Das ist die Frage nach „der Henne und dem Ei". Was war zuerst da? In meinem ersten Seminar bei dm im Jahr 1983 sollte das Verhältnis zwischen Bezirks- und Filialleitern dargestellt werden. Ich wusste noch wenig über den Vertrieb. Folgende szenische Übung haben sich die Beteiligten einfallen lassen: Auf der Bühne kroch eine Filialleiterin auf allen Vieren, herein kommt ein Mann im schwarzen Ledermantel, Johnny Controlletti Bezirksleiter, und aus den Lautsprechern erschallte „Spiel mir das Lied vom Tod". Damals hat es unter der Oberfläche ordentlich gerumpelt. Bis zu unserer, man kann fast sagen, ‚Kulturrevolution' hat es noch einmal etwa acht Jahre gedauert. Über die hat dann die „Lebensmittelzeitung" geschrieben: „Filialen an die Macht". Damals haben wir mit großem Bewusstsein die Pyramide auf den Kopf gestellt. Oben ist nicht dort, wo der Chef ist, sondern oben ist, wo der Kunde ist und wo die einzelnen Filialen sind. Alle anderen sind zum Stützen und Dienen da. Entscheiden tut es sich oben, beim einzelnen Kunden. Ganz unten sitzt die Geschäftsleitung. Zu dieser Haltung komme ich nicht, wenn ich nicht unterstützend denke und keine Freiräume gebe.

Und die Werte dieser Geisteshaltung sind dann das Wurzelgeflecht? Ich denke da eher in biologischen Bildern und nicht als Architekt. Ein Baum trägt nur dann die guten Früchte, die die Kunden haben wollen, wenn er über ein gesundes Wurzelwerk und einen gesunden Boden – also das Wertefundament – verfügt, mit dem der Baum – die Organisation – und seine Blätter – also die tätigen Mitarbeiter, genährt werden.

Ja, die Werte sind das tragende Fundament, gerade bei so etwas Wackligem wie einer auf dem Kopf stehenden Pyramide. Insofern ist es ein ganz hilfreiches Bild. 1991 kulminierte dieses Verständnis vom Kunden und vom Mitarbeiter in einer bewussten und deutlichen Veränderung. Es hat aber noch Jahre gedauert und dauert weiter an. Wir müssen uns immer wieder klar machen: „Was heißt das? Wie geht das? Warum wollen wir das und das im Einzelfall?" Diese Kulturarbeit ist eine ungemein mühsame Arbeit. Deswegen erzählen wir auch gerne und ohne Hemmungen darüber, was wir in 20 Jahren erlebt haben. Denn das kann nicht kopiert werden. Jeder muss seinen eigenen Weg finden. Wenn er das will! Die meisten trauen sich nicht, das „alles unter Kontrolle haben zu wollen" loszulassen, sie trauen sich nicht, vom alten Führungsduktus abzurücken.

Würden Sie sagen, der Prozess der Kulturentwicklung ist einer der zentralen Wertschöpfungsprozesse bei dm?
Auf jeden Fall. Das ist die Basis. Die Rahmenbedingungen schaffen, dass die Menschen sich entwickeln können. Wenn das gelingt, kann man nicht verhindern, dass sich auch das Unternehmen entwickelt. Genauso ist es.

Als Philosoph springt man ja gerne auf Schlüsselbegriffe. Einer heißt bei dm „sinnvolles Handeln". Nun steht die Pyramide der Verantwortung auf dem Kopf, und die Beteiligten sind die Betroffenen. Wenn ich nun bei Ihnen eine Ausbildung beginnen würde, wie sollte ich mir da „sinnvolles Handeln" vorstellen?
„Sinnvolles Handeln" kann man weder definieren oder erklären noch kann man es anweisen. Sinnvolles Handeln braucht situative Angemessenheit. Es ist die Fähigkeit des Menschen, in Adaption der Zukunft, situativ angemessen zu handeln. Eines meiner Lieblingsbeispiele: In Hallstadt bei Bamberg stehe ich einmal nicht weit von der Kasse entfernt. Eine junge Frau, ein Lehrling im zweiten Lehrjahr, sitzt an der Kasse. Ein fünfjähriger Junge mit seiner Mutter will bezahlen. Weil er die Bonbons gleich essen möchte, reißt er die Tüte schon vorher auf und der Inhalt verteilt sich über den ganzen Boden. Der kleine Junge ist kurz davor, laut zu schreien und zu weinen. Unser Lehrling an der Kasse sagt daraufhin zu dem Jungen und zur Mutter, ohne uns auch nur zu beachten: „Kein Problem, wir machen das alles weg. Hol Dir eine neue Tüte." Kann man das anweisen?

Nein, aber man kann solche Beispiele geben.
Auch das ist schwierig. Man kann nur Rahmenbedingungen schaffen, unter denen die Wahrscheinlichkeit für so ein Verhalten größer ist. Wir haben jeden Tag auch viele andere Beispiele, bei denen wir im Servicecenter Kundenreklamationen bekommen, weil es jemandem nicht gelungen ist, situativ richtig und kundenorientiert zu handeln. Das möchte ich auch anmerken. Es geht uns nicht ums „alle". Es gelingt nie bei allen. Aber es geht um die Frage, wie kann ich die Wahrscheinlichkeit dafür erhöhen? Wie werden es möglichst viele? Und im Zweifelsfall: Wie können es mehr sein als beim Wettbewerber? Also relativ betrachtet, denn das Kundenerleben richtet sich ja auf den Vergleich.

Mit „alle" meine ich nicht das totalitäre Alle. Da bin ich bei Ihnen. Es geht mir eher darum herauszuarbeiten, in welcher Weise dm das Selbstverständnis vermittelt, dass möglichst alle in diese Richtung arbeiten und sagen: „Wir wollen für unsere Kunden einen Nutzen schaffen."
Das sagen unsere Kunden – hoffentlich. Aber man darf sich nicht einbilden, weil es heute so ist, dass es auch morgen so sein wird. So zu denken birgt ein großes Risiko. Denn wenn etwas scheinbar selbstverständlich ist, spricht man es nicht mehr an. Die scheinbaren Selbstverständlichkeiten immer wieder auszusprechen und ins Bewusstsein zu bringen, das ist eine zentrale Herausforderung. Man muss sich permanent anstrengen, auch sich selbst immer wieder klar zu machen, dass nichts selbstverständlich ist. Das ist eine spannende Geschichte.

Es gibt ein psychologisches Experiment, wo ein Assessment-Center simuliert wird. In diesem Experiment werden die Teilnehmer in drei Gruppen eingeteilt. Die einen hatten moralisch positive Rollen zu spielen, andere verhielten sich neutral und eine dritte Gruppe musste sich in diesem Experiment eher ethisch negativ verhalten. Das Verhalten wurde den Teilnehmern auch gespiegelt und bewusst gemacht. Nach dem Abschluss des Assessment-Centers wurden die Teilnehmer beim Herausgehen aufgefordert, für ein soziales Projekt zu spenden. Für die Teilnehmer war nicht ersichtlich, dass diese Spendenaufforderung Teil des Experimentes war. Keiner aus der Gruppe der moralisch „tollen Hechte" spendete, während ein beträchtlicher Teil aus der dritten Gruppe etwas gab. Die sozialpsychologische Interpretation des Experimentes lautet, dass sich Menschen, die sich für moralisch-ethisch vorbildlich halten, leicht von der Pflicht befreien, sich über das ihnen zugeschriebene Verhalten hinaus sozial am Gemeinwesen zu beteiligen. Diejenigen aber, die bei sich einen gewissen Mangel sehen, wollen das durch entsprechendes Engagement kompensieren. Positiver moralischer Zuspruch macht oft sozial träge, oder wie es im Coaching heißt, „Erfolg macht bisweilen faul." Wie also halten Sie die Spannung und das Bewusstsein aufrecht, sich immer wieder engagiert zu zeigen und verbessern zu wollen? Sind Ihre CSR-Projekte dafür eine Rückkopplungsschleife, mit der Sie bei dm das Thema Eigeninitiative, Verantwortung und persönliches Engagement am Köcheln halten?

Hier fließen zwei Dinge zusammen. Zum einen die Frage der Gestaltung der Begegnungsplattformen. Wie organisiert man diese Plattformen und mit welchen Inhalten? Welche Impulse können daraus entstehen? Wir haben uns z. B. mit 200 Führungskräften zweimal zwei Tage lang mit dem Thema „Freiheit" beschäftigt. Was bedeutet „Freiheit"? Sie bedeutet eben nicht, ich kann tun und lassen, was ich will. Denn dann ist man ein Autist und nicht frei. Auf diesen Begegnungsplattformen kann jeder Einzelne Impulse für sich gewinnen.

Zum zweiten ist es das tägliche Tun, die täglichen Veranlagungen, die man hat, auch die täglichen Störfaktoren, die man hat – dass man Dinge eben nicht glatt macht, damit sie nur konsumiert werden können. Wichtig ist, dass man die Dinge so aufbaut, dass eine Eigenaktivität entsteht. Gerade für das Thema CSR ist unsere Grundveranlagung die, dass sich die Menschen damit verbinden können. Das heißt aber auch: Sie müssen sich damit beschäftigen. Etwas, das keine Arbeit macht, erreicht nicht Hirn und Herz. Deshalb muss es auch immer Arbeit machen und setzt eine Auseinandersetzung voraus, auch wenn das natürlich nicht immer gelingt. Deshalb werden bei dm immer Anknüpfungspunkte für das eigene Tätigwerden geschaffen. Dann ist die Chance für eine Verinnerlichung größer. Und das gilt für die Nachhaltigkeitsprojekte ganz besonders.

Ein weiterer Aspekt ist aber, und der ist für uns auch ganz wesentlich, dass wir Veranlagungen haben möchten, die dazu führen, dass unsere Menschen sich vor Ort in das gesellschaftliche Netz integrieren. Wir wollen Impulse geben, die über das Zahnpasta-Verkaufen hinausgehen. Das ist eine wesentliche Zielsetzung. Denn es gibt drei Probleme bei der Nachhaltigkeit. Das Erste ist: Die meisten Menschen verbinden mit dem Begriff der Nachhaltigkeit *Öko* und *Bio*. Wir sagen, das ist viel zu kurz gesprungen, denn es geht bei Nachhaltigkeit um eine soziokulturelle Frage. Und wenn sich ein größeres Bewusstsein bildet, fallen die besseren und in der Konsequenz auch die umweltverträglicheren Entscheidungen. Es ist also eher ein soziokultureller Schwerpunkt darin enthalten und nicht ein Regelwerk beispielsweise für die CO_2-Vermeidung.

Zweitens: Das Thema Nachhaltigkeit beinhaltet in der Tendenz immer die Vorstellung, dass es um die große Weltverbesserung gehen soll. Damit erreicht man aber die Menschen nicht. Man muss lokale Anknüpfungspunkte finden, kleine Schritte machen, „Bewusstseinstropfen" fallen lassen, nach dem Motto „steter Tropfen höhlt den Stein". Deswegen sind uns die kleinen Vorbildprojekte im lokalen Umfeld wichtig. Die bekannt zu machen und hier Anknüpfungspunkte für andere zu schaffen, erscheint uns sinnvoller als hochintelligente wissenschaftliche Vorträge zu halten.

Der dritte Punkt ist ganz entscheidend und zentral für unsere Haltung bei dm. Ein Thema, das mit erhobenem Zeigefinger angegangen wird, hat kaum Chancen, bei den Menschen positive Emotionen hervorzurufen. Deshalb ist die spannende Frage für das Nachhaltigkeitsthema: Wie kann es gelingen, dass die Arbeit an Nachhaltigkeitsprojekten den Menschen Spaß und Freude bereitet, sodass positive Emotionen entstehen können? Da kann man vieles besser machen als mit dem erhobenen Zeigefinger der Ökodogmatiker.

Das sind die drei Punkte, bei denen wir mit unseren Veranlagungen anders agieren als andere.

Ich möchte nochmals auf meine Frage zum „sinnvollen Handeln" zurückkommen. Ist dieses im tagtäglichen geschürte Nachhaltigkeitsverständnis ein Element dessen, was dm mit „sinnvolles Handeln" bezeichnet?
Der individuelle Griff lautet immer: „Was will ich? Warum will ich das? Was folgt daraus, wie ich es machen muss?" Das *Wie* ist das Letzte. Im *Wie* steckt das Ernstnehmen der Menschen. Wenn ich die Menschen ernst nehme, was bedeutet das für das *Wie*?

Wie verstehen Sie in diesem Zusammenhang den schon von Ihnen erwähnten Begriff der ‚Angemessenheit'? Woran machen Sie ‚Angemessenheit' im Handeln fest?
Nehmen Sie hier ein Projekt wie beispielsweise „Wasser für Sambia". Was im Umgang mit Wasserressourcen für Sambia richtig ist, ist für uns falsch und auch umgekehrt. Denn wir leben im Überfluss und müssen dafür sorgen, dass das Wasser in die Welt kommt. Wenn wir Wasser sparen, haben andere Länder ein noch größeres Problem. Das zu erkennen, fällt Dogmatikern wieder schwer, für die die Parole gilt: „Wasser sparen!".

Und das ist ja gerade der Punkt. Man kann das Konkrete, also die Situation und wie darauf zu reagieren ist, nicht für alle Situationen gleichermaßen festmachen, denn die konkreten Situationen enthalten ja die subjektive und die situative Komponente. Was für die Situation A angemessen ist, kann für die Situation B falsch sein. Das ist eben die Frage, wie man bewertet, was angemessen ist. Das muss sich auch jeder selbst fragen. Die meisten Menschen haben ein sehr gesundes Stimmigkeitsgefühl im Bauch, ein sehr gutes intuitives Verständnis davon, was Angemessenheit und Unangemessenheit betrifft. Diesem „Bauchgefühl" sollte man ruhig auch ein bisschen mehr vertrauen dürfen, weil das neben der gedanklichen bewussten Durchdringung das Einzige ist, was trägt. Das Bewusstsein unterscheidet den Schein vom Wesen, schafft Transparenz und Wahrnehmung, damit man mehrere Aspekte im Blick hat und nicht ein einseitiges Bild sieht. Die denkerische Kraft und als deren Voraussetzung die wahrnehmende Kraft sind natürlich wichtig, aber dieses „Bauchgefühl" ist eben auch sehr wesentlich. Ich bemühe mich oft darum, darauf zu hören und darauf zu vertrauen.

Bei Kant heißt es ja: „Nur aus dem Zusammenspiel von Wahrnehmung, intuitiver Ein-bildungskraft und einem kritischem Verstand erwächst ein gesunder Menschenverstand." Das spielt hier hinein. Die Frage ist, wie kann sich die Fähigkeit entwickeln, eine situativ gute Angemessenheit zu beurteilen und spontan zur Anwendung zu bringen. Das bedarf einer gewissen Selbstschulung…

…die Sie ja mit dem Referenzrahmen Ihrer Unternehmenskultur und durch Ihre Schulungs-programme bei dm unterstützen. Unternehmen können ja einen Referenzrahmen vorgeben, auf den Menschen reagieren und in dem sie handeln.
Den gibt es unausgesprochen auch bei uns. Er ist das Ergebnis der Zusammenarbeit an einer gemeinsamen Arbeitskultur. Daraus entsteht unser Referenzrahmen. Wir haben im letzten Jahr 5000 neue Mitarbeiter eingestellt. Und dann werde ich oft gefragt: „Herr Harsch, wie geht denn das mit Ihren Werten da?" Ich mache hier die Beobachtung, dass sich das heute einfacher gestaltet als noch vor zehn Jahren. Viele Menschen haben diesen Referenzrahmen so verinnerlicht, dass sich jemand, der von außen hereinkommt, relativ schnell integrieren und in diesen Rahmen einbringen kann.

Als Außenstehender nehme ich es so wahr, dass Herr Werner bei der Entwicklung dieses Referenzrahmens maßgebliche „Saatkörner gesät" hat, wie Sie es formulierten. Begreift sich dm noch als ein Familienunternehmen?
Es geht bei dm gar nicht um die Werte von Herrn Werner, sondern Herr Werner hat we-sentliche Impulse gegeben, die das Gemeinschaftswerk befördert haben. Wir legen aber Wert darauf, dass dm ein Gemeinschaftswerk von vielen Menschen ist. Natürlich hat Herr Werner unverzichtbare Impulse geschaffen und in seiner Gesamtverantwortlichkeit für das Unternehmen die Menschen bei dm unterstützt, eine solche Haltung zu entwickeln. Umgekehrt hat eine bestimmte Haltung keine Chance zu wachsen, wenn sie von Verant-wortlichen nicht unterstützt wird. Also sind hier viele beteiligt. Ohne seine Werte und wie Herr Werner dm mit seinen Werten veranlagt hat, wäre dm sicherlich ein anderes Unter-nehmen. Und natürlich ist er ein Unternehmensbotschafter nach außen. Aber es ist weit mehr als das. Nach innen hat sich sehr viel in Gemeinschaftsarbeit entwickelt. Und das ist ja die eigentliche Kunst. Das müssen wir Herrn Werner als charismatischem Unterneh-merpionier hoch anrechnen, dass er es geschafft hat, das Ganze so zu denken und zu ge-stalten, dass etwas entstehen kann, in dem eine Tragekraft unabhängig von seiner Person wirkt. Das ist die große Leistung. Und daher möchte ich immer wieder klar machen, wie unschätzbar wichtig seine Anregungen und Impulse waren, die eine Unternehmenskultur beeinflusst haben, die von vielen geschaffen wurde. Was sich dann entwickelt hat, sind

aber nicht „seine" Kultur oder „seine Werte", sondern etwas, an dem ganz viele beteiligt waren.

Ist dm also ein Gemeinschaftsunternehmen, das sich als „Familie" begreift?
Ich habe ein Problem mit den Begriffen „Familie" und „familiengeführt". Das ist mir zu nah am patriarchalischen Bild. Und das ist bei dm genau nicht der Fall, sondern dm versteht sich als selbst geführte Gemeinschaft.

Sagen wir, es gibt ein starkes Wir-Gefühl bei dm.
Man muss aber aufpassen, dass das Wir-Gefühl nicht zur Arroganz führt. Denn das kann ganz schnell passieren, wenn die Leute vor Selbstbewusstsein strotzen. Dann fühlen sich die Kunden eher abgeschreckt. Das kommt immer wieder einmal vor, Reklamationen, die aus einem Gefühl der Stärke und der Selbstüberschätzung resultieren.

Und dem begegnen Sie mit einem klaren Bekenntnis zu Demut, Bescheidenheit und einer Kontinuität in der Haltung, sich immer wieder neu zu vergegenwärtigen, dass das Gestern nicht zählt und ich jeden Tag erneut anfangen muss.
Das ist eine Kernhaltung, derer sich die Verantwortlichen immer wieder bewusst werden müssen.

Damit würde ich gern zur letzten Frage kommen. Wo sehen Sie die Zukunft von dm, was sind die zentralen Herausforderungen? Und wie glauben Sie, mit Ihrer Wertekultur diese meistern zu können?
Es gibt spezielle Herausforderungen in unserer Branche, die Veränderung der Handelslandschaft, das Thema Onlinehandel. Aber die zentrale Herausforderung ist im wirtschaftlichen Zusammenhang die Wandlung. Wenn man glaubt, man hat es geschafft, hat man schon verloren. „Die größte Gefahr für den Erfolg ist der Erfolg". Wir sagen, dass man über Überheblichkeit stolpert. Eine große Herausforderung ist deshalb die ständige Kulturarbeit. Diese birgt die Aufgabe, wie es gelingen kann, von der Fremdsteuerung zur Selbststeuerung, von der Fremdkontrolle zur Selbstkontrolle, von der Fremdzielsetzung zur Selbstzielsetzung zu kommen und diesen Weg weiterzugehen. Wir haben heute schon tolle Mitarbeiter, aber wenn wir noch mehr tolle Mitarbeiter aufnehmen können, ist mir nicht bange um die Zukunft. An den Menschen wird es hängen. Die Menschen und die Arbeit um den Menschen herum sind die zentrale Herausforderung. Wir haben eine gute Basis und beste Voraussetzungen, dass mit unseren Mitarbeitern Zukunft gelingt.

Ich bedanke mich für das Gespräch.
Gerne.

Der Werteraum von dm aus Sicht des Wertecockpits Kennzeichen des Werteraums von dm ist, dass die zentralen Leitwerte, mit denen das Unternehmen Nutzen und Mehr-

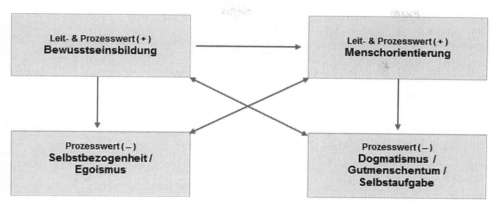

Abb. 4.11 Das dm-drogerie markt Wertequadrat Eigenverantwortung

wert schafft, zugleich die zentralen Prozesswerte sind. Die einzelnen Werte werden dabei durch Wertequadrate definiert, in denen Leit- und Prozesswerte ineinander greifen. So wird beispielsweise der Wert Eigenverantwortung durch die positiven Werte Bewusstseinsbildung sowie Menschorientierung gebildet und abgegrenzt gegen die negativen Werte Selbstüberhöhung/Selbstbezogenheit und Egoismus auf der einen sowie Dogmatismus/blindes Gutmenschentum und Selbstaufgabe auf der anderen Seite (vgl. Abb. 4.11).

Ein weiteres Kennzeichen des Werteraums von dm ist, dass die einzelnen Werte nicht dogmatisch fixiert und inhaltlich festgeschrieben werden, sondern dass sie als Reflexionsräume für die Entwicklung einer Geisteshaltung stehen. Entsprechend wird im Unternehmen weniger von Werten als vielmehr von *Haltungen* gesprochen. Dadurch wird zum Ausdruck gebracht, dass die Erfüllung und Verinnerlichung der Werte als kontinuierlicher und prinzipiell unabgeschlossener Entwicklungs- und Bewusstseinsbildungsprozess zu verstehen ist. Entsprechend dem dm-Leitwert der *situativen Angemessenheit* ist dieser Prozess immer wieder neu in Gang zu setzen. Für das Unternehmen selbst bedeutet dies, dass die Werte- und Kulturarbeit der zentrale Wertschöpfungsprozess ist, mit dem es sich selbst als tragfähig erweist. Entsprechend begreift dm auch CSR als Wertschöpfungsprozess, der auf allen Ebenen des Unternehmens umgesetzt wird und der Nutzenmaxime von dm konkreten Ausdruck verleiht.

Die Leitwerte von dm dm möchte mit seinen Leistungen einen nachhaltigen Nutzen stiften. Ökonomische, ökologische, soziale und kulturelle Belange der Gesellschaft sollen auch im Kleinen berücksichtigt werden, indem der einzelne Mensch durch die Leistungen von dm profitiert. Grundlage dieser ganzheitlichen Nutzenstiftung sind die als Leitwerte begriffenen Prozesswerte Bewusstseinsbildung, Menschorientierung, situative Angemessenheit und Handeln aus eigener Einsicht. Sie werden auf der Ebene der Leitwerte durch eine Kaskade weiterer Leitwerte flankiert, darunter Transparenz, Verantwortung (verstanden als Eigenverantwortung und Verantwortung gegenüber der Mit- und Umwelt) sowie Entwicklung als kontinuierlicher Prozess.

Die Prozesswerte von dm Charakteristisch bei dm ist, dass die Leitwerte Bewusstseinsbildung, Menschorientierung, situative Angemessenheit, Handeln aus eigener Einsicht,
Verantwortung, Transparenz sowie Entwicklung als Prozess zugleich die Prozesswerte
sind, nach denen dm auf allen Ebenen des Unternehmens, der Filialen und der einzelnen Teammitglieder sein Handeln organisiert und ausrichtet (vgl. Abb. 4.12). Flankiert
werden diese Prozesswerte durch ein allgemeines Werteverständnis für den menschlichen
Umgang miteinander, der dem Kanon der abendländischen Tugendwerte, z. B. Demut und
Bescheidenheit, verpflichtet ist.

Das Wertecockpit und C4-Management von dm Eine weitere Besonderheit von dm
ist, dass das Wertecockpit und das C4-Management als kontinuierlicher Verbesserungsprozess begriffen werden. Im Zentrum dieses Prozesses stehen zwei Überzeugungen. Erstens, dass Wertearbeit ein dynamischer Prozess ist, der nicht durch dogmatisch verengte
Festlegungen zum Stillstand gebracht werden darf. Und zweitens, dass Wertearbeit eine
Führungsarbeit ist, deren Legitimation im Begriff einer ganzheitlichen Verantwortung
liegt, der Eigenverantwortung, ausgedrückt im Begriff der Führung als Selbstführung und
der ganzheitlichen Verantwortung gegenüber dem Team, dem Unternehmen, der Mit- und
Umwelt, zusammengefasst im Begriff der Führung als Bewusstseinsführungsarbeit.

Entsprechend wird das dm-Wertecockpit als die Ausgestaltung eines Kulturraums verstanden, dessen Referenzrahmen so ausgerichtet wird, dass die dm-Werte Bezugsfolie für
eine situativ angemessene Handlungsorientierung sind. ,Situative Angemessenheit' als
Grundwert des dm-Wertecockpits besagt, dass die handlungsleitende Interpretation der
dm-Leit- und Prozesswerte aus der jeweiligen Situation heraus zu erfolgen hat. Situative
Angemessenheit ist so der Metawert, mit dem das Wertecockpit selbst gesteuert wird.

4.6   „Wissen ist der Rohstoff, der sich bei Gebrauch vermehrt": Rudolf F. Schreiber, Pro Natur GmbH, Frankfurt/Main

Pro Natur GmbH, Frankfurt/Main Die „Pro Natur Gesellschaft für ökologisch orientierte Unternehmensberatung, Kommunikation und Publizistik mbH" ist eine von Rudolf
L. Schreiber getragene Denk- und Projektentwicklungsfabrik für neue Konzepte einer
nachhaltigen Wirtschaft.

Vor der Gründung von Pro Natur war Rudolf L. Schreiber 10 Jahre lang leitender Mitarbeiter der internationalen Werbeagentur BBDO in Deutschland, Europa und den USA.
1974 gründete er eine Beratungsgruppe für ökologisch orientiertes Marketing und Um-
weltkommunikation – die heutige Pro Natur GmbH – und 1978 die „Pro Natur Verlags-
gesellschaft mbH".

Mit sieben festangestellten Mitarbeitern am Standort Frankfurt/Main betreibt Pro Na-
tur sein Beratungs- und Projektentwicklungsgeschäft über ein dezentrales Netzwerk von
Unternehmern, Experten und Entscheidern aus Politik, angewandter Wissenschaft und
NGOs.

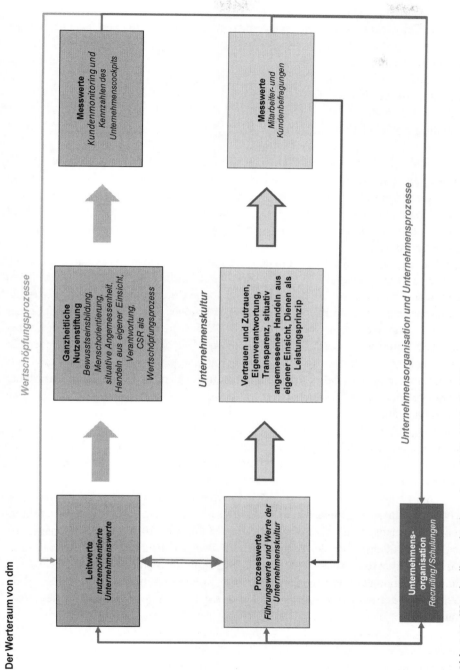

Abb. 4.12 Wertelandkarte dm-drogerie markt GmbH & Co. KG

Pro Natur entwickelt mit diesem Netzwerk vorwiegend Pilotprojekte in den Bereichen

- Bildung für nachhaltige Entwicklung,
- nachhaltige Regionalentwicklung,
- nachhaltige Wasserwirtschaft,
- ökologischer Landbau,
- nachhaltiges Wirtschaften.

Alle von Pro Natur initiierten Projekte zielen auf die Globalisierung nachhaltiger Regionalentwicklung. Diese orientiert sich an den Leitwerten einer resilienten, gesellschaftlich und ökologisch tragfähigen Wirtschaft und gründet für Rudolf L. Schreiber in den Faktoren Biodiversität, Produktdiversität, Mittelstands- und Firmendiversität. Schon 1980 hielt Rudolf L. Schreiber auf dem Weltwirtschaftsforum in Davos zu diesen Themen den Leitvortrag des Forums „Rückkehr zum Ursprung".

Rudolf L. Schreiber war Mitglied in den Gründungsvorständen des „Bund für Umwelt und Naturschutz Deutschland e. V." (1975) und der „Deutschen Umwelthilfe e. V." (1976) und betreute Verbände wie z. B. „Bioland e. V." sowie Unternehmen wie z. B. Feneberg, Neumarkter Lammsbräu, Bad Brückenauer Mineralbrunnen oder Haus Rabenhorst bei der Entwicklung ihrer ökologisch orientierten Geschäftsmodelle. Im Bereich Publizistik hat er die populäre Naturschutz-Bestsellerreihe *Rettet die Vögel* (Auflage 500.000), *Rettet den Wald* etc. sowie das Weltbuch *Save the Birds* herausgegeben.

Rudolf L. Schreiber ist Mitinitiator der Umweltbewegung in Deutschland, Begründer des Öko-Marketing und Öko-Sponsoring in Deutschland und Europa sowie Initiator von Private Public Partnership-Projekten wie z. B. den Initiativen „Pro Mehrweg", den Regionalaktionen „Aus der Rhön – für die Rhön", der Aktion Grundwasserschutz und dem Projekt Bildung für nachhaltige Regionalentwicklung in Unterfranken. Pro Natur entwickelte auch die Leitlinien und Regionalkonzepte für zahlreiche deutsche und österreichische Nationalparks, beispielsweise für den Nationalpark Bayerischer Wald.

Für seine Tätigkeiten erhielten Rudolf L. Schreiber und Pro Natur mehrere Auszeichnungen für erfolgreiches Engagement in den Bereichen ökologische Unternehmensberatung und Publizistik, u. a.: die Bayerische Naturschutzmedaille 1998, Ökomanager des Jahres 1999, Verdienstorden der Bundesrepublik Deutschland 2003, Umweltmedienpreis der Deutschen Umwelthilfe 2007. Auch das in Unterfranken umgesetzte Projekt Wasserschule wurde schon viermal von den United Nations ausgezeichnet.

„Wissen ist der Rohstoff, der sich bei Gebrauch vermehrt": Rudolf L. Schreiber im Gespräch

Herr Schreiber, Sie waren von 1964 bis 1974 leitender Mitarbeiter bei BBDO in Deutschland, Europa und den USA. Was hat Sie bewogen, Unternehmer zu werden, und gibt es in Ihrem Werdegang Schlüsselerlebnisse, die von entscheidender Bedeutung für Sie waren?
Sie meinen, dass ich aus dem Beruf der Werbung ausgestiegen bin, um selbständiger Unternehmer zu werden?

Ja. Sie waren ja sehr erfolgreich bei BBDO.

Ich habe den Beruf Werbung ergriffen, weil das ein Zukunftsberuf war. Das ist nicht mehr zu vergleichen mit der heutigen Zeit. Nach dem Krieg gab es eine Aufbauphase, alles hat gefehlt. Dafür zu werben, Dinge kennenzulernen, die amerikanische Wirtschaftsmethode, der Begriff Marketing, das alles war Zukunft. Und diesen Zukunftsberuf habe ich ergriffen und war aufgrund meiner kreativen Anlagen, die ich gottgegeben mitbekommen habe, erfolgreich in der Werbung.

Von New York aus habe ich Deutschland als ein Land mit mittelständischen Unternehmensstrukturen gesehen, viel Freiheit, Familienbeziehungen, Familienunternehmen und Komplexität an Möglichkeiten. Als ich zurückkam, stellte ich fest, dass es immer einheitlicher wurde. In der Natur wurden die Hohlwege begradigt, die Felder vergrößert, die Flurbereinigung, die Umweltproblematik, der Schaum auf den Flüssen... Das alles zusammen erweckte bei mir den Eindruck, dass das so auf absehbare Zeit nicht mehr gehen kann. Ich hatte damals nicht das Wissen, sondern nur die Ahnung, dass man auf lange Zeit nicht gegen die Erhaltung der Natur aktiv werden kann. Und damit kam ich in Konflikt mit meinem Beruf. Das heißt, ich habe nicht mehr hinter dem gestanden, was ich gelernt habe. Ich habe nicht eingesehen, dass ich Produkte durch Kreativität verkaufen sollte, die die Lebensgrundlagen zerstören, und durch diese Einsicht konnte ich den Beruf nicht mehr ausüben.

Ich habe dann nicht den Beruf gewechselt, denn nicht das Messer ist der Mörder, sondern der Täter. Ich setze meine Kreativität für die Erhaltung der Umwelt, für mehr Gerechtigkeit, für eine intakte Gesellschaft und für nachhaltige Entwicklung ein. Und das steht heute im krassen Gegensatz zur Wirtschaftsweise. Der Entwicklungsprozess war 40 Jahre lang.

Das heißt die Leitvorstellung, die Ihr Handeln als Unternehmer prägt, ist die Verantwortung gegenüber der Natur, gegenüber der Gesellschaft und für andere Formen der Wirtschaft.

Ja, Herr Glauner, aber ich habe keine Leitvorstellung. Ich habe eine Notvorstellung. Auf einem begrenzten Planeten kann man nicht unbegrenzt weitermachen wie bisher. Dieses System macht weiter. Das heißt, um ein Beispiel zu geben, ich befinde mich in einem Raum, wo das Wasser steigt und ich kann zusehen, wie es weiter bis zur Decke steigt. Da brauche ich kein Leitbild mehr, wie ich das trockenlege, sondern ich muss Wasser rauslassen. Die Orientierung der Wirtschaft stimmt nicht mehr. Die Wirtschaftstheorien sind überholt. Die kann man in die Garderobe der Geschichte hängen. Der ganze Kram, die Bücher, all das, was man gelernt hat oder was man an Universitäten lehrt, dient dem Weitermachen wie bisher und dem Erhalt eines falschen Systems. Das sind Reinigungsmittel im Auspuff der Vergänglichkeit.

Wir müssen umdenken. Wir müssen uns fragen, nein, es steht fest, dass dieser Weg, den die Marktwirtschaft verfolgt, – alles natürlich ganz vereinfacht gesagt, es gibt ja verschiedene Formen des Wirtschaftens – aber der Weg, den die Marktwirtschaft verfolgt, durch Werbung Produkte zu verkaufen, dieser Weg ist nicht zukunftsfähig. Wir müssen uns an der Begrenzung orientieren, der Begrenzung des Planeten. Das trifft auch zu für die Begrenzung einzelner Regionen. Wie groß muss eine Region sein, um x Bäckereien zu erhalten? Wir müssen neue Regeln finden, wie wir im Sinne von Vielfalt, Produktqualität, Diversität, Arbeitsplätzen Regionen erhalten können. Und dass einer sagt „Ich will der Größte werden" und die anderen verdrängt, das Prinzip wird nicht mehr gehen. Wir brauchen eine neue Sichtweise des Wirtschaftens und eine neue Sichtweise von der Gesellschaft.

Wie setzen Sie diese neue Sichtweise mit Ihrem Unternehmen Pro Natur um?
Pro Natur ist von Anfang an nachhaltig orientiert. Unser primäres Ziel ist die Erhaltung der Natur. Deswegen habe ich einige Bücher über Naturschutz herausgegeben. Wie kann man die Öffentlichkeit aufklären, dass es notwendig ist, die ökologischen Lebensgrundlagen zu erhalten. Das ist das oberste Ziel, denn ohne eine intakte Natur läuft gar nichts. Zweitens, ich empöre mich gegen Ungerechtigkeit. Wir haben uns immer bemüht, im Rahmen der Möglichkeiten, die wir haben, faire Gehälter zu zahlen, die Dinge positiv voranzutreiben, uns für faire Preise einzusetzen, für hohe Qualität, für anständige Unternehmensorientierungen. Das heißt die zunehmende Ungerechtigkeit in unserem Staat ist dermaßen erschreckend, das Auseinanderdriften der Gesellschaft, dass eine alleinstehende Frau in der dritten Woche des Monats kein Geld mehr hat, um ihr Kind durchzufüttern, das ist doch eine unglaubliche Schweinerei. Ich sehe in keinem Bereich eine große Änderung. Und die Politik versagt, das sind nur noch Phrasen, und die Gesellschaft geht offensichtlich einen sehr wenig erfolgreichen Weg. Und an dritter Stelle steht erst die Wirtschaft. Die Wirtschaft muss dem Ganzen dienen. Sie muss sich bemühen, im Rahmen der ökologischen Grenzen nachhaltig zu wirtschaften, die ökologischen Lebensgrundlagen zu erhalten und der Gesellschaft dienen. Und im heutigen System steht immer die Wirtschaft an erster Stelle. Es geht um eine pervertierte Macht- und Marktkonzentration.

Dieser Konzentration stellen Sie mit Ihren Aktivitäten Begriffe wie ‚Regionalisierung' und ‚Vernetzung' entgegen. Wenn man mal die Politik außer Acht lässt und Sie entscheiden könnten, was Sie mit Ihren Aktivitäten und Unternehmen auch getan haben, ein anderes Modell umzusetzen, wie würde so ein regional vernetztes, nachhaltig ausgerichtetes Wirtschaftsmodell in Vielfalt aussehen? Und was würde das für Unternehmen und Regionen, die Sie ja auch beraten, bedeuten?
Es ist jetzt im Westend Verlag ein Buch mit dem Titel erschienen „Was würden wir tun, wenn wir Bundeskanzler wären?" In meinem Beitrag habe ich als Forderung gestellt: Neben der Realpolitik, der vermeintlichen Realpolitik, eine Visionspolitik zu entwerfen, nämlich eine, die Leitlinien setzt für eine lebenswerte Zukunft. Und von dieser Visionspolitik würde ich die Realpolitik ableiten. Manches tun, was in der Politik eben nicht getan wird. Ich würde Dinge infrage stellen. Der erste Punkt ist, solange wir keinen anderen Planeten erobern, das schließe ich nicht aus, nur wir erleben das nicht mehr, solange wir wissen, dass der Lebensraum Erde begrenzt ist, kann die Menschheit nicht unbegrenzt wachsen. Und wenn wir das Ackerland noch erweitern und Gentechnik fördern und was

alles versucht oder propagiert wird, irgendwann ist eine Grenze erreicht. Ich bin der Auffassung, die sollte nach heutigem Wissen dann erreicht sein, wenn wir uns noch innerhalb der ökologischen Gesetzmäßigkeiten ernähren und überleben können. Und wenn die Grenze erreicht ist, muss man das Bevölkerungswachstum stoppen. Es geht nicht anders. Und da wäre es besser, wir würden heute schon zum einen die Maßnahmen einhalten, dass wir uns nur innerhalb bestimmter Grenzen bewegen und die nicht überschreiten, und zum zweiten die Lebensgrundlagen nur so nutzen, dass sich die Erde wieder regenerieren kann. Das heißt, die erste reale Forderung heißt, aktives schöpferisches Tun zu entwickeln, das uns ein menschenwürdiges Leben innerhalb der ökologischen Grenzen erlaubt. Das ist vollkommen neu, und wir haben keine Theorien, keine Strategien, nicht genügend Produktinnovationen. Da müssen wir heute viele Produkte infrage stellen. Da geht es nicht mehr darum, größere Autos mit Allradantrieb zu bauen, sondern eine andere Mobilität zu schaffen. Das heißt, es liegen, um die Probleme der Zukunft zu lösen, immense Veränderungen und Aufgaben vor uns. Wahrscheinlich wie nie zuvor.

Ich möchte noch mal nachhaken. Sie haben erfolgreiche Unternehmen wie z. B. die Neumarkter Lammsbräu bei Ihren Geschäftsmodellen beraten und begleitet. Auch diese Unternehmen nehmen für sich in Anspruch, Vorreiter zu sein und heute schon andere Wege zu gehen, indem sie ganzheitlich nachhaltig arbeiten. Gibt es Beispiele für diese neue Form des Wirtschaftens?

Vierzig Jahre sind fast ein halbes Jahrhundert. Vor vierzig Jahren war z. B. die Brauwirtschaft noch ganz anders strukturiert. Heute weiß man ja nicht mehr, welche Marke und welche Brauerei zu welchem Konzern gehört. Das war eine andere Welt. Und Wettbewerb ist ein Prinzip der Ökologie. Ich meine, für bestimmte Vogelarten im Regenwald ist es ziemlich unbequem, einen endlos langen Schwanz mit grellen Farben mit sich herumzuschleppen. Der hindert nur, er wird aber im Wettbewerb um das attraktivste Weibchen eingesetzt, damit die Art sich fortsetzen kann. Das heißt in der Wirtschaft ist auch ein gewisser Wettbewerb und eine Balz um die Gunst eines Käufers nötig. Nur in welchem Maße und in welcher Form? Vor vierzig Jahren war in der Brauwirtschaft keine Brauerei ökologisch orientiert. Grundsätzlich ist Bier ein Naturprodukt und grundsätzlich war das Reinheitsgebot ein Garant dafür, dass es ein gutes Bier war. Mit der Zeit ist das Reinheitsgebot zu einer alten Oma geworden, über die man noch redet, aber die längst ihre Jungfrauenpflichten erfüllt hat. Es wird vieles im Bierprozess angewandt, was nicht mehr dem Reinheitsgebot entspricht. Zur damaligen Zeit haben wir überlegt, nicht nur überlegt, es war mehr oder weniger aus einer moralischen Einstellung heraus entwickelt, dass alles, was die natürlichen Lebensgrundlagen zerstört, auch nicht zukunftsfähig sein kann. Und aus dieser Einstellung heraus hat Dr. Franz Ehrnsperger von der Neumarkter Lammsbräu die Brauerei von seinen Eltern übernommen, und wir haben gemeinsam, ich das Konzeptionelle und er das Brautechnische, eine der ersten drei ökologisch orientierten Brauereien konzipiert und entwickelt. Und er hat das dann konsequent gegen alle Schwierigkeiten, selbst gegen die Schwierigkeiten der eigenen Braubranche, durchgesetzt und ist heute sicher in Deutschland die Nummer 1, man könnte vermuten, weltweit. Die Motivation, diesen Weg zu gehen, der heute als Beispiel dient, war eine Motivation der Verantwortung gegenüber der Gesellschaft, gegenüber der Umwelt, mit dem Ziel, nachhaltig zu wirtschaften. So einfach.

Und die Herrmannsdorfer Landwerkstätten?
Die Herrmannsdorfer Landwerkstätten haben eine lange Geschichte. Sie wurden gegründet und entwickelt von Karl-Ludwig Schweisfurth, dem ehemals die Firma Herta gehörte. Ich glaube, das war in den 1960er- und 1970er-Jahren das größte fleischverarbeitende Unternehmen in Europa. Da wurde er in Diskussionen mit seinen Söhnen vor die Frage gestellt, ob das, was er macht, richtig ist. Und sie haben festgestellt, dass die Wurstfabrik Herta nicht damit übereinstimmte, wie sie leben wollten. Karl-Ludwig Schweisfurth hat dann entschieden, die Fabrik zu verkaufen und sich neu zu orientieren. Soviel ich weiß, hat er Herta seinerzeit an Herrn Maurer von Nestlé verkauft und mit dem Verkaufserlös die Herrmannsdorfer Landwerkstätten eingerichtet. Herrmannsdorf hatte das Ziel, einen neuen Weg zu gehen, das heißt eine Landwirtschaft und eine Agrarkultur einzuführen, die naturgemäß ist und den natürlichen Gütern, also den Tieren und Pflanzen, Wertschätzung, Achtung und Respekt entgegenbringt. Spötter sagten, „das ist ja das Neuschwanstein der Landwirtschaft", weil mit dem Verkaufserlös von Herta etwas ermöglicht wurde, was im alten System nicht ging. Darüber kann man reden. Es ist aber nicht zutreffend, wenn man tiefer einsteigt. Er hat sich einen Traum erfüllt, und heute sind die Herrmannsdorfer Landwerkstätten ein Erfolg, der mit Geschäften in München und vor Ort einen vernünftigen Umsatz erzielt und kompromisslos Qualität produziert. Und objektiv ist die Fleischqualität, wenn man in das Restaurant geht, wirklich hervorragend.

Das heißt die Investitionen waren keine in ein „Schloss Neuschwanstein", sondern die Investition in ein gesundes, tragfähiges, langfristig ausgerichtetes Unternehmen?
Absolut. Die Investition hat sich über lange Jahre, ich sage mal zwanzig Jahre konsequent verfolgt, als richtige herausgestellt, denn sie ist heute tragfähig.

Wie passt das zu Ihrem Engagement bei Bioland? Sie haben die neue Corporate Identity für die Bioland-Philosophie entwickelt. Bioland unterstützt in der Landwirtschaft kleinteilige Strukturen. Der Weltagrarmarkt wird dagegen von wenigen großen Unternehmen beherrscht, die Ihren und den Ideen von Bioland eher negativ gegenüberstehen. Wie haben Sie Bioland positioniert?
Wenn Sie es klar wissen wollen, müssen wir die Beherrschung abschaffen. Dass wenige Konzerne bestimmen, was wir essen sollen, und über den Nahrungsmarkt der Welt verfügen. Das ist eine Machtkonzentration, die für ein überlebensfähiges System der Gesellschaft weltweit nicht zukunftsfähig ist. Man müsste diese Art und Weise, Macht zu konzentrieren und den Menschen über Nahrungsmittel auszubeuten, unterbinden. Es ist eine Machtfrage. Und wie wir dieses abschaffen, das ist ein anderes Thema. Wenn wir innerhalb der möglichen Strukturen bleiben, dann ist die Lösung eine ganz logische Angelegenheit. Aber ich habe nicht die Arroganz zu sagen, so wie ich es sehe, ist es der

einzige Weg. Nur, es scheint der einzig vernünftige Weg zu sein. Und da gibt es Perspektiven. Im vorletzten Weltagrarbericht von 2009 steht zum allerersten Mal in der Geschichte der Weltagrarberichte: „Business as usual is no more an option". Die übliche Landwirtschaft ist nicht mehr die einzige Option und es wird akzeptiert, dass es eine ökologische Landwirtschaft geben kann. Die ökologische Landwirtschaft ist die einzige Methode, die einzige, die langfristig ohne Zusatz von Stoffen, die endlich sind, eine Ernährung sicherstellt. Der Buchautor Prinz zu Löwenstein hat in seinem Buch „Food Crash" den Untertitel veröffentlicht: „Wir werden uns ökologisch ernähren oder gar nicht". Und vor diesem Hintergrund und wissend, dass 1,2 Mrd. Kleinagrarlandwirte weltweit die Hälfte der Weltbevölkerung ernähren, gibt es langfristig keine Alternative außer der Verbreitung des ökologischen Landbaus weltweit, unabhängig vom heutigen kritischen Machtkomplex der Großkonzerne. Wenn man das vor Augen hat, hat Bioland als eine der ältesten und heute größten Organisationen der Anbauverbände in Deutschland eine Möglichkeit, modellhaft zu zeigen, wie man in Deutschland ökologischen Landbau betreiben kann. Diese Erkenntnisse sind weltweit weiterzugeben.

Was wir also brauchen, ist die Globalisierung nachhaltiger Regionalentwicklung. Wir müssen in Regionen die Widerstandskräfte stärken. Regionen sind resilienter als Staaten. Diese getesteten Nachhaltigkeitsbeweise, die müsste man globalisieren, so wie man im Franchising McDonalds globalisiert hat. Nur nicht, um die Welt zu vereinheitlichen, sondern um Vielfalt und Überlebensfähigkeit weltweit zu verbreiten. Deswegen habe ich mich für Bioland engagiert und bin für die im Prinzip so etwas wie „der Jupp Heynckes der Ökobranche", weil ich sie jetzt zum dritten Mal mit dieser modernen Perspektive beraten habe.

Um es auf den Punkt zu bringen: Aus der Betrachtung von kybernetischen und von ökologischen Systemen übertragen Sie die Vorstellung, dass kleinteilige Vielfalt ein Ausweg ist und dies der einzige Garant ist, dass ein System sich langfristig weiterentwickeln und stabil halten kann?
Ja, wahrscheinlich ist es der einzige Ausweg: Stabilität durch Diversität. Je komplexer ein Ökosystem ist, desto stabiler ist es. Jede Konzentration ist nicht überlebensfähig. Im Prinzip gilt, dass Vielfalt eine Überlebensgarantie ist. Biodiversität, Produktdiversität, Mittelstands- und Firmendiversität, das ist im Moment der Weg, und wahrscheinlich langfristig der einzige zu einer globalen Sanierung des kranken Planeten.

Und auch einzelner Unternehmen…
Was für die Zelle gilt, gilt für die Erde. Es gibt ja eine Theorie, die sagt, die Erde nach dem Gaia-Prinzip ist ein lebender Organismus. Ich glaube das. Die Erde ist ein komplexes System.

Sie erkannten schon frühzeitig, dass viele Umwelt-, Gesellschafts- und Wirtschaftsprobleme im Zusammenhang stehen und nur durch branchenübergreifende Kooperation bewältigt werden können. Können Sie Beispiele geben, wie diese Probleme gelöst werden?

Können wir da auf der Behördenebene bleiben? Ein ganz simples Beispiel: Wir haben das Problem in einigen deutschen Regionen, ich möchte nicht Ross und Reiter nennen, das ist nicht nötig, aber die Sachlage deutlich machen. Es gibt in Deutschland Regionen, in denen das Grundwasser stark mit Nitrat belastet ist. Bis zu über 80 % des Grundwassers ist in Regionen mit Nitrat belastet. Dagegen muss etwas getan werden. Wir wissen, dass der größte Belastungsfaktor des Grundwassers die Landwirtschaft ist, wegen des Einsatzes von chemischen Düngemitteln. Man weiß auch, dass der beste Grundwasserschutz überhaupt wäre, ökologische Landwirtschaft zu betreiben. Man macht es aber nicht. Landwirtschaft und Wasserwirtschaft sind zwei vermeintlich feindliche Lager. Es müssen die Abteilungen in den Ministerien in Zukunft enger zusammenarbeiten. Es müssen die Ministerien enger zusammenarbeiten. Und es muss sich die Wirtschaft für neue Allianzen finden. Und auch dort ist es einfacher, wenn wir regionale Wirtschaftskreisläufe aufbauen, die von der Landwirtschaft über die Verarbeitung bis zum Vertrieb, bis zu Handwerksbetrieben auf dem Teller des Konsumenten landen. Auch hier spielt das Thema der Diversität und der Regionalität wieder eine Rolle.

Was heißt für Sie persönlich Erfolg?
Erfolg bedeutet für mich, wenn einmal auf meinem Grabstein steht: „Er hat sich bemüht."

Und für Pro Natur?
Dass die Denkhaltung von Pro Natur nicht gebrochen wird. Pro Natur praktiziert eine Kehrtwende, was das Wirtschaftssystem angeht, von der Orientierung her. Pro Natur ist der Lachs, der im Fluss gegen den Strom schwimmen muss, um Eier im Kiesbett der Flussquellen zu legen. Er hat keine Alternative. Wenn also Pro Natur mit seiner Denkhaltung überleben will, muss das Unternehmen weiter gegen den Strom schwimmen. Es gibt keine Alternative, um Pro Natur am Leben zu erhalten. Und das ist anstrengend. Da gibt es a) nicht viele und b) wenn man sich wendet, also umdenkt an einem bestimmten Punkt, bekommt man den ganzen Sand auf die Schuppen. Deswegen ist es für Pro Natur notwendig, nicht aufzugeben, mit einer positiven Motivation und neuen jungen Menschen diese Idee zu verfolgen, die ich einmal in die Welt gesetzt habe.

Sie haben das Stichwort genannt: Kehrtwende in die Zukunft, also Ihr jüngstes Projekt. Was heißt „Kehrtwende in die Zukunft"? Und wie können Unternehmen nachhaltig erfolgreich daran teilnehmen und was bedeutet das für deren Kunden, Mitarbeiter, Eigner und die Gesellschaft?
Die erste Kehrtwende, die man vornehmen muss, ist erst im Denken und dann im Handeln, nämlich zu erkennen, was ich eingangs sagte, die freie Marktwirtschaft ist in dieser Form nicht überlebensfähig, das heißt wir stehen mit dem Rücken an der Wand und müssen uns neu orientieren. Reden wir nicht von Planwirtschaft. Man kann nicht planen, dass der Ball zu einer bestimmten Zeit am Windmesser vorbei ins Tor fliegt. Planwirtschaft geht nicht. Wir müssen einen neuen Weg finden zwischen Plan- und Marktwirtschaft, also zwischen „wie viel habe ich noch im Keller" und „wie viel darf ich trinken, damit die nächste Weinernte wieder den Keller auffüllt". Und diese Orientierung heißt, ich muss

Grenzen akzeptieren, Grenzen der Größe, der Macht, der Region, des Energieverbrauchs usw. Kehrtwende strebt dementsprechend eine Wirtschaftsform an, die ich Systemwirtschaft oder Mitweltökonomie nenne, eine Wirtschaft, die das Ganze einbezieht, um es zu erhalten. Das ist eine radikale Umkehr in den heutigen Einbahnstraßen des Wirtschaftens.

Das zweite ist: ich halte die praktizierte Werbung, die ja an Dummheit teilweise eine Zumutung ist, dass man nach jedem Werbespot eine Rehaklinik aufsuchen müsste, für eine Verdummung der Massen und im Sinne des Produktabsatzes für nicht mehr möglich und nicht mehr für richtig, ebenso wie die Orientierung an Quoten. Die Quoten machen das Niveau immer flacher, immer uninteressanter. Mit anderen Worten: Die Kommunikation, speziell die Werbung, verdummt den Konsumenten. Das müssen wir ablösen durch eine Bildungskommunikation. Wir bemühen uns vom Kindergarten über die Schule bis hin zur Universität um eine perfekte Ausbildung der jungen Menschen für das System. Und dann kommen sie in die böse Konsumwelt und keiner klärt sie weiter auf, welchen Schrott man angeboten bekommt. Wir brauchen andere Autos, andere Produkte, wir brauchen Produkte mit Ersatzteilgarantie und nicht solche, wo eingeplant wird, dass man sie wegwerfen muss. Wir brauchen eine Bildungskommunikation, die den Konsumenten für ein neues Bewusstsein, einen neuen Konsum aufklärt. Und das geht wiederum wahrscheinlich nur durch eine hohe Diversität von Partnern aus dem Mittelstand. Der Mittelstand ist der Hoffnungspartner für eine aufklärende Zukunft des Konsumenten.

Und die dritte Forderung, die ich stelle, ist: Wir sollten in Regionen Modelle entwickeln, diese testen und dann über das System Franchise – ich sage nicht, wie es jetzt praktiziert wird – globalisieren. Wir sollten versuchen, Erkenntnisse in andere Regionen der Welt zu tragen, wobei sie immer individuell anzupassen sind. Aber die Denkhaltung kann eine gleiche sein. Im Prinzip brauchen wir ein neues Christentum, eine Bewegung in Form einer neuen Konsumweltgesellschaft, die sich anders orientiert.

Deren Werte wären dann Bescheidenheit, Vertrauen, Demut, zupackende Hilfe, Partnerschaft?
Das ist richtig. Ohne Demut und eine gewisse Bescheidenheit und andere Wertvorstellungen wird es nicht gehen. Es wird ein Jahrhundert der Moral sein oder es wird nicht mehr sein.

Ein schönes Stichwort. Sie haben sich in den letzten 40 Jahren stark bei Initiativen für nachhaltiges Wirtschaften engagiert. Welche Initiativen haben Sie ergriffen und was heißt für Sie ‚nachhaltiges Wirtschaften'? Können Sie weitere Beispiele von Unternehmen nennen, die Ihren Konzepten gefolgt sind?
Wir haben Unternehmen in der Getränkewirtschaft beraten, z. B. Bad Brückenau Mineralbrunnen. Das war der erste Mineralbrunnen der Welt, der einen ökologisch orientierten Neubau realisiert hat und damit von der Architektur bis zur Energieeinsparung sehr früh diese Perspektiven umgesetzt hat. Leider verfolgt er diesen Weg nicht mehr so konsequent, sondern hat sich dem Markt untergeordnet, in dem immer mehr Menge über den günstigen Preis vertrieben wird, und steckt heute in den üblichen Problemen der Branche. Aber es war am Anfang ein richtiger Weg. Neumarkter Lammsbräu haben wir schon be-

sprochen. Dann haben wir für die Brauerei Riedenburger und das Kloster Blankstetten die Konzeption für die ökologische Orientierung mit erarbeitet und die Gestaltung der Produkte, der Etiketten. Plankstettener Klosterbräu ist auch eine erfolgreiche Marke. Des Weiteren haben wir über längere Zeit dem Unternehmen Pharmos Natur geholfen, neue Wege zu finden für Kosmetikprodukte ohne Einsatz von Chemikalien. Und das Lebensmittelhandelsunternehmen Feneberg im Allgäu haben wir bei der Einführung der ökologischen Regionalmarke „Von hier" beraten. Hier werden in den Märkten Waren mit klarer Herkunftskennzeichnung aus der Region angeboten. Des Weiteren haben wir den Bioland Anbauverband sowie das Biosphärenreservat Rhön im Sinne einer nachhaltigen Regionalentwicklung beraten. Kein Unternehmen, jedoch sehr erfolgreich, ist die Bayerische Wasserwirtschaft. Für sie haben wir eine Wasserschule entwickelt, die jetzt schon viermal von den United Nations ausgezeichnet wurde.

Soweit ich sehe, geht auf Sie auch die Konzeption des Nationalparks Bayerischer Wald zurück, der in Deutschland ein Modell für alle weiteren Nationalparks wurde.
Ja. Wir haben in Deutschland die Leitlinien für den Nationalpark Bayerischer Wald und später für Berchtesgaden und alle weiteren Nationalparks entwickelt. Ich habe durch die Gewinnung von Finanzierungspartnern dazu beigetragen, dass es heute die fünf Nationalparks in Ostdeutschland gibt. Und das Auftreten, die Orientierung, die Kommunikation und die anfängliche Aufklärung stammen aus meinem Büro.

Und auch hier stammt die Idee der Vernetzung und Regionalisierung von Ihnen.
Im Prinzip liegt allen Aufgaben, die ich mit Pro Natur verfolgt habe, die gleiche Denkhaltung zugrunde.

Diversifizierung und dadurch nachhaltige Resilienz.
Resilienz im Sinne von Widerstandsfähigkeit. Der Begriff kommt ja aus der Psychologie. Das heißt als resilient bezeichnet man ein Kind, das sich trotz unglücklicher Lebensumstände positiv entwickelt. Dieser Begriff wurde in der Zwischenzeit auf die wirtschaftliche Seite übertragen. Man versteht heute darunter auch die Resilienz von Regionen, deren hohe Widerstandsfähigkeit zum Erhalt des Planeten beiträgt.

Wie erfolgt die Vermittlung und Umsetzung der Unternehmenswerte von Pro Natur bzw. von Ihnen? Soweit ich weiß, waren Sie der Erste, der auf dem „World Economic Forum" in Davos einen Leitvortrag zum Thema Nachhaltigkeit hielt.
Der Vortrag in Davos fand zu einer Zeit statt, als Davos schon sehr bedeutend war, wenn auch nicht so in aller Munde wie heute. 1980 war der Titel meines Vortrages „Rückkehr zum Ursprung". Den könnte ich heute noch so halten, ich glaube 80 % des Skriptes brauchte ich nur wieder vorzulesen, und es wäre immer noch neu. Ich habe damals mehr aus einer Ahnung heraus darauf aufmerksam gemacht, dass es so nicht weitergehen kann. Heute bin ich dabei, eine Genossenschaft zu gründen, die mit Regionalisierung und der

Vernetzung von Menschen in Regionen mit gleicher Denkhaltung zukunftsfähig werden soll.

Ihr gesellschaftliches Engagement ist eine der tragenden Rollen Ihres Selbstverständnisses, insbesondere das von Ihnen genannte Thema Bildung. Warum richten Sie den Fokus auf diesen Bereich? Und worauf konzentrieren Sie sich da besonders?

Weil ohne Bildung gar nichts läuft. Eine Zeitschrift hat einmal geschrieben: „Wissen ist der Rohstoff, der sich bei Gebrauch vermehrt." Und faktisch kann man sagen, in den Ländern, in denen Bildung und moralische Aufklärung im weitesten Sinne erfolgen, lassen die Probleme nach. Es ist ein Fakt, dass wir Gut und Böse nicht abschaffen können. Weder Gut noch Böse. Wenn Sie lange Zeit in einem Kloster sind und gefastet haben, dann fragen Sie schon einmal: „Weiß jemand, wo hier in der Nähe ein Rotlichtmilieu ist?" Wenn Sie sich Tag und Nacht im Rotlichtmilieu herumschlagen, dann wünschen Sie sich einmal die Bescheidenheit eines Klosters. Die Pole, Polarität ist wahrscheinlich ein kosmisches Prinzip, also können wir das eine und das andere nicht abschaffen. Aber was wir können und wo wir eine moralische Verantwortung haben – Hermann Hesse nennt das „die Einheit hinter den Gegensätzen" – ist, zu einer Mitte beizutragen, die das Ganze im Lot hält. Man kann nicht sagen, es muss im Gleichgewicht sein. So einfach ist es nicht, aber mit großer Wahrscheinlichkeit kann man sagen, wenn die Dinge aus dem Lot fallen, dann stimmt etwas nicht mehr. Und das ist das, worum wir uns bemühen müssen. Dafür dient nur die Veränderung von Einstellungen. Wir meinen, das weiß man draußen, aber, glauben Sie, es ist erschreckend, wie wenig – prozentual gesehen – innerhalb der Gesamtbevölkerung die Menschen von lebensnotwendigen Dingen wissen, die wir wissen sollten. Wenn sie es nicht wissen, können sie sich auch nicht entsprechend verhalten. Insofern ist der Faktor Bildung, Wissen verbreiten, Verständnis wecken, Bewusstsein ändern die Hauptaufgabe, die wir hier leisten. Neben den praktischen Dingen, z. B. der Produktentwicklung. Der Faktor Bildung ist der wichtigste bei den jungen Menschen. Mit ihnen kann Zukunft verändert werden, nicht mehr mit uns alten Dickköpfen.

Das führt uns zum Abschluss. Wie sehen Sie die Zukunft von Pro Natur? Was sind die zentralen Herausforderungen und wie glauben Sie, hilft Ihr Werteverständnis, diese Herausforderungen zu meistern?

Ich habe keine besondere Vorstellung von Theorien oder Werten, sondern meine erste Orientierung ist, was ist dringend notwendig, um Schaden abzuwenden, um das Problem zu lösen? Das ist eine ziemlich konkrete Problemlösungsorientierung, bevor ich Vorstellungen davon habe, welchen Wert denn das Problem hat.

Das zweite ist: Bei allen meinen Aufgaben, seien es Initiativen, Beratungsaufgaben oder die Herausgabe von Büchern, strebe ich an erster Stelle immer das Ziel – die Problemlösung – an.

Ich habe „Rettet die Vögel" herausgegeben, weil ich die Vögel retten wollte, nicht weil ich ein Buch verkaufen wollte. Bücher waren für mich immer Mittel zum Zweck, zur Weiterbildung. Die Orientierung folgt immer dem Ziel. Was löst denn dieses Engagement, dieser Verbrauch von Energie, den ich ja auch an den Tag lege, indem ich lebe? Was löst denn dieses Nachdenken, dieses Einspannen von Kräften? Welchen Beitrag leistet es zur Problemlösung? Und wenn Sie das Notwendige und Richtige verfolgen, werden Sie zwangsläufig erfolgreich sein. Meine Orientierung sind keine Werte, sondern die Hoffnung, keine Fehler zu machen, weil ich schon vorher das Richtige angestrebt habe. Also, das Richtige verfolgen, was sehr oft in der Meinung der Mehrheit das Falsche ist, oder das nicht Gewollte verfolgen und dann keine Fehler zu machen, indem Sie professionell das Beste leisten, das gibt mir Orientierung. Wenn Sie einen Wettbewerb, z. B. einen Hochsprungwettbewerb nehmen, bei dem Sie nicht gewinnen wollen oder nicht hoch genug springen können, dann brauchen Sie erst gar nicht anzutreten. Das heißt die richtige Orientierung, die Teilnahme an einem freien Wettbewerb, damit das Beste nach vorne kommt, keine Fehler machen, hart arbeiten. Das ist die Orientierung.

Und das sind auch Ihre Unternehmerwerte?
Ja.

Ich bedanke mich für das Gespräch.
Bitte sehr.

Der Werteraum von Pro Natur: Corporate Social Responsibility als Unternehmenszweck Im Vergleich zu Unternehmen wie HiPP, Hilti, Maisel, dm oder DJG verfügt Pro Natur über kein eigenständiges Wertemanagement, das im Rahmen der sonstigen Unternehmensprozesse mit den Instrumenten des C4-Managements und einem Wertecockpit gelenkt wird. Erstens ist Pro Natur dafür zu klein, zweitens arbeitet Pro Natur nach dem Prinzip dezentraler Vernetzung mit externen, eigenständigen Partnern und drittens konzentriert sich das Geschäftsmodell von Pro Natur auf CSR-Projekte, sodass eine kompromisslose Werteorientierung schon im Geschäftszweck von Pro Natur enthalten ist. „Corporate Social Responsibility" ist, verstanden als umfassendes ökologisches Engagement, das Produkt, der Geschäftszweck und das Ziel aller Aktivitäten von Pro Natur. Das Schöpfen von Werten, verstanden als die Entwicklung eines neuen Wertebewusstseins für unternehmerische und gesellschaftliche Verantwortung, ist der zentrale Geschäfts- und Wertschöpfungsprozess von Pro Natur. In dieser Wertschöpfung begreift sich Pro Natur ausdrücklich als Unternehmen und nicht als NGO oder Sozialinstitution. Pro Natur lebt das Credo, dass Ökologie das Prinzip der Wirtschaft ist und dass Unternehmen nur dann eine Berechtigung haben, wenn sie zur eigenen Fortexistenz nachhaltigen Nutzen und Mehrwert für das Gesamtsystem stiften.

Der Erfolg von Pro Natur gründet in einer kompromisslosen Werteorientierung. Hierbei bilden die Unternehmerwerte von Rudolf L. Schreiber das Rückgrat der Unternehmenswerte von Pro Natur. So kann auch Pro Natur mit den Instrumenten des Wertecockpits analysiert und dargestellt werden.

Die Unternehmerwerte von Rudolf L. Schreiber sind getragen von einem verantwortlichen Handeln für eine lebenswerte Zukunft in einer freien Wirtschaft, die dem Erhalt einer intakten Natur verpflichtet ist und sich in den Dienst einer gerechten Gesellschaft stellt. Das setzt Mut, Konsequenz und Härte in der Sache voraus, gepaart mit Bescheidenheit, Rücksichtnahme, Achtung und Demut gegenüber der Vielfalt natürlicher und gesellschaftlicher Lebensformen.

Die Leitwerte von Pro Natur Den Grundüberzeugungen von Rudolf L. Schreiber entsprechend sind die Werte von Pro Natur strukturiert. Deren Leitwerte sind

- die Erhaltung einer intakten Natur als Basis für eine gesunde Wirtschaft,
- aktives schöpferisches Tun und unternehmerische Verantwortung gegenüber Natur und Gesellschaft,
- Wettbewerb und Vielfalt als ökologische und ökonomische Prinzipien,
- Absicherung der ökonomischen Existenz durch nachhaltige Nutzenstiftung und unternehmerisches Engagement,
- Regionalisierung als ökologisch-ökonomisches Prinzip der Nachhaltigkeit, verstanden als nachhaltiger Aufbau von lokalen und regionalen Wertschöpfungsketten und Wirtschaftskreisläufen.

Umgesetzt und „gemessen" werden diese Leitwerte der Nutzenstiftung anhand von drei komplexen Äquivalenzen, erstens dem Grad der Regionalisierung, zweitens dem Grad der Diversität und Vielfalt und drittens dem Grad der Kooperation und Vernetzung.

Die Prozesswerte von Pro Natur An erster Stelle steht bei Pro Natur der Wert Problemlösungsorientierung. Es ist der zentrale Prozesswert, an dem das Handeln von Pro Natur ausgerichtet wird. Ihm nachgelagert sind die Prozesswerte Fehlervermeidung, Leistungsbereitschaft, Professionalität und harte Arbeit. Fehlervermeidung wird von Pro Natur so ausgedeutet: Projekte sind für alle Beteiligten kompromisslos klar, ehrlich, offen, integer, transparent und qualitätsorientiert umzusetzen. Harte Arbeit wird begriffen als konsequentes Engagement.

Die Pro Natur-Messwerte für die Umsetzung der gelebten Prozesswerte sind zum einen der Grad der Problemlösungsfähigkeit (Problemlösungspotenzial), mit dem einzelne Projekte zur Lösung spezifischer Probleme beitragen (z. B. der Grundwasserschutz). Zum anderen wird der Erfüllungsgrad der Pro Natur-Prozesswerte gemessen durch die Erfolgskennzahlen, die die nachhaltige Tragfähigkeit der einzelnen Projekte bewerten. Hierzu gehören u. a. Kennzahlen zur ökonomischen und ökologischen Performanz von Projekten, verstanden im von Rudolf L. Schreiber definierten Sinn einer nachhaltigen, ökologisch orientierten System- bzw. Mitweltwirtschaft.

Das Wertecockpit von Pro Natur Wie schon gesagt hat Pro Natur kein Wertecockpit. Anstelle eines Wertecockpits werden die Pro Natur-Werte durch ein Bildungs- und

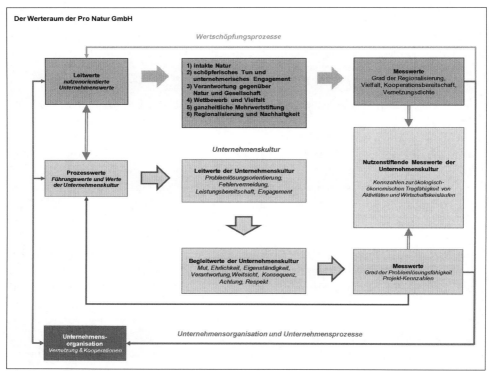

Abb. 4.13 Wertelandkarte Pro Natur GmbH

Bildungs-Kommunikationsverständnis gelenkt. In diesem Verständnis werden die Leit-
und Prozesswerte von Pro Natur so miteinander verschränkt, dass der Nutzen der Pro
Natur-Projekte beziffert, gesteuert und mit qualitativ hochwertigen Kommunikationsplatt-
formen transportiert werden kann (vgl. Abb. 4.13).

4.7 Lessons learned – Unternehmenskultur als Wertschöpfungsprozess

Analysieren wir die Unternehmensporträts und Interviews mit dem Instrumentarium des
Wertecockpits, fallen vier Fakten ins Auge:

1. Alle dargestellten Unternehmen sind mit den Instrumenten des Wertecockpits beschreib-
   und analysierbar. Das Instrumentarium ist somit praxistauglich. Auch zeigt sich, dass
   die Unternehmen ihre Kultur, wenn nicht explizit, so doch implizit mit einem unter-
   nehmenseigenen Wertecockpit steuern.
2. Die Unternehmenskultur fungiert bei allen dargestellten Unternehmen als Referenzrahmen, über den das spezifische Wertemanagement organisiert wird.
3. Alle dargestellten Unternehmen werden durch starke Unternehmer- oder Führungspersönlichkeiten geprägt, die die Kulturarbeit als eine ihrer zentralen Aufgaben ansehen,
   in reifen Unternehmenskulturen aber zunehmend lenkend in den Hintergrund treten.
   Hierbei schließen sie sich selbst gleichberechtigt zu ihren Mitarbeitern in die Weiterentwicklung ihrer Unternehmenskulturen ein.
4. CSR und Wertemanagement sind für diese Unternehmen aktive Steuerungsfelder.

Bevor die einzelnen Punkte näher erläutert werden, ist schon vorab ein Befund herauszu-
heben. Es besteht eine signifikante Relation zwischen der Stärke der ausgebildeten Unternehmenskultur und der Anzahl der Werte, mit denen das Unternehmen gesteuert wird.
   Drei Aspekte stechen hervor:

1. Je tiefer und länger die dargestellten Unternehmen ihre Unternehmenskultur leben,
   desto weniger Werte sind leitend.
2. Je länger und ausgeprägter die Unternehmenskultur als leitender Referenzrahmen im
   Unternehmen wirkt, desto mehr konvergieren die Leit- und Prozesswerte.
3. Je ausgeprägter die Unternehmenskultur gelebt wird, desto mehr tritt die zentrale Rolle
   der Unternehmerpersönlichkeit in den Hintergrund, die gelebte Unternehmenskultur
   als Referenzrahmen für individuelles und unternehmerisches Handeln dagegen in den
   Vordergrund.

Mit dem Wertecockpit kann nicht nur der Aufbau einer Unternehmenskultur gesteuert
und unterschiedlichste Unternehmenskulturen in ihrer Funktionsweise und Ausprägung
analysiert werden, es dient auch dazu, den Entwicklungs- bzw. Reifegrad der jeweiligen
Unternehmenskultur zu ermitteln. Dieses Faktum unterstreicht, dass werteorientierte Führung und der Aufbau unternehmerischer Referenzrahmen für individuelles Handeln kein
statischer Zustand sind, sondern ein kontinuierlicher und dynamischer Entwicklungsprozess, der mit den Instrumenten des Wertecockpits bewertet und gesteuert werden kann.
   Die mit dem Reifegrad der Unternehmenskultur einhergehende Tendenz zur Konvergenz und Reduktion der Leitwerte wird belegt, wenn man die Porträts von Hilti und dm-
drogerie markt auf der einen und Maisel und DJG auf der anderen Seite vergleicht. Sowohl Hilti als auch dm sind in der Ausprägung ihrer Kultur schon weit vorangeschritten.
Kenntlich wird das daran, dass die zentralen Leit- und Prozesswerte konvergieren bzw.
identisch sind. Und im Vergleich zu Maisel konvergiert auch bei DJG der zentrale Leit-
und Prozesswert im Wert ‚Integrität'. Das Verständnis von Integrität spreizt sich jedoch
bei DJG in einen kaskadenartig absteigenden Strauß weiterer Werte auf. Diese sind so

gewählt, dass sie dem Leitwert Integrität Ausdruck und Gehalt verleihen. Ähnlich wie bei Maisel sind auch bei DJG noch relativ viele unterschiedliche Werte Teil des Wertecockpits. Nimmt man schließlich das Beispiel von W. L. Gore & Associates aus Abschn. 3.3.3 hinzu, wird deutlich, dass man ein Unternehmen am Ende nur noch mit einem zentralen Leit- und Prozesswert – im Fall von Gore ‚Durchlässigkeit' – ausrichten kann. Das gilt übrigens auch für die Wertelandschaft von ethisch negativ ausgeprägten sozialen Systemen, z. B. Mafia-Systemen. In ihren ausgeprägtesten Formen orientieren sich diese am Ende ebenfalls nur noch an einem Leitwert, dem der Ehre, also der Integrität unter Gaunern.

Der Reifegrad einer Unternehmenskultur, ihre Qualität, ihre Kraft und der Umfang, wie weit und tief sie das Unternehmen als Ganzes durchdrungen hat, spiegelt sich im Wertekanon, der den Referenzrahmen für unternehmerisches und individuelles Handeln prägt. Dies gilt nicht nur für ethisch tragfähige, positive Unternehmenskulturen, sondern auch für ethisch fragwürdige Unternehmenskulturen, die letztlich in ihren fortgeschrittensten Formen ausschließlich um den Wert des Egos, der Gier und der Macht kreisen, also in der Vorstellung kulminieren, dass es im Unternehmen ausschließlich um das individuelle Fortkommen um jeden Preis geht.

4.7.1   Wertecockpits in der Praxis

Analysiert man die Wertelandschaften der Fallstudien sowie die im ersten Teil aufgeführten Praxisbeispiele, sind vier Befunde hervorzuheben.

Erstens wird ersichtlich, dass die jeweiligen Werteräume äußerst individuell ausgeprägt sind. Die These, dass die Werte eines Unternehmens deren DNA und der verborgene Fingerabdruck ihrer Handlungsweisen sind, wird so eindrücklich belegt. Zudem wird offensichtlich, dass selbst scheinbar identische Werte – z. B. der Wert Verantwortung – in jedem Unternehmen ein individuelles Gesicht haben. Für die Arbeit mit Werten heißt dies, sie gelingt erst dann, wenn man den Unternehmenswerten eine unverwechselbare Gestalt verleiht.

Zweitens fällt auf, dass bei allen Fallstudien die Kommunikation der Werte ein aktiver Führungsprozess ist. Er schließt nicht nur das Unternehmen, sondern auch alle sonstigen Stakeholder ein. Mit den Worten von Erich Harsch und dm-drogerie markt gesprochen: „Führungsarbeit ist Bewusstseinsführungsarbeit." Es ist die Arbeit an einer stimmig ausgelegten und im Unternehmen geteilten Werteorientierung. Aus ihr zieht die Unternehmenskultur ihre eigenständige Gestalt. Hierbei werden die Treiberfaktoren der Unternehmenskultur so ausgelegt, dass sie ein Handeln nach Vorgaben der angestrebten Leit- und Prozesswerte unterstützen. Am konkreten Beispiel von Hilti und dm-drogerie markt verdeutlicht: Die Hilti-Werte Teamgeist und Engagement werden z. B. durch die Hilti-eigenen Incentive-Systeme gestützt. Diese sehen vor, dass es im Unternehmen keinerlei Einzelbonus-Systeme gibt, sondern ausschließlich Team-Bonus-Systeme, bis hinauf in das Managementboard. Bei dm-drogerie markt wiederum wird der Wert Menschorientierung durch die implementierten Sanktionssysteme gestützt. Diese zielen darauf ab, das

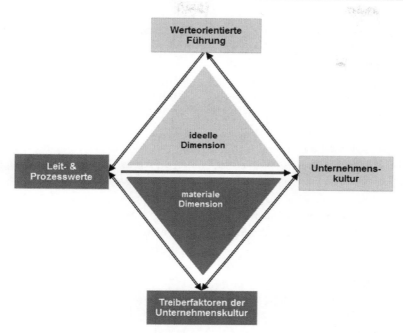

Abb. 4.14 Der Führungsdiamant der Unternehmenskultur

egoistische, selbstbezogene Handeln – in den Worten von dm „RaKa", also „Rationalisierung auf Kosten anderer" – durch entsprechende Rückkopplungsschleifen zu unterbinden und eigenverantwortliches, teamorientiertes und situativ angemessenes Handeln zu fördern.

Die Steuerung der Unternehmenskultur folgt somit einem viergliedrigen Schema, dem **Führungsdiamanten der Unternehmenskultur** (vgl. Abb. 4.14).

Im Führungsdiamanten der Unternehmenskultur werden die werteorientierte Führung und die Ausbildung der Unternehmenskultur durch das Design der Treiberfaktoren der Unternehmenskultur sowie die Ausgestaltung des Wertecockpits zur Deckung gebracht.

1. Werteorientierte Führung definiert die Leit- und Prozesswerte, mit denen das Unternehmen seine Leistungen erbringt.
2. Die Leit- und Prozesswerte sind der ideelle Referenzrahmen für die Ausgestaltung der angestrebten Unternehmenskultur.
3. Aus der angestrebten Unternehmenskultur und den definierten Leit- und Prozesswerten wird das Wertecockpit abgeleitet sowie festgelegt, wie die sieben Treiberfaktoren der Unternehmenskultur ausgestaltet sein müssen, damit die vorgegebenen Werte und die angestrebte Unternehmenskultur materiell gestützt werden.
4. Werteorientierte Führung gestaltet die Bereiche Kommunikationsverhalten, Kooperationsverhalten, Führungsstil, Entwicklungschancen, Förder- und Lernverhalten, Anreize und Sanktionen so, dass sie der Ausbildung der angestrebten Unternehmenskultur förderlich sind.

Hat der Kristallisationsprozess der Unternehmenskultur einmal begonnen, wirkt er bei kontinuierlicher Pflege als selbsttragende Kraft, die eine Sogwirkung entwickelt, aus der heraus ein immer größerer „Kristall" wächst.

Um im Bild des Diamanten zu bleiben, der Kristall der Unternehmenskultur wird bei allen analysierten Unternehmen mit **Metawerten** geschliffen. Hierzu zählen die Werte Stimmigkeit, Homogenität sowie Transparenz. Diese Metawerte treten zu den Messwerten des Wertecockpits hinzu und fundieren das in Abschn. 3.2.5.2 erläuterte Selbstverständnis, dass ein Unternehmen atmen und sich entwickeln können muss. Jegliche dogmatische Verengung der Unternehmenswerte ist deshalb zu vermeiden und zugleich ist dafür Sorge zu tragen, dass das Unternehmen in seinem Kern Fokus und Richtung behält. Zu den Metawerten „Stimmigkeit", „Homogenität" und „Transparenz" treten deshalb bei allen analysierten Unternehmen das ebenfalls in Abschn. 3.2.5.2 entfaltete **Prinzip der Nutzenstiftung** und das **Prinzip der Offenheit**. Beide Prinzipien sind Kern des Werteverständnisses aller dargestellten Unternehmen. Sie dienen den Unternehmen dazu, den ebenfalls in Abschn. 3.2.5.2 umrissenen Prozess der Passung offener Ressourcen zu gestalten.

Drittens teilen die dargestellten Unternehmenskulturen eine Reihe weiterer Merkmale:

Bis auf Pro Natur, das aufgrund seiner Größe und der Geschäftsausrichtung anders organisiert ist, fahren alle vorgestellten Unternehmen ihr Wertecockpit mit dem Instrument externer Befragungen. Die Erhebung von Mitarbeiter-, Kunden- und auch Marktbefragungen dient ihnen dazu, den Spiegel ohne interne Einflussnahme vorgehalten zu bekommen. Solche Befragungen sind sozusagen der Lackmustest, dass die Werteorientierung im Unternehmen ernst genommen wird. Die Befragungen sind Teil eines Strebens nach Transparenz, die jeglicher Exzellenz vorangeht, da nur in der transparenten Offenlegung, z. B. der Mitarbeiterloyalitätsquoten, kenntlich wird, wo im Unternehmen nachzusteuern ist.

Bei allen vorgestellten Unternehmen herrscht ein tief verankertes Verständnis, dass das Unternehmen umfassenden Nutzen stiften soll. Erster Ausdruck dieser Auffassung ist ihre ausgeprägte Kundenorientierung. Die Fallstudien vereint hier, dass für alle vorgestellten Unternehmen der Kunde an erster Stelle steht und dass das Unternehmen als „auf dem Kopf stehende Pyramide" begriffen wird. „Top down" gelebte Werteorientierung ist so der „bottom up" gelenkte Prozess, durch dienende Führung den Nutzen aller zu steigern, die in diesen Führungsprozess eingebunden sind. Hierbei stehen die Kunden ganz oben, die Mitarbeiter und Teams, die mit den Kunden in Verbindung stehen, direkt unter den Kunden und alle anderen Führungsebenen in dienender Stützungsfunktion je nach Hierarchieebene absteigend darunter.

Geteilt wird zudem die Auffassung, dass Werteschöpfung, Bewusstseinsführung und die Entwicklung der Unternehmenskultur ein Wertschöpfungsprozess ist. Er dient dazu, alle Unternehmensbereiche unter dem Gesichtspunkt der Nutzensteigerung optimal auszurichten. Das Wertecockpit ist in diesem Prozess die Richtschnur, um zu ermitteln, in welcher Güte die Leit- und Prozesswerte im Unternehmen umgesetzt werden. Die Steuerung der Leit- und Prozesswerte wird dabei durch ein konsequentes C4-Management flankiert, bei dem die Unternehmensdimensionen „corporate identity", „corporate know-ledge", „corporate development" und „corporate values" entsprechend den Leit- und Pro-zesswerten so zueinander ausgerichtet werden, dass die Unternehmensorganisation zur Unternehmenskultur passt.

Die vorgestellten Unternehmen begreifen ihre Leit- und Prozesswerte zur Steuerung der Unternehmenskultur nicht als Selbstzweck, sondern als Leitlinien der Unternehmens-wertschöpfung. Wertschöpfung wird dabei ganzheitlich verstanden, indem der komplette Strauß von Stakeholdern – also Kunden, Mitarbeiter, Familie, Eigner und Gesellschaft – berücksichtigt wird.

Bei allen vorgestellten Unternehmen erfolgt die Mitarbeiterentwicklung nach dem in Abschn. 2.2.5.2 entwickelten Verständnis der Passung offener Ressourcen. Hierbei werden die Mitarbeiter in einen Lernprozess integriert, um die angestrebte Unternehmenskultur zu verinnerlichen. Aufgrund dieser Zielsetzung erfolgt in den dargestellten Unternehmen auch die Entwicklung der Führungskräfte intern. Hierbei kommt wieder der Reifegrad der Unternehmenskultur ins Spiel. Unternehmen mit einer reif ausgebildeten Unternehmens-kultur setzen zu 100 % auf interne Führungskräfteentwicklung. Dies folgt der Logik, dass Führungskräften, die von außen kommen, die wesentliche Grundlage zur Erfüllung ihrer Führungsaufgabe fehlt, nämlich die intime Kenntnis der gelebten Unternehmenskultur. Diese Kenntnis kann in der Regel nur derjenige erlangen, der die Unternehmenskultur von Grund auf erlernt und verinnerlicht hat. Folglich werden Führungskräfte im Wesentlichen aus dem Unternehmen heraus entwickelt, da jedem Externen die verinnerlichten Gepflo-genheiten der gelebten Unternehmenskultur fehlen.

Schließlich ist ein *vierter* Aspekt hervorzuheben, der aus den Fallstudien ablesbar ist. Die Leitwerte der dargestellten Unternehmen sind nicht nur nutzenorientiert, sondern sie sind „nach außen gerichtet" nutzenorientiert. Um diesen Sachverhalt zu verdeutlichen, ist es hilfreich, den Begriff **selbstbezüglicher Leitwerte** einzuführen und abzugrenzen vom Begriff von **nach außen gerichteten Leitwerten**.

Selbstbezügliche Leitwerte: „Wie bei Muttern"

Stellen Sie sich folgende Situation vor. Ein Wirt, nennen wir ihn Heinz Bach-mann, eröffnet Anfang der 1970er-Jahre seine Gaststätte ‚Zum grünen Baum'. Dem Wunsch, Wirt zu werden, ging die Vision voraus, Gäste mit Hingabe zu verwöhnen und zu binden. Dieser Wunsch entsprang folgendem Erfahrungshintergrund. Heinz Bachmann wurde als viertes von sieben Geschwistern 1940 geboren. Der Vater kam 1945 nicht aus dem Krieg zurück. Die Mutter hatte nur eine kleine Witwenrente und musste, um wenigstens das Nötigste zu erhalten, ganztägig als Zugehfrau arbeiten. Begabt mit Organisationstalent, Aufopferungswillen und Hingabe schaffte sie es dennoch, alle ihre Kinder unbeschadet durch die schweren Nachkriegsjahre zu brin-gen. Dabei versorgte sie ihre Kinder immer mehr mit Liebe und Zuneigung als mit Nahrung und Kleidung. Bei all ihren Fähigkeiten konnte sie eines nicht: Kochen.

Bei der kargen Auswahl erschwinglicher Lebensmittel gab es meist Bratkartoffeln, und die waren angebrannt.

Aus der Nachkriegszeit und seiner Kindheit hat Heinz Bachmann nur eines mitgenommen, die Liebe der Mutter, wenn sie spätabends für die Kinderschar kochte.

Nun versetzen Sie sich in die Lage von Heinz Bachmann und die seiner Gäste. Seinen außergewöhnlichen Service bewirbt er mit dem in den 1970er- und auch noch 1980er-Jahren oft verwendeten Slogan „wie bei Muttern". Er meinte damit: „Ich sorge mit Liebe, Aufopferung und Hingabe für das Wohl meiner Gäste." Und der Kunde – der denkt, die Geschichte von Heinz Bachmann im Hinterkopf: „‚Wie bei Muttern', aha, angebrannt."

▶ **Selbstbezügliche Leitwerte:** Selbstbezügliche Leitwerte sind Leitwerte, die Nutzenversprechen signalisieren, aber in der Selbstbezüglichkeit des Absenders ‚stecken' bleiben.

▶ **Nach außen gerichtete Leitwerte:** Nach außen gerichtete Leitwerte sind Leitwerte und Claims, die aus Sicht und im Werteverständnis des Adressaten diesem Nutzen versprechen.

Das in Abschn. 3.4.2 dargestellte Beispiel von Nike und der Claim „Just do it" ist solch ein nach außen gerichteter Leitwert und Markenclaim.

4.7.1.1 Exkurs: Markenethik, Markenkern und „Ethical Brand Management"

Werteorientierte Unternehmensführung spiegelt sich auch im Markenmanagement. Hierbei ist die nach innen und außen gelebte Unternehmenskultur substanzieller Teil des von Kunden wahrgenommenen Markenkerns. Die Bereiche Unternehmenswerte und Markenbildung spielen sich somit in die Hand. Das Bonmot „jedes Unternehmen hat die Mitarbeiter, die es verdient – und um etwas zu verdienen, muss man schon sehr hart dafür arbeiten" ist hier abzuwandeln in den Spruch: „Jedes Unternehmen hat die Marke, die es verdient – und um diese Marke zu verdienen, benötigt es Mitarbeiter, die hart am Markenbild arbeiten."

Hinter beiden Sprüchen steht das gleiche Prinzip. Mit den Worten von DJG Healthcare gesprochen ist es das Resonanzprinzip, also die Vorstellung, dass so, wie ein Unternehmen mit seinen Mitarbeitern umgeht, das Unternehmen mit seinen Kunden umgeht. Da die Marke eines Unternehmens letztlich weniger über die reinen Produkte, sondern an der Schnittstelle zwischen Kunde und Unternehmen, also im Bereich des Menschlichen, erfahren wird, ist Markenbildung unmittelbar an die Mitarbeiterbildung gekoppelt. *Auch bei der Markenbildung entscheidet das Geflecht der Leit- und Unternehmenswerte darüber, wie stark und authentisch eine Marke ausgebildet wird und Produkte mit Begehrlichkeit erzeugt werden können* (vgl. Abb. 4.15).

Wertemanagement ist somit nicht nur ein Aufgabenfeld werteorientierter Unternehmensführung, sondern zentrale Aufgabe einer herausragenden Markenentwicklung. *Die*

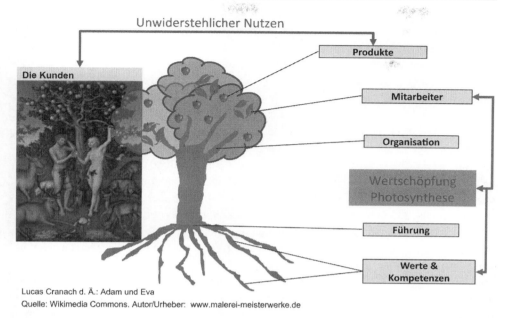

Lucas Cranach d. Ä.: Adam und Eva
Quelle: Wikimedia Commons. Autor/Urheber: www.malerei-meisterwerke.de

Abb. 4.15 Marken mit Mehrwert

Ausrichtung des Wertecockpits hat zentralen Einfluss darauf, wie stark und stimmig ein Unternehmen Markenbildung betreiben kann. Auch bei der Markenbildung zeigt sich deshalb wieder der zentrale Zusammenhang von Werten, Wertschöpfung und nachhaltigem Unternehmenserfolg. Wird die Markenbildung mittels Wertecockpit gesteuert, erhält die Marke gleichfalls eine unverwechselbare DNA. Dabei wird die Marke der Unternehmens-DNA eingeschrieben und umgekehrt.

4.7.2 Unternehmenskultur als Referenzrahmen

Die Analyse der in den Fallbeispielen dargestellten Wertelandkarten verdeutlicht, wie durch den Aufbau einer stimmigen Unternehmenskultur ein Referenzrahmen geschaffen wird, der individuelles und unternehmerisches Handeln leitet.

Um zu begreifen, wie die Unternehmenskultur als solcher Referenzrahmen wirkt und wie sie in dieser Funktion organisiert wird, ist nochmals auf den Führungsdiamanten der Unternehmenskultur zurückzukommen. Werteorientierte Führung richtet die im Unternehmen wirkende Unternehmenskultur mit den Instrumenten des Wertecockpits so aus, dass die gelebte Unternehmenskultur die angestrebten Leit- und Prozesswerte stärkt und stützt. Die Unternehmenskultur gibt Orientierung, wie man sich zu verhalten hat. Dabei geht es um mehr als reine Etikette und Höflichkeit. Denn in der Unternehmenskultur werden die gelebten Werte zum Ausdruck gebracht, wie man miteinander umgeht. Sie ist so der

Stoff, der das Unternehmen zusammenhält, ihm Ausdruck und Gestalt sowie seiner Drift Richtung und Drall verleiht. Im Zusammenspiel aller expliziten und impliziten Regeln, Werte und Überzeugungen übernimmt die Unternehmenskultur zwei Funktionen: erstens die Funktion der „Identitätsstiftung". Die Unternehmenskultur ist in dieser Funktion der materielle Ausdruck, wie das Unternehmen handelt, wofür es steht und mit welchen Leistungen es seine Existenz absichert. Zweitens hat die Unternehmenskultur eine operative Funktion. Als „Weltsichtfilter" dient sie dazu, trichterförmig System- und Umweltkomplexität zu reduzieren und sich auf ein eingeschränktes Set von Zielen zu fokussieren (vgl. Abschn. 3.2.3). Die Unternehmenskultur ist so der Bezugsrahmen, über den die im Unternehmen gelebte Spannung aus individuellen Eigenwerten und unternehmensübergreifenden Gemeinschaftswerten austariert wird. Deshalb wirkt sie auch ein auf den Prozess der Markenbildung sowie insbesondere die Güte der Mitarbeiter- und Kundenbindung.

Als Referenzrahmen für individuelles und unternehmerisches Handeln übernimmt die Unternehmenskultur die Aufgabe, einen **Gemeinschaftssinn** zu stiften. Gemeinschaftssinn besagt, dass über die gelebte Unternehmenskultur ein gemeinschaftliches Verständnis über den gemeinsamen Umgang hergestellt wird. Positive, ethisch und ökonomisch nachhaltige Unternehmenskulturen sind so der Humus, aus dem Team- und Kundenorientierung entstehen. Aus ethisch fragwürdigen sowie insbesondere auch aus undefinierten Unternehmenskulturen entsteht dagegen ein selbstbezogenes Handeln, welches auf lange Sicht gesehen den nachhaltigen Unternehmenserfolg konterkariert.

Die Fallbeispiele zeigen somit, nur die Entwicklung einer spezifischen Unternehmenskultur stiftet die Basis für nachhaltigen Erfolg. Herkömmliche Managementmaßnahmen sind hierbei – um im Bild der Geschossflugbahn zu bleiben – lediglich ein Seitenwind, der die Flugbahn des Unternehmens zwar beeinflussen, nicht aber seine grundsätzliche Richtung verändern kann. Die Flugbahn des Unternehmens wird durch die gelebte Unternehmenskultur, also die im Unternehmen gelebten leitenden Werte bestimmt. Deshalb setzt werteorientierte Führung an der Entwicklung dieser Werte und am Aufbau einer stimmig dazu passenden Unternehmenskultur an.

Erneut wird damit deutlich, dass die Steuerung des Unternehmens mit den Instrumenten des Wertecockpits ein Wertschöpfungsprozess ist. Im Abgleich der Leit- und Prozesswerte mit der im Unternehmen gelebten Unternehmenskultur legt er die Basis für die nachhaltige Ausrichtung eines Unternehmens. Wie aus den Interviews hervorgeht, wird dies von den Interviewpartnern selbst so begriffen. Alle Fallbeispiele vereint die Auffassung, dass die Entwicklung ihrer unverwechselbaren Unternehmenskultur der dritte Systemfaktor für ihren unternehmerischen Erfolg ist. Dies schließt das Bewusstsein ein, dass noch vor den beiden anderen Faktoren – also der Marktfähigkeit der Produkte und der Wettbewerbsfähigkeit der Unternehmensorganisation – die Unternehmenskultur derjenige Faktor ist, der das Unternehmen in Krisenzeiten auf Kurs hält. Die Ausbildung einer adäquaten Unternehmenskultur als Referenzrahmen für unternehmerisches Handeln ist somit die zentrale Stellschraube für den Aufbau unternehmerischer Resilienz in Krisenzeiten sowie für die Wandlungsfähigkeit von Unternehmen angesichts sich permanent verändernder Märkte und Umweltbedingungen.

4.7.3 Unternehmerwerte und Unternehmenswerte

Auf eindrückliche Weise bestätigen die Interviews den Befund von Jim Collins, dass exzellente, also weit überdurchschnittlich erfolgreiche Unternehmen von Unternehmerpersönlichkeiten geführt werden, die Collins „Level 5 Leaders" nennt (vgl. Collins 2001, S. 17 ff.). Herausragendes Kennzeichen von „Level 5 Persönlichkeiten" sind zwei in ihrer Person verbundene Eigenschaften. Charakterlich sind sie ausgeprägt bescheiden, meiden jegliche Staralüren, handeln menschenorientiert und sehen in ihren Mitarbeitern und Partnern die Ursache für den Unternehmens- und auch den eigenen Erfolg. Tätigkeitsbezogen zeigen sie Mut, Durchhaltevermögen und unbedingte Entschiedenheit. Hart und unbestechlich konsequent in der Sache, verfolgen sie Ziele unbeirrt, jedoch mit Gespür für das Gegenüber und das Team. Wie aus den Interviews hervorgeht, können diese Eigenschaften auch Claus Hipp, Michael Hilti, Dieter Jung, Jeff Maisel, Erich Harsch und Rudolf Schreiber zugeschrieben werden.

Verknüpft man diesen Befund mit dem Befund des Soziologen Richard Sennett, dass Menschen in ihrer Arbeit mehr denn je „einen mentalen und emotionalen Anker" benötigen, – für Sennett sind dies explizit Werte und „eine Kultur", mit deren Hilfe Menschen „beurteilen können, ob die Veränderungen in der Arbeit, den Privilegien und der Macht" für sie gut sind (Sennett 2007, S. 145 f.) –, wird deutlich, warum herausragendes werteorientiertes „Leadership" nicht genügt, um die Grundlagen von Unternehmensexzellenz zu erklären. Neben der von Collins herausgearbeiteten „Level 5"-orientierten Unternehmerethik treten so erneut die Unternehmenskultur und die gelebten Unternehmenswerte ins Rampenlicht. Wie alle Fallbeispiele zeigen, sind klare Werte und die gelebte Kultur gleichberechtigte und unverzichtbare Bestandteile für herausragenden Erfolg.

Zwei für die Arbeit mit Werten relevante Zusammenhänge geraten damit in den Blick. Erstens wird das in Abschn. 3.3 erläuterte kybernetische Gesetz der Veränderbarkeit sozialer Systeme bestätigt. Es besagt in Anwendung auf das Thema Werte: die flexibelste dominante Person in einem Unternehmen beeinflusst am stärksten, welche Werte im Unternehmen gelebt werden. Relevanter als dieser Befund ist jedoch Folgendes: während die „Level 5 Leadership"-Tugenden von Führungskräften nicht gelernt, sondern nur aus angeborenen Dispositionen heraus entwickelt werden können (vgl. Collins 2001, S. 35 ff.), kann eine stimmige Unternehmenskultur sehr wohl aus dem faktischen Bestand heraus geprägt und mit rationalen Managementtools – den Instrumenten des Wertecockpits – entwickelt werden. Hierzu bedarf es zunächst des Bewusstseins, dass die gelebte Unternehmenskultur die Substanz ist, aus der heraus der unternehmerische Fokus erwächst. *Der Aufbau der Unternehmenskultur kann somit zunächst unabhängig von der Existenz herausragender Unternehmenspersönlichkeiten analysiert und auf den Weg gebracht werden.*

Damit kommen wir zum entscheidenden Punkt sowohl der Fallstudien als auch der Frage, warum werteorientierte Führung und die Ausbildung einer Unternehmenskultur überhaupt von Bedeutung sind. Wie die Fallstudien zeigen, ist für alle dargestellten Unternehmen ihre Unternehmenskultur in der Praxis einer der entscheidenden, wenn nicht sogar *der* entscheidende Faktor für ihren Erfolg. Im Durchgang durch die einzelnen Beispiele kann jetzt der tiefere Grund dafür und auch für die Argumentation freigelegt werden, dass es *für jedes Unternehmen zukunftsentscheidend ist, ob und wie stark es eine Unternehmenskultur aufbaut.*

Wie Richard Sennett in seinen Analysen zum „flexiblen Menschen" und zur „Kultur des neuen Kapitalismus" zeigt, sind alle modernen Unternehmen an einem Marktverständnis ausgerichtet, das auf absolute Flexibilität setzt. Für die in solchen Unternehmen tätigen „flexiblen Menschen" bedeutet das, dass auch sie sich permanent verändern und sich an immer neuen Orten wechselnden Aufgaben widmen müssen. In der Folge zerfällt für den Einzelnen der persönliche Erfahrungsraum in punktuelle, nicht zusammenhängende Episoden. Er verliert darüber seine Orientierung, was zur Erosion von persönlichen Wertebindungen und eines persönlichen Arbeitsethos führt (vgl. Sennett 1998, S. 131 ff.). Für Unternehmen resultieren daraus drei folgenschwere soziale Defizite. Die zunehmende Flexibilisierung aller Tätigkeitsbereiche und Organisationsprozesse führt zu „geringe[-rer] Loyalität gegenüber der Institution, eine[r] Schwächung des informellen Vertrauens bei den Beschäftigten und eine[r] Verringerung des für die Institution spezifischen Wissens" (Sennett 2007, S. 52). Kurz, das für langfristigen Erfolg benötigte **Sozialkapital** der Unternehmen erodiert zwangsläufig, da der Aufbau von Sozialkapital Zeit, Raum und Konstanz erfordert – also der vorherrschenden Wirtschaftsweise diametral entgegensteht. Genau hier kommt die Unternehmenskultur zum Tragen. *Unternehmen, die in eine tragfähige Unternehmenskultur investieren, überbrücken das zentrale Paradoxon modernen Wirtschaftens, nämlich tragfähiges „Sozialkapital" erzeugen zu müssen, um erfolgreich flexibel bleiben zu können. Durch den Aufbau einer stimmigen Unternehmenskultur stiften herausragende Unternehmen die Basis, dass „Sozialkapital" ausgebildet werden kann. Die Unternehmenskultur bildet einen übergeordneten Rahmen und ein Sinnsystem, das angesichts der absoluten Flexibilität für den Einzelnen zum erfahrbaren Ort für Kontinuität, Wiedererkennbarkeit und Geborgenheit wird. Der Aufbau einer Unternehmenskultur stiftet somit die Zeit und den Rahmen, der für die Ausbildung eines tragfähigen unternehmerischen Sozialkapitals notwendig ist.* Genau deshalb fungiert die Unternehmenskultur als dritter Systemfaktor unternehmerischen Erfolgs.

Dieser Befund rückt das Verhältnis von Unternehmerpersönlichkeit und -kultur in die richtige Ordnung. Wie Sennett treffend schreibt, wird „Sozialkapital" „nämlich von unten her aufgebaut. Wie jede Kultur, so hängt auch die Firmenkultur von den gewöhnlichen Menschen und ihrem Verständnis der Institution ab, nicht von der Erklärung, die man von oben her verordnet" (Sennett 2007, S. 59). Damit eine Unternehmenskultur von unten her aufgebaut werden kann, müssen Leitwerte in das soziale System des Unternehmens injiziert werden. Genau hier greifen die Unternehmerwerte. Denn gemäß dem kybernetischen Gesetz der Veränderbarkeit sozialer Systeme werden positive wie negative Unternehmenswerte vorrangig von demjenigen geprägt, der flexibel dominant das Unternehmen bestimmt. Die Fallbeispiele sprechen eine deutliche Sprache. Für eine herausragende Unternehmenskultur sind Werte und Führungspersönlichkeiten förderlich, die den in Abschn. 3.2.5.2 beschriebenen Prinzipien der Nutzenstiftung und der Offenheit verpflichtet sind.

An dieser Stelle konvergieren die Fallstudien mit den Befunden von Collins und Sennett. Sei es die Vorstellung von der „situativ angemessenen Menschorientierung" (dm-drogerie markt), das „Du-orientierte Denken" (DJG) oder die von Hilti geäußerte „Passion für Menschen" – sie alle vereint ein Werteverständnis, das im weitesten Sinn an den interkulturell und interreligiös geteilten Kardinaltugenden Bescheidenheit, Klugheit, Augenmaß und Mäßigung sowie Mut, Tatkraft und Aufrichtigkeit orientiert ist. Diese Werte dienen als Richtschnur für den Aufbau einer Unternehmenskultur, die den Prinzipien der Nutzenstiftung und Offenheit verpflichtet ist und die mittels der Metawerte Stimmigkeit und Transparenz kompromisslos konsequent im Unternehmen umgesetzt wird. Hierbei gilt für alle Fallbeispiele, die tragenden Werte gehen in die Unternehmenswerte ein, wobei herausragende Unternehmer nicht nur aufgrund ihrer persönlichen Bescheidenheit, sondern auch aufgrund des Bewusstseins, dass die gelebte Unternehmenskultur ein gleichberechtigt geteiltes Unterfangen ist, hinter die von ihnen gestiftete Unternehmenskultur zurück und ins gemeinsame Glied treten. Dieses „ins gemeinsame Glied treten" ist also nicht nur einer „Level 5 Leadership"-Mentalität geschuldet, sondern dem Wissen, dass eine Unternehmenskultur nur dann Sogkraft entfaltet, wenn sie von vielen aktiv geteilt und gleichberechtigt getragen wird.

Im Spannungsfeld von Unternehmerwerten und Unternehmenswerten liegt so eine weitere Pointe, warum zur Ausbildung von Exzellenz der Fokus auf die Unternehmenskultur zu legen ist. Durch den Aufbau einer unverwechselbaren Kultur können Unternehmen eine Struktur und einen Rahmen schaffen, der es ermöglicht, sozusagen „auf offenem Meer" eine tragfähige Unternehmensbasis zu legen. Richtschnur hierfür ist das Resonanzprinzip und das in Abschn. 3.2.3 angerissene Bild der Unternehmenskultur als Biotopgestaltung. Unternehmenskulturen sind Wertebiotope. Diese Biotope können mit den Mitteln des Wertecockpits bewusst verändert werden. Auf solche Veränderungen reagieren Menschen mit Fluktuation. Wird der Prozess der Kulturarbeit behutsam und zugleich konsequent vorangetrieben, zieht das Unternehmen automatisch die „Bewohner" an, die zur Unternehmenskultur passen. Wie Miller (1993) und Collins (2001) im Positiven sowie Babiak und Hare (2007) im Negativen zeigen, entscheidet die Unternehmenskultur dann auch darüber, welche Form von Führungspersonal Aufstiegschancen bekommt. Die weitere Ausbildung der Unternehmenskultur wird so zu einem sich selbst verstärkenden Prozess, der mit den Mitteln des Wertecockpits aktiv strategisch und operativ gesteuert werden kann.

4.7.4   CSR und werteorientierte Unternehmensführung als Wertschöpfungsprozess

Dass eine werteorientierte Unternehmensführung und der Aufbau der Unternehmenskultur Wertschöpfungsprozesse sind, wurde schon genügend herausgearbeitet. An den Fallbeispielen kommt jedoch noch eine weitere Facette dieses Wertschöpfungsprozesses zum

Vorschein. Auch das in den dargestellten Unternehmen aktiv gepflegte CSR-Verständnis und das an den Werten der jeweiligen Unternehmenskultur ausgerichtete „Corporate Social Responsibility"-Management sind Kernbestandteil dieses Wertschöpfungsprozesses. *CSR ist bei den dargestellten Unternehmen kein philanthropischer Appendix unternehmerischer Verantwortung, sondern ein tragender Bestandteil der Unternehmenskultur. CSR-Maßnahmen geben der Unternehmensausrichtung zusätzliches Profil. Als Ausdruck der gelebten Unternehmenswerte stärken sie nach innen und außen die unternehmerische Bindekraft und die Unternehmensresilienz gerade auch in schwierigen Zeiten.*

An zwei CSR-Projekten der TRUMPF GmbH + Co. KG sowie am schon oben vorgestellten dm-Projekt „Ideen Initiative Zukunft" kann das verdeutlicht werden. Um zu verstehen, in welcher Weise die mitarbeiterorientierten Arbeitszeitmodelle und die von TRUMPF geförderten Bildungsprojekte zur ökonomischen Stärkung des Unternehmens beitragen, muss man sich zunächst das TRUMPF eigene Werteverständnis vergegenwärtigen.

360° Verantwortung: TRUMPF GmbH + Co. KG, Dietzingen

Das Unternehmen TRUMPF, 1929 gegründet, ist heute ein global operierendes Technologieunternehmen mit drei Geschäftsbereichen: Werkzeugmaschinen und Elektrowerkzeuge, Lasertechnik und Elektronik sowie Medizintechnik. Im Geschäftsjahr 2011/2012 erwirtschaftete TRUMPF einen Umsatz von 2,3 Mrd. €. Mit weltweit rund 9500 Mitarbeitern sowie 56 Tochterunternehmen und Niederlassungen ist TRUMPF nah am Kunden aufgestellt.

Das Geschäft von TRUMPF wird stark beeinflusst durch die Weltwirtschaft. Schwankungen in regionalen Märkten werden durch die internationale Aufstellung gepuffert, können aber mit Blick auf die weltwirtschaftliche Entwicklung nicht komplett aufgefangen werden. Alle Unternehmensprozesse von TRUMPF sind deshalb so ausgerichtet, dass das Unternehmen sich seinen stark schwankenden Märkten anpassen und langfristig entwickeln kann. Durch seine in Deutschland einzigartigen Arbeitszeitmodelle sowie die hochflexible Gestaltung der Fertigungsprozesse kann TRUMPF seine Fertigung innerhalb eines Tages hoch- oder herunterfahren. Dies reduziert kostspielige Lagerfertigung und ermöglicht es TRUMPF, bei unterschiedlichen Arbeitsaufkommen die Personalfixkosten konstant sowie Mitarbeiter und unternehmensinternes Know-how langfristig im Unternehmen zu halten. Obwohl TRUMPF in den beiden Jahren nach der weltweiten Finanzkrise 2008 einen drastischen Umsatzeinbruch verzeichnete, konnte das Unternehmen darauf verzichten, Personal zu entlassen.

Sechs Grundsätze untermauern das Unternehmensverständnis, die sich in der gelebten Unternehmenskultur spiegeln und die TRUMPF konsequent nach innen und außen umsetzt:

Wir sind ein Familienunternehmen. Die Bereitschaft, sich in guten wie in schlechten Zeiten mit ganzem Einsatz für das Unternehmen zu engagieren, gilt für jeden im Unternehmen Tätigen gleichermaßen: Gesellschafter, Geschäftsleitung, Führungskräfte und Mitarbeiter. Dies sichert den Erfolg des Unternehmens und damit die Erreichung unserer wirtschaftlichen und gesellschaftlichen Ziele.

Wirtschaftliche Unabhängigkeit ist unser oberstes Ziel. Wir wollen unabhängig bleiben. Wachstum aus eigener Kraft ist dafür entscheidend.

Unternehmerischer Erfolg ist nur möglich, wenn wir unsere Kunden von unseren Leistungen überzeugen. Unsere Aufgabe ist es deshalb, unsere Kunden mit innovativer Technologie hoher Qualität zu bedienen. Wir bemühen uns, den Vorstellungen und Wünschen unserer Kunden bestmöglich zu entsprechen. Die geographische Nähe zu unseren Kunden ist dafür unerlässlich.

Unsere Arbeitsgebiete stehen in thematischer Beziehung zueinander. Damit verstärken wir das jeweilige Wissen und Können der Gruppenmitglieder.

Unser Unternehmen wird von einer starken Zentrale gelenkt. Sie gibt die strategische Richtung vor und legt wichtige Standards fest. Unsere Tochtergesellschaften berücksichtigen im Rahmen dieser Festlegung regionale und kulturelle Besonderheiten im Umgang mit Kunden und Mitarbeitern.

Der Umgang mit unseren Lieferanten ist geprägt von Fairness, Maß und Vertrauen. Dabei gilt der Anspruch, den wir in Bezug auf Spitzenleistung an uns selbst stellen, auch für unsere Geschäftspartner („Unsere Unternehmensgrundsätze", © TRUMPF GmbH + Co. KG).

Der Werteraum von Trumpf Analysiert man den Werteraum von TRUMPF mit den Instrumenten des Wertecockpits, wird die Wertelandschaft durch zwei Dimensionen getragen, die Familienwerte der Eigentümerfamilien Leibinger und Leibinger-Kammüller sowie die Unternehmenswerte der TRUMPF GmbH + Co. KG.

Die Familienwerte Die Werte der Familien Leibinger und Leibinger-Kammüller orientieren sich am Leitbild des gesellschaftlich verantwortlichen Unternehmers. Grundlage für dieses Selbstverständnis sind die zehn christlichen Gebote sowie die daraus abgeleiteten Werte des Maßhaltens und des gerechten, aufrichtigen und respektvollen Umgangs miteinander.

Die Unternehmenswerte Im Unternehmen werden die Familienwerte umgemünzt in die zentralen Leitwerte der Unternehmenskultur: Fairness, Maß, Vertrauen und Verantwortung im Umgang miteinander. Aus Sicht des Unternehmens sind diese gelebten Unternehmenswerte einer der zentralen Faktoren für den Erfolg von TRUMPF. Sie prägen den Umgang mit Kunden sowie mit allen sonstigen Stakeholdern, von den Lieferanten über die Mitarbeiter bis hin zur Gesellschaft. Die kontinuierliche Ausrichtung der stimmig gelebten Unternehmenskultur ist für TRUMPF die Richtschnur zur nachhaltigen Sicherung aller Wertschöpfungsprozesse im Unternehmen.

Die Leitwerte von TRUMPF Unternehmerische Wertschöpfung gründet für TRUMPF in der Maxime, dass TRUMPF mit seinen Produkten und Leistungen

Nutzen und Mehrwert für alle schafft, die mit TRUMPF in Verbindung stehen: Kunden, Mitarbeiter, Gesellschafter und die das Unternehmen umgebende Gesellschaft. Grundlage der Nutzenstiftung ist die in allen Facetten geforderte und geförderte Leistungsbereitschaft, mit der TRUMPF seine Unternehmensziele umsetzt: Innovationskraft, gesundes Wachstum, nachhaltige Ertragskraft und wirtschaftliche Unabhängigkeit.

Die Prozesswerte von TRUMPF Die Ausgestaltung der Unternehmenskultur wird gelenkt mit einem Bündel von Prozesswerten, die den Umgang innerhalb und außerhalb des Unternehmens leiten: Engagement, Vertrauen, Offenheit und Nachhaltigkeit sowie deren Begleitwerte Ehrlichkeit, Leistungsbereitschaft, Verlässlichkeit, Verantwortung, Verständnis (für die Belange des anderen), Weitsichtigkeit, Transparenz und Konsequenz.

Die Einhaltung dieser Werte wird nicht nur von allen gefordert, sondern aktiv gefördert durch kontinuierliche Schulungsmaßnamen und konsequente Ausgestaltung der Führungsprozesse, mit denen die Einhaltung dieser Werte kontrolliert und nachgehalten wird.

Zur Steuerung der Prozesswerte organisiert TRUMPF seine Unternehmensprozesse mit neun *Messwerten*, die die Qualitätsgrundsätze von TRUMPF zum Ausdruck bringen:

Arbeitsbezogen sind dies die Werte	
Einfachheit	„Wir machen es einfach"
Fehlervermeidung	„Wir machen es von Grund auf richtig"
Sauberkeit und Ordnung	„Wir halten Ordnung"
Umgangsbezogen sind dies die Werte	
Eindeutige Vorgaben	„Wir vereinbaren, wo's langgeht"
Eigenverantwortung	„Wir schalten unsere Verantwortung ein"
Zusammenarbeit	„Wir sprechen mit den richtigen Leuten"
Prozessbezogen sind dies die Werte	
Termineinhaltung	„Wir halten unsere Termine ein"
Qualitätscontrolling	„Wir nehmen es immer ganz genau"
Kontinuierliche Verbesserung	„Wir sind offen für neue Ideen"

Damit diese Werte für alle präsent sind, werden sie nicht nur geschult, sondern im Unternehmen mittels global eingängiger Piktogramme auch grafisch vermittelt (vgl. Abb. 4.16).

Das Wertecockpit von TRUMPF setzt sich aus zwei Steuerungsinstrumenten zusammen. Zum einen einem kennzahlenbasierten Messsystem, mit dem die Zielerfüllung der nutzenorientierten Leitwerte von TRUMPF kontrolliert wird. Zu diesem Messsystem gehören beispielsweise die Kennzahlen zu Patenten, Kundenzufriedenheit, Ertragsquoten etc.

Abb. 4.16 Die TRUMPF
Qualitätsgrundsätze

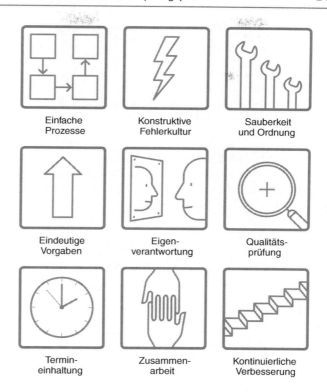

Einfache   Konstruktive   Sauberkeit
Prozesse   Fehlerkultur   und Ordnung

Eindeutige   Eigen-   Qualitäts-
Vorgaben   verantwortung   prüfung

Termin-   Zusammen-   Kontinuierliche
einhaltung   arbeit   Verbesserung

Das zweite Steuerungssystem besteht in der konsequenten Führungskräfteentwicklung und Mitarbeiterführung durch kontinuierliche dialogische Kontrolle und
Überprüfung von Zielvereinbarungen. Hierzu nutzt TRUMPF anonymisierte und
von externen Instituten durchgeführte Mitarbeiterbefragungen. Mit diesen turnusmäßig bis hin zum Pförtner durchgeführten Befragungen wird die Umsetzung der
Unternehmenskultur überprüft und dialogisch nachgeführt. Hierbei spielt die Abprü-
fung auch der arbeits-, umgangs- und prozessbezogenen Messwerte der TRUMPF-
Qualitätsgrundsätze eine tragende Rolle.

C4-Management Im Selbstverständnis von TRUMPF ist die gelebte Unternehmenskultur die Basis für alle Wertschöpfungsprozesse im Unternehmen. Diesem
Selbstverständnis entsprechend ist bei TRUMPF auch das strategische Instrument
des C4-Managements verankert. TRUMPF richtet mit ihm die Unternehmensorganisation, -werte, -identität und das Unternehmenswissen so aus, dass das Unternehmen in allen Facetten stimmig die vorgegebenen Leitwerte und Ziele umsetzen kann:

Wir sind in jedem unserer Arbeitsgebiete im Weltmaßstab technisch und organisatorisch führend.

Wir bieten unseren Kunden in jedem unserer Arbeitsgebiete Produkte und Leistungen, die im Weltmaßstab qualitativ führend sind.

Wir streben ein kontinuierliches Wachstum an, das deutlich über dem Durchschnitt der Branchen liegt, in denen wir tätig sind.

Wir erzielen eine Umsatzrendite, mit der wir unsere hohen Aufwendungen für Forschung und Entwicklung sowie Investitionen aus eigener Kraft tragen können.

Unser Wirken nach innen und nach außen ist geprägt von Engagement, Vertrauen, Offenheit und Nachhaltigkeit („Unsere Unternehmensgrundsätze", © TRUMPF GmbH + Co. KG) (vgl. Abb. 4.17).

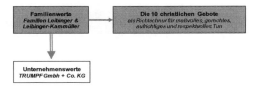

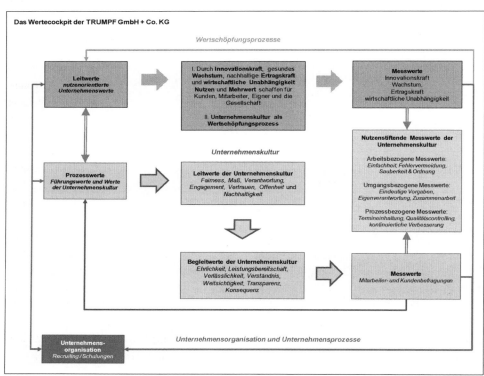

Abb. 4.17 Wertelandkarte TRUMPF GmbH + Co. KG

Wie also profiliert TRUMPF seine Unternehmenskultur durch CSR-Projekte, damit die Leitwerte Innovationskraft, gesundes Wachstum und nachhaltige Ertragskraft gestützt werden?

Arbeitszeitmodelle Gemeinsam mit den Arbeitnehmervertretern hat TRUMPF an seinen deutschen Standorten ein CSR-orientiertes Arbeitszeitmodell geschaffen, das in dieser Weise in Deutschland wohl einmalig ist. Es verknüpft verschiedene Bausteine zu einem „Haus", das die Unternehmensinteressen, größtmögliche Flexibilität in der Arbeitszeitgestaltung bei gleichzeitig kontinuierlich und langfristig planbaren Kostenbelastungen mit dem Wunsch der Mitarbeiter nach einem sicheren Arbeitsplatz und variabler Arbeitszeitgestaltung verknüpft. Zu den Bausteinen gehören folgende Elemente: Lebensphasenorientierte Arbeitszeitmodelle, Basisarbeitszeit/Wahlarbeitszeitmodelle, Freizeitkomponenten, betriebliche Altersvorsorge, Maßnahmen zur Qualifizierung und zur Gesundheitsförderung, Flexibilitätselemente zur Anpassung der Kapazität an konjunkturelle oder marktbedingte Schwankungen, Beschäftigungssicherungsmaßnahmen sowie Bündnisstunden und Gewinnbeteiligungselemente. Hervorzuheben sind hierbei insbesondere die gemeinsam vereinbarten Bündnisstunden. Jeder Mitarbeiter arbeitet pro Jahr 70 h ohne Entgeltanpassung. Diese Bündnisstunden dienen der Wettbewerbsfähigkeit und der Verbesserung der Standortbedingungen. TRUMPF unterstützt mit diesem Beitrag der Mitarbeiter Investitionen in die deutschen Standorte und das Gesundheits- und Bildungsprogramm von TRUMPF.

In diesem komplexen Modell höchst individuell gestaltbarer Arbeitszeiten erhalten die Mitarbeiter die Möglichkeit, in turnusgemäß getakteten Intervallen ihre individuelle Arbeitszeit lebensphasenorientiert festzulegen. Die Arbeitszeit kann dabei 15, 20 oder auch mehr als 38 h je Woche betragen. Insbesondere Frauen und Familienväter können so die Arbeitszeit flexibel an ihre persönliche Situation anpassen. Neben der Berücksichtigung der individuellen Interessen der Mitarbeiter ist zentrales Element die Optimierung der Unternehmensprozesse sowie die Absicherung der nachhaltigen Ertragskraft des Unternehmens. Hierzu werden von den einzelnen Mitarbeitern Stundenkontingente aufgebaut, die in Phasen geringen Auftragsvolumens wieder „abgeschmolzen" werden können. Das Unternehmen kann so bei langfristig planbarem Arbeitskostenvolumen auslastungsbezogen „atmen". Und auch die Mitarbeiter können in diesem Modell finanziell langfristig planen, denn in Phasen, wo Stundenkontingente aufgebaut werden, erhalten Mitarbeiter keinen zusätzlichen Lohn. Umgekehrt erhalten Mitarbeiter in Phasen, wo weniger gearbeitet wird und die aufgebauten Stundenkontingente reduziert werden, keinen geringeren Lohn. Zusätzlich umfasst das Arbeitszeitmodell von TRUMPF die Möglichkeit, auch in Teilzeit und von Heimarbeitsplätzen aus, z. B. als Abteilungsleiterin mit Familie, Karriere zu machen und aufzusteigen. Insbesondere für Frauen mit Familie ist dies eine klare Win-Win-Situation, die die Leit- und Prozesswerte von TRUMPF spiegelt.

Bildungsmaßnahmen Mit seinen unter http://www.de.trumpf.com/uebertrumpf/verantwortung/bildung.html einsehbaren Bildungsprojekten „Lernen 360°", „Lernen 360° RS", „Technik ist weiblich", „KIEWIS PEP: Kinder entdecken Wirtschaft", „Unterneh-

men KIEWIS, die Schülerfirma" und „School2start-up: Ökonomische Bildung" vermittelt
TRUMPF Kindern und Jugendlichen wirtschaftliches Denken und Handeln.

So lernen beispielsweise Haupt- und Realschüler in halbjährlichen schulbegleitenden
Projektgruppen den Berufsalltag kennen. Dabei wechseln Hauptschulklassen gemeinsam
mit ihrem Lehrer für einen und Realschulklassen für einen halben Tag in eines der Werke
von TRUMPF. Dort entwickeln sie in ihrer Projektgruppe ein technisches Produkt, z. B.
eine Kettenreaktionsmaschine. Die Produktentwicklung ist dabei nur ein Aufhänger. „Im
Vordergrund steht die Persönlichkeitsentwicklung der Schüler. Am konkreten Projektauf-
trag entwickeln sie nicht nur Verantwortungsbewusstsein für ihr eigenes Handeln, sondern
erlangen Berufskompetenz und Orientierungshilfe für die Berufswahl" („Bildungsprojekte zum Nachahmen, inspired by TRUMPF").

TRUMPF setzt bei diesen Projekten den Schwerpunkt, Kindern und Jugendlichen nicht
nur handwerkliche und organisatorische Fertigkeiten zu vermitteln, sondern insbesondere
die Soft Skills, die auch für TRUMPF leitend sind: Engagement, Vertrauen, Offenheit,
Ehrlichkeit, Leistungsbereitschaft, Verlässlichkeit, Sauberkeit und Ordnung, Eigenverantwortung und Zusammenarbeit. Zudem vermittelt TRUMPF mit diesen Projekten ein
weiteres Kernanliegen, unternehmerisches Denken. Die Bildungsprojekte fließen auch ins
Recruiting und die Mitarbeiterentwicklung ein, denn die Schülerprojektgruppen werden
hausintern von den bei TRUMPF beschäftigten Ausbildungsleitern und Lehrlingen begleitet. Dies fördert im Unternehmen Verantwortungsbewusstsein. Umgekehrt werden
Schüler, die an einem der Bildungsprojekte mitgewirkt und dabei die unternehmerische
Wertehaltung in ersten Ansätzen vermittelt bekommen haben, nach Abschluss ihrer Schul-
ausbildung gern von TRUMPF zur weiteren Ausbildung genommen.

Ideen Initiative Zukunft Das von dm-drogerie markt betriebene CSR-Projekt „Ideen
Initiative Zukunft" ist schon ausführlich dargestellt und analysiert worden. Es zeigt exemplarisch, wie dm seine Leitwerte netzwerkstiftend mit Leben füllt. Dabei wird das Werteverständnis von dm-drogerie markt in den einzelnen Unterprojekten für alle vor Ort
Beteiligten real erlebbar gemacht.

Bringen wir die Gemeinsamkeiten der genannten CSR-Beispiele auf den Punkt: Sowohl TRUMPF als auch dm-drogerie markt geben mit ihren CSR-Maßnahmen ihrer
unternehmerischen Verantwortung einen im Alltag erlebbaren Ausdruck und konkretes
Profil. Ihr an den Unternehmenswerten und der Unternehmenskultur ausgerichtetes CSR
ist so ein zentraler Faktor, dass die werteorientierte Unternehmenspraxis auch von Dritten erlebt werden kann. CSR ist in solchen Fällen weder „green washing" noch „social
washing" oder reine Philanthropie, sondern eine nach innen und außen gerichtete Wer-
te-, Marken- und Identitätsstiftungsmaßname mit ökonomischem Effekt. Dieser Befund
spiegelt die in Abschn. 3.2.5.2 formulierte These, dass eine über Altruismus und Nutzenstiftung realisierte Eigennutzenoptimierung der einzige Weg ist, der zur langfristig tragfähigen Unternehmenssicherung führt.

Die mehrwertorientierte Stiftung eines Gesamtnutzens ist das Messkriterium für
die nachhaltige Steuerung von unternehmerischem Eigennutzen. Zur Stiftung dieses

Gesamtnutzens genügt es nicht, im Unternehmen geteilte Werte zu verankern. Erforderlich ist vielmehr, diese Werte mit realen Erlebnisräumen auszustatten, in denen sie zum Ausdruck kommen. Neben der Organisation von Werteritualen im Unternehmen hat strategisch ausgerichtetes CSR deshalb die Aufgabe, Orte und Ereignisse zu schaffen, an denen die Unternehmenswerte auch von Dritten erlebbar werden. Damit sind solche CSR-Maßnahmen ökonomisch relevante Bausteine zur Stärkung des Unternehmenskerns.

Da eine geeignete CSR als ökonomisch relevanter Baustein den Unternehmenskern stärkt, unterliegt es ebenfalls den Instrumenten des Wertecockpits. Fünf Leitwerte sind zu messen, ob und wie stark eine CSR-Maßnahme zum Unternehmenskern beiträgt:

1. *Mitarbeiteraktivierungspotenzial*: Mit diesem Messwert wird ermittelt, wie stark ein konkretes CSR-Projekt Motivation, Engagement und Loyalität befördert.
2. *Markenaktivierungspotenzial*: Mit diesem Messwert wird ermittelt, in welchem Maß ein CSR-Projekt zur Stärkung des Markenkerns beiträgt. Gesichtspunkte sind hier die Werte Visibilität, Nachvollziehbarkeit, PR- und markentechnische Ausrollbarkeit sowie Nachhaltigkeit und nachhaltige Wirksamkeit.
3. *Produktaktivierungspotenzial*: Mit diesem Wert wird festgestellt, wie ein konkretes CSR-Projekt auf die eigenen Produkte und Dienstleistungen zurückstrahlt – also dem Produkt- und Dienstleistungsversprechen, beispielsweise „Innovation", Ausdruck verleiht.
4. *Kundenaktivierungspotenzial*: Dieser Wert zeigt, wie stark Kunden und Kundenzielgruppen durch ein konkretes CSR-Projekt aktiviert und eingebunden werden können. Gesichtspunkte sind hier Qualität und Quantität, die Ausrollbarkeit in PR-Kampagnen sowie das Potenzial für den Aufbau eines kundenorientierten Glaubwürdigkeits- und Nutzenraums.
5. *Unternehmensaktivierungspotenzial*: Anhand dieses Wertes wird gemessen, wie sehr ein konkretes CSR-Projekt zur Stärkung der angestrebten Unternehmenskultur beiträgt – also bis zu welchem Grad die Leit- und Prozesswerte des Unternehmens durch das Projekt gestützt und nach innen und außen in Erlebnisräumen profiliert werden.

Mit diesen fünf Messwerten wird im Wertecockpit ermittelt, welche CSR-Projekte das eigene Profil und die angestrebte Unternehmenskultur befördern und profilieren. Durch die werteorientierte Steuerung der CSR-Projekte wird sowohl ein unstrukturiertes „Zerfleddern" von Marketingbudgets unterbunden als auch die Verschwendung von Mitteln für Projekte ohne Mehrwert. Gezielt werden nur solche CSR-Projekte gefördert, die nicht nur für die unterstützten Projektteilnehmer einen Nutzen haben, sondern auch für das Unternehmen selbst. Hierbei wird darauf geachtet, dass die einzelnen Projekte nach Möglichkeit in mehreren der fünf Messkriterien gut oder sehr gut abschneiden, dass also einzelne Projekte einen Mehrwert sowohl hinsichtlich des Mitarbeiteraktivierungspotenzials stiften als auch hinsichtlich der Marken-, Produkt-, Kunden- und Unternehmensaktivierungspotenziale.

Solches mit dem Wertecockpit gesteuertes CSR hat zudem den erfreulichen Neben-
effekt, dass erstens „fachfremde" und „zweckfremde" Anfragen nach Sponsoring einfach
und ehrlich abgesagt und zweitens interessante CSR-Initiativen – sozusagen als Wettbewerb – akquiriert werden können. Dadurch kann sich ein Unternehmen, wie insbesondere
das Beispiel „Ideen Initiative Zukunft" zeigt, nochmals zusätzlich profilieren.

Literatur

Babiak P, Hare RD (2007) Menschenschinder oder Manager. Psychopathen bei der Arbeit. Carl
      Hanser, München
Collins J (2001) Good to great. Why some companies make the leap… and others don't. Harper
      Business, New York
Hipp C (2008) Die Freiheit, es anders zu machen. Mein Leben, meine Werte, mein Denken. Patt-
      loch, München
Hipp C (2010) Agenda Mensch. Warum wir einen neuen Generationenvertrag brauchen. Rowohlt,
      Berlin
Hipp C (2012) Das HiPP Prinzip. Wie wir können, was wir wollen. Verlag Herder, Freiburg
Miller GJ (1993) Managerial dilemmas. The political economy of hierarchy. Cambridge University
      Press, Cambridge
Sennett R (1998) Der flexible Mensch. Die Kultur des neuen Kapitalismus, 2. Aufl. Siedler, Berlin.
      d.h. die 1988 ist in 1998 zu ändern
Sennett R (2007) Die Kultur des neuen Kapitalismus. Berliner Taschenbuch Verlag, Berlin

Werte – die Grundlagen ökonomischer Wertschöpfung

5

Dass werteorientierte Unternehmensführung ein Wertschöpfungsprozess ist, ist in den vorangegangenen Kapiteln ausführlich herausgestellt worden. Nun gilt es, die ökonomische Logik freizulegen, dass Werte die Grundlage ökonomischer Wertschöpfung bilden. Bevor sie in ihrem vollen Umfang dargestellt werden kann, ist jedoch nochmals auf die bisher dargestellten Praxisbeispiele einzugehen. Aus ihnen wird ersichtlich, dass werteorientierte Unternehmensführung vorrangig in eigentümergeführten Unternehmen umgesetzt wird und dass es prinzipielle Hürden gäbe, die gleichen Prozesse in börsennotierten Unternehmen zu verankern. Hinter dieser berechtigten Vorstellung steht die Einsicht, dass, anders als bei Familienunternehmen, die zumeist in Generationen und nicht nur in Quartalen denken, börsennotierte Unternehmen in einem Käfig kurzfristiger Reportings und Entscheidungszwänge gefangen sind. Hierdurch wird ihnen scheinbar der Raum für eine langfristige Ausrichtung genommen. Dass börsennotierte Unternehmen oft in kurzfristigen Denk- und Handlungsmustern gefangen bleiben, zeigen die Analysen von Jim Collins. In seinen Untersuchungen arbeitete er eindrücklich heraus, dass die wirklich exzellenten Unternehmen ihre Vormachtstellung über viele Jahre nur deshalb absichern konnten, weil sie konsequent durch eine langfristig ausgelegte Unternehmenskultur getragen werden.

So richtig die Einsicht ist, dass eigentümer- und familiengeführte Unternehmen allein schon aufgrund ihres langen Bestehens durch starke Werte getragen werden – man denke nur an die Rolle von Tradition und Familie, die von vielen eigentümergeführten Unternehmen insbesondere im Markenartikelbereich als Nutzenclaim propagiert wird, beispielsweise bei der Vereinigung der „freien Brauer", die ihr Freisein durch Familieneigentum und Unabhängigkeit von Großkonzernen definieren –, so richtig ist es auch, deutlich hervorzuheben, dass auch alle anderen Unternehmen von intrinsischen Werten geprägt sind. Denn wie jedes soziale System bilden sich auch Unternehmen ausschließlich aus dem Zusammenschluss von Menschen. Dieser lebt von einem geteilten Werte-

© Springer-Verlag Berlin Heidelberg 2016

F. Glauner, *CSR und Wertecockpits,* Management-Reihe Corporate Social Responsibility,
DOI 10.1007/978-3-662-48930-7_5

und Nutzenverständnis. Aus ihm erwächst die jeweils spezifische Systemkultur, die jedes einzelne Unternehmen prägt.

Insofern alle Unternehmen von intrinsischen Werten geleitet werden, stellt sich die Frage nach der Logik der Werte in Unternehmen nicht als Frage, ob Werte Unternehmen prägen oder nicht, sondern als die doppelte Frage, wie Werte ein Unternehmen tragen und welche die richtigen sind, damit ein Unternehmen zukunftsfähig bleibt. Vor einer Antwort möchte ich mit der börsennotierten Infineon AG ein weiteres Fallbeispiel werteorientierter Unternehmensführung vorstellen, um in Zusammenschau mit den Fallbeispielen aus Kap. 4 zu zeigen, dass die bisher entfaltete Wertedynamik sozialer Systeme in allen Unternehmen, also auch in börsennotierten Publikumsgesellschaften, derselben Logik folgt.

5.1 „Funktionale Verantwortung": Dr. Christian Pophal, Infineon AG, Neubiberg

Im Rahmen der Ausgliederung des Halbleitergeschäfts aus der Siemens AG wurde die Infineon Technologies AG 1999 gegründet. Seit vierzehn Jahren in Folge ist Infineon Weltmarktführer bei Chips für Kartenanwendungen sowie Technologietreiber auf dem Gebiet der chipbasierten Sicherheit. Im Bereich der Automobilelektronik ist sie der zweitgrößte Chiphersteller weltweit. Das Unternehmen ist seit 2000 an der Frankfurter Börse gelistet und konzentriert auf drei zentrale Bedürfnisse der modernen Gesellschaft: Energieeffizienz, Mobilität und Sicherheit. Die von Infineon entwickelten Halbleiter- und Systemlösungen werden in vier Geschäftsfelder segmentiert: Anwendungen für Automotive, Industrieelektronik, Chipkarten und Sicherheit. Das Geschäftsmodell fokussiert sich auf individuelle Kundenbedürfnisse und „made to measure"-Lösungen. Mit diesem Geschäftsmodell platziert sich Infineon als Entwicklungs- und Systempartner bei seinen Kunden.

Mit einem Frauenanteil von rund 38,7 % beschäftigt das Unternehmen weltweit über 26.000 Mitarbeiter an mehr als 30 Standorten in über 20 Ländern. Die Mitarbeiter stammen aus fast 100 Nationen und erwirtschafteten im Geschäftsjahr 2013 einen Umsatz von 3,843 Mrd. €.

Infineon setzt im Bereich „Corporate Social Responsibility" konsequent auf freiwillige Verantwortung. Hierzu wurden umfangreiche Management-Instrumente aufgelegt, mit denen die Unternehmensziele ganzheitlich gesteuert werden, darunter ein umfassendes CSR-Managementprogramm und IMPRES-Programm im Bereich Nachhaltigkeit (Infineon Integrated Management Program for Environment, Energy, Safety and Health). Mit IMPRES steuert und überwacht Infineon alle Prozesse und Aktivitäten in den Bereichen Ökologie (inklusive Energiemanagement), Arbeitssicherheit und Gesundheitsschutz. In Zahlen und Fakten veröffentlichte Kernergebnisse von IMPRES sind u. a.:

- Infineon verbrauchte im Jahr 2012 bei der Fertigung von einem Quadratzentimeter Waferfläche rund 33 % weniger Wasser als im vom WSC (World Semiconductor Council) erhobenen weltweiten Branchendurchschnitt.

- Im selben Kalenderjahr 2012 verbrauchte Infineon pro gefertigten Quadratzentimeter Siliziumfläche 42 % weniger Strom als im weltweiten Durchschnitt der Halbleiterindustrie nach WSC.
- In einer intern errechneten und von einer unabhängigen Drittstelle geprüften Kalkulation beträgt der ökologische Fußabdruck inklusive eingesetzter Materialien und Logistik 1,2 Mio. Tonnen CO_2-Äquivalenzen. Die dabei hergestellten Produkte steigern in den Applikationen die ökologische Effizienz der Endprodukte und führen über deren Lebenszyklus zu Einsparungen von etwa 15,8 Mio. Tonnen CO_2-Äquivalenzen (vgl. Kap. „Nachhaltigkeit", Geschäftsbericht 2013, S 89). Über den kompletten Lebenszyklus der gefertigten Chips hinweg tragen die Produkte so zu einer positiven globalen Energiebilanz von kalkulatorisch rund 13,9 Mio. Tonnen eingesparten CO_2-Äquivalenzen bei.

Zur Fokussierung des eigenen Geschäftsmodells richtet Infineon seine Unternehmenskultur an vier Leitwerten aus, die das Geschäftsmodell von Infineon tragen: „We commit, we innovate, we partner, we perform". Damit diese Leitwerte in der Unternehmenskultur verankert werden, hat Infineon im Rahmen eines 360°-Führungsprogramms ein „Behavioural Model" mit acht Prozesswerten aufgesetzt. Als Leitplanken der gelebten Unternehmenskultur regeln diese den Umgang miteinander. Zu diesen Werten gehören beispielsweise die Werte Vertrauen (trust) und Verantwortung (responsibility).

Infineon beteiligt sich u. a. an der Unternehmensinitiative „Charta der Vielfalt". Unter der Schirmherrschaft von Bundeskanzlerin Dr. Angela Merkel fördert diese Initiative die Vielfalt in Unternehmen. Infineon übersetzt Vielfalt für sich in den Claim, dass diese mehr bedeute „als die Anerkennung und der Respekt vor der nationalen und kulturellen Zugehörigkeit unserer Mitarbeiter". Infineon „ist ebenso wichtig, auf die vielfältigen Interessen und Bedürfnisse einzugehen, die mit verschiedenen Lebensentwürfen verbunden sind" (Infineon – An Attractive Place to work. Success through Diversity).

Ganzheitliches CSR-, Nachhaltigkeits- und Wertemanagement umfasst mehr als „Corporate Citizenship"-Aktivitäten. So ist Infineon seit 2004 Teilnehmer des „Global Compact" und wurde 2013 mit dem umfassenden Engagement im Bereich werteorientierte Unternehmensführung zum vierten Mal in Folge in den „Dow Jones Sustainability Index" aufgenommen. Auch die Investmentgesellschaft RobecoSAM hat Infineon 2013 mit dem „Sustainability Award" ausgezeichnet. Weitere Auszeichnungen und Listungen für sein CSR-Engagement und Nachhaltigkeitsmanagement erhielt das Unternehmen durch die Listung in der „FTSE4Good Index Series" sowie durch die Auszeichnung mit dem „Trigos Carinthia Award". Auch die Rating Agentur „oekom research" zeichnete es für seine Leistungen im Bereich der ökonomischen, sozialen und ökologischen Verantwortung aus.

[Quellen zu Infineon:

- Download Kapitel „Nachhaltigkeit", Geschäftsbericht 2013 [http://www.infineon.com/dgdl?folderId = db3a30433162923a013176306140071a&fileId=db3a3043429a386901429a8e4bc70524]

- Unternehmensbroschüre: Infineon – An Attractive Place to work. Success through Diversity
- Unternehmensbroschüre: Campeon – The Green Version of High Tech]

„Funktionale Verantwortung": Dr. Christian Pophal im Gespräch

Herr Dr. Pophal, als „Senior Director Business Continuity" zeichnen Sie bei Infineon für alles verantwortlich, was die Bereiche Unternehmenskulturentwicklung, CSR-, Umwelt- und Nachhaltigkeitsmanagement anlangt. Was ist darunter zu verstehen und wie sind sie in der Linie eingebunden, da ja die Unternehmenskultur bei den meisten Unternehmen sehr stark von den Eigentümern bzw. der ersten Führungsebene geprägt wird?
Die Verantwortung, damit CSR gelebt wird, liegt letztlich bei uns allen. Ich nehme eine koordinierende Rolle ein.

Wie geht Infineon mit diesen Zyklen im Hinblick auf den Auf- und Abbau von Personal und die Vorhaltung von Ressourcen um? Was bedeutet das im Hinblick auf die Belastung von Mitarbeitern?
Grundsätzlich gibt es zahlreiche Herausforderungen. Die sind für alle globalen Unternehmen ähnlich: Der demographische Wandel in den westlichen Ländern, das Thema Diversity und in diesem Kontext natürlich die Vielfalt der Kulturen in einem globalen Unternehmen. Im Bereich Arbeitsschutz haben wir beispielhaft an unserer Zentrale Campeon das Programm „well being at work" aufgelegt, welches sich mit möglichen psychischen Belastungen in der Arbeitswelt beschäftigt und wie diese frühzeitig erkannt und reduziert werden können. Wichtig ist aber, dass wir bei Infineon eine gute Unternehmenskultur pflegen. In unseren „Business Conduct Guidelines" haben wir zentrale verbindliche Anforderungen des gemeinsamen Miteinanders festgelegt. Diese Grundsätze sind in viele Sprachen übersetzt und weltweit kommuniziert. Sie basieren auf den Grundsätzen des „UN Global Compacts". Besonders das faire Miteinander ist im täglichen Umgang wichtig, um auch schwierige Arbeitssituationen vernünftig zu meistern. Das schafft eine nachhaltige gute Unternehmenskultur.

Die Zusammenarbeit mit Mitarbeitern ist also langfristig ausgelegt?
In unserem Werk in Malacca haben wir beispielsweise über 7.000 Mitarbeiter beschäftigt und sind dort der größte Arbeitgeber. Die lokale Wahrnehmung als ein guter Arbeitgeber ist uns sehr wichtig. CSR ist dabei eine sehr wichtige Dimension. Wir sind ein guter Bürger, „Corporate Citizen". Um als solcher wahrgenommen zu werden, ist es wichtig, die lokalen Bedürfnisse zu adressieren. Wenn man als ein Unternehmen wahrgenommen wird, das Werte lebt und sich um seine Mitarbeiter kümmert, so ist das auch im globalen Kontext von unschätzbarem Wert und ein Vorteil im Wettbewerb beim Recruiting.

Wie verankern Sie Ihre Wertekultur an den verschiedenen Standorten?
Wir haben bei Infineon zum Beispiel vier Schwerpunkte im Bereich „Corporate Citizenship" gesetzt. Der erste Schwerpunkt konzentriert sich auf „local social needs". Jeder Standort muss lokale Bedürfnisse berücksichtigen. Dabei wird festgestellt, in welchen

Bereichen lokal echter Bedarf besteht. Dies wird durch die lokale Organisation bewertet und entsprechende Projekte werden vorgeschlagen. Ist es ein Umwelt- oder ein Wasserproblem? Als „local employer" ist Infineon ein Teil der Bürgerschaft, der sich freiwillig und in geeigneter Weise am Gemeinwesen beteiligt. Hierbei ist nicht alleine entscheidend, möglichst große Summen zu spenden, sondern authentisch zu sein und gemeinsam Erfolg zu suchen, im Zusammenspiel zwischen Mitarbeitern und Unternehmen, beispielsweise Blutspendenaktionen an den Standorten. Hierbei ist wirklich wichtig, die lokalen Bedürfnisse im Umfeld der jeweiligen Standorte abzubilden. Wir geben einen verbindlichen Rahmen mit unseren Citizenship-Richtlinien und unseren „Business Conduct Guidelines". Innerhalb dieses verbindlichen Rahmens bleibt genügend Spielraum, auf die lokalen Bedürfnisse zu reagieren und die wirklichen Bedürfnisse der Gesellschaft zu adressieren. Nur so werden Werte geschaffen.

Sie machen da Projekte?

Ja, es können Sach-, Geldspenden oder Projekte sein. Diese werden lokal oder auch von der Zentrale vorgeschlagen, geprüft und entsprechend unserer Schwerpunkte und Richtlinien umgesetzt. Die Aktivitäten müssen unsere internen Vorgaben erfüllen, und wenn dies der Fall ist, dann entscheidet die Organisation vor Ort, was erforderlich ist und treibt die Umsetzung voran.

Das zweite Schwerpunktthema ist Klimaschutz und Energieeffizienz. Hier glauben wir, die nötigen Kompetenzen zu haben, weil gerade auch das Thema Energieeffizienz ein Schwerpunktthema von Infineon ist.

Das dritte Thema ist „Education for future generations", Erziehung, weil Bildung die Grundvoraussetzung für die Stabilität von Gesellschaften und die Akzeptanz von Werten ist. Bildung ist von grundlegender Bedeutung, dies gilt in jedem Land. Deshalb arbeiten wir u. a. eng mit Hochschulen zusammen, ermöglichen Praktika oder engagieren uns mit Sachspenden – je nach Bedarf und Möglichkeiten. Wir verstehen dies als Teil unserer freiwilligen Verantwortung.

Das heißt, Sie bauen ein eigenes Netzwerk auf?

Ja, wir versuchen natürlich, Leute für uns zu gewinnen. Wir müssen für die Gesellschaft erfahrbar machen, wer wir sind. Das tun wir auch über Werte, über unsere Standorte und über die freiwillige Verantwortung, die wir vor Ort wahrnehmen, und ganz wesentlich über unsere Ökobilanz. So ermöglichen unsere Produkte etwa 13-mal höhere CO_2-Einsparungen als für ihre Herstellung eingesetzt wird. Wir entwickeln Produkte und Lösungen, die ökologisch und für den Menschen Sinn machen, die wichtig sind, um die globalen Herausforderungen zu meistern. Und dieses versuchen wir zu vermitteln.

Und der vierte Schwerpunkt?

Das vierte Schwerpunktthema unserer Aktivitäten ist die Soforthilfe bei Katastrophen, etwa nach dem Tsunami in Japan. Soforthilfe entscheiden wir maßgeblich nach dem Bedarf und unseren Möglichkeiten. Wir beschränken uns dabei nicht auf Regionen, in denen wir Standorte haben.

Aber nach welchen Kriterien erfolgen Soforthilfen? Es gibt ja in der Regel mehr Katast-
rophen als sie ein einzelnes Unternehmen bedienen könnte.
Hier haben wir keine harten Kriterien, sondern das ist am Ende individuell zu bewerten,
natürlich im Rahmen unserer internen Richtlinien. Wir versuchen, ein Gefühl dafür zu entwickeln, wo akuter Handlungsbedarf besteht. So haben wir bei der Flutkatastrophe auf dem
Balkan 2014 als Unternehmen 10.000 € gespendet. Bei der Flutkatastrophe in Deutschland
haben wir ebenfalls eine Geldsumme gespendet und auch unsere Mitarbeiter haben sich
engagiert, weil Kollegen betroffen waren. Dies schafft einen gemeinsamen Erfolg. Wir
haben gemeinsam in Ostafrika geholfen, das nicht über eine Deutschland vergleichbare
Infrastruktur verfügt. Wir haben gesehen, wie verheerend es ist, wenn eine Million Menschen vom Hungertod bedroht sind. Da ist Soforthilfe wichtig. Hier haben wir 100.000 €
gespendet. So war es auch in Haiti. Auch das gehört für uns zur aufrichtigen Umsetzung
unserer Werte. Hier gilt es natürlich mit Augenmaß zu agieren, denn letztlich kann ein
Unternehmen nur dann CSR ernsthaft betreiben, wenn es wirtschaftlich erfolgreich ist.

Darin zeigen sich die Werte Engagement und Verantwortung. Was sind weitere Unterneh-
menswerte und was sind Leitwerte von Infineon?
Wir haben einen „Business Code of Conduct", der sich an den zehn Prinzipien des „Global
Compact" orientiert. Dieser spiegelt unsere Grundorientierung und ist verbindlich für alle Mitarbeiter. Hierbei ist für uns nicht nur die Frage wichtig, „was" erreicht wurde, sondern auch,
„wie" etwas erreicht wurde. Wichtig ist uns in diesem Kontext auch eine Feedback-Kultur.

Gibt es hier spezielle Verfahren? Hilti hat 70 Trainer und gibt jährlich Millionen für sei-
nen Kulturprozess aus.
Wir beteiligen uns bei „Great place to work" und ziehen auch externe Expertise hinzu,
z. B. bei unserem Wellbeing-Programm, bauen aber gleichzeitig Wissen über unsere internen Abteilungen auf. Das sorgt für mehr Nachhaltigkeit. Im Ergebnis muss es die Organisation selbst tragen.

Die meisten Unternehmen investieren in Zeiten des Aufschwungs, in Zeiten von „down
turns" aber – wenn die Mittel knapp sind – sind Trainings noch viel wichtiger. Dann ist es
notwendig, die Unternehmenskultur von innen heraus zu tragen und weiterzuentwickeln.
Man sollte grundsätzlich in guten Zeiten nur das tun, was man sich auch in weniger guten
Zeiten leisten kann.

Auch für global produzierende Unternehmen gilt „all business is local business". Für die
operativen Einheiten vor Ort heißt dies, dass sie durch regionale Gepflogenheiten geprägt
werden. Was bedeutet dies für den Aufbau einer globalen Wertekultur? Und wie schaffen
Sie den Spagat zwischen zentralen Vorgaben und regionalen Gegebenheiten?
Ich glaube, wir sind eines der wenigen DAX-Unternehmen mit echten globalen funktionalen Strukturen im Bereich CSR. Im Hinblick auf CSR beispielsweise bedeutet das in den
Regionen, dass man funktional, aber nicht unbedingt direktional für das dortige Personal
und die Standorte verantwortlich ist. Wir regeln sehr viel über Managementsysteme, wie
IMPRES. Wir ermöglichen, dass die lokalen Gegebenheiten berücksichtigt werden. So

geben wir im Rahmen von IMPRES einen Regelungsbereich vor, der dann an den Standorten entsprechend der grundlegenden Vorgaben angepasst und umgesetzt werden muss.

In ihrer Ausprägung und Umsetzung bedürfen die vorgegebenen Werte und Ziele aber einer lokalen Akzeptanz. Genau dazu benötigt man globale funktionale Strukturen, die weder völlig losgelöst regional organisiert noch direktional gebunden sind.

Wie begreift Infineon das Thema Verantwortung gegenüber den sonstigen lokalen Stakeholdern? Global agierenden Unternehmen wird ja häufig der Vorwurf gemacht, dass sie sich durch umfangreiche Verrechnungsmodalitäten oder die Ausnutzung besonderer Standortgesetzgebungen der gesellschaftlichen Verantwortung entziehen. Hier haben global aufgestellte Unternehmen natürlich deutlich größere Gestaltungsspielräume als etwa lokale mittelständische Unternehmen.

Nehmen wir als Beispiel die Energiewende: Wir zahlen eine hohe EEG Umlage plus Abgaben. Dies ist eine große Belastung Diese gibt uns deshalb die Legitimation, mitzureden. Dies ist authentisch.

Wo sehen Sie die Kernkompetenzen von Infineon?

Wir liefern Produkte in die Anwendungsfelder Mobilität, Security und Energieeffizienz, die großen Herausforderungen unserer Zeit, und wir liegen damit zweifelsfrei richtig. Und das Ganze ist nachhaltig. Und Nachhaltigkeit ist nach dem klassischen und auch unserem Verständnis die Synergie zwischen Ökonomie, Ökologie und Sozialem. Da dieses Verständnis intrinsischer Bestandteil unsere Unternehmensstrategie ist, sind wir dabei auch authentisch und erfolgreich.

Kommen wir noch einmal zurück auf „all business is local business". Darin liegt eine Chance, aber auch eine Herausforderung. Können Sie da einige Beispiele nennen, die sich aus den unterschiedlichen Lokalitäten ergeben?

Die Herausforderung sind Managementsysteme, nicht Zertifizierungen. Wichtig ist die Interaktion, die Zielorientierung auf einen gemeinsamen „Code of Conduct", auf die Strategie und die Vision. Wir haben Grundwerte und Richtlinien beispielsweise auf Basis des „Code of Conduct" definiert. Diese sind zwingend einzuhalten. Auch haben wir im Bereich der ökologischen Nachhaltigkeit ein System von Leistungsindikatoren definiert, welches weltweit gilt. Diese werden von einer unabhängigen Drittstelle geprüft und entsprechend globalen Standards im Geschäftsbericht veröffentlicht. Wenn es allerdings um konkrete Maßnahmen geht, dann berücksichtigen wir die lokalen Gegebenheiten. So haben wir an allen relevanten Standorten eine Umwelt- und Arbeitssicherheitsorganisation, mit der ich in enger Zusammenarbeit bin. Damit ist sichergestellt, dass z. B. lokale technische Belange bei der Umsetzung von Umweltschutzmaßnahmen im positiven Sinne berücksichtigt werden. Dadurch wird das nachhaltigste Ergebnis erzielt. Beim Arbeitsschutz z. B. gelten klare Regeln, denn jeder Mensch ist gleich viel wert. Wir schützen den Mitarbeiter in Malaysia nicht weniger als bei uns. Da gibt es keine Diskussion. Im Bereich Citizenship geben wir Leitplanken vor, beispielsweise im Rahmen der Schwerpunktfelder. Das Einhalten von Gesetzen und Grundwerten wie Menschenrechte ist natürlich nicht diskutierbar.

Sie gehören zu den 15 % der am nachhaltigsten wirtschaftenden Unternehmen weltweit. Dies erfordert langfristige Prozesse und eine langfristige Perspektive in der Steuerung der Unternehmenskultur. Als börsennotiertes Unternehmen unterliegen Sie zugleich den kurzfristigen Zwängen, die der Logik der Aktienmärkte folgen. Wie steht dazu der Vorstand in diesem Spannungsbogen? Wie garantieren Sie, dass bis zum Aufsichtsrat eine einheitliche und auf Nachhaltigkeit ausgerichtete Unternehmenskultur langfristig erfüllt wird?

Ich sehe nicht wirklich den Spannungsbogen, wenn gilt: „Tue in guten Zeiten, was du dir auch in schlechten Zeiten leisten kannst." Was bedeutet das? Nehmen wir einmal das Beispiel Citizenship. CSR wird oft als reine Spendenkultur missverstanden und kann im Extremfall zu einer Art Ablasshandel führen, den wir ablehnen. Spenden sind ein Teil der CSR, das ist legitim und durchaus wichtig, aber wir fragen uns, wie kann wirkliches CSR, also Citizenship, gelebt werden? Da gibt es drei Dinge, die wir tun können. Geld spenden ist oft erforderlich. Was beispielsweise wichtig ist, ist das Volunteering der Mitarbeiter, die ehrenamtliche Tätigkeit. Wir haben z. B. die Naturindianer, ein Ferienprogramm für Kinder von Mitarbeitern. Oder es werden von Mitarbeitern Geschenke für Kinderheime zur Verfügung gestellt. Das alles muss nicht teuer sein. Aber diese Initiativen werden auch in unseren Bewertungen hoch eingeschätzt, denn hier zeigt sich das Gefühl eines gemeinsamen Erfolges zwischen Unternehmen und Mitarbeitern. Kontinuität ist dabei wichtig. Bisher haben wir uns immer daran orientiert, denn wir dimensionieren unseren Ansatz von vornherein vernünftig.

So haben Sie einen Doppeleffekt. Die Mitarbeiter identifizieren sich mit Infineon und tun gleichzeitig etwas Sinnvolles.

Wenn Mitarbeiter etwas spenden, stocken wir zum Beispiel diesen Betrag auf. Ein anderes Beispiel ist das Hochwasser in Bayern. Wir haben Mitarbeitern frei gegeben, damit sie die Möglichkeit hatten, Hilfe zu leisten. Das ist für uns eine Frage der Kultur. Auch der „Dow Jones Sustainability Index" legt soziales Engagement zugrunde. Er bewertet ein Drittel Soziales, ein Drittel Ökonomisches und ein Drittel Umwelt. Investoren sehen ebenfalls, dass Energieeffizienz sich in der Bilanz niederschlägt.

Unternehmen, die verstanden haben, dass es notwendig ist, regionale Wirtschaftskreisläufe zu fördern, sind zukunftsfähiger. Ökologische Kreisläufe zeigen, dass Subsysteme – im Bereich der Natur einzelne Tiere und Gattungen, im Bereich der Wirtschaft einzelne Unternehmen – für sich nur so viel an Erträgen aus dem System herausziehen wie es möglich ist, ohne zukünftige Ressourcen aufs Spiel zu setzen. Bienen beispielsweise schaffen mehr Wert für ihre Umgebungssysteme, als sie für sich herausziehen.

So haben wir für uns eine Ökobilanz errechnet, aus der hervorgeht, dass unsere Produkte über ihren Lebenszyklus hinweg dazu beitragen, 15 Mio. Tonnen CO_2 einzusparen. Zur Herstellung dieser Chips produzieren wir 1,2 Mio. Tonnen CO_2. Was wir Entwicklern, den Applikationsingenieuren oder Produktionsmitarbeitern hier vermitteln, ist, dass deren Leistung ökologisch ist. Die Botschaft lautet, dass ihre Tätigkeit mehr Ressourcen schafft, als sie verbraucht. Deshalb setzen wir weniger auf Zertifikate, denn durch unsere Forschung und unsere Produkte schaffen wir den eigentlichen Nutzen.

Infineon begreift sich somit auch als ein sinnstiftendes Unternehmen. Ist dieses Credo einer Ihrer zentralen Wertschöpfungsprozesse?
Ich glaube, ja. Ich glaube auch, dass es bei uns ein sehr akzeptierter Wertschöpfungsprozess ist, weil wir hier vom Vorstand unterstützt werden. Kontinuierlich und mit Augenmaß und damit glaubwürdig. Bei uns sieht man also durchaus den großen Wert dieses Themas.

Herr Pophal, ich danke Ihnen für das Gespräch.
Bitte sehr, gerne geschehen.

Der Werteraum der Infineon AG aus Sicht des Wertecockpits Analysiert man den Werteraum von Infineon mit dem Instrumentarium des Wertewockpits, wird deutlich, dass auch Infineon sein Unternehmen an Werten ausrichtet, die das Nutzenversprechen so formatieren, dass das Unternehmen nach innen und außen fokussiert bleibt.

   Die Unternehmenswerte von Infineon Aufgeschlüsselt in die drei Geschäftsfelder Energieeffizienz, Mobilität und Sicherheit lauten die nutzenstiftenden Leitwerte von Infineon Verantwortung und Nachhaltigkeit. Anhand dieser allen anderen Werten übergeordneten Leitvorstellungen wird sowohl die Produkt- und Mitarbeiter-Entwicklung, als auch das unternehmerische Handeln gegenüber Kunden sowie der lokalen Standortgesellschaften ausgerichtet. Operationalisiert werden diese Leitwerte einerseits durch die vier im Claim „We commit, we innovate, we partner, we perform" ausgedrückte Leitwerte sowie andererseits durch das Verhaltensmodell zur Steuerung der Unternehmenskultur.

   Das Wertecockpit von Infineon Auch für Infineon kann festgehalten werden, dass sich das Unternehmen werteorientiert ausrichtet und in der Ausgestaltung seiner Wertekultur den zentralen Treiber sieht, mit der das Unternehmen seine Wertschöpfungsprozesse organisiert. Da Infineon das „Behavioural Model" nicht zur Publikation freigibt, wird an dieser Stelle auf die graphische Darstellung des vollständig aufgespannten Werteraums verzichtet

5.2 Werte im Sog der Dynamik der Märkte

Liest man das Fallbeispiel von Infineon vor dem Hintergrund der Fallbeispiele aus Kap. 4, kann für die Logik der Werte in Unternehmen eine *erste Ableitung* getroffen werden. *Die gelebten Unternehmenswerte haben eine Doppelfunktion: Sie prägen die gelebte Unternehmenskultur und legen damit die Spielräume fest, in denen sich das Unternehmen verändern kann.*

   Betrachtet man diese Doppelfunktion der Unternehmenswerte aus einer Metaperspektive, wird deutlich, dass die Ausgestaltung des gelebten Werteraums dasjenige Instrument ist, mit dem Unternehmen ihr individuelles *Paradoxon moderner Unternehmensführung* lösen können. Dieses Paradoxon erschließt sich uns, wenn wir uns zwei Aspekte vergegenwärtigen: Erstens die zentralen Herausforderungen, vor denen Unternehmen heute stehen, und zweitens, dass Unternehmen soziale Systeme sind, die auf diese Herausforderungen reagieren müssen.

Die Herausforderungen, vor denen Unternehmen heute stehen, können unter dem Stichwort „Wandel" zusammengefasst werden. Die Notwendigkeit, sich permanent wandeln zu müssen, setzt die Leistungsfähigkeiten von Unternehmen und der in ihnen agierenden Menschen in ein kritisches Spannungsverhältnis.

Unternehmen im Wandel Die rasante Entwicklung im Bereich neuer Medien, des Internets sowie die in Abschn. 1.1.4 herausgearbeiteten Themenstellungen im Zeichen des 6. Kondratjew setzen Unternehmen heute zunehmend unter Druck. Der globalisierte Wettbewerb und die ständige Verfügbarkeit aller Informationen untergraben mehr und mehr angestammte Geschäftsmodelle. Zur Absicherung ihrer Zukunftsfähigkeit müssen Unternehmen deshalb Antworten auf vier Makroentwicklungen finden, die alle globalisierten Märkte kennzeichnen. Diese Entwicklungen prägen die Veränderungsdynamik, indem sie als Kolben des Weltwirtschaftsmotors für permanent wachsenden Anpassungsdruck sorgen.

Megatrend 1: Die Beschleunigung aller Prozesse. Dieser erste Megatrend betrifft alle Parameter des Unternehmens, seine Ausrichtung, seine Struktur, seine Strategie und seine Substanz. Mit Blick auf diese Beschleunigung müssen Unternehmen heute Antworten auf die Frage finden, welche Auswirkungen Beschleunigungsprozesse auf die eigene Organisation, die Strategie, das Personal sowie die Innovations- und Wandlungsfähigkeit haben. Weiterhin muss beantwortet werden, welche Maßnahmen zu treffen sind, damit sich das Unternehmen angesichts dieser Beschleunigungsprozesse in seinen Märkten behaupten kann.

Megatrend 2: Die Entgrenzung angestammter Märkte und Dienstleistungen. Dieser zweite Megatrend führt dazu, dass im Sog der globalisierten Informations- und Produktionsprozesse ehemals getrennte Märkte und Dienstleistungen horizontal und vertikal konvergieren. Mit Blick auf diese Entgrenzungen stehen Unternehmen heute vor der Aufgabe, Antworten zu finden, wie sich die erhöhte Transparenz, der globale Wettbewerb und die Verschränkung von ehemals getrennten Geschäftsmodellen und -formen auf aktuelle und künftige Geschäftsmodelle auswirken und wie auf diese Auswirkungen reagiert werden soll.

Megatrend 3: Der Wegfall angestammter Geschäftsfelder und Geschäftsmodelle. Der dritte Megatrend betrifft die Ausgestaltung bestehender und künftiger Geschäftsmodelle. Mit Blick auf die globale Verfügbarkeit von Informationen stehen Unternehmen heute vor folgender Frage: Wie kann durch den flexiblen Einsatz neuer Medien und Organisationsformen dem Wegfall angestammter Geschäftsfelder und Geschäftsmodelle begegnet werden?

Megatrend 4: Der Verlust von Alleinstellungsmerkmalen. Als Konsequenz aus den ersten drei Megatrends müssen Unternehmen schließlich auch einen vierten Megatrend adressieren. Er besteht im Wegfall von Alleinstellungsmerkmalen und einem daraus resultierenden Preisverfall, da Produkte und Dienstleistungen im globalen Wettbewerb immer rascher kopiert werden. Diese Entwicklung erfordert Antworten darauf, wie Unternehmen durch den Aufbau unverwechselbarer Kernkompetenzen der Kopierbarkeit von Produkten und Dienstleistungen sowie dem daraus resultierenden Preisverfall begegnen können.

Diese vier Megatrends wirken massiv auf Unternehmen ein (vgl. Abb. 5.1). *Um gleichwohl marktfähig zu bleiben, sind Unternehmen aufgefordert, zwei scheinbar gegenläufige Herausforderungen zu meistern. Sie müssen Strukturen etablieren, die es ihnen erlauben, flexibler, anpassungs- und wandlungsfähiger zu werden. Parallel dazu müssen sie ein*

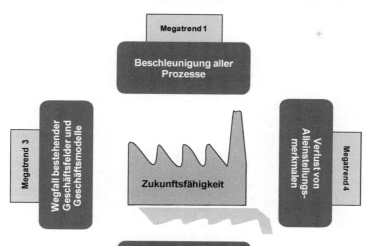

Abb. 5.1 Megatrends der Unternehmenskompression

nutzenorientiertes Leistungsprofil erarbeiten, dass ihre langfristige Unverwechselbarkeit sichert.

Menschen im Wandel Die Beschleunigung und Entgrenzung der Wirtschaftsprozesse kann auf Unternehmen als soziale Systeme fatale Auswirkungen haben. Denn eine auf absolute Flexibilität ausgerichtete Organisation der Arbeitsprozesse führt zur Erosion des Sozialkapitals, aus dem heraus Unternehmen leben und arbeiten.

Ausdruck dieser Erosion ist die mangelnde persönliche Bindung von Mitarbeitern an ihr Unternehmen, was jährlich wiederkehrend in den schon zitierten Gallup-Erhebungen zum Ausdruck kommt. Nehmen wir Deutschland als Beispiel. 2012 wurde dort in einer repräsentativen Umfrage über alle Unternehmen hinweg ermittelt, dass im Durchschnitt 24 % der Mitarbeiter keine Bindung zu ihrem Unternehmen und innerlich gekündigt haben, 61 % indifferent sind und Dienst nach Vorschrift machen und nur lediglich 15 % der Mitarbeiter sich als Leistungsträger loyal für ihr Unternehmen engagieren.

Für das Sozialkapital bedeutet dies, dass Unternehmen im Schnitt für nur 15 % ihrer Beschäftigten eine hohe motivierende Bindekraft ausgebildet haben. Der Grund für diese niedrige Quote liegt darin, dass mit zunehmender Flexibilisierung aller Arbeitsbereiche und Geschäftsprozesse der Einzelne genötigt wird, sich permanent zu verändern und an immer anderen Orten immer neue Aufgaben zu erledigen. Dabei zerfällt der persönliche Erfahrungsraum in unzusammenhängende Episoden, die nicht mehr in ein übergeordnetes Sinngefüge eingebunden sind. Die Arbeit wird deshalb als ‚sinnentleert‘ erfahren, was sich negativ auf Motivation und persönliches Engagement auswirkt, bis hin zu gravierenden Folgen für die psychische und physische Gesundheit von Mitarbeitern (Badura et al. 2013).

Das *Sozialkapital* von Unternehmen besteht gemäß Richard Sennett (Sennett 2007, S. 52 ff.) aus drei Facetten:

1. der *Loyalität*, die Mitarbeiter ihrem Unternehmen entgegenbringen;
2. dem *informellen Vertrauen*, das zwischen den in Unternehmen agierenden Menschen besteht;
3. dem vom Unternehmen benötigten *Wissen*, das *in den Köpfen der Mitarbeiter* gespeichert ist.

Diese drei Faktoren des Sozialkapitals prägen im Zusammenspiel das im Unternehmen vorherrschende Arbeitsethos. Sie entscheiden darüber, wie hoch die unternehmerische Bindekraft und damit die Gesamtleistungsfähigkeit des Systems ist.

Ist das tragende Sozialkapital optimal ausgebildet, führt dies im Bereich von Mitarbeiterloyalität und -engagement zu Zuspruchswerten, die, wie etwa im Fall der 46.000 Mitarbeiter der dm Drogeriemärkte, deutlich über 90 % liegen. Auch 94 % der rund 20.000 jährlich weltweit befragten Mitarbeiter der Hilti AG sagen, sie würden alles in ihrer Macht stehende unternehmen, damit ihr Team und Hilti erfolgreich bleiben.

Setzt man das arbeitende Sozialkapital in Relation zu dem eingesetzten Finanzkapital für Löhne, Gehälter und Anreizsysteme, heißt dies, Unternehmen mit optimal ausgebildetem Sozialkapital erhalten aus 100 % eingesetztem Kapital für Personalkosten bis zu mehr als 90 % Leistungsträger, während der Durchschnitt aller Unternehmen mit einer Quote von 100 % Personalkosten zu 15 % Leistungsträgern auskommen muss. Das erklärt, weshalb sozialkapitalstarke Unternehmen wie Hilti oder dm in allen Facetten ihrer unternehmerischen Performanz signifikant leistungsfähiger sind als ihre Marktbegleiter.

Der Aufbau von Sozialkapital erfordert jedoch Zeit, Raum und Kontinuität, also einen Rahmen, der angesichts der eingangs benannten Herausforderungen der marktbedingten Veränderungsdynamik den Anforderungen hoch flexibler Organisationsformen diametral entgegenzustehen scheint.

Unternehmenskultur als Wertschöpfungsfaktor Das unternehmerische Dilemma, in allen Bereichen immer flexibler zu werden, um marktfähig bleiben zu können, und zugleich den Aufbau von Sozialkapital forcieren zu müssen, damit das Unternehmen funktionsfähig bleibt, kann nur „systemisch" aufgelöst werden.

Hier kommt die zentrale Funktion von Unternehmenswerten und einer passgenauen Unternehmenskultur zum Tragen. Unternehmen, die in ihre Unternehmenskultur investieren, überbrücken *das zentrale Paradoxon modernen Wirtschaftens, nämlich „Sozialkapital" zu bilden, das Flexibilität fördert*. Durch den Aufbau eines klaren Wertekanons sowie einer darauf ausgerichteten Unternehmenskultur stiften herausragende Unternehmen die Basis, um „Sozialkapital" auszubilden. Die Unternehmenskultur erzeugt den übergeordneten Rahmen und ein Sinnsystem, das angesichts der absoluten Flexibilität für den Einzelnen zum erfahrbaren Ort für Kontinuität, Wiedererkennbarkeit und Geborgenheit wird.

Der Aufbau einer Unternehmenskultur stiftet die Zeit und den Raum, der für die Ausbildung eines unternehmerischen Sozialkapitals notwendig ist. Deshalb fungiert eine gut entwickelte Unternehmenskultur als dritter Systemfaktor unternehmerischen Erfolgs. Noch vor den beiden anderen Faktoren, der Marktfähigkeit von Organisationsform, Produkten und Leistungen sowie der Innovations- und Erneuerungsfähigkeit des Systems ist die Unternehmenskultur der zentrale Wertschöpfungsprozess, der allen anderen unternehmerischen Wertschöpfungsprozessen vorangeht. Klare Unternehmenswerte und eine konsequent gelebte Unternehmenskultur entscheiden somit über die Zukunftsfähigkeit von Unternehmen.

Die Arbeit an den Unternehmenswerten ist somit kein verzichtbares ‚nice to have‘, sondern eine der zentralen strategischen und operativen Geschäftsführungsaufgaben zur Absicherung der Überlebensfähigkeit von Unternehmen in Zeiten sich schnell wandelnder Märkte. Sie zielt darauf ab, das Unternehmen als ein Sinnsystem auszugestalten, welches allen Beteiligten Nutzen bietet und Mehrwert schafft. Hierbei verschränken sich strategische Ziele und sinnstiftende Werte. Denn nur solche Werte, die über die komplette Prozesskette hinweg nachhaltigen Nutzen und Mehrwert für alle Stakeholder schaffen, haben das Potenzial nach innen und außen, um jene Bindungskräfte freizusetzen, die Unternehmen zur flexiblen Gestaltung ihrer Zukunftsfähigkeit benötigen.

Aus der Einsicht, dass die Ausgestaltung klarer Unternehmenswerte eine der zentralen strategischen und operativen Geschäftsführungsaufgaben ist, kann für die Logik der Werte in Unternehmen eine *zweite Ableitung* getroffen werden: *Die in Unternehmen wirkenden Werte zahlen im Positiven wie im Negativen auf die Zukunftsfähigkeit von Unternehmen ein.* Passen sie zum Geschäftsmodell, helfen sie das Paradoxon moderner Unternehmensführung zu überbrücken, nämlich zugleich gesteigert unverwechselbar und flexibel zu bleiben. Passen sie dagegen nicht zum Geschäftsmodell, führt dies unweigerlich zu Konflikten und Reibungsverlusten, die die Unternehmung insgesamt aufs Spiel setzen können (Glauner 2016a, c).

Hieraus folgt eine *dritte Ableitung. Indem klar kommunizierte und konsequent gelebte Unternehmenswerte für alle sichtbar definieren, was die absoluten No-Gos sind, legen sie zugleich die Freiräume fest, in denen der Einzelne nach innen und außen handeln und entscheiden kann.*

Nimmt man die Vorgaben von Infineon zur funktionalen Verantwortung oder auch die Vorgaben von dm zur Menschorientierung als zugleich strategische und operative Steuerungsgrößen für individuelle Handlungsspielräume, dann wird deutlich, dass die Ausgestaltung unternehmerischer Werteräume nicht nur eine Investition ist, die sich positiv auf das Geschäftsmodell auswirkt, sondern die zugleich das einzelmenschliche Handeln lenkt. Indem gelebte Unternehmenswerte das Bewusstsein für individuelle Verantwortung und persönliche Handlungsspielräume schärfen, sorgen sie für die Freiräume, wo und wie diese Verantwortung gelebt werden kann. Damit aber schaffen sie erst die Grundlage, dass diese Verantwortung auch legitim eingefordert werden kann. Die an den gelebten Werteraum gekoppelten Dimensionen von Bewusstsein, Freiheit und Verantwortung dienen so als Treiber für individuelle Motivation und somit als Triebkräfte, die positiven Einfluss auf die Zukunftsfähigkeit von Unternehmen nehmen (Glauner 2016b).

5.3 Werte im Sog der Dynamik der Kunden

Auch aus Kundensicht spielen Unternehmenswerte eine wachsende Rolle. Denn Kunden stellen heute an Unternehmen insbesondere auch wertebehaftete Ansprüche. Dies wird offensichtlich, wenn wir die heutige Unternehmenslandschaft und das Kommunikationsverhalten von Unternehmen betrachten.

- Immer mehr Unternehmen richten ihre Geschäftsmodelle an ökologischen, ethischen sowie nachhaltigen Gesichtspunkten aus. Das gilt für alle hier dargestellten Fallbeispiele, sei es Hilti, HiPP, Maisel, dm oder Infineon.
- Zu den am schnellsten wachsenden Märkten zählen die Märkte für Bio- und Naturprodukte sowie die Märkte für Produkte mit einem betont nach außen kommunizierten Nachhaltigkeitsfootprint, wie etwa die Biere des Biobierweltmarktführers Neumarkter Lammsbräu oder die Bekleidungsartikel der Nachhaltigkeitstrendsetter Icebreaker, Patagonia oder VAUDE.
- Bei der Vermarktung von Produkten und Dienstleistungen werden neben Produkt- und Serviceeigenschaften zunehmend CSR-, Umwelt-, Ethik- und Nachhaltigkeitsaspekte betont oder sogar in den Vordergrund gestellt. Beispiele dafür sind die neuen Kampagnen des DAX-gelisteten Versorgungsunternehmens RWE AG mit seinem Slogan „Wir gehen voRWEg!" oder der Commerzbank AG mit ihrer Werbung zur aktiv gelebten Kundenorientierung als Kern der Konzernverantwortung.
- In den letzten 20 bis 30 Jahren wurden auf Initiative und unter Mitwirkung relevanter Marktplayer zahlreiche Zertifizierungsprogramme, Wettbewerbe und Auszeichnungen im Bereich CSR und werteorientierter Unternehmensführung ins Leben gerufen, beispielsweise EFQM, ISO 14001 und OHSAS 18001-Zertifizierungen, der „Dow Jones Sustainability Index", zahllose „Sustainability Awards", der Wettbewerb „Great Place to Work" oder der „Global Compact".

Alle diese Erscheinungen reflektieren, dass das Thema „Werteorientierung" Teil des Nutzenversprechens geworden ist, mit dem Unternehmen heute ihre Produkte und Dienstleistungen vermarkten.

Bilden wir diese Entwicklungen in der Ausrichtung von Unternehmensaktivitäten darauf ab, wie Unternehmen ihre Beziehung zum Kunden wahrnehmen, stellt sich die Frage nach den Treibern für diese Entwicklungen. Eine erste oberflächliche Antwort erhalten wir, wenn wir uns vergegenwärtigen, warum Unternehmen in der Vermarktung ihrer Produkte und Dienstleistungen auf CSR und kommunizierte Werte setzen, nämlich, um beim Kunden Vertrauen zu gewinnen (Suchanek 2012). *Werte sind* in dieser Sichtweise *die Vertrauenswährung, die im tagtäglichen Umgang und Austausch mit den Kunden für eine tragfähige Kundenbeziehung sorgen soll.*

Die Konzentration auf den Vertrauensaspekt verdeckt jedoch einen tieferen Zusammenhang, der zwischen gelebten Unternehmenswerten und einer tragfähigen Kundenbeziehung besteht. Um diesen zu verstehen, ist es notwendig, dass wir uns nochmals die in Kap. 1.1.4 entwickelte Argumentation zur Zukunftsressource Bewusstsein vergegenwärtigen. Ist das

Bewusstsein der Einzelnen und der Vielen Treiber für die langfristige Entwicklungsdynamik in allen Märkten, folgt daraus, dass jene Unternehmen im Markt erfolgreich sein werden, die es schaffen, die Ressource Bewusstsein für sich kundenwirksam zu erschließen. Hierzu ist jedoch mehr erfordert als die kommunikative Ausrichtung auf Werte, die sich bei näherer Sicht leider allzu oft als substanzloses ‚Greenwashing' entpuppt.

Die kundenwirksame Erschließung der Ressource Bewusstsein erfordert eine veränderte Perspektive auf die grundlegende Logik der Wettbewerbsvorteile. Sehen wir uns hierzu diese Logik näher an. *Wettbewerbsvorteile sind von Unternehmen generierte kaufentscheidende Kundenvorteile.* Sie erwachsen aus Sicht des Kunden entweder durch konkrete Nutzen-Preis-Vorteile (NPV) oder durch einen konkreten Gesamt-Nutzen-Vorteil (GNV). Beide gründen dabei in produktbezogenen, produktbegleitenden oder emotionalen Eigenschaften, die die Kaufentscheidung lenken:

- *Produktbezogene Wettbewerbsvorteile* entstehen aus der Optimierung des Deltas von Preis, Qualität und Verfügbarkeit, wobei Qualität in vielen verschiedenen Ausformungen definiert werden kann, z. B. Lebensdauer, Robustheit, Leistungsfähigkeit, Sicherheit, Einsatzmöglichkeit, Add-ons und features.
- *Produktbegleitende Wettbewerbsvorteile* entstehen durch zusätzliche angebotene Services und Dienstleistungen sowie durch die Entwicklung von Systemen, in die das Produkt eingebettet ist. Ein Beispiel für solche Systemlösungen ist die Entwicklung eines lasergestützten Bohrpunktmarkers bei Hilti. Mit diesem System konnte das professionelle Bohren von Löchern für den Handwerker deutlich vereinfacht und verkürzt werden.
- *Emotionale Wettbewerbsvorteile* entstehen durch persönliche Beziehung sowie emotionale Marken als Ausdruck des verdichteten Leistungsversprechens. Die Rolle von persönlichen Beziehungen wird besonders deutlich im Pharmamarkt der Generika. Setzt ein Marktplayer ein neues Incentive-, Preis- oder Rabattsystem in Kraft, ziehen die Mitbewerber innerhalb von Stunden nach. Der einzige Wettbewerbsvorteil besteht so im persönlichen „hard selling" und „face to face", d. h. in der persönlichen Kundenbeziehung zwischen dem Außendienst und seinen Kunden. Ein herausragendes Beispiel für emotionale Marken ist die Marke Harley Davidson. Harley Davidson verkauft keine Motorräder, sondern ein Lebensgefühl – also reine Emotion.

Sind Wettbewerbsvorteile vom Kunden wahrgenommene kaufentscheidende Vorteile eines Produktes oder einer Dienstleistung, entfaltet sich aus Sicht von Unternehmen die Logik der Wettbewerbsvorteile in folgender Kaskade:

- Der Aufbau von Wettbewerbsvorteilen gründet in der Fähigkeit von Unternehmen, zentrale Probleme der Kunden erstens früher zu erkennen und zweitens sichtbar besser zu lösen als der Wettbewerb.
  - Zentrale Probleme der Kunden früher zu erkennen und sichtbar besser zu lösen als der Wettbewerb, erfordert unternehmerisches Bewusstsein für die realen Bedürfnisse der Kunden.
    - Das Bewusstsein für die realen Bedürfnisse der Kunden erfordert ein Werteverständnis im Umgang mit Kunden, das sich auf die Stiftung von Kundennutzen konzentriert.

– Ein Werteverständnis im Umgang mit Kunden, das sich auf die Stiftung von
  Kundennutzen konzentriert, erfordert, dass ein Unternehmen seine Welt aus
  der Sichtweise der Kunden heraus begreift.
– Die unternehmerische Fähigkeit, sich in die Weltsicht und das Werteverständnis
  seiner Kunden hineinzuversetzen, erfordert die Fähigkeit, sich bewusst
  in unterschiedlichen Werteräumen zu bewegen.

Auf dieser letzten Ebene verschränken sich der Fokus auf Bewusstseinsschöpfung, Kundenorientierung und Nutzenstiftung als wertegetriebene Grundlagen zum Aufbau von Wettbewerbsvorteilen. Und genau hier verfangen sich Unternehmen heute im Sog der Dynamik der Kunden. Denn in den heutigen Überflussmärkten werden die Bedürfnisse und Wünsche der Kunden immer diffuser und kurzlebiger. Für den Aufbau von tragfähigen Nutzenversprechen gilt deshalb gleichfalls das im vorangegangenen Abschnitt entfaltete Paradoxon moderner Unternehmensführung, nämlich immer flexibler und wandlungsfähiger werden zu müssen, um unverwechselbar zu bleiben. Dabei entscheidet ausschließlich der Kunde, wie lange diese Unverwechselbarkeit auf unternehmerische Nutzenversprechen einzahlt. Wie der Aufstieg von Apples iPhone seit 2007, der parallel verlaufende Untergang von Nokia sowie die Marginalisierung der Blackberry-Welt von R.I.M. (Research in Motion) im gleichen Zeitraum zeigen, werden dabei die Zyklen, in denen Unternehmen ihre Wettbewerbsvorteile beim Kunden aufbauen und verspielen können, immer kürzer.

Was also sind die zentralen Probleme der Kunden und weshalb setzt ihre Lösung eine Werteorientierung voraus? Wir finden die Antwort auf diese Frage, wenn wir die Entwicklung der Märkte in den letzten 70 Jahren betrachten. Seit Mitte des 20. Jahrhunderts verzeichnen alle Märkte eine grundsätzliche und unumkehrbare Bewegung. Diese verläuft konsequent weg von Anbietermärkten hin zu Nachfragemärkten (vgl. Abb. 5.2). Hierbei verkehrt sich die Ausrichtung der Unternehmensorganisation in allen relevanten Parametern:

- marktperspektivisch werden angebotsorientierte Geschäftsmodelle durch nachfragegetriebene Geschäftsmodelle ersetzt;
- strategisch wird der Fokus auf „Customizing" anstatt auf eine möglichst standardisierte Produktion gelegt;
- kundenzentrierte ersetzen hierarchische Organisationsformen;
- „bottom-up" Führungsprozesse ersetzen hierarchische sowie „top down" geprägte Führungsmodelle;
- frontale und „top down" geprägte Kommunikationsformen werden durch individualisierte multidimensionale sowie durch interaktive Kommunikationsformen ersetzt, bei denen die Kunden der Generation Twitter, Facebook, Google & Co. selbst zum aktiven Medium, Kanal und Schöpfer kommunikativer Inhalte werden;
- und an die Stelle eines auf Preis, Qualität oder Differenzierung setzenden Markenversprechens tritt das Versprechen individualisierter Mehrwertstiftungen.

Begreifen Unternehmen das ganze Ausmaß dieser veränderten Marktbedingungen, kann die Wertegebundenheit heutiger Kundenansprüche wie folgt auf den Punkt gebracht werden.

	1950	1975	1990	2005	2020
Rahmen-bedingungen	Knappheitsmärkte (Verkäufermarkt)	gesättigte Märkte (Ölkrise, 1. Welle der Arbeitslosigkeit)	Nachfragemärkte (Konsumentenmarkt)	Überflußmärkte (Konsumentenmarkt)	Verantwortungsmärkte (Konsumentenmarkt)
Marktperspektive	angebotsorientiert	produktorientiert	nachfrageorientiert	kundenorientiert	nutzenorientiert
Strategie / Ziele *)	Produktion mit Kostenfokus	Design / Kosten / Qualität / Zeit	Segmentierung (neue Produktsegmente)	Customizing (individuelle Massenfertigung)	Vernetzung (Mehrwertketten)
Nutzenfokus	Versorgungssicherheit	Produktdifferen-zierungspotential	Innovationspotential (=> Bedürfnissinnovationen)	Konsumerlebnispotential (=> Event, Story)	Nachhaltigkeitspotential (=> Sinn, Nutzen)
Organisation	Taylorismus (Arbeitsteilung Arbeitshierarchien)	Spartenorientiert (Differenzierung Abteilungen und Hierarchien)	Matrixorientiert (Differenzierung Funktionen und Segmente)	Kundenzentriert (bottom up kundenorientiert)	Netzwerkzentriert (flexibel, multidimensional vernetzt)
Führung	hierarchisch (Befehl und Kontrolle)	top-down vernetzt	top-down / bottom-up vernetzt	bottom-up (teamorientiert, Führungskraft als Coach)	integriert verschränkt (netzwerkorientiert, Führungskraft als Mittler)
Kommunikation	frontal, top-down	top-down vernetzt	funktions- und spartenvernetzt	bottom-up vernetzt	individuell mehrdimensional
Markenversprechen	Preis, Qualität	Differenzierung	Spezialisierung	Individualisierung	Mehrwert

*) zentrale Probleme der Kunden erkennen und sichtbar bessere Lösungen bieten

Abb. 5.2 Märkte im Wandel

Das zentrale Problem der Kunden (zumindest in der industrialisierten Welt, die ja bekanntlich den Großteil der weltweiten Güter und Dienstleistungen konsumiert) ist Überfluss. Seinen radikalsten Ausdruck findet er im sinnlosen Konsum eigentlich nicht notwendiger Waren und Dienstleistungen, die, nimmt man das Beispiel Nahrungsmittelkonsum, zwischenzeitlich dazu führen, dass beträchtliche Teile der Menschheit an krankhafter Fettleibigkeit leiden. Das zentrale Problem heutiger Unternehmen besteht dagegen darin, im tagtäglichen Kampf um die Kunden diese Sinnlosigkeit kaschieren zu müssen, wenn sie der drohenden Konsumverweigerung entgegentreten wollen. Hierbei sind Unternehmen aufgefordert, ihren Kunden tagtäglich etwas zu verkaufen, was diese im Grunde nicht mehr benötigen.

Ein Ausweg aus beiden Problemen besteht in der umfassenden Emotionalisierung aller Markt- und Kundenbeziehungen. Hierbei zerfallen die Märkte, abstrakt gesprochen, in zwei getrennte Wertehemisphären. Der aktuell noch dominierende Bereich der *Hedonistenmärkte* setzt bevorzugt auf Sinnsurrogate, Events und Geschichten, mit denen der sinnentleerte Konsum im Grunde überflüssiger Produkte immer wieder aufs Neue getriggert wird. Ihm steht ein *Verantwortungsmarkt* gegenüber, in dem Unternehmen bei der Vermarktung ihrer Produkte auf ernsthafte Werte und Mehrwertschöpfungen setzen, d. h. auf reale Sinn- und Nutzenstiftungen.

Betrachten wir diese beiden Marktformen anhand der Frage, wie deren tragende Werte die Kunden-Unternehmens-Beziehung prägen, lassen sich für beide sechs Einsichten ableiten:

Erstens: Die klar kommunizierte und wahrnehmbar gelebte Werteorientierung bildet in beiden Märkten das zentrale Rückgrat der Kunden-Unternehmens-Beziehung. Werte sind dabei die Währung, mit der Unternehmen Kundenbedürfnisse befriedigen.

Zweitens: Wettbewerbsvorteile in Überflussmärkten gründen in multidimensionalen Nutzenversprechen. Sie erfordern Bewusstseinsmarketing und Sinnstiftung.

Drittens: Bewusstseinsmarketing und Sinnstiftung zerfallen in zwei radikal abgegrenzte Märkte, in Hedonistenmärkte, die von der Vermarktung von Sinnsurrogaten leben und in Verantwortungsmärkte, bei denen reale Sinn-, Nutzen- und Mehrwertversprechen vermarktet werden.

Viertens: Unternehmen, die sich in ihrer Ausrichtung für keinen Markt entscheiden können, verlieren aus Sicht verantwortungsmarktgeprägter Kundenbedürfnisse ihre Glaubwürdigkeit und aus Sicht einer strategisch fokussierten Ausrichtung ihrer Geschäftsmodelle auf rein hedonistische Kundenbedürfnisse ihre Durchschlagskraft.

Fünftens: Im Vergleich zur Rolle produktbezogener oder -begleitender Wettbewerbsvorteile nimmt in beiden Märkten die Rolle emotionaler Wettbewerbsvorteile eine immer bedeutsamere Funktion in der Kunden-Unternehmens-Beziehung ein.

Sechstens: Die Generierung von gelebten Werten ist das Rückgrat, an dem sich Unternehmen ausrichten, wenn sie in Überflussmärkten erfolgreich sein wollen.

Für die strategische und die operative Unternehmensführung heißt dies, die stimmige Steuerung von Bewusstseinsschöpfungsprozessen und der Aufbau eines anschlussfähigen Werteraums ist nicht nur zentral für den Aufbau des in Unternehmen wirkenden Sozialkapitals (vgl. Abschn. 5.2), sondern auch für den kundenorientierten Aufbau von Nutzenvorteilen, die im Sinn von Wettbewerbsvorteilen die Überlebensfähigkeit von Unternehmen absichern.

Dass der Aufbau von Sozialkapital und tragfähiger Kundenbeziehungen den gleichen Wertequellen entspringt, kann wie folgt auf den Punkt gebracht werden. Werteorientierte Unternehmen begreifen nach innen, dass Motivation und Leistungsbereitschaft an Sinn, Zugehörigkeit, Vertrauen und Fürsorge geknüpft ist. Zum Ausdruck kommt dies in der zusammenhängenden Sentenz, dass, wer Leistung ernten will, Sinn stiften muss, und dass, wer Sinn stiften will, Nutzen bieten muss. Gespiegelt wird dieses Verständnis durch die nach außen gerichtete Einsicht, dass, wer Kunden binden will, Nutzen stiften muss und dass, wer Nutzen stiften will, Sinn bieten muss.

Werte sind somit Kern des Nutzenversprechens. Passen gelebte und kommunizierte Werte zusammen, führt dies zu einem gesteigerten Nutzen- und Kundenbindungspotenzial. Fallen sie dagegen auseinander, schwächt das nicht nur das Unternehmen intern, sondern es untergräbt auch eine tragfähige Kundenbeziehung. Werte lenken somit nicht nur, wie sich ein Unternehmen verhält, wofür es steht und welches Ansehen es hat, sie sind auch die Währung zum Aufbau tragfähiger Kundenbeziehungen.

Für die Logik der Werte lassen sich deshalb weitere Ableitungen treffen:

Siebtens: *Werte sind der Kern des Nutzenversprechens in kundengetriebenen Überflussmärkten.*

Achtens: *Gelebte Werteversprechen sind die moderne Währung tragfähiger Kundenbeziehungen.*

5.4   Die ökonomische Logik der Werte in Unternehmen

Im Rückgriff auf die letzten beiden Abschnitte kann jetzt die komplette Logik der Werte entfaltet werden. Hierzu sind zunächst nochmals die zentralen Ableitungen aus Abschn. 5.2. und 5.3. zu vergegenwärtigen:

1. Gelebte Unternehmenswerte haben eine Doppelfunktion. Sie prägen die Unternehmenskultur und legen damit die Spielräume fest, in denen sich ein Unternehmen verändern kann.
2. Die in Unternehmen wirkenden Werte beeinflussen im Positiven wie im Negativen die Zukunftsfähigkeit von Unternehmen. Passen sie zum Geschäftsmodell, helfen sie das Paradoxon moderner Unternehmensführung zu überbrücken, nämlich durch den Aufbau tragfähigen Sozialkapitals unverwechselbar zu werden und gesteigert wandlungsfähiger zu bleiben. Passen sie dagegen nicht zum Geschäftsmodell, führt dies unweigerlich zu Konflikten und Reibungsverlusten, die die Unternehmung insgesamt aufs Spiel setzen können.
3. Indem klar kommunizierte und konsequent gelebte Unternehmenswerte für alle ersichtlich definieren, was die absoluten No-Gos sind, legen sie leistungsfördernd nach innen und außen die Freiräume fest, in denen der Einzelne handeln und entscheiden kann.
4. Werte sind nicht nur die internen Treiber unternehmerischer Leistungsfähigkeit, sondern mit Blick auf kundengetriebene Überflussmärkte zugleich der Kern für marktgetriebene Nutzenversprechen.
5. Werte sind das Medium und Vehikel zum Aufbau tragfähiger Kundenbeziehungen.

Setzen wir diese Ableitungen zur Logik der Werte in Unternehmen in Bezug zu der in Abschn. 1.2 skizzierten Lebenslogik von Unternehmen, kann die ökonomische Logik der Werte in Unternehmen zusammengefasst werden:

Unternehmen werden mit dem Ziel gegründet, „Not zu wenden", d. h. Nutzen zu stiften. Sind Unternehmen einmal gegründet, folgen sie in ihrer systemischen Entwicklung einer eigenständigen Operationslogik. Diese zielt primär darauf ab, nach der Gründung des Unternehmens das Unternehmen überlebensfähig zu halten. Aus systemischer Sicht rutscht dabei das bei der Gründung an erster Stelle stehende Nutzenversprechen in eine dem Ziel der Überlebensfähigkeit nachgeordnete, dienende Funktion. Das Nutzenversprechen entpuppt sich in dieser dienenden Funktion als Mittel zum Zweck der Unternehmenssicherung. Aus der Zielorientierung, das zwangsweise Ausscheiden aus dem Markt zu verhindern, entwickelt sich so eine Kaskade von Werttreibern. Diese finden ihre Basis in den gelebten Unternehmenswerten, die das Geschäftsmodell und die Unternehmenskultur tragen.

Wie alle anderen sozialen Systeme unterliegen auch Unternehmen auf dieser grundlegenden Werteebene einer gegenläufigen Dynamik der Werte. Wie in Abschn. 3.2.5 aufgezeigt, speist sich diese Dynamik aus den gegenläufigen Rückkopplungsschleifen der psychologischen und der systemischen Funktion von Werten beim Menschen und in sozialen Systemen. In dieser Rückkopplungsdynamik organisieren sich Menschen zu sozialen Systemen – d. h. beispielsweise zu Unternehmen, die bestimmte Ziele und Zwecke verfolgen. Hierbei bilden die im Unternehmen interagierenden Personen gelebte Werteräume aus, die wieder auf die einzelnen Mitglieder des Systems zurückwirken und deren Handlungsweisen beeinflussen. Zugleich aber tragen die Einzelnen ihre eigenen Werte in das System ein, sodass das System sich selbst permanent verändert.

Da für diese Veränderungsdynamik das kybernetische Gesetz gilt, dass das flexibelste dominante Element eines sozialen Systems das System am meisten verändert (vgl. Abschn. 3.2.3), wird ersichtlich, dass die in Unternehmen wirkende Wertedynamik dafür verantwortlich ist, wie und wohin sich ein Unternehmen entwickelt. Für *die ökonomische Logik der Werte* können damit drei grundlegende Funktionen abgeleitet werden, wie die gelebten Unternehmenswerte die ökonomische Performanz von Unternehmen beeinflussen. In Anlehnung an die kantischen Kategorien der Quantität, der Qualität sowie der Modalität (Kant 1787, S. 118) gründen diese drei Funktionen der ökonomischen Logik der Werte in einer *quantitativen*, einer *qualitativen* und einer *modalen* (prozessorientierten) Dimension der Unternehmenswerte. Will ein Unternehmen wirklich nachhaltig zukunftsfähig werden, müssen diese drei Dimensionen der Wertelogik noch durch eine vierte kategoriale Dimension der Werte – die Kategorie der Relation, d. h. der situativen Angemessenheit, flankiert werden (s. Abschn. 5.5).

Die quantitative Wertedimension entspringt der schon eingangs in Abschn. 1.2 entfalteten Kaskade der Werttreiber in Unternehmen. Ihre Logik *organisiert den Mechanismus der Unternehmenswertsteigerung*. Wird dieser Mechanismus pyramidal dargestellt, wird ersichtlich, dass die quantitative Wertedynamik in Unternehmen vier Ebenen hat (vgl. Abb. 5.3): In der substanziellen Dimension prägen Werte das Geschäftsmodell des

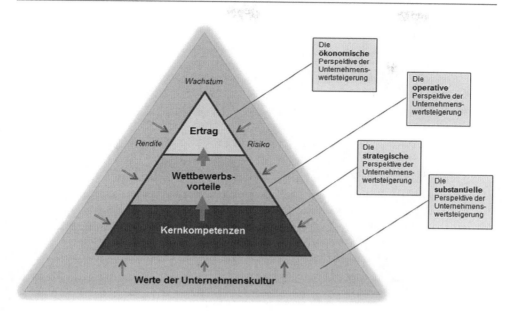

Abb. 5.3 Die quantitative Dimension der Unternehmenswerte: Ertrag

Unternehmens, sein Nutzenversprechen sowie die beides tragende Unternehmenskultur. Aus dieser substanziellen Wertedimension entspringt die strategische Wertedimension des Unternehmens. Diese prägt die Ausbildung der jeweiligen Kernkompetenzen, mit denen das Nutzenversprechen des Geschäftsmodells umgesetzt wird. Aus der strategischen Wertedimension der Ausbildung von Kernkompetenzen erwächst die operative Wertedimension, welche der Ausbildung von Wettbewerbsvorteilen zugrunde liegt und die sich ihrerseits wieder auf die ökonomische Wertedimension des Ertrags auswirkt. Als Kaskade sieht dies so aus:

- Ertrag als die Grundlage für die Überlebensfähigkeit von Unternehmen erwächst aus Wettbewerbsvorteilen.
- Wettbewerbsvorteile entspringen tragfähigen Kernkompetenzen.
- Kernkompetenzen werden mit Blick auf Geschäftsmodelle und Nutzenversprechen ausgebildet.
- Geschäftsmodelle und Nutzenversprechen gründen in spezifischen Werteperspektiven.

Mit welchem initialen Werteverständnis ein Unternehmen an den Start geht und mit welchen Werten es seinen weiteren Lebensweg beschreitet, hat entscheidenden Einfluss auf seine Zukunftsfähigkeit und seinen ökonomischen Erfolg. Für *die Unternehmensleitung* heißt dies, sie *hat sich* neben ihren sonstigen Aufgaben *mit erhöhter Kraft und Konzentration der substanziellen Unternehmenswertsteigerung – also der Ausbildung tragfähiger Unternehmenswerte – zu widmen. Denn diese stellen den größten Hebel dar, mit dem der langfristige Erfolg von Unternehmen gesteigert werden kann.*

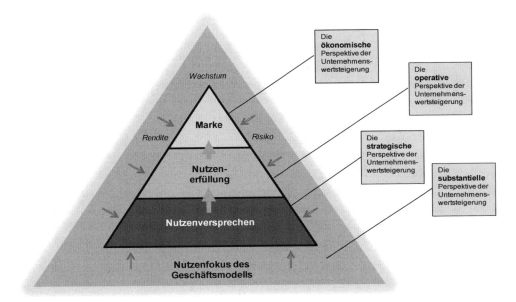

Abb. 5.4 Die qualitative Dimension der Unternehmenswerte: Markenbildung

Auch *die qualitative Wertedimension* folgt dem Kaskadenschema. Im Unterschied zur quantitativen Logik, die den Mechanismus der Unternehmenswertsteigerung beschreibt, *organisiert die qualitative Dimension der Wertelogik die Nutzenfunktion des Unternehmens* und darauf aufbauend seine Kundenbindungs- und Markenbildungsfähigkeit (vgl. Abb. 5.4 sowie Abb. 1.3 und 3.8). Als Kaskade lautet der *Mechanismus der Kundenbindungs- und Markenfähigkeit*:

- Als Grundlage ökonomischer Wertschöpfung erwachsen Kundenbindungen und Markenbildungen aus erlebten Nutzenerfüllungen.
- Erlebte Nutzenerfüllungen gründen auf klaren Nutzenversprechen.
- Klar formulierte Nutzenversprechen entspringen einem geschäftsmodellfähigen Nutzenbewusstsein, das ertragswirksam operationalisiert werden kann.
- Ein geschäftsmodellfähig operationalisierbares Nutzenbewusstsein lebt aus spezifischen Werteperspektiven.

Auch in der qualitativen Logik der Werte durchdringen die gelebten Unternehmenswerte vier Dimensionen. Anders als bei der quantitativen Logik, die die ökonomische, die operative, die strategische und die substanzielle Perspektive der Unternehmenswertsteigerung über den Zusammenhang von Werten, Kernkompetenzen, Wettbewerbsvorteilen und Ertrag ausrollen, *operationalisiert die qualitative Logik der Unternehmenswerte die jedes Unternehmen tragende Nutzenfunktion*.

Die *modale Wertedimension* beleuchtet den in der qualitativen Logik ausgedrückten Zusammenhang aus *operativer Perspektive*. Hierbei wird der Zusammenhang von geleb-

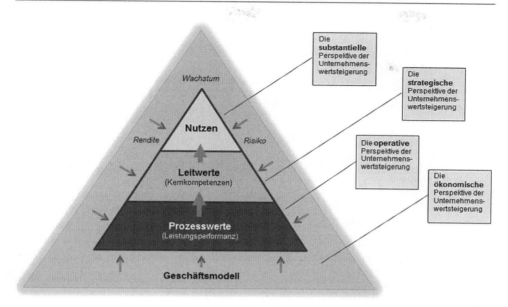

Abb. 5.5 Die modale Dimension der Unternehmenswerte: Geschäftsmodell und Nutzensubstanz

tem Geschäftsmodell und der Ausbildung einer tragfähigen Nutzensubstanz operationalisiert. *Nutzensubstanz* heißt in diesem Zusammenhang, dass das Geschäftsmodell einen
tragfähigen Nutzen ausbildet, der als Grundlage ökonomischer Wertschöpfung das Unternehmen im Markt absichert (vgl. Abb. 5.5). Wieder als Kaskade formuliert lautet die modale Logik der Unternehmenswerte:

- Die substanzielle Nutzenstiftung eines Unternehmens gründet in Leitwerten, die den
  Nutzen des Geschäftsmodells qualifizieren.
- Leitwerte, die die substanzielle Nutzenstiftung qualifizieren, benötigen zu ihrer Wirk-
  samkeit gelebte Prozesswerte, die als Werte der Unternehmenskultur den Umgang im
  Unternehmen so regeln, dass der wechselweise Umgang aller Beteiligten zur Stärkung
  und Umsetzung der Leitwerte führt.
- Prozesswerte, die zur Stärkung und Umsetzung der Leitwerte führen, erfordern ein Ver-
  ständnis des Geschäftsmodells, mit dem ein Unternehmen Nutzen stiften will.
- Das Verständnis des Geschäftsmodells und seiner Nutzenstiftungsfunktion entspringt
  der gleichen Werteperspektive, die auch in der quantitativen und qualitativen Logik der
  Unternehmenswerte die Basis bildet.

Legt man diese drei Wertelogiken übereinander, sticht ins Auge, dass sich in der modalen
Logik die Kaskade der bedingenden Faktoren, und damit die Abfolge der ökonomischen,
operativen, strategischen und substanziellen Perspektive, umkehren. In der modalen Logik
der Unternehmensführung steht an erster Stelle die substanzielle Perspektive der Nutzenstiftung und an letzter die ökonomische Perspektive der Nutzenstiftung. Sie ist, mit Kants

Kategorientafel gesprochen, die notwendige Voraussetzung für nachhaltig erfolgreiche, zukunftsfähige Unternehmensführung. Diese Drehung zeigt, dass Unternehmen als ökonomisch handelnde Institutionen nur dann wirklichen Nutzen stiften können, wenn sie von einem ökonomisch tragfähigen Geschäftsmodell als Bedingung der Möglichkeit für Ertragsschöpfung getragen werden. Die Zusammenschau der quantitativen, qualitativen und modalen Logik der Werte zeigt aber auch, dass keine der beiden Perspektiven verzichtbar ist. Ökonomischer Ertrag und substanzielle Nutzenstiftung bleiben auf lange Sicht immer aufeinander angewiesen. Für Unternehmen als soziale Systeme, deren Zweck darin besteht, durch substanzielle Nutzenstiftungen ökonomischen Wert zu schöpfen, heißt dies: Für die langfristige Absicherung der Zukunftsfähigkeit eines Unternehmens ist beides notwendig, ökonomische Tragfähigkeit und substanzielle Nutzenstiftung. Ist eine der beiden Seiten geschwächt oder fehlt sie ganz, wird ein Unternehmen in seinem Bestand gefährdet bzw. zwangsläufig aus dem Markt ausscheiden.

Auf dieser gedrehten Perspektivenfolge ruht auch die Logik des Wertecockpits. Denn das Wertecockpit dient als Instrument dazu, mit der Gestaltung und Entwicklung des unternehmerischen Werteraumes den Prozess der substanziellen Unternehmenswertsteigerung so zu steuern, dass das Unternehmen ökonomisch ertragfähig bleibt. Was das in der Praxis heißt, sei exemplarisch im Rückgriff auf die Fallbeispiele von Hilti und dm erläutert. Hierzu seien die Kernthesen der Kap. 3.3 und 3.4 nochmals rekapituliert.

Das Wertecockpit organisiert das System der Unternehmenswerte in einer Abfolge von vier Schritten. Im ersten wird das im Geschäftsmodell zum Ausdruck gebrachte substanzielle Nutzenversprechen mit Leitwerten unterlegt, die dieses Nutzenversprechen qualifizieren. Im zweiten Schritt werden die Prozesswerte, das sind die Werte, wie im Unternehmen miteinander umgegangen werden soll, definiert. In einem dritten Schritt werden die Leit- und Prozesswerte in konkrete Erfüllungsbedingungen (komplexe Äquivalenzen) übersetzt und abschließend mit Messgrößen und Kennzahlen unterlegt. Dieser Definitionsprozess ist so zu gestalten, dass der angestrebte Werteraum das zentrale Nutzenversprechen des Geschäftsmodells formatiert, inhaltlich konkretisiert und real materialisiert. Hierzu werden im Wertecockpit die tragenden Unternehmenswerte für alle wahrnehmbar qualifiziert, d. h. mit konkretem Inhalt versehen und transparent gemacht.

Leitwerte: Leitwerte des Unternehmens sind alle Werte, die zum Ausdruck bringen, wie oder wodurch Unternehmen Nutzen stiften. Leitwerte sind die Nutzenversprechen, die das Geschäftsmodell eines Unternehmens definieren. Bei Hilti lauten diese Leitwerte Integrität, Mut, Teamarbeit, Engagement. Sie wurden von Hilti deshalb gewählt, weil sie auf den Nutzenkern des Geschäftsmodells einzahlen, nämlich in der weltweiten 1:1-Betreuung der Kunden vor Ort immer „die Extra-Meile" zu gehen. Entsprechend lautet der nutzenorientierte Unternehmensclaim: „Hilti. Outperform. Outlast."

Prozesswerte: Prozesswerte sind alle Werte, die den Umgang im Unternehmen regeln. Es sind Normen, mit denen das Zusammenspiel der einzelnen Unternehmensbereiche und Prozesse, z. B. spezifische Arbeitsprozesse, ausgerichtet werden. Die Prozesswerte sind die zentralen Werte der Unternehmenskultur. Sie schaffen im Umgang mit allen Stakeholdern ein Klima, in dem Leitwerte entfaltet werden können. Die Prozesswerte haben deshalb eine dienende Funktion. Sie dienen der Stützung und Stärkung der Leitwerte, d. i. der unternehmerischen Nutzenstiftung und sind die Spielregeln innerhalb des Unternehmens. Hiltis Prozesswerte stärken deren Leitwerte. So zahlen die Werte Ehrlichkeit, Eigenverantwortung, Offenheit, Transparenz und Konsequenz auf die Leitwerte Integrität und Mut und die Werte Flexibilität, Veränderungsbereitschaft, Wertschätzung und Toleranz auf die Leitwerte Teamgeist und Engagement ein. Analog stützen bei dm die Prozesswerte Vertrauen, Zutrauen, Eigenverantwortung, Transparenz, situativ angemessenes Handeln aus eigener Einsicht und Dienen als Leistungprinzip den zentralen dm-Leitwert Menschorientierung. Bei dm entsprechen alle Unternehmensprozesse einem zwischenmenschlichen Umgang und einem Menschenverständnis, das jeden Einzelnen als Zweck an sich begreift. Damit pflegt dm ein Führungsverständnis, das situative Angemessenheit und nicht das strenge Befolgen starrer Regeln, Gesetze und Vorgaben zugrunde legt.

Komplexe Äquivalenzen: Komplexe Äquivalenzen sind Beschreibungen der Bedeutung und der Erfüllungsbedingungen, wann ein Wert für alle wahrnehmbar erfüllt ist. Bei der präzisen Herausarbeitung von komplexen Äquivalenzen entscheidet sich, ob der Prozess der Unternehmenskulturentwicklung erfolgreich verläuft oder nicht. Denn erst, wenn die Leit- und Prozesswerte inhaltlich so definiert sind, dass für alle die konkret wahrnehmbaren Erfüllungsbedingungen kenntlich sind, materialisiert sich der definierte Werteraum im Materialen, d. h. in der präzisen Ausrichtung auf das konkrete Geschäftsmodell und dessen substanzielles Nutzenversprechen. Ist dies erreicht, wird der Werteraum zum Hochleistungsherz und damit zur Quelle unternehmerischer Unverwechselbarkeit. Denn dann sind die das Unternehmen tragenden Wertelogiken so miteinander verwoben, dass Werte, Geschäftsmodell und der gestiftete Nutzen einander stützen und verstärken. Erst ab diesem Punkt führt der gelebte Werteraum zu jenem Treiberpotenzial, mit dem Unternehmen herausragende Leistungen stiften können.

Wie die Konkretisierung eines Wertes durch Übersetzung in komplexe Äquivalenzen hergestellt werden kann, sei am oben schon erläuterten Beispiel des Wertes der Effizienz verdeutlicht: Für viele Unternehmen ist Effizienz einer ihrer Leit- oder auch Prozesswerte. Wirken tut er jedoch erst, wenn er mit Blick auf das Geschäftsmodell klar definiert ist. Wird er beispielsweise übersetzt als „so viel und so schnell wie möglich", würde er zu Datenverarbeitung oder auch Versand- und Postdienstleistungen passen. Übersetzen wir Effizienz dagegen als „so sorgfältig wie möglich" oder „so wenig Ausschuss wie möglich", würde dieser Wert zu einem Betreiber von Atomkraftwerken oder zu Unternehmen der optischen oder der Luxusgüterindustrie passen. Wie er übersetzt wird, beeinflusst somit die Ausrichtung sämtlicher Unternehmensprozesse. Sind die einzelnen Leit- und Prozesswerte in ihrer Bedeutung durch komplexe Äquivalenz definiert, können die materiellen *Erfüllungsbedingungen* festgelegt werden. *Erfüllungsbedingungen sind Situationen und Sachverhalte, die erkennen lassen, dass nach einem vorgegebenen Wert gehandelt worden ist. Sie sind so festzulegen, dass ihre Erfüllung oder ihre Verfehlung von allen Beteiligten ohne Interpretationsspielraum wahrgenommen werden kann.*

Sind diese Schritte unternommen, können die Messwerte und -intervalle definiert werden, mit denen die Werteperformanz im Unternehmen gemessen wird.

Ist auf diese Weise das Wertecockpit scharf gestellt, greift die Logik der Unternehmenswerte in die Performanzsysteme des Unternehmens ein. Hierbei wird das Wertecockpit mit den sonstigen Controlling-Systemen verknüpft, jedoch mit dem entscheidenden Unterschied, dass das Unternehmen nicht nur als Zahlenraum begriffen wird, sondern als Organismus, d. h. als lebendes soziales System, das neben den KPIs durch Nutzen-, Werte- und Stimmigkeitsparameter zu steuern ist. Das Wertecockpit und der darin definierte Werteraum dienen deshalb auch als Folie zur Ausrichtung der sieben Treiberfaktoren der Unternehmenskultur und zur Gestaltung des C4-Managements. Die Treiberfaktoren der Unternehmenskultur – also Kommunikationsverhalten, Kooperationsverhalten, Führungsstil, Gestaltung von Entwicklungschancen, Förder- und Lernverhalten, Anreiz- und die Sanktionssysteme – sind so zu wählen, dass sie die definierten Leit- und Prozesswerte stützen. Und im C4-Management, also der Ausrichtung der Entwicklungs- und Stabilisierungsachse des Unternehmens, sind die Unternehmensdimensionen des Wissens (corporate knowledge), der Organisation und Entwicklung (corporate development), der Identität (corporate identity) und der Werte (corporate values) so aufeinander abzubilden, dass das Unternehmen in allen seinen Dimensionen stimmig ausgerichtet wird.

5.5 Werte im Sog der Dynamik sozialer Systeme: Von der Unternehmenskultur zur Unternehmensethik

Vergegenwärtigen wir uns die Logik der Werte (5.4) vor dem Hintergrund der Megatrends (5.2), die das Paradoxon modernen Wirtschaftens prägen, stellt sich nun die Frage nach den richtigen Werten für Unternehmen. Vor dem Hintergrund der globalen Problemlagen (1.1), die durch unser fehlgeleitetes Wirtschaften entstanden sind, ist die Frage nach den richtigen Werten auf die Frage zuzuspitzen, ob zukunftsfähige Unternehmenswerte nicht auch ethisch tragfähig sein müssen?

Die Frage nach der Ethikfähigkeit von Unternehmenswerten taucht zwangsläufig auf, da der hier entfalteten Wertelogik sowie dem daraus abgeleiteten Wertecockpit scheinbar *zwei Vorwürfe* gemacht werden können:

Erstens kann argumentiert werden, dass ein mit den Mitteln des Wertecockpits umgesetztes „Human Systems Development" nichts anderes darstellt als eine kalt kalkulierte Sozialtechnologie, die unter dem Schlagwort der Zukunftsfähigkeit von Unternehmen selbstbezogene Profitbestrebungen beflügeln soll. Grundlage dieses Argumentes ist das Faktum, dass das Wertecockpit auch für rein selbstbezogene Profitsteigerungsziele nutzbar ist. Besonders deutlich wird dies an Unternehmen wie beispielsweise dem Finanzdienstleister AWD, dessen Strukturvertrieb, Geschäftsmodell und Nutzenversprechen ausschließlich auf Profiterzielung ausgerichtet ist. Entsprechend lautete das geflügelte AWD-Wort, dass der Gründer Carsten Maschmeyer seinen Verkäufern einhämmerte: Armut sei die Folge eines Charakterfehlers, nämlich „Armut kommt von arm an Mut" (Ritter 2011). Schaut man hinter die Kulissen, werden Menschen darin oft als Spielsteine und Medium genutzt, die mit den Mitteln des Wertemanagements beinahe sektenhaft indoktriniert und manipuliert werden können. Oder offensichtlicher: Selbst die Mafia und andere kriminelle und unethische soziale Systeme können den hier entfalteten Ansatz des Wertemanagements für ihre Ziele und Geschäftsmodelle nutzen.

Zweitens kann argumentiert werden, dass bei einer vollständig individualisierten Ausgestaltung der Werte den Unternehmenswerten der Geruch beliebiger Austauschbarkeit anhaftet. Denn sind die gelebten Unternehmenswerte als Ausdruck unternehmerischer Unverwechselbarkeit sozusagen solitär auf das Unternehmen zugeschnitten, fehlt ihnen die Allgemeinverbindlichkeit, aus der eine auch ethische Tragkraft erwachsen kann, die über das Unternehmen hinaus strahlen würde.

So richtig beide Einwände auf den ersten Blick scheinen, so stark verfehlen sie die ethische Kraft, die aus dem hier entfalteten Werteansatz erwächst. Ein Unternehmen, das sich ernsthaft der ökonomischen Logik der Werte verschreibt, kann gar nicht anders, als werteorientiert – und d. h. immer auch ethisch tragfähig werteorientiert – handeln. Denn die zentrale Achse der Wertelogik in Unternehmen ruht auf einem *Wechselspiel der Werte*. Dieses folgt einer Logik, die schon Kant für den Bereich menschlicher Erkenntnis entfaltete und die die ethische und ökonomische Werteperspektive aneinander koppelt. In Abwandlung der Kantischen Einsicht, dass Gedanken ohne Inhalt leer und Anschauungen ohne Begriffe blind sind (Kant 1787, S. 75), lautet dieses Wechselabhängigkeit der Werte: *Werte ohne Wert sind kraftlos und ein Wertstreben – also ein Streben nach materieller Absicherung –, das nicht auch wertegetragen ist, ist zerstörerisch* (Wert nicht nur im Sinn von ökonomisch tragfähig, sondern insbesondere im Sinn von angestrebt, gewollt, gelebt, getragen und geteilt; und wertegetragen hier verstanden als getragen von ethisch nachhaltigen Werten).

Wie aber münzt sich dieser Zusammenhang von Wert und Werten ethisch um und weshalb ist er ein wesentlicher Bestandteil, der die Zukunftsfähigkeit von Unternehmen beeinflusst? Folgen wir der ökonomischen Logik der Werte, muss die Antwort lauten: Weder als deontologische Sollensethik, die in universellen oder wenigstens kulturell geprägten, zeitlich und räumlich partikular verbindlichen Werten ihren Grund findet, noch als rein utilitaristische Zweckethik, sondern in einer *Ethik der systemischen Überlebensfähigkeit*.

Diese Ethik der systemischen Überlebensfähigkeit bezieht sich auf die in Kap. 1.1.3 entwickelten ethikologischen Prinzipien der Ressourcenschöpfung und Mehrwertstiftung sowie auf ein Verständnis, das sich den humanistischen Werten der ganzheitlichen Achtung vor dem Lebenden, Gerechtigkeit und Solidarität, Wahrheit und Toleranz, sowie Freiheit und Menschlichkeit verpflichtet fühlt. Mit dem Schlagwort „anständig wirtschaften" (Küng 2010) begreift es, dass der rein profitgetriebene Tanz ums Kapital Ausdruck einer pervertierten Epiphanie ist, die im Geld ein materielles Gottessurrogat verehrt, das in seinem absoluten Herrschaftsanspruch unsere personale Integrität bedroht (Hemel 2013) und damit auch die Grundlagen einer humanen Gesellschaft. In Erweiterung des globalen Weltethosansatzes für die Wirtschaft, wie er 2009 von namhaften Politikern, Unternehmern und Philosophen im Manifest „Globales Weltethos" formuliert wurde (Küng 2012, S. 205 ff.) und daran anschließend zu einer habituellen Unternehmensethik und Wirtschaftsanthropologie weiterentwickelt wurde (Hemel et al. 2012, Dierksmeier et al. 2015), handelt es sich bei dieser Ethik der systemischen Überlebensfähigkeit um *eine Individual-ethik, die aus der Mikroebene der einzelnen Unternehmen heraus entwickelt und gestaltet wird.* Zu ihrer eigenen Zukunftsfähigkeit ist sie so auszugestalten, dass sie ideologische Überhöhungen ebenso ausschließt wie eine selbstbezogene, totalitäre Verabsolutierung der eigenen Werte. Damit siedelt sich diese Form einer unternehmerischen Ethik unterhalb der Debatten um das Für und Wider einer Unternehmensethik an. Denn sie erwächst aus der Überlegung eines verantwortlichen Unternehmertums, das nicht nur erkannt hat, dass ökonomische und ethische Tragfähigkeit in einem Nachhaltigkeitsverständnis gründet, das in Kap. 3.2.5.2 als ethische Nachhaltigkeit definiert worden ist, sondern auch aus dem tiefen Verständnis heraus handelt, dass wirkliche Zukunftsfähigkeit von Unternehmen an Nutzenstiftungen geknüpft ist, die aus den in Abschn. 1.1.4 dargestellten Bewusstseins-schöpfungsprozessen erwachsen und in Mehrwertstiftungen münden, die aus Sicht der in Abschn. 1.1.3 skizzierten Ethikologie ressourcenschöpfend sind (Glauner 2016b).

Die hier entfaltete Mikroebene einer Ethik der systemischen Überlebensfähigkeit grün-det in der Einsicht, dass jegliche Ethik, die von den Stakeholdern eines Unternehmens aktiv getragen und freiwillig gelebt werden soll, an den Kern der Unternehmenslogik zu-rückgekoppelt sein muss, damit sie von Unternehmen aktiv getragen wird. Dieser Kern der Unternehmenslogik kommt in der ökonomischen Logik der Werte zum Ausdruck. Er gründet in der Logik von Nutzenversprechen, die in den Problemlagen des Umfeldes ver-ankert sind, d. i. der Umgebungssysteme, in und aus denen heraus Unternehmen handeln. Mit Blick auf die heutigen Problemlagen zeigt sich, dass die heute noch vorwiegenden Hedonistenmärkte (vgl. 5.3) weitgehend gesättigt und immer schwieriger zu bedienen sind. Denn einerseits sind sie bedroht durch eine zunehmende Verweigerung der Kunden, sich einem sinnentleerten Konsum von im Grunde überflüssigen Produkten hinzugeben, zum anderen sind sie bedroht durch die ökonomischen und ökologischen Grenzen des Wachstums. Diese finden ihren Ausdruck in der prekären Begrenztheit der heute noch vorhandenen natürlichen Ressourcenbasis, wie sie in einer von der BBC veröffentlichten Grafik zu den Basisressourcen eindrucksvoll zum Ausdruck gebracht wird (http://www.bbc.com/future/story/20120618-global-resources-stock-check).

Begreifen Unternehmen diesen doppelten Druck auf ihre Geschäftsmodelle, verstehen sie, worin zukunftsfähige Geschäftsmodelle gründen. Sie entspringen Nutzenstiftungs-funktionen, die auf Verantwortungsmärkte einzahlen. In diesen Verantwortungsmärkten sind Menschen nicht nur Mittel und Ziel der unternehmerischen Profitmaximierung, son-dern freie Agenten, die in Eigenverantwortung für umfassende Zukunftsfähigkeit und Teilhabe eintreten, indem sie Geschäftsmodelle kreieren und tragen, die für sich und die Umgebungssysteme mehr Ressourcen schöpfen als sie in der Umsetzung des jeweiligen Geschäftsmodells global zerstören.

In dieser systemischen Ethik der Überlebensfähigkeit greifen innerhalb des Unterneh-mens als sozialem System drei Werteebenen ineinander: Die Ebene der *systemischen* Wer-te, die Ebene der *ethischen* Werte sowie die Ebene der *materiellen* Unternehmenswerte.

Die *Ebene der systemischen Werte* umfasst als funktionale Ebene der Metawerte die systemischen Prinzipien der Nutzenstiftung und der Offenheit (vgl. Abschn. 3.2.5.2). Beide Prinzipien sind funktionale Steuerungsgrößen der Metaebene werteorientierter Unternehmensführung. Sie dienen dazu, die drei Dilemmata der Unternehmenswerte so zu lösen, dass das Unternehmen wertschöpfend flexibel gehalten wird. Beide Prinzipien fungieren als Leitlinien, nach denen Geschäftsmodelle, die bisher auf eine rein selbstbezogene systemische Nachhaltigkeit setzen, in zukunftsfähige, ethikologische Geschäftsmodelle überführt werden können. Zur Rekapitulation: Ethikologische Geschäftsmodelle sind solche, die das eigene System aufrechterhalten, indem sie das Gesamtsystem absichern helfen, in und aus dem heraus sie leben. Was dies konkret heißt, sei am Beispiel von Nestlé und Hilti verdeutlicht.

Nestlé wie Hilti leben innerhalb ihrer Organisationen eine ausgeprägte Verantwortungskultur und richten ihre Geschäftsprozesse an klar kommunizierten Werten aus (Maucher et al. 2012). Dennoch kann man Nestlé im Unterschied zu Hilti den legitimen Vorwurf machen, dass das Geschäftsmodell von Nestlé unethisch handele, da es ausschließlich auf eine selbstbezogene systemische Nachhaltigkeit ausgerichtet sei. Systemische Nachhaltigkeit wurde definiert als die Fähigkeit einzelner sozialer Systeme – sprich Unternehmen –, sich auf Kosten aller anderen Elemente des übergeordneten Gesamtsystems langfristig erfolgreich zu erhalten. Sieht man in dieser Perspektive, wie Nestlé in der dritten Welt für sich Quellrechte erworben hat, die das Unternehmen in einigen Ländern und Regionen bei der Verteilung des lebensnotwendigen Rohstoffes Trinkwasser in eine fast monopolhaft marktbeherrschende Position versetzen, so kann man der Geschäftsleitung für diesen Coup gratulieren und zugleich feststellen, dass dieses Geschäftsmodell und die daraus resultierenden Profite dadurch abgesichert werden, dass die Kunden dauerhaft irreversibel abhängig werden.

Anders Hilti. Auch Hilti sucht seine Märkte zu dominieren. Allerdings setzt das Unternehmen dabei auf Kooperation. Ausdruck dieses Verständnisses ist u. a. das umfangreiche CSR-Engagement, darunter das Projekt „Baustoffe der Zukunft" (Construction materials of the future). Gemeinsam „with the two organizations Homeless People's Federation Philippines (HPFPI) as well as the United Nations Economic and Social Commission for Asia and the Pacific (UN ESCAP)" entwickelte Hilti ein Haus, das aus ökologischen Baustoffen gebaut ist, Wind und Wetter standhält, das sich jeder leisten kann und zwischenzeitlich in großer Zahl gebaut wurde. Im Klartext: Die von Hilti propagierten Leitwerte Integrität, Mut, Teamarbeit, Engagement fundieren nicht nur den nutzenorientierten Unternehmensclaim „Hilti. Outperform. Outlast.", sondern auch das gelebte Selbstverständnis, seine Kunden und sein gesellschaftliches Umfeld zu aktivieren. Deshalb kann man den ethischen Nachhaltigkeitsclaim von Hilti im Claim „empowering people" kondensieren, d. h. im Anspruch, durch umfassende Nutzenstiftung für alle Stakeholder der Gesellschaft Teilhabe und ein Leben in Würde zu gewähren. Der zentrale Unterschied zwischen Hilti und Nestlé besteht somit im Menschenbild, das hinter den jeweiligen Geschäftsmodellen steht. Bei Hilti sind alle Stakeholder – also die Mitarbeiter, die Kunden und die Gesellschaft –

nicht nur Mittel und Ziel der unternehmerischen Profitmaximierung, sondern freie Agenten, die in Verantwortung für die Zukunftsfähigkeit und Teilhabe mehrwertstiftend miteinander vernetzt werden. Nestlé kann dagegen der Vorwurf gemacht werden, dass sie sich bewusst Kunden und Märkte heranziehen, die am Ende aus reiner Not und mangelnder Alternative an die Produkte des Unternehmens gebunden bleiben und insofern lediglich als Mittel zur Profitmaximierung dienen.

Auch die *Ebene der ethischen Werte* hat einen funktionalen Charakter. Deutlich wird dies, wenn wir uns nochmals die Kausalkette der modalen Wertelogik vergegenwärtigen (vgl. Abschn. 5.4). An oberster Stelle dieser Kette steht der Nutzen, den das Unternehmen stiftet. Dieser wird getragen durch Leitwerte, die diesen Nutzen qualifizieren. Wie diese Leitwerte im tagtäglichen Umgang umgesetzt werden, ist eine Frage der Prozesswerte, d. i. der gelebten Unternehmenskultur. Diese wiederum wird geprägt durch das Geschäftsmodell, das das Unternehmen konstituiert. Wird der Werteraum eines Unternehmens strukturiert aufgespannt, ist zunächst der Kernnutzen und Motor des Geschäftsmodells zu definieren. Aus ihm sind die Leitwerte abzuleiten, die sachlich den Nutzen fundieren. Danach sind die Prozesswerte der Unternehmenskultur zu definieren, die im gelebten Unternehmensalltag zur Stärkung der Leitwerte führen.

Der Werteraum des Unternehmens ist somit aus unternehmerischer Sicht zunächst ein Raum ausschließlich sach- bzw. nutzenbezogener Werte, die mit unterschiedlicher Funktion auf den Geschäftszweck einzahlen. Als solches sind sie weder ethisch noch unethisch, sondern funktionale Steuerungsgrößen. Ethische Werte spielen in dieser funktionalen Betrachtung zunächst scheinbar keine Rolle. Dennoch haben sie faktisch eine signifikante dienende Funktion für die operationale Ausgestaltung von Unternehmen als soziale Systeme. Denn als *modale Größen des zwischenmenschlichen Umgangs werden ethische Werte benötigt, wenn sich ein soziales System als Hochleistungsorganisation formieren will*. Das verdeutlichen die Lösung des Paradoxons moderner Unternehmensführung sowie die Notwendigkeiten der Bewusstseinsschöpfung, des Aufbaus von Sozialkapital und von gesamtnutzenstiftenden Geschäftsmodellen in Verantwortungsmärkten. Sie alle benötigen ethische Werte, die ein Nutzenversprechen fundieren, welches über sich selbst hinausweist, motiviert und jene Energie und Bindekräfte freisetzt, die zum Aufbau tragfähigen Sozialkapitals sowie sinnstiftender Nutzenversprechen in Verantwortungsmärkten beitragen.

In der modalen Kette der Werttreiber von Unternehmen entfalten ethische Werte auf zwei Ebenen des Werteraums ihre Kraft. Erstens auf der Ebene des Geschäftsmodells. Dort unterfüttern sie unternehmerische Geschäftsmodelle mit einer ganzheitlichen Perspektive und bewahren das Unternehmen so davor, rein selbstbezogen zu handeln. Zweitens entfalten sie auf der Ebene der Prozesswerte ihre Kraft, also auf der Ebene der Werte, die den Umgang und die Unternehmenskultur prägen. Auf dieser Ebene ist die Entwicklung von ethischen Werten sozusagen das kleine 1×1 der Unternehmensführung. Es muss von Unternehmen beherrscht werden, wollen sie Hochleistungsteams schaffen, mit denen exzellente Leistungen erzielbar sind.

Hochleistungsteams

Bei Teams gilt oft folgende Regel: Die Lösung komplexer Aufgaben unterliegt einer grundsätzlichen Asymmetrie von Wissen und Können. Teams, die diese Asymmetrie aktiv nutzen, formieren sich zu Hochleistungsteams. Teams, die diese Asymmetrie ignorieren, agieren wie Lemminge. Teamentscheidungen verdeutlichen das. Werden Lösungen von Einzelnen erarbeitet, erhält man in der Regel eine Spreizung zwischen Expertenlösungen und Nichtexpertenlösungen. Häufig sind die Experten der Gruppe jedoch stille Akteure, die im gruppendynamischen Entscheidungsprozess nicht das Wort ergreifen. Folglich verpufft ihr Expertenwissen. Der Teamlösungsvorschlag bleibt hinter dem Expertenvorschlag zurück. Bei Hochleistungsteams ist dies umgekehrt. Hochleistungsteams erarbeiten Lösungen, deren Ergebnis über der besten Einzellösung liegt, also besser ist als der Vorschlag des Experten. Als Formel verdeutlicht:

Expertenlösungen schlagen Teamlösungen. Hochleistungsteamlösungen schlagen Expertenlösungen

Hochleistungsteams schlagen Expertenlösungen, weil sie Lösungselemente aufgreifen, die vom Experten nicht in den Blick genommen wurden, weil er sie nicht wahrnimmt oder ausblendet. Beide erfordern ein Spiel mit unterschiedlichsten Wertevorstellungen und Differenzen. Dies gelingt aber nur dann, wenn der Umgang miteinander von zentralen ethischen Werten getragen wird, darunter Achtung, Fairness und Partnerschaft. Im Sinn eines habituell gelebten Ethos müssen solche Werte Teil der Spielregeln sein, damit unterschiedlichste Akteure so zusammenarbeiten, dass Differenzpotenziale erkannt und für Hochleistungsergebnisse fruchtbar gemacht werden können.

Werte wie Respekt und Achtung, Verantwortung und Freiheit, Achtung und Achtsamkeit, Ehrlichkeit und Transparenz oder auch Toleranz und Menschlichkeit sind die Voraussetzung dafür, dass sich Unternehmen als soziale Systeme zu Hochleistungsorganisationen entwickeln können. In Verbindung mit den systemischen Prinzipien der Nutzenstiftung und der Offenheit führt solch eine Werteausrichtung zu gesteigerter Wertschöpfung. D. h. ethische Werte als modale Größen des zwischenmenschlichen Umgangs sind die Voraussetzung dafür, dass Unternehmen im großen Spiel unverwechselbarer Nutzenstiftungen erfolgreich werden. *Ethische Werte bilden die Grundlage für erfolgreiche Strategien der Exzellenz* (Glauner 2016c).

Für die Mikroebene einer Ethik der systemischen Überlebensfähigkeit bedeutet dies, *ethische Werte sind funktionale Steuerungsgrößen*. Sie wirken als Bindeglied zwischen der systemischen Werteebene und der materiellen Ebene der Unternehmenswerte, also der Ebene der Leit- und Prozesswerte, d. i. der Nutzenstiftungen und der Unternehmenskultur. Daraus folgt in Abwandlung der Einsicht, dass die in Unternehmen gelebten Werte die

Grundlage für ökonomische Wertschöpfung sind, dass auch die im Unternehmen gelebten ethischen Werte Grundlage der ökonomischen Wertschöpfung sind. Und das bedeutet im Umkehrschluss: *Kümmern sich Unternehmen nicht um den Aufbau einer auch ethisch tragfähigen Unternehmenskultur, verstoßen sie in der ökonomischen Ratio der Werte sowohl gegen das Ziel der substanziellen Unternehmenswertsteigerung als auch gegen das ökonomische Ziel nachhaltiger Ertragsschöpfung.*

Exemplarisch kann dies am Zusammenhang von Führungswerten und Führungssystemen verdeutlicht werden. Es zeigt sich aber auch in allen anderen Aufgaben der Unternehmensführung, etwa der Strategieentwicklung (Glauner 2016b) oder der Organisationssteuerung (Glauner 2015a, 2016a).

5.5.1 Führungswerte und Führungssysteme

Definitionen:

▶ **Führen** Führen ist Entscheiden in Situationen unvollständiger Information. Es ist der Prozess, komplexe Handlungssituationen durch Auswahl von Mitteln, Wegen und Zielen (Sachorientierung) sowie durch Organisation und Motivation von Menschen (Menschorientierung) so zu strukturieren, dass angestrebte Lösungen von den beteiligten Akteuren aus Eigenmotivation heraus umgesetzt werden.

▶ **Führung** Führung ist die Fähigkeit, Menschen für eine Sache so zu begeistern, dass sie diese aus Eigenmotivation verfolgen. Gute Führung zielt auf Freiwilligkeit und die aktive Gestaltung von übertragenen Aufgaben, nicht auf die blinde, willfährige Umsetzung von Vorgaben. Führen heißt, die zwischenmenschliche Dimension geteilter Werte zu aktivieren. Sie orientiert sich am Menschen als sinnorientiertem Wesen.

▶ **Führungsstile** Führungsstile sind konkrete Herangehensweisen, wie durch die Aktivierung der Eigenmotivation der Geführten Lösungen für komplexe Handlungssituationen gefunden, orchestriert und umgesetzt werden.

▶ **Führungsysteme** Führungssysteme sind Wertesysteme, die das situative Zusammenwirken von führen und geführt werden organisieren. Führungssysteme sind der Ausdruck von raum-zeitlich und soziokulturell geprägten Vorstellungen, die das Menschenbild und die wechselweisen Rollen der Führung und der Geführten festlegen.

▶ **Führungsverantwortung** Führungsverantwortung ist die umfassende Verantwortung für die Personen, die geführt werden (MERKE: Fehler des Mitarbeiters sind Führungsfehler).

Die Funktion ethischer Werte als Treiber für ökonomische Wertschöpfung wird offensichtlich, wenn wir unterschiedliche Führungsstile, beispielsweise autokratische, patriarchale, liberale, traditionale oder kooperative Führungsstile, vergleichen. Für diesen Vergleich kann für jeden Führungsstil ein eigenes Profil des Führungssystems erstellt werden. Es umfasst das im Führungsstil zum Ausdruck gebrachte Menschenbild, die das Führungssystem prägenden systemischen Werte, sowie ein Eigenschaftsprofil, das die Auswirkungen des konkreten Führungsstils auf die Organisation sowie die beteiligten Menschen beschreibt. Am Beispiel des patriarchalen Führungsstils sei das verdeutlicht.

Patriarchaler Führungsstil	
Zentrales Kennzeichen:	*Der fürsorgliche und strenge Vater*
Werte des Führungssystems:	Fürsorglichkeit und Verantwortung, Gemeinschaftssinn (Familie, Clan), Erziehungsauftrag und Erziehungsverantwortung (der Patriarch ist der Einzige, der alles kann und alles weiß), Meisterkult, Unterordnung und fragloses Folgeleisten, Schutz, Sicherheit, Abhängigkeit, Autorität (das Wissen liegt beim Vater), Pflichtbewusstsein, Opfer und Aufopferung
Menschenbild:	Die untergebenen Menschen sind unwissend, unmündig und bedürftig. Sie müssen geschützt, geführt, angeleitet werden („der gute Hirte leitet die Schafe")
	Natürliche Hierarchie des Wissens und Könnens
Auswirkung auf die Organisation:	
Organisationsstruktur:	Abhängigkeitssystem mit klarer Hierarchie von Führungsperson (Häuptling), engerem Zirkel (Adjutanten) und dem unmündigen Rest/ Meisterorganisation
Organisationskultur:	Hörigkeits- und Abhängigkeitskultur
Entscheidungsfindung:	„top down" ohne Beteiligung oder Einbindung der Betroffenen
Leistungsfähigkeit (Tonus/Agilität):	In kleineren Organisationen mit geringer Komplexität hohe Leistungsfähigkeit/bei zunehmender Komplexität Abnahme der Leistungsfähigkeit (der Meister ist der größte Engpass=eingeschränkte Entwicklungsmöglichkeit)
Veränderungsfähigkeit:	Je nach Ausprägung der Führungsperson gering bis mittel
Beständigkeit (Resilienz):	Hohe Beständigkeit, solange die Ordnung nicht angezweifelt wird bzw. solange sich die Umwelt nicht drastisch ändert

Stellung der Personen im System:	Hierarchisches Unmündigkeits- und Abhängig-keitsverhältnis (Hirte/Schafe, Vater/Kinder, Lehrer/Schüler)
Informationswege:	Selektive Informationsvermittlung
Kommunikationsform:	Belehrend (top down), kein Mitspracherecht
Verantwortungskultur:	Die Verantwortung liegt beim Oberhaupt. Er macht seine ‚Kinder' für übertragene Aufgaben haftbar
Legitimation:	Herkunft, Geburt, (familiäre) Ordnung
kulturelle Bilder:	
positive Ausprägung:	Der weise Herrscher (König Salomon)/der gute Hirte/der gütige Vater
negative Ausprägung:	Der böse (Stief-)Vater/der Pate (Mafia)
situative Angemessenheit:	In gering komplexen soziokulturellen Systemen mit hohem Bildungs- bzw. Wissensgefälle und geringer Umweltkomplexität

Begreifen wir am Beispiel des Systemprofils patriarchaler Führung, dass Führungsstile in zentralen Wertehaltungen gründen, die das Führungssystem des Unternehmens als
Ganzes prägen, indem sie für alle Beteiligten des Systems deren erwartete Rollen festschreiben, liegt die Pointe der Betrachtung verschiedener Führungssysteme darin, dass
keines für sich einen Absolutheitsanspruch anmelden kann. Jeder, auch ein autokratisch
totalitärer oder ein von Laissez-faire geprägter Führungsstil, kann situativ angemessen
sowie positiv oder negativ ausgeprägt sein. Beispielsweise kann ein autokratischer Führungsstil in Zeiten absoluten Umbruchs mit großem Gefälle an Wissen und Mündigkeit
der zu führenden Personen situativ angemessen sein (Atatürk bei der Einführung des Lai-
zismus in der Gründungsphase der Türkei). Und Laissez-faire bietet sich an bei kreativen
Aufgabenstellungen in überschaubaren Systemen mit geringer Komplexität, die in einem
Umfeld mit hoher Umweltkomplexität handeln (etwa in der Grundlagenforschung oder
bei Kreativagenturen).

Für das Thema Führung folgt daraus thetisch gesprochen:

- Alle Führungsstile haben ein eigenes Werteprofil, das das Verhältnis der Akteure zu-
  einander sowie die wechselweisen Verhaltenserwartungen im situativen Handlungsfeld
  prägen.
- Führungsstile bilden Führungssysteme.
- Führungssysteme sind Wertesysteme.
- Führungsstile bilden oft Mischformen.
- Verschiedene Führungsstile können sich in Führungssystemen überlagern.
- Führungsstile sind nicht per se gut oder schlecht, sondern nur mit Blick auf konkrete
  Führungssituationen.
- Führungsstile beeinflussen die Leistungsfähigkeit der Organisation.

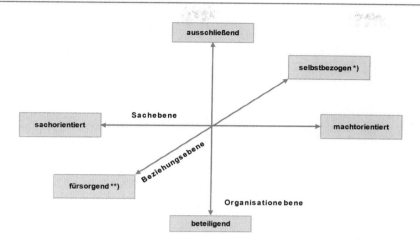

**) Du-Fokus (menschorientiert), achtend und achtsam, uneigennützig, altruistisch (an den anderen denkend) , gemeinnützig, fürsorglich (auf den Vorteil aller bedacht)

*) Ich-Fokus, egozentrisch, ichbezogen, egoistisch (nur an sich denkend), eigennützig, berechnend (auf eigenen Vorteil bedacht)

Abb. 5.6 Die drei Dimensionen von Führungssystemen

- Jeder Führungsstil kann positiv oder negativ ausgeprägt sein.
- Führungsstile prägen die (dys-)funktionale Entwicklung der Organisation.

Für Organisationen bedeutet dies, *es kann nicht nicht geführt werden, und wie geführt wird, ist eine Frage der Werte*. Denn

- nicht handeln ist ebenfalls handeln,
- nicht entscheiden ist ebenfalls entscheiden,
- nicht führen ist ebenfalls führen.

Das aber heißt, Führung ist ein sich selbst perpetuierender Werteprozess. Er wird von drei Dimensionen geprägt, die das Führungssystem definieren (vgl. Abb. 5.6):

1. auf der **Sachebene** durch das **Kontinuum von Sach- und Machtorientierung,**
2. auf der **Beziehungsebene** durch das **Kontinuum von Fürsorglichkeit und Selbstbezogenheit,**
3. auf der **Organisationsebene** durch das **Kontinuum von Beteiligung und Ausschluss.**

Was also ist die Grundlage positiv situativ angemessener Führungsstile? Es sind tatsächlich zehn universell gültige Führungstugenden, die als zentrale Begleitwerte und kleines Einmaleins der Führungstugenden den Werteraum des jeweiligen Führungssystems prägen. Auf der Sachebene sind das die Tugenden Fairness, Verlässlichkeit, Achtung und Respekt, auf der Organisationsebene sind es Offenheit, Transparenz und Konsequenz und auf der Beziehungsebene sind es die Werte Verantwortung, Vertrauen und Verbindlichkeit

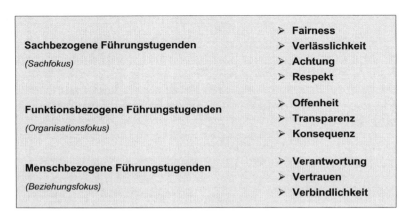

Abb. 5.7 Das System der zehn Führungstugenden

(vgl. Abb. 5.7). Sind diese Werte Teil der Führungswerte und ist der Führungsstil situativ angemessen, dann ist das Führungssystem nicht nur ethisch tragfähig, sondern zugleich hoch effizient und effektiv, d. i. höchst erfolgswirksam.

Da sich diese zehn Führungstugenden immer nur situativ angemessen bewähren, benötigt es einen übergeordneten Werterahmen, eben das in den Weltethos-Werten zum Ausdruck gebrachte kleine Einmaleins des menschlichen Miteinanders (Küng 2012). Dieser besteht im Prinzip der Humanität, das jedem Menschen eine unveräußerliche und unantastbare Würde zuschreibt, der goldenen Regel, die besagt „was du nicht willst, das man dir tu, das füg' auch keinem anderen zu" sowie den vier Grunddimensionen eines menschlichen Miteinanders: Gewaltlosigkeit und Achtung vor dem Leben; Gerechtigkeit und Solidarität; Wahrhaftigkeit und Toleranz sowie gegenseitige Achtung und Partnerschaft. Diese Grundwerte des Weltethos sind prozedural-funktionale Vorstellungen (Glauner 2016b), mit denen die situativ angemessene materielle Bestimmung der Führungstugenden formatiert wird. Gründet ein Führungsstil auf diesen Werten und ist er situativ angemessen, dann ist er nicht nur ethisch gerechtfertigt, sondern sorgt darüber hinaus dafür, dass die Organisation jederzeit handlungsfähig bleibt.

Kommen wir zurück zur *Ebene der materiellen Unternehmenswerte.* Sie wird konstituiert durch die Leit- und Prozesswerte, in denen sich das Geschäftsmodell konkretisiert. Diese Werte sind insofern materiell, das sie das unverwechselbare Nutzenstiftungsversprechen des Unternehmens zum Ausdruck bringen.

Fasst man die beiden Werteebenen der Leit- und Prozesswerte zusammen, wird ersichtlich, dass die materiellen Unternehmenswerte – also die auf das Unternehmen abgestimmten Leit- und Prozesswerte – Argumente sind, die in die Funktionen der systemischen und der ethischen Unternehmenswerte eingesetzt werden. Mathematisch heißt dies, *nur der Eintrag von materiellen und auf den Geschäftszweck eines Unternehmens hin kon-*

kretisierten Leit- und Prozesswerten überführt die funktionalen Ebenen der systemischen und ethischen Werte in ein Ergebnis, das zählt, indem es zu einem Nutzen führt, der real trägt. Wieder in Anleihe zur Kantischen Einsicht, dass Anschauung ohne Begriffe blind und Begriffe ohne Anschauung leer sind, heißt dies: Ethische und systemische Werte ohne materielle Leit- und Prozesswerte, die ein Geschäftsmodell konkretisieren, sind leer und kraftlos – und umgekehrt, ein Geschäftsmodell, das sich ohne ethische und systemische Werte materialisiert, ist zerstörerisch.

Die Leitbildfalle – oder „Warum gibt es die zehn Gebote?"
Fragen wir uns, weshalb es die zehn Gebote gibt, lautet die klassische Antwort, damit es Recht und Ordnung in der Welt gibt. Diese Antwort greift jedoch zu kurz. Die zehn Gebote sind nicht so sehr eine Anleitung für ein Leben in sittlich geordneten Bahnen, sondern Ausdruck der Unsittlichkeit. Warum also gibt es die zehn Gebote? Es gibt sie, weil die Kirche eine Gemeinde der Sünder ist. Ihre primäre Funktion besteht so darin, uns daran zu erinnern, wie wir sein sollten. Damit aber machen sie darauf aufmerksam, was wir faktisch oft nicht sind. Was für die zehn Gebote gilt, gilt auch für viele Leitbilder:

> Unternehmensleitbilder transportieren allzu oft den Hinweis, was das Unternehmen nicht ist.

Spöttisch gesagt, machen die in Empfangsbereichen, Fertigungshallen und Kundenbroschüren ausgelobten Claims wie Kundenorientierung, Ehrlichkeit, Teamgeist, Offenheit oder Transparenz vielfach erst deutlich, wo Handlungsbedarf besteht. Sie benennen das, was in Wahrheit nicht gelebt wird. Die Leitbildfalle besteht so darin, nach innen und außen ein Bild zu zeichnen, das der Realität des Unternehmensalltags nicht entspricht. Ist das Leitbild aber lediglich Lippenbekenntnis, wird die Kluft von Anspruch und Wirklichkeit zu groß. Das Leitbild verliert seine Glaubwürdigkeit und Zugkraft.

Ein zweiter Aspekt der Leitbildfalle ist jedoch noch relevanter als die Gefahr, in der Kluft von Ideal und Realität steckenzubleiben. Er besteht darin, dass im Leitbild die Kaskade der Werttreiber des Unternehmens verfehlt wird. In dieser Kaskade spielen ethische Werte eine dienende Funktion, um in der Ausgestaltung passgenauer Leit- und Prozesswerte das große Einmaleins der Nutzenstiftung umsetzen zu können.

> Tauchen die Hilfswerte des kleinen Einmaleins menschlichen Miteinanders in Leitbildern auf, ist das oft ein Zeichen dafür, dass das Unternehmen sein großes Einmaleins substantieller Nutzenstiftung noch nicht beherrscht.

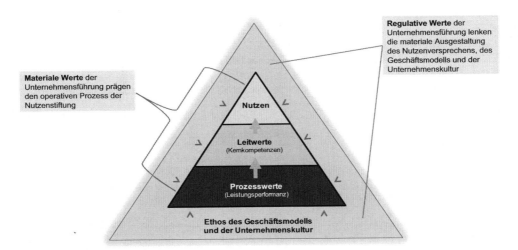

Abb. 5.8 Die relationale Dimension der Unternehmenswerte: Materielle und regulative Unternehmenswerte

Mit diesem Wechselverhältnis von materiellem Inhalt und regulativer Form kommt die vierte kategoriale Dimension der Werte in Unternehmen zum Vorschein (vgl. Abb. 5.8). Diese *relationale Dimension der Unternehmenswerte* erschließt sich, wenn wir uns nochmals der modalen Logik der Werte zuwenden und das Ziel substanzieller Nutzenstiftung mit zwei Einsichten unterlegen: Erstens mit dem in Abschn. 1.1.3. entfalteten Konzept einer ethikologisch tragfähigen Mehrwertstiftung sowie zweitens mit dem in diesem Kapitel entwickelten Regulativ der Weltethos-Werte als kleinem Einmaleins des menschlichen Miteinanders. Kategorial wirken beide als ergebnisoffenes Regulativ (vgl. Abb. 5.8). Denn sie machen transparent, wie unternehmerische Entscheidungen auf unternehmerische Zukunftsfähigkeit einzahlen. Der Wert der Mehrwertstiftung sowie die Werte des Weltethos-Kanons sind dabei kein materieller, inhaltlich fixierter Katalog an Normen, der im Sinn der bestimmenden Urteilskraft „top down" auf eine inhaltlich konkrete Festlegung heruntergebrochen werden kann, was wo wie und warum zu tun ist. Vielmehr sind sie regulative Leitplanken zur Bewertung situativ offener Entscheidungssituationen. Im Sinn von Kants Begriff der reflektierenden Urteilskraft (Kant 1799, S. LVII) sind sie das kritische Element, das prüft, ob die materiellen Leitwerte der unternehmerischen Nutzenstiftung und die materiellen Prozesswerte des zwischenmenschlichen Umgangs situativ angemessen und ethisch nachhaltig tragfähig sind (Glauner 2015b, c).

Die relationale Dimension ethischer Werte kann verdeutlicht werden, wenn wir Wittgensteins Wahrheitstafel, d. i. das aussagenlogische Modell wahrheitsfähiger Sätze, in ein Modell der Ethikfähigkeit unternehmerischer Performanz übersetzen. Gemäß Wittgenstein gründet die Wahrheitsfähigkeit einer Aussage in den Regeln der Aussagenlogik. Diese Regeln werden in Wahrheitstafeln ausgedrückt (Wittgenstein 1989, S. 40 (TLP 4.31)). So ist beispielsweise der Satz „das Haus ist grün" dann und nur dann wahr, wenn es sich bei dem benannten Objekt um ein grünes Haus handelt. Aussagenlogisch hat der Satz

Verhalten Innenorientierung (Unternehmenskultur, Umgang mit internen Stakeholdern)	Verhalten Außenorientierung (Ziele, Geschäftsmodell, Umgang mit externen Stakeholdern)
ethisch	ethisch
ethisch	nicht ethisch
nicht ethisch	ethisch
nicht ethisch	nicht ethisch

Abb. 5.9 Die ethische Wahrheitstafel

„das Haus ist grün" die logische Form „A und B" (als Formel, A υ B'). Die dazu passende Wahrheitstafel lautet entsprechend:

A	B	A $\cup$ B
w	w	*w*
f	w	*f*
w	f	*f*
f	f	*f*

Analoges gilt bei der Werteorientierung von Unternehmen. Sie werden mit dem Ziel gegründet, einen Nutzen zu stiften, der, subsistenzwirtschaftlich gesprochen, von einem einzelnen Menschen alleine nicht hergestellt werden kann, weil seine Verfertigung das Zusammenwirken mehrerer Akteure erfordert. In diesem Verständnis *sind Unternehmen Akteure, in denen sich zwei Dimensionen einer substanziellen Wertegebundenheit überlappen.* Nach innen ist das die Wertegebundenheit der gelebten Unternehmenskultur, also der Umgang miteinander. Nach außen ist das die Wertegebundenheit der im Geschäftsmodell und in den Unternehmenszielen kristallisierten Nutzenbestrebungen. Wahrhaft nutzenstiftend sind nur solche Unternehmen, die in beiden Hinsichten ethisch ausgerichtet sind, indem sie nach innen ethischen Umgang pflegen, der nach außen hin bestrebt ist, nicht nur selbstbezogen, sondern im Sinn ethikologischer Mehrwertstiftung ganzheitlichen Nutzen zu stiften (vgl. Abb. 5.9).

Hierbei gilt – und das kennzeichnet die relationale Dimension der Unternehmenswerte –, dass die Ethikfähigkeit von Unternehmen nicht „top down" einer Tugend- oder Sollensethik entspringt, die konkret vorschreibt, wann ein Unternehmen wie und warum genau so handeln soll, sondern dass sich die Ethikfähigkeit eines Unternehmens im Konkreten erfüllt. Dies ist dann der Fall, wenn die Unternehmenskultur und das Geschäftsmodell einer Strategie der Exzellenz verpflichtet sind, die wie die Beispiele von HiPP, Hilti, Icebreaker oder Interface zeigen, mit einem Hochleistungsteam substanzielle Nutzenstiftungen bewerkstelligen, die auf die Verantwortungsmärkte der Zukunft einzahlen.

Erneut wird damit deutlich, dass das weltethisch gesprochene kleine Einmaleins einer werteorientierten Unternehmenskultur nicht eine bestimmende, sondern eine regulative Vorstellung ist. Als reflektierende Dimension einer ganzheitlichen Mehrwertstiftung sind diese Werte eines habituell gelebten Ethos prozedurale Skripte zum Aufbau von Exzellenzstrategien (Glauner 2016c), also Strategien, die Unternehmen dazu befähigen, einen substanziellen Nutzen zu stiften, der sie zugleich flexibel und unverwechselbar macht und so gesteigert wettbewerbs- und zukunftsfähig werden lässt. Erfüllen konkrete unternehmerische Handlungen diesen Kanon, sind sie ethisch validiert.

Indem die hier propagierte Unternehmensethik eines habituell gelebten Unternehmensethos zeigt, wie formale ethische Werte auf der Mikroebene der einzelnen Unternehmen angesiedelt sind, ergänzt sie die Debatten über das Für und Wider ethischen Wirtschaftens um eine entscheidende Facette. Denn der Beweis, dass unternehmerisches Handeln im Dienst der Menschheit zu stehen hat, muss dann weder auf der Mesoebene der Wechselbeziehungen zwischen Unternehmen, Märkten und Gesellschaften noch auf der Makroebene der Wechselbeziehungen zwischen Wirtschaft und Gesellschaft erbracht werden. Denn allein schon die Betrachtung der Mikroebene der einzelnen Unternehmen zeigt, dass Werte und ein nachhaltiges Wertemanagement der größte Hebel für die Zukunftsfähigkeit von Unternehmen sind. Ethik *als Grundlage des Wirtschaftens ist somit von den Fragen nach Gut und Böse (Sedláček 2009) zu befreien und auf die Logik der Unternehmen zurückzuführen, nämlich die Logik der Überlebensfähigkeit.* Das Instrument des Wertecockpits ist deshalb kein Instrument der Sozialtechnologie, sondern die Beschreibung, wie der Wertehebel für die Zukunftsfähigkeit von Unternehmen eingesetzt und genutzt werden kann. *Damit ist die Entfaltung der Logik der Werte in Unternehmen ein Argument, wie der ökonomische, ethische und wirtschaftsphilosophische Streit darüber, ob und wie die Bereiche der Wirtschaft und des Ethischen einander bedingen, diesseits der Denkkategorien von Gut und Böse, Ethik und Wirtschaft auf der Mikroebene der Unternehmen wirksam werden kann.*

Mit der Einsicht, dass der Zusammenhang von Ökonomie und Ethik der ökonomischen Logik der Werte entspringt und sich deshalb ausschließlich auf der Mikroebene des einzelwirtschaftlichen Handelns konstituiert, lassen sich nun auch die beiden Eingangsfragen zu diesem Abschnitt beantworten:

Frage: Was sind die richtigen Unternehmenswerte?

Antwort: Die richtigen Werte für Unternehmen sind solche Werte, die die Zukunftsfähigkeit von Unternehmen fundieren, indem sie nachhaltig tragfähige Geschäftsmodelle in Verantwortungsmärkten etablieren.

Frage: Sind solche Werte auch ethische Werte?

Antwort: Ja, weil nachhaltig tragfähige Geschäftsmodelle in Verantwortungsmärkten immer schon das Wechselspiel von Ökonomie und Ethik anerkennen und als Handlungsgrundlage für die Schaffung von zukunftsfähigen Nutzenversprechen begreifen. Sie machen nicht beim Unternehmen halt, sondern ziehen im Aufbau ethikologischer Mehrwertketten das gesamte Umfeld mit in Betracht.

Für die Frage nach den Grundlagen einer Unternehmensethik bedeutet dies: *Unternehmen handeln ethisch, wenn sie sich auf die hier entfaltete ökonomische Logik der Werte ernsthaft einlassen.*

Erneut kommen wir damit an den Punkt, mit dem das erste Kapitel abgeschlossen hat: *Die Entwicklung einer unverwechselbaren und nachhaltig tragfähigen Unternehmenskultur ist das nicht-psychologische Äquivalent zur Entwicklung eines ethisch tragfähigen menschlichen Bewusstseins.* Die Unternehmenskultur übernimmt dabei im Unternehmen die Rolle, die das Bewusstsein beim einzelnen Menschen einnimmt. Sie steuert das unternehmerische Handeln. *Die Unternehmenskultur ist somit die 'als-ob'-ethische Instanz, zu der Zuflucht genommen wird, wenn Individuen und Unternehmen alternative Handlungsoptionen bewerten. Als solche Instanz kann sie mit den Mitteln des Wertecockpits so entwickelt werden, dass Unternehmen ethisch wie ökonomisch zukunftsfähig bleiben.*

Literatur

Badura B, Greiner W, Rixgens P, Ueberle M, Behr M (2013) Sozialkapital. Grundlagen von Gesundheit und Unternehmenserfolg, 2. erw. Aufl. Springer, Berlin

Dierksmeier C, Hemel U, Manemann J (Hrsg) (2015) Wirtschaftsanthropologie. Nomos, Bade-Baden

Glauner F (2015a) Dilemmata der Unternehmensethik – von der Unternehmensethik zur Unternehmenskultur. In: Schneider A, Schmidpeter R (Hrsg) (2015) Corporate social responsibility, 2. erw. Aufl. Springer, Berlin, S 237–251

Glauner F (2015b) Zukunftsfähige Markenführung. 17–18/2015, 155. Jg, (Hans Carl). Brauwelt, Nürnberg, S 486–488

Glauner F (2015c) Werteorientierte Unternehmensführung. 21–22/2015, 155. Jg, (Hans Carl). Brauwelt, Nürnberg, S 616–618

Glauner F (2016a) Werteorientierte Organisationsentwicklung. In: Schram B, Schmidpeter R (Hrsg) CSR und Organisationsentwicklung. Springer, Berlin

Glauner F (2016b) Zukunftsfähige Geschäftsmodelle und Werte. Strategieentwicklung und Unternehmensführung in disruptiven Märkten. Springer, Heidelberg

Glauner F (2016c) Strategien der Exzellenz. Wertestrategien zu den Wettbewerbsvorteilen von morgen. In: Wunder T (Hrsg) CSR und strategisches Management. Springer, Berlin (im Druck)

Hemel U (2013) Die Wirtschaft ist für den Menschen da. Vom Sinn und der Seele des Kapitals. Patmos, Ostfildern

Hemel U, Fritzsche A, Manemann J (Hrsg) (2012) Habituelle Unternehmensethik. Von der Ethik zum Ethos. Nomos, Baden-Baden

Kant I (1787) Kritik der reinen Vernunft. Felix Meiner, Hamburg (1976)

Kant I (1799) Kritik der Urteilskraft. Felix Meiner, Hamburg (1974)

Küng H (2010) Anständig wirtschaften. Warum Ökonomie Moral braucht. Piper, München

Küng H (2012) Handbuch Weltethos. Eine Vision und ihre Umsetzung. Piper, München

Maucher H, Malik F, Farschtschian F (2012) Maucher und Malik über Management. Maximen unternehmerischen Handelns. Campus, Frankfurt a. M.

Ritter J (2011) Der großzügige Freund. Portrait Carsten Maschmeyer. Frankfurter Allgemeine Zeitung, Frankfurt/Main 21.12.2001. http://www.faz.net/aktuell/wirtschaft/portraet-carsten-maschmeyer-der-grosszuegige-freund-11575170.html

Sedláček, T (2009) Die Ökonomie von Gut und Böse. Goldmann, München 2013. (Economics of Good and Evil. The Quest for Economic Meaning from Gilgamesch to Wall Street. Oxford University Press. New York 2011))

Sennett R (2007) Die Kultur des neuen Kapitalismus. Berliner Taschenbuch Verlag, Berlin

Suchanek A (2012) Vertrauen als Grundlage nachhaltiger unternehmerischer Wertschöpfung. In: Schneider A, Schmidpeter R (Hrsg) Corporate social responsibility. Verantwortungsvolle Unternehmensführung in Theorie und Praxis. Springer, Berlin, S 55–66

Wittgenstein L (1989) Werkausgabe Bd 1, Tractatus logico-philosophicus. Tagebücher 1914–1916. Philosophische Untersuchungen, 1. Aufl. Suhrkamp, Frankfurt a. M.

Zusammenfassung: Das Wertecockpit im Unternehmen

6

Werte durchdringen und prägen alle Bereiche des Unternehmens:

- Als Ausdruck der gelebten Unternehmenskultur und Unternehmensethik sind sie die tragende Basis für den Umgang miteinander und mit den Partnern des Unternehmens.
- Sie prägen die Wahrnehmung von Kunden und Mitarbeitern, beeinflussen das Unternehmensimage und wirken auf die Strategie ein, die Organisation und die mit ihr verbundenen Menschen.
- Aufseiten der mit dem Unternehmen verbundenen Menschen lenken sie die Motivation und Bindekraft und betten das Handeln in Sinnsysteme ein.
- Eigentümergeführte Unternehmen verfügen zudem über eine Doppelhelix-Wertestruktur. Eigentümer- und Familienwerte bilden einen zusätzlichen Werterahmen, der dem Unternehmen Tragkraft verleiht.

Die Entwicklung von nachhaltig gelebten Unternehmenswerten ist der dritte Systemfaktor unternehmerischen Erfolgs. Gestaltet wird er durch werteorientierte Führung. Sie hat dafür Sorge zu tragen,

- den Bereich der nicht fixierten Unternehmenswerte, z. B. relevantes Inselwissen, so gering wie möglich zu halten;
- alle Unternehmensprozesse in ein stimmiges Wertegefüge zu überführen, welches durch transparente Kennwerte und Messgrößen gesteuert wird und dem Unternehmen Fokus und Durchschlagskraft verleiht.

In der operativen Umsetzung konzentrierte sich werteorientierte Führung auf die Entwicklung der Unternehmenskultur. Diese wird an den Leitwerten ausgerichtet, mit denen das Unternehmen Nutzen stiftet. Werteorientierte Führung

© Springer-Verlag Berlin Heidelberg 2016
F. Glauner, *CSR und Wertecockpits,* Management-Reihe Corporate Social Responsibility, DOI 10.1007/978-3-662-48930-7_6

- definiert die Leit- und Prozesswerte des Unternehmens;
- unterlegt die Unternehmenswerte mit konkreten Erfüllungsbedingungen, die im Werte-cockpit des Unternehmens erfasst und gemessen werden;
- lebt die gewünschten Unternehmenswerte konsequent und „top down" vor;
- prägt Leitbilder und Erlebnisräume, in denen die Unternehmenswerte mit Leben gefüllt werden;
- legt die Regeln fest, wie mit Verstößen, Konflikten und Veränderungen umgegangen wird.

Die Führung mit Werten orientiert sich an der Maxime, dass unternehmerische Wert-schöpfung und Erfolg die Folge von Werteschöpfungen sind, mit denen ein ganzheitlicher Nutzen und Mehrwert gestiftet wird. Sie begreift,

- dass alle menschlichen Aktivitäten von Werten beeinflusst sind, welche unseren Hand-lungen Richtung und Sinn verleihen;
- dass die im Unternehmen verkörperten „System- und Unternehmenswerte" nur dann vom Einzelnen mitgetragen werden, wenn er sich für die Unternehmenswerte begeis-tert;
- dass die Wertedynamik in Unternehmen entscheidenden Einfluss auf die langfristige Performanz des Unternehmens nimmt;
- dass das flexibelste dominante Element eines Systems dieses am meisten beeinflusst und verändert;
- dass der Werteraum des Unternehmens permanenten Einflüssen unterliegt und deshalb nach klaren Regeln justiert und gelenkt werden muss.

Nachhaltig tragfähige Unternehmenswerte sind die Voraussetzung für unternehmerische Exzellenz. Unternehmerische Exzellenz erfordert die aktive Steuerung der gelebten Unter-nehmenswerte. Das Wertecockpit ist hierfür das Instrument. Es ermöglicht, den Werte-raum des Unternehmens und die sich darin abspielende Wertedynamik so zu justieren, dass alle Unternehmensdimensionen zueinander passen und durch Nutzenstiftung zum unternehmerischen Mehrwert beitragen.

Das Instrument des Wertecockpits ist deshalb das Steuerungstool zur Entwicklung eines ethisch und ökonomisch nachhaltig tragfähigen Unternehmenserfolgs. Indem es be-greift, dass unternehmerische Wertschöpfung die Folge unternehmerischer Wertestiftung ist, ist es das Leitinstrument eines Unternehmertums, das marktwirtschaftliche Freiheit mit einer umfassenden gesellschaftlichen Verantwortung verknüpft.

7.1 Anhang I: Das Wertemanifest: 12 Thesen

Die Logik der Unternehmenswerte

1. *Werte sind die mentale DNA von Menschen und Organisationen. Sie bestimmen ihr Verhalten, Erscheinungsbild und ihren Aktionsradius.*
2. *Werte setzen Grenzen, Grenzen setzen Werte. Sie prägen, was wir denken, was wir tun, wer wir sind.*
3. *Unternehmen sind Wertebiotope und die im Unternehmen gelebten Werte der verborgene Fingerabdruck unternehmerischer Unverwechselbarkeit.*
4. *Alle langanhaltend überdurchschnittlich erfolgreichen Unternehmen verfügen über eine ausgeprägte Unternehmenskultur.*
5. *Werteschöpfung ist die Basis für nachhaltige Wertschöpfung.*
6. *Werte sind der dritte Systemfaktor unternehmerischen Erfolgs.*

Die Grammatik der Unternehmenswerte

1. *Unternehmen als soziale Systeme haben kein „Eigenbewusstsein", sie sind ihren Werten gegenüber „blind".*
2. *Unternehmenswerte werden erfahren, wenn sie gelebt werden.*
3. *Das flexibelste dominante Element eines sozialen Systems beeinflusst das System am stärksten.*
4. *Die Entwicklung von Werten wird geprägt durch das flexibelste dominante Element im System.*
5. *Werte sind vorzuleben, damit sie erlernt werden.*
6. *Werte sind steuerbar.*

© Springer-Verlag Berlin Heidelberg 2016

F. Glauner, *CSR und Wertecockpits,* Management-Reihe Corporate Social Responsibility,
DOI 10.1007/978-3-662-48930-7_7

7.2   Anhang II: Checkliste Der Aufbau von Wertecockpits

Fragen	Antworten
I.	**Ermittlung gelebte Wertelandschaft**
1)	Welche Werte/Ziele sind im Unternehmen formuliert und kommuniziert?
2)	Wie werden die kommunizierten Werte verstanden? (komplexe Äquivalenzen)
3)	Welche Werte werden im Unternehmen gelebt?
	• *dominante Eigenwerte?*
	• dominante Gemeinschaftswerte?
	• kommunizierte Leitwerte?
	• kommunizierte Prozesswerte?
4)	Passen die gelebten Werten zu den kommunizierten Unternehmenswerten/-zielen?
5)	Passen die Unternehmensorganisation (Corporate Development) und das Unternehmenswissen (Corporate Knowledge) zu den kommunizierten Unternehmenswerten/-zielen
II.	**Entwicklung Unternehmensleitbild**
6)	Welchen Nutzen stiftet das Unternehmen?
7)	Worin zeigt sich dieser Nutzen? (komplexe Äquivalenzen/ Erfüllungsbedingungen)
8)	Welche USP hat das Unternehmen?
9)	Worin besteht die Alleinstellung des Unternehmens?
10)	Welche Leitwerte (maximal drei) drücken den Nutzen aus, den das Unternehmen stiftet?
	Leitfrage zur Ermittlung von Leitwerten: Mit welchen Kernbegriffen kann der Unternehmensnutzen definiert werden?
11)	Was sind die Erfüllungsbedingungen für die definierten Leitwerte? (komplexe Äquivalenzen/Erfüllungsbedingungen)
12)	Wie kann die Nutzensteigerung gemessen werden? (Messwerte/ Messmethode)
13)	Wie muss das Unternehmen leitwerteorientiert organisiert werden, damit der Unternehmensnutzen gesteigert wird?
a)	Unternehmensorganisation (Corporate Development)
b)	Unternehmenswissen (Corporate Knowledge)
	Leitfrage zur Ermittlung der leitwertorientierten Organisation des Unternehmens: Welche Form, Struktur und Reproduktionsprozesse sind dienlich, dass der Unternehmensnutzen realisiert und gesteigert werden kann?
14)	Wie muss die Unternehmenskultur (die Unternehmensprozesse) gestaltet sein, damit der Unternehmensnutzen gesteigert wird?
	Leitfrage zur Gestaltung der Unternehmenskultur: Welche Verhaltensweisen fördern die Funktionsprozesse im Unternehmen so, dass der Unternehmensnutzen gesteigert wird?

15)   Welche Prozesswerte (maximal fünf) richten die Unternehmenskultur so aus, dass der Unternehmensnutzen gesteigert wird?

Leitfrage zur Ermittlung von Prozesswerten: Welche Verhaltenswerte sind dienlich, den Umgang und die Unternehmensprozesse so zu gestalten, dass der Unternehmensnutzen gesteigert wird?

16)   Wie sind die einzelnen Prozesswerte auszugestalten, damit der Unternehmensnutzen durch die Treiberfaktoren der Unternehmenskultur gesteigert wird?

   a) Kommunikationsverhalten

   b) Kooperationsverhalten

   c) Führungsstil

   d) Entwicklungschancen

   e) Förder- & Lernverhalten

   f) Anreizsysteme

   g) Sanktionssysteme

Leitfragen zur Ausgestaltung der Prozesswerte auf den Treiberebenen der Unternehmenskultur:

   1) Wie ist/Wie sind ‚das Kommunikationsverhalten‘, ‚der Führungsstil‘, ‚die Anreizsysteme‘ ... auszugestalten, damit die ‚Prozesswerte 1, 2, ...‘ erfüllt sind?

   2) Woran wird ersichtlich, dass die ‚Prozesswerte 1, 2, ...‘ auf den Ebenen ‚des Kommunikationsverhaltens‘, ‚des Führungsstil‘, ‚der Anreizsysteme‘ ... erfüllt sind?

17)   Was sind die Erfüllungsbedingungen für die definierten Prozesswerte? *(komplexe Äquivalenzen/Erfüllungsbedingungen)*

18)   Wie kann die Nutzenstiftung der Prozesswerte gemessen werden? *(Messwerte/Messmethode)*

19)   Mit welchen „Bildern" können die Leit- und Prozesswerte ausgedrückt werden?

20)   Wie soll das Wertecockpit aufgebaut und in die Unternehmenssteuerung eingebunden werden?

III.   Werteimplementierung/Wertekommunikation

21)   Mit welchen Instrumenten können die Leit- und Prozesswerte im Unternehmen verankert werden?

   a) Kommunikationsmedien & Kommunikationsformen

   b) Instrumente zur Mitarbeiterentwicklung/Mitarbeiterführung

   c) Aufbau von gelebten Werteräumen

IV.   Gelebte Wertekultur

1)   Mit welchen Mitteln soll die Unternehmenskultur entwickelt und gelebt werden?

   a) Mittel der Wertekommunikation

   b) Ausgestaltung des Wertecockpits

   c) Intervalle Abgleich C4-Matrix mit Leitbild, Leit- und Prozesswerten

   d) Festlegung von Form, Methoden und Intervallen zum Abgleich der Ist-Soll-Entwicklung der Unternehmenskultur

7.3   Anhang III: Das HiPP Ethik-Management und die HiPP Ethik-Charta

Der Abdruck der Downloads HiPP Ethik-Management und HiPP Ethik-Charta erfolgt mit freundlicher Genehmigung der HiPP-Werke Georg HiPP OHG. Alle Rechte der abgedruckten Dokumente verbleiben ausschließlich bei HiPP.

Quellen:

HiPP Ethik-Management: http://www.hipp.de/uploads/media/Ethik-Management.pdf

HiPP Ethik-Charta: http://www.hipp.de/uploads/media/Ethik_Charta.pdf

Ethik-Management

3. Auflage vom 1. Juli 2007
Hipp-Werk Georg Hipp OHG
Hipp GmbH & Co. Produktion KG
Hipp GmbH & Co. Vertrieb KG
Postfach 1551
85276 Pfaffenhofen a. d. Ilm

Das Beste aus der Natur . Das Beste für die Natur

Inhaltsverzeichnis

Inhaltsverzeichnis
Vorwort
Ethik-Erklärung
1 Verpflichtungserklärung
2 Grundsatz der Unternehmensethik
Ethik-Management-Programm
1 Wirkungsreichweite und Verankerung des Ethik-Managements
Teil I: Verfahrensregelungen des Ethik-Management-Programms
2 Inhaltliche Anwendungsreichweite
3 Bedingungen der Verfahrensaufnahme
4 Verfahrensablauf
5 Inhaltliche Anbindung der Regeln
6 Umsetzung der Regeln
7 Anreiz- und Kontrollmechanismen für die Regeln
8 Nachbesserungsmöglichkeiten an den Regeln
Teil II: Organisatorische Verankerung des Ethik-Management-Prog.
9 Die Ethik-Kommission
10 Der Vorsitzende der Ethik-Kommission
11 Der Programm-Manager der Ethik-Kommission
Teil III: Kommunikationsformen des Ethik-Managements
12 Berichtsform des Ethik-Management-Programms
13 Interne Kommunikation.
14 Externe Kommunikation
15 Inkrafttreten des Ethik-Management-Programms

Vorwort

In einer Zeit, in der gesellschaftliche Veränderungen unter dem Schlagwort Werteverfall diskutiert werden, sehen wir uns als Unternehmen, das bewusst in christlicher Tradition steht, verpflichtet, uns mit dem Thema Unternehmensethik aktiv auseinanderzusetzen. Wir wollen damit dem heute häufig anzutreffenden Vorwurf, dass gerade die Welt der Wirtschaft und damit auch unser Unternehmen einen Verfall der gesellschaftlichen Ordnung vorantreibe, in überzeugender Form entgegentreten. Daher führen wir im Hause Hipp mit dem 01.03.1999 ein Ethik-Management ein, das uns und all unseren Mitarbeitern, Kunden und Lieferanten helfen soll, unser gemeinsames unternehmerisches Handeln reflektieren und unter moralischen Gesichtspunkten bejahen zu können.

Aufgehängt ist unsere Vorstellung von Unternehmensethik dabei in wirtschaftsethischen Überlegungen, sie steht also nicht unabhängig im Raum: Wie moralisch legitimiertes Verhalten von und in Unternehmen auszusehen hat, hängt vom ganzen Wirtschaftssystem ab, in dem das Unternehmen agiert. Ist diese Wirtschaftsordnung moralisch gerechtfertigt, so ist durch ihre Rahmenbedingungen für Unternehmen abschließend festgelegt, wie sie sich in legitimer Weise zu verhalten haben. In diesem Zusammenhang erkennen wir die Rahmenordnung des bundesdeutschen und in Zukunft europäischen Wirtschaftssystems, die soziale Marktwirtschaft, mit ihrem Funktionsmechanismus des sozial abgesicherten Wettbewerbs, als moralisch legitimiert an. Zu dieser Überzeugung kommen wir, weil diese Wirtschaftsordnung am Eigennutz orientiertes Verhalten von Unternehmern und Unternehmen durch den Wettbewerb und die Sozialgesetzgebung so einbindet, dass genau dieses Verhalten für alle Mitglieder in der Gesellschaft von Vorteil ist. Will ein Unternehmer nämlich langfristig erfolgreich sein, so muss er seinen Kunden Produkte bester Qualität zu niedrigsten Preisen anbieten und seine Mitarbeiter und Lieferanten fair behandeln und angemessen entlohnen. Der Achtung vor der Würde des Menschen und dem Wohlergehen aller wird auf diese Weise so effektiv wie möglich Rechnung getragen. Auf unternehmensethischer Ebene leitet sich daraus dann konsequenterweise für Unternehmen die moralische Verpflichtung ab, unseren Erfolg langfristig zu optimieren.

Um diese allgemeinen Gedanken von Unternehmensethik nun in der Praxis mit Leben zu erfüllen, haben wir eine Ethik-Management-Konzeption entwickelt, die sich aus den beiden in dieser Broschüre abgedruckten Bestandteilen, der Ethikerklärung und dem Ethik-Management-Programm, sowie einer Ethik-Charta zusammensetzt. In der Ethik-Er-klärung legen wir uns darauf fest, uns in Zukunft explizit Gedanken um Unternehmensethik im Sinne der obigen Erläuterungen zu machen. Das Ethik-Management-Programm hingegen schreibt die Verfahrensweisen vor, in denen wir Ethik-Management betreiben wollen, d. h. es reguliert genau, wer sich wann diese Gedanken machen darf und muss. Die darin eingeführte Ethik- Kommission ist als das Organ vorgesehen, dass sich mit allen Angelegenheiten des Ethik-Managements befasst und offen oder anonym gestellte Anträge zur Behandlung bestimmter Fragen nach festgelegten Verfahrensschritten behandelt. Die Ethik-Charta schließlich ist die Sammlung aller von der im Ethik-Management-Programm vorgesehenen Ethik-Kommission beschlossenen Regeln, die zur Orientierung des Handelns bei HiPP dienen sollen. Allerdings ist sie immer nur eine Momentaufnahme, denn sie wird von uns allen immerfort aktiv weiterentwickelt werden müssen, damit sie auch in Zukunft zur Handlungsorientierung herhalten kann. Aus diesem Grund ist sie hier auch nicht mit abgedruckt. Eine jeweils aktuelle Fassung der Ethik-Charta wird aber allen Mitarbeitern immer in ihrer Nähe als Handbuch zugänglich sein, damit sie sich auf den neuesten Stand bringen können.

Wir führen dieses Ethik-Management in der Hoffnung ein, die Welt, in der wir leben, aktiv ein Stückchen so gestalten zu können, dass es die Welt wird, in der wir leben wollen. Wir wissen aber alle, dass dieses Projekt nur dann gelingen kann, wenn wir alle die in der Ethik-Charta nach den Vorschriften des Ethik-Management-Programms festgelegten Regeln verbindlich befolgen und stets an ihrer Verbesserung mitzuwirken bereit sind. Wir hoffen und bauen daher für unsere Unternehmensethik auf ein allseitiges, aktives und kreatives Mitwirken.

Pfaffenhofen, den 01.03.1999

Dr. Claus Hipp, Georg J. Hipp, Paulus Hipp

Ethik-Erklärung

1. Verpflichtungserklärung

1.1 Die Firma HiPP verpflichtet sich durch Unterschrift ihrer geschäftsführenden Gesellschafter - getreu dem Motto des Firmengründers Georg Hipp sen. „Fürchte Gott, tue Recht, scheue niemanden!" - mit der Veröffentlichung dieser Ethik-Erklärung, fortan als bewusst ethisches Unternehmen aufzutreten. Damit will Hipp seinem im Unternehmensleitbild festgeschriebenen Leitsatz Nr. 1 Satz 2 „Christliche Verantwortung soll unser Handeln prägen" auf die denkbar beste Weise gerecht werden.

1.2 Mit dieser Ethik-Erklärung geht HiPP die Verpflichtung ein, sich über ethische Fragestellungen, die das unternehmerische Handeln von HiPP betreffen, in der klar gefassten und strukturierten Form eines Ethik-Managements Gedanken zu machen, wie es die Regelungen des Ethik-Management-Programms verbindlich vorgeben. Dadurch bindet sich HiPP an die Regeln der Ethik-Charta, die nach den Vorschriften des Ethik-Management-Programms entwickelt werden.

2. Grundsatz der Unternehmensethik

2.1 Hipp erkennt die Wirtschaftsordnung der sozialen Marktwirtschaft mit ihrem Funktionsmechanismus Wettbewerb als die gesellschaftlich erwünschte und ethisch legitimierte Wirtschaftsordnung an, weil sie die Achtung vor der Würde des Menschen garantiert, zum Wohlergehen aller beiträgt und ein Handeln in christlicher Verantwortung ermöglicht.

2.2 Für das unternehmerische Handeln ergibt sich aus dem Wettbewerb – unter Einhaltung aller Restriktionen der Rahmenordnung – die moralische Verpflichtung, langfristig die Ertragskraft des Unternehmens zu optimieren, d. h. langfristig höchstmögliche Gewinne zu erzielen. Damit trägt HiPP zur steuerfinanzierten, sozialen Absicherung des Wettbewerbs und zur Stabilisierung von Gesellschaft und Demokratie bei.

Pfaffenhofen, den 01.03.1999

Dr. Claus Hipp, Georg J. Hipp, Paulus Hipp

Ethik-Management-Programm

1. Wirkungsreichweite und Verankerung des Ethik-Managements

1.1 Die Regelungen des Ethik-Management-Programms sowie die mit ihrer Hilfe festgelegten Regeln in der Ethik-Charta gelten für alle Mitarbeiter in gleicher Weise. Sie sind von ihnen ab Datum der Einführung einzuhalten. Die Regeln sind auch von jedem Gremium und Organ des Unternehmens als verbindliche Vorschrift zu beachten.

1.2 Die Regelungen des Ethik-Management-Programms sowie der Ethik-Charta sind nach ihrer Verabschiedung unverzüglich an alle Mitarbeiter auszuhändigen und der Erhalt und die Kenntnisnahme sind durch Unterschrift zu bestätigen. Die Bereitschaft und der Wille zur Einhaltung wird von jedem Mitarbeiter erwartet.

1.3 Neuen Mitarbeitern und jenen, die für eine Zeitdauer von voraussichtlich mehr als einem Jahr im Unternehmen freiberuflich tätig sind, sind das Ethik-Management-Programm sowie die Ethik-Charta vor Vertragsschluss vorzulegen. Sie erklären sich mit Unterzeichnung des Arbeits- oder Dienstleistungsvertrages mit dem vorliegenden Ethik-Management-Programm und den Regeln der Ethik-Charta einverstanden und erweisen sich als bereit, sich daran zu halten.

Teil I: Verfahrensregelungen des Ethik-Management-Programms

2. Inhaltliche Anwendungsreichweite

Die Anwendungsreichweite des Ethik-Management-Programms erstreckt sich prinzipiell auf alle Bereiche, in denen es um Interaktionen zwischen Menschen im weitesten Sinne geht, denn Ethik wird als Nachdenken über Regeln zur Verbesserung des zwischenmenschlichen Miteinanders verstanden. Bezogen auf unternehmerisches Verhalten bei Hipp geht es hier vor allem um die Bereiche: „Verhalten am Markt", „Verhalten gegenüber Mitarbeitern", „Verhalten der Mitarbeiter", „Verhalten gegenüber dem Staat", „Verhalten in der Gesellschaft" und „Verhalten in der Umwelt".

3. Bedingungen der Verfahrensaufnahme

3.1 Die Ethik-Kommission von HiPP tritt zweimal im Jahr zusammen, um alle im davor liegenden Zeitraum an sie herangetragenen Anträge zur Erörterung ethischer Fragen auf ihren Behandlungsbedarf hin zu überprüfen.

3.2 Anträge zur Verfahrensaufnahme sind grundsätzlich in offener oder in anonymer Form stellbar. Offene Anträge können von ihrem Befürworter persönlich und ohne Öffentlichkeit vor der Ethik-Kommission vertreten werden; anonyme Anträge müssen mit einem Begründungsschreiben bei der Ethik-Kommission eingereicht werden.

3.3 Über die Anträge entscheidet die Ethik-Kommission möglichst wohlwollend. Dem Antragsteller ist in jedem Fall Antwort über Annahme oder Ablehnung zu geben.

4. Verfahrensablauf

4.1 Nach Annahme eines Antrages nach Abschn. 3 hat die Ethik-Kommission eine Sachverhaltsprüfung durchzuführen. Die Analyse ist so anzulegen, dass strukturelle Ursachen für Interaktionsprobleme gesucht werden. Dazu benennt die Ethik-Kommission möglichst eine interne, aber unbetroffene Person, um ein hohes Maß an Objektivität zu gewährleisten.

4.2 Auf Grundlage der Ergebnisse der Analyse und unter Berücksichtigung von Abschn. 5 entwickelt oder ändert die Ethik-Kommission eine Regel für die Ethik-Charta, die das Interaktionsproblem an der Ursache löst. Dabei ist schon frühzeitig auf Realisierbarkeit und Kontrollierbarkeit der Regel zu achten.

4.3 Wie genau der Reflexionsprozess aussehen soll, der zur Formulierung der Regel führt, ist von der Ethik-Kommission in jedem Einzelfall verbindlich festzulegen. Je nach Komplexität des Problems entscheidet sie, auf wen, in welchem Umfang und in welcher Hinsicht zurückgegriffen wird und in welcher Öffentlichkeit die Diskussion stattfindet. Ebenso legt die Ethik-Kommission im Vorhinein den zeitlichen Rahmen für das Verfahren einzelfallbezogen fest.

4.4 Die Ethik-Kommission entscheidet sich am Ende des Reflexionsprozesses für die ausformulierte Regel die den geschäftsführenden Gesellschaftern von HiPP zur Verabschiedung vorgelegt wird. Diese treffen die letztendliche Entscheidung über die Einführung einer neuen Regel.

5. Inhaltliche Anbindung der Regeln

5.1 Bei der Formulierung der Regeln der Ethik-Charta nach Abschn. 4.2 ist darauf zu achten, dass der Grundsatz der Unternehmensethik nach Abschn. 2.2 der Ethik-Er-klärung, die langfristige Ertragskraftsteigerung innerhalb der Grenzen der sozialen Marktwirtschaft, niemals aus den Augen verloren wird, damit sich die Regel als langfristig praktizierbar erweisen kann.

5.2 Unter dieser Prämisse sind die 10 Gebote der Bibel als Referenzgröße für die Formulierung der Regeln heranzuziehen.

5.3 Außerdem muss sichergestellt werden, dass durch die formulierte Regel nicht andere bereits existierende Regeln der Ethik-Charta oder andere Leitlinien und Vorschriften von HiPP verletzt werden, solange diese den Anforderungen der Unternehmensethik gerecht werden.

6. Umsetzung der Regeln

Eine nach Abschn.4.4 verabschiedete Regel ist mit Unterschrift der geschäftsführenden Gesellschafter und unternehmensinterner Veröffentlichung durch die Ethik-Kommission gültig. Die Veröffentlichung hat in einer Form zu geschehen, die sicherstellt, dass jeder, den die Regel betrifft, vollständig informiert ist.

7. Anreiz- und Kontrollmechanismen für die Regeln

7.1 Nur durch Appelle an das Gewissen, ohne entsprechende Anreize ist die Durchsetzung einer Regel nicht möglich. Daher muss schon bei der Formulierung der Regel sorgfältig darauf geachtet werden, dass ihre Einhaltung durch entsprechende Maßnahmen sichergestellt wird.

7.2 Um den Maßnahmen nachhaltige Wirkung zukommen zu lassen, ist bei ihrer Formulierung ebenfalls zu überprüfen, dass realisierbare und finanzierbare Kontrollen zur Überwachung der Einhaltung bestimmt werden.

7.3 Die Verantwortung für Kontrolle und Durchführung der Maßnahmen liegt prinzipiell bei der Ethik-Kommission, kann aber aus Praktikabilitätsgründen an Vorgesetzte delegiert werden, wobei deren zuverlässige Ausführung dann aber durch die Ethik-Kommission sicherzustellen und zu überprüfen ist.

8. Nachbesserungsmöglichkeiten an den Regeln

8.1 Zeigen die verabschiedeten Regeln einen anderen als den gewünschten Effekt, ist es Aufgabe der Ethik-Kommission, die Regeln nach dem Verfahren von Abschn. 4nachzubessern.

8.2 Die Entscheidung über die Nachbesserungsbedürftigkeit einer Regel obliegt der Ethik-Kommission. Sie sollte dabei jedoch mit Feingefühl vorgehen, da häufige Nachbesserungen das Vertrauen in die Regeln untergraben können.

8.3 Vorschriften nachgebesserter Regeln gelten erst vom Zeitpunkt ihrer Veröffentlichung an.

Teil II: Organisatorische Verankerung des Ethik-Management-Programms

9. Die Ethik-Kommission

9.1 Das Ethik-Management von HiPP konstituiert sich mit der Ethik- Kommission. Sie ist das für den Reflexionsprozess über die Umsetzung und die Kontrolle der Einhaltung der Regeln verantwortliche Organ. Die

Ethik-Kommission ist aber auch für eventuell notwendige Nachbesserungen am Ethik-Management-Programm selbst zuständig.

9.2 Die Ethik-Kommission setzt sich aus 5 Mitgliedern zusammen: dem Vorsitzenden (Abschn. 10), dem Programm-Manager (Abschn. 11), dem Personalleiter und je einem Vertreter der Bereiche Vertrieb/Marketing und Werk.

9.3 Entscheidungen der Ethik-Kommission werden nach dem Mehrheitsverfahren getroffen. Bei Stimmengleichheit entscheidet die Stimme des Vorsitzenden. Den geschäftsführenden Gesellschaftern von Hipp bleibt aber bei jeder Entscheidung ein Einspruchsrecht vorbehalten. Lediglich im Fall von Nachbesserungen am Ethik-Management-Programm selbst liegt die Entscheidungskompetenz allein bei den geschäftsführenden Gesellschaftern.

10. Der Vorsitzende der Ethik-Kommission

10.1 (9.4) Der Vorsitzende der Ethik-Kommission ist nach außen der Verantwortliche für alle Entscheidungen der Ethik-Kommission, d. h. gegenüber unternehmensinternen und im Bedarfsfall auch unternehmensexternen Anspruchsgruppen darf allein er Stellungnahmen abgeben. Diese Befugnis kann er nur einzelfallbezogen delegieren. Die Funktion ist mit einem der geschäftsführenden Gesellschafter zu besetzen.

10.2 Der Vorsitzende der Ethik-Kommission ist auch kommissionsintern der Verantwortliche und Koordinator für die nach den Abschn. 3–8 zu leistenden Aufgaben. Er hat aber auch sicherzustellen, dass alle Mitglieder der Ethik-Kommission sich an die Regelungen des Ethik-Management-Programms halten und notfalls einzugreifen.

10.3 Voraussetzung für das Funktionieren des Ethik-Managements ist die Bereitschaft der Führungsspitze des Unternehmens, die Regeln als absolut verbindlich zu betrachten und entsprechend zu handeln. Die Funktion des Vorsitzenden der Ethik-Kommission bei HiPP muss, damit dies möglich ist, mit einem der geschäftsführenden Gesellschafter besetzt werden. Die Gesellschafter bestimmen für dieses Amt einen aus ihrem Kreis, können einander aber jederzeit vertreten.

10.4 Der Vorsitzende kann sich wegen seiner hohen Verantwortung und Vorbildfunktion auch nie von jemandem außer den anderen geschäftsführenden Gesellschaftern vertreten lassen. Ohne seine Anwesenheit ist die Ethik-Kommission nicht entscheidungsfähig.

11. Der Programm-Manager der Ethik-Kommission

11.1 (9.5) Der Programm-Manager der Ethik-Kommission ist als Experte intern für die Organisation der Arbeit der Ethik-Kommission zuständig. Er übernimmt die inhaltlichen, planerischen und verwaltenden Aufgaben der Ethik-Kommission. Er ist als Assistent des Vorsitzenden zu verstehen. Er ist damit auch die Anlaufstelle für Anträge auf Behandlung von möglichen ethischen Fragestellungen für die Mit- arbeiter von Hipp.

11.2 Der Programm-Manager wird vom Vorsitzenden der Ethik-Kommission benannt. Dazu kann entweder ein interner Mitarbeiter, der zum Experten weitergebildet worden ist, oder ein externer Experte im Bereich der Unternehmensethik berufen werden. Dieser ist direkt dem Vorsitzenden verantwortlich und kann nur von ihm vertreten werden.

Teil III: Kommunikationsformen des Ethik-Managements

12. Berichtsform des Ethik-Management-Programms

12.1 Alle Entscheidungen der Ethik-Kommission sind in ihren wichtigsten Punkten zu dokumentieren, um später Begründungszusammenhänge rekonstruieren zu können. Zu den Entscheidungen gehören sowohl die Anträge und Entscheidungen bezüglich der Annahme von Anträgen nach Abschn. 3 wie auch die Entscheidungen bezüglich der Regeln in der Ethik-Charta nach Abschn. 4. Ebenso sind die Protokolle der Sitzungen der Ethik-Kommission sowie sonstige schriftliche Stellungnahmen zu erfassen. Die Verantwortung für die Dokumentation trägt die Ethik-Kommission selbst.

12.2 Die Dokumentationen sind nicht öffentlich zugänglich, lediglich die Mitglieder der Ethik-Kommission haben freien Zugang. Sonstiger Zugang muss vom Vorsitzenden der Ethik-Kommission genehmigt werden.

13. Interne Kommunikation

13.1 Die interne Kommunikation der Regeln der Ethik-Charta liegt in der Verantwortung der Ethik-Kommission. Sie legt die Formen der Kommunikation einzelfallbezogen fest. Folgende Möglichkeiten stehen zur Verfügung:

- Schulungen, die besonders betroffene Mitarbeiter in neue Regelungen einweisen,

- Informationsveranstaltungen ohne Schulungscharakter, in denen ganzen Gruppen die neuen Regelungen dargestellt werden,

- Verpflichtung der Führungskräfte zur Einweisung der Mitarbeiter durch Vorgesetztengespräche,

- schriftliche Publikation, die an alle Mitarbeiter ausgehändigt wird und deren Erhalt und Kenntnisnahme durch Unterschrift bestätigt werden muss,

- Publikation in der Betriebszeitung.

13.2 Zur internen Kommunikation gehört es auch, neue Mitarbeiter in die Regeln der Ethik-Charta einzuweisen, sowie Mitarbeiter, die ihre Stelle intern wechseln, mit den besonderen Regelungen bezüglich ihrer neuen Stelle vertraut zu machen.

13.3 Inbegriffen in die interne Kommunikation ist auch die Aufgabe der Ethik-Kommission, die reale Wirkung der Regeln zu überprüfen. In der Form von Audits muss untersucht werden, ob sie die vorgesehenen Wirkungen entfalten und/oder ob sie unerwünschte Nebenwirkungen hervorbringen.

13.4 Da Ethik-Management in Unternehmen nur funktionieren kann, wenn es auf Vertrauen im Unternehmen bauen kann, soll die Ethik-Kommission soweit möglich auch über die eigene Arbeit, deren Erfolge und über die Eindrücke, die die Regeln bzw. Verhaltensstandards bei den Mitarbeitern hinterlassen haben, berichten.

14. Externe Kommunikation

14.1 Die externe Kommunikation eines Ethik-Managements hat in zweierlei Hinsicht Bedeutung für das Unternehmen. Einerseits kann sie zum Aufbau eines höheren Vertrauens am Markt beitragen. Andererseits schafft ein externes Kommunizieren aber auch im Unternehmen selbst eine erhöhte Vertrauensbasis, weil die Mitarbeiter davon ausgehen können, dass die Unternehmensführung sich an die Regeln halten wird, mit denen sie sich vor externen Partnern präsentiert.

14.2 Die externe Kommunikation von Regeln wird von der Ethik-Kommission in Absprache mit der PR-Stelle durchgeführt. Die Ethik-Kommission hat ein Vetorecht bezüglich aller das Ethik-Management von Hipp betreffenden Veröffentlichungen. Für die Veröffentlichung stehen folgende Möglichkeiten zur Verfügung:

- Ethikbericht,

- allgemeine Pressearbeit,

- zielgerichtete Information bestimmter Personengruppen (Kunden, Lieferanten, Gewerkschaften, staatliche Stellen),

- öffentliche Diskussion mit interessierten Externen in verschiedensten Formen.

14.3 Inwiefern auf Anregungen Externer in Bezug auf Regeln der Ethik-Charta eingegangen werden soll, wird von der Ethik-Kommission entschieden. Externe Antragsteller im Sinne des Abschn. 3 haben dabei aber kein Recht auf eine schriftlich begründete Ablehnung des Antrags, auch wenn sie, wo möglich, erfolgen sollte.

15. Inkrafttreten des Ethik-Management-Programms

15.1 Dieses Ethik-Management-Programm tritt mit dem 01.03.1999 in Kraft.

15.2 Im Falle von Nachbesserungen am Ethik-Management-Programm gilt die alte Fassung bis zum Datum der Inkraftsetzung und Veröffentlichung der neuen. Dabei muss von den Mitarbeitern keine neue Bestätigung im Sinne des Abschn. 1.2 eingeholt werden, solange es sich dabei nicht um gravierende Änderungen handelt. Die Entscheidung, ob es sich um eine gravierende Änderung handelt, obliegt der Ethik-Kommission.

Ethik-Charta

Das Beste aus der Natur . Das Beste für die Natur

Inhaltsverzeichnis
1 Verhalten am Markt
1.1 Langfristige Erfolgsorientierung
1.2 Qualitätsmanagement
1.3 Verhalten gegenüber Kunden
1.4 Verhalten gegenüber Lieferanten
1.5 Verhalten gegenüber Konkurrenten
1.6 Innovations- und Wachstumsorientierung
1.7 Beteiligungen an fremden Unternehmen
2 Verhalten gegenüber Mitarbeitern
2.1 Unternehmensinterne Kommunikation
2.2 Zielvereinbarungen mit Führungskräften
2.3 Mitarbeiterauswahl
2.4 Aus- und Weiterbildung
2.5 Auswahl und Entwicklung von Führungskräften
2.6 Mitarbeiterbeurteilung
2.7 Führungskräftebeurteilung
2.8 Mitarbeiterentlohnung
2.9 Entlassungen
2.10 Entlassungsmethoden
2.11 Arbeitszeit und Familie
2.12 Vorschlagswesen
2.13 Arbeitssicherheit
2.14 Interessenvertretung der Mitarbeiter
3 Verhalten der Mitarbeiter
3.1 Gesprächskultur
3.2 Ehrgeiz und Rücksichtnahme
3.3 Loyalität zum Unternehmen
3.4 Bestechlichkeit
3.5 Organisationseinordnung
3.6 Unternehmergeist der Mitarbeiter
3.7 Zeit- und Kostenmanagement
3.8 Informationsaustausch
3.9 Know-how-Weitergabe
3.10 Gesellschaftliche Haltung der Mitarbeiter
4 Verhalten gegenüber Staat und Gesellschaft
4.1 Erfüllung staatlicher Auflagen
4.2 Verhalten gegenüber Behörden
4.3 Gesellschaftliches Engagement
5 Verhalten in der Umwelt
5.1 Umweltschutz
5.2 Weiterentwicklung des Umweltschutzes
5.3 Umweltschutz als ordnungspolitische Aufgabe

1 Verhalten am Markt

1.1 Langfristige Erfolgsorientierung

Regel: Alles Handeln bei HiPP ist stets auf die langfristige Erfolgserzielung auszurichten. Zu diesem Zweck sind auch kurzfristige Schlechterstellungen in Kauf zu nehmen.

Grund: Kurzfristige Erfolgsorientierung oder Ausrichtung an anderen Zielen kann nicht im Sinne des Unternehmens HiPP liegen, denn damit würde der langfristige Bestand dauerhaft in Gefahr gebracht, wenn Chancen und Bedrohungen der weiteren Zukunft übersehen oder ignoriert würden. Erst durch die langfristige Orientierung ist eine erfolgsorientierte Planung der Unternehmensentwicklung möglic.

Folge: Mitarbeiter, insbesondere Führungskräfte, die nicht ständig das langfristige Wohl des Unternehmens im Auge haben, sind nicht die richtigen Mitarbeiter für HiPP und erst recht nicht geeignet, Führungspositionen zu übernehmen

1.2 Qualitätsmanagement

Regel: Qualitätsmanagement ist die gelebte Philosophie aller Leistungsaktivitäten bei Hipp. Sowohl die Einhaltung der existierenden Regeln des QM-Handbuchs wie auch die aktive und bewusste Weiterentwicklung und Verbesserung von Maßnahmen des Qua- litätsmanagements sind permanente Aufgaben aller Mitarbeiter

Grund: Auf die Qualität der Gesamtleistung, die sich aus den Teilleistungen jedes Einzelnen zusammensetzt, ist das Image von HiPP am Markt gegründet. Dies ist das Wettbewerbsmerkmal, das von den Kunden und Endverbrauchern in hohem Maße honoriert wird. Die Umsetzung des Qualitätsmanagements muss daher bei HiPP höchste Priorität genießen. Qualitätsmanagement ist dabei nicht mit der Umsetzung und Aufrechterhaltung von Maßnahmen abgetan, sondern im Rahmen von Forschung, Entwicklung und Erfahrungszuwachs müssen die Maßnahmen den sich wandelnden Bedingungen fortlaufend angepasst werden, damit dieser Wettbewerbsvorteil am Markt auch langfristig erhalten bleibt.

Folge: Die Befolgung der Vorschriften des Qualitätsmanagements ist ein wichtiges Element der Mitarbeiterbeurteilung. Fehlverhalten schlägt sich bei der Entwicklung des Mitarbeiters negativ nieder. Verbesserungsvorschläge im Rahmen des Qualitätsmanagements sind hingegen als wertvoller Beitrag zum Erfolg des Unternehmens positiv zu bewerten

1.3 Verhalten gegenüber Kunden

Regel: Kunden von HiPP als Partner am Markt können sich darauf verlassen, dass Hipp sich an die Spielregeln des jeweiligen Marktes hält und unlautere Methoden zur Vorteilserlangung nicht Stil des Hauses sind. HiPP achtet darauf, dass Vertrauen mit Vertrauen und Entgegenkommen mit entsprechender Anerkennung honoriert wird. Ist aber eine vertrauensvolle Zusammenarbeit nicht möglich oder gewünscht, müssen die Marktpartner mit angepasstem Verhalten von Hipps Seite rechnen.

Grund: Hipp ist ein Unternehmen, das nicht kurzsichtig auf die Erzielung von kurzfristigen Gewinnen aus ist, sondern langfristig so erfolgreich wie möglich sein will. Dazu aber ist eine langfristig vertrauensvolle, auf beiderseitigen Vorteil achtende Zusammenarbeit mit den Kunden eine notwendige Voraussetzung.

Folge: Von HiPP-Mitarbeitern, die mit Kunden in Kontakt stehen, wird erwartet, dass sie mit Ausrichtung auf den langfristigen Erfolg ihres Unternehmens alles Mögliche zum Aufbau einer vertrauensvollen Beziehung zwischen HiPP und den Kunden tun. Ihr diesbezüglicher Erfolg ist in der Mitarbeiterbeurteilung präzise zu erfassen.

1.4 Verhalten gegenüber Lieferanten

Regel: HiPP ist interessiert an fairen Beziehungen zu seinen Lieferanten, die auf Leistung und Gegenleistung beruhen. Treue wird dabei mit Vertrauen und Sonderleistung mit entsprechendem Entgegenkommen honoriert. Die Leistungsfähigkeit der Lieferanten wird laufend durch ein Bewertungsverfahren überwacht.

Grund: Aufgrund seiner Qualitätsstrategie ist HiPP darauf angewiesen, von seinen Lieferanten mit der erwartet hohen Qualität beliefert zu werden. Dies bedeutet für sie eine kostenintensive Konzentration auf Spezialanforderungen. Nur in einer Vertrauensbeziehung, die langfristig angelegt ist, können beide Partner vor Ausbeutung sicher sein. Mit der gleichen Integrität, mit der HiPP von seinen Lieferanten behandelt wird, wird auch HiPP daher mit ihnen umgehen.

Folge: Die HiPP-Einkäufer sind angehalten, mit den Lieferanten ein partnerschaftliches Verhältnis aufzubauen und zu unterhalten, in dem die geforderte Qualität der Beschaffungsmaterialien mit einem Höchstmaß an Sicherheit und Wirtschaftlichkeit entsteht. Der Erfolg dieser Bemühungen ist in der Mitarbeiterbeurteilung zu erfassen.

1.5 Verhalten gegenüber Konkurrenten

Regel: Die Beziehung von HiPP zu seinen Konkurrenten ist von Gegenseitigkeit geprägt. Die gesetzlich vorgegebene Wettbewerbsordnung ist der Rahmen, in dem sich dieses Verhalten abspielt. Führt friedliche und im Rahmen des Kartellgesetzes legale Zusammenarbeit mit Konkurrenten langfristig zum besten Ergebnis, so wird sie gesucht, ist die Zusammenarbeit aber nicht möglich oder nicht gewollt, wird adäquat reagiert.

Grund: Die Regeln des Wettbewerbs hat nicht HiPP für sich eingeführt, sondern sie sind zum Wohlergehen aller in der Gesellschaft eingeführt worden. Wettbewerb beflügelt nämlich in jeder Branche die Entwicklung neuer Produkte und nützt damit vor allem dem Endverbraucher – daher befürwortet Hipp ihn. Der Wettbewerb setzt damit aber auch die Bedingungen des Handelns und schränkt Handlungsmöglichkeiten ein.

Folge: Da der Wettbewerb unter Konkurrenten zum Wohlergehen aller beiträgt, ist Hipp verpflichtet, sich daran zu halten. Dies legitimiert den immerwährenden Versuch, die Konkurrenten mit legalen und fairen Mitteln zu übertreffen und lässt HiPP ein langfristig wettbewerbsgerechtes Verhalten von seinen Mitarbeitern erwarten.

1.6 Innovations- und Wachstumsorientierung

Regel: Bei HiPP werden Innovationen und Wachstum in einem wirtschaftlich vernünftigen Rahmen nach Kräften gefördert. Innovationen tätigen heißt, neue Produkte auf alten und neuen Märkten zu etablieren, Ideen für Innovation und Wachstum zu produzieren, ist eine dauernde und wichtige Aufgabe von Hipp.

Grund: Ein Unternehmen, das sich nur auf am Markt errungenen Meriten ausruht, läuft langfristig Gefahr, durch Konkurrenten vom Markt verdrängt zu werden, wenn diese den Bedürfnissen der Kunden durch vorteilhaftere Angebote besser gerecht werden können. Einen großen Rückstand wieder aufzuholen ist aus eigenen Kräften oft nicht mehr möglich. Dem muss durch Pioniertätigkeit oder zumindest aktives Schritthalten mit der Konkurrenz gegengesteuert werden.

Folge: Innovationsverhinderndes oder -hemmendes Verhalten ist bei HiPP nicht erwünscht. Innovative Ideen selbst und die Förderung und Umsetzung von Innovationen hingegen sind als wertvoller Beitrag zum Unternehmenserfolg zu bewerten und zeichnen besonders wertvolle Mitarbeiter von Hipp aus.

1.7 Beteiligungen an fremden Unternehmen

Regel: Beteiligungen von HiPP an und Aktienbesitz von fremden Unternehmen, in deren Geschäftsführung Hipp keine Eingriffsmöglichkeiten hat, sind nur dann zulässig, wenn diese Unternehmen nicht offenbar den Zielen und Einstellungen von Hipp widersprechen. Von diesem Grundsatz darf nur dann abgewichen werden, wenn eine geringe Beteiligung für den Erfolg des HiPP-Kerngeschäfts eine wichtige Bedeutung hat.

Grund: Grundsätzlich sollten nur solche Beteiligungen und Aktien gehalten werden, die das Image von Hipp nicht belasten. Eine Beteiligung an einem Unternehmen, das hohe Gewinne erzielt, allen gesetzlichen Erfordernissen nachkommt und nicht gegen Grundeinstellungen von Hipp verstößt, widerspricht dieser Regel nicht, solange das Image von Hipp darunter nicht leidet. Legitim ist es schließlich auch, sich über eine geringe Beteiligung legal Informationen über andere Unternehmen zu beschaffen – auch über solche, mit deren Geschäftsgebaren HiPP grundsätzlich nicht einverstanden ist.

Folge: Jede Fremdbeteiligung ist jährlich auf ihr Imageschädigungspotenzial oder auf ihren Informationsbeschaffungswert zu überprüfen. Ist das Imageschädigungspotenzial zu groß und/oder bietet sie keine Informationen mehr, ist sie abzustoßen.

2. Verhalten gegenüber Mitarbeitern

2.1 Unternehmensinterne Kommunikation

Regel: Die Mitarbeiter des Hauses HiPP sind, soweit wie für ihren Aufgabenbereich nötig und möglich, über alle relevanten Informationen im und über das Unternehmen, d. h. Ziele, Strategien und Veränderungen, auf dem Laufenden zu halten. Der jeweils Vorgesetzte übernimmt diese Aufgabe.

Grund: Es ist wichtig, seine Mitarbeiter möglichst weitgehend zu informieren. Je höher der Informationsgrad des Einzelnen ist, desto besser kann er sich mit seinem Unternehmen identifizieren, und je weiter Informationen gestreut sind, desto mehr Mitarbeiter können zu Problemlösungen beitragen. Dass allerdings nicht alles sofort bekannt gegeben werden kann, versteht sich von selbst, und so sollte für die langfristige Erfolgsorientierung ein auf die Mitarbeiter vertrauendes Abwägen des optimalen Informationsgrades und–zeitpunkts die Grundhaltung bilden.

Folge: Eine korrekte und motivierende Information der Mitarbeiter ist Aufgabe der Führungskräfte. Von den Mitarbeitern wird nach Unterschrift der Geheimhaltungserklärung natürlich erwartet, ihre Informationen vertraulich zu behandeln. Zuwiderhandlungen werden bei Mitarbeitern und Vorgesetzten negativ beurteilt und ziehen in schwer wiegenden Fällen rechtliche Schritte nach sich.

2.2 Zielvereinbarungen mit Führungskräften

Regel: Mit jeder Führungskraft ist im Anschluss an das Beurteilungsgespräch eine Zielvereinbarung bezüglich der Ziele für die nächste Beurteilungsperiode abzuschließen. In der Vereinbarung wird festgelegt, was die Führungskraft in der kommenden Periode leisten soll, von welchen Prämissen dabei ausgegangen wird, und welche Veränderungen berücksichtigt werden müssen.

Grund: Die Festlegung auf bestimmte Ziele ermöglicht es der Führungskraft, sich für die Erledigung der anvertrauten Aufgaben zu motivieren. Damit ist eine engere Bindung des Mitarbeiters an das Unternehmen zu erreichen. Dies gilt, solang das Ziel nicht durch vorhersehbare Nichterreichbarkeit den gegenteiligen Effekt hat. Außerdem unterstützt die Möglichkeit, langfristig planen zu können, zusätzlich den Prozess der Ausrichtung auf einen langfristigen Erfolg des Unternehmens.

Folge: Von seinen Führungskräften erwartet Hipp, dass sie sich auf anspruchsvolle, aber erreichbare Ziele festlegen lassen. Von allen Mitarbeitern wird erwartet, dass sie an der Formulierung und Festlegung dieser Ziele mitwirken und sie tatkräftig umsetzen. Die Zielerreichung spielt eine wichtige Rolle bei der Mitarbeiterbeurteilung.

2.3 Mitarbeiterauswahl

Regel: Mitarbeiter der Firma HiPP werden im Rahmen des gesetzlich Zulässigen nach langfristigen Effizienzkriterien ausgewählt. Wenn über die Eignung des Mitarbeiters entschieden wird, spielen soziale Kompetenzen und die im für den Mitarbeiter vor- gesehenen Einsatzbereich bereits vorhandenen sowie die zukünftig erschließbaren Leistungspotenziale eine große Rolle.

Grund: Ohne das Mitwirken und die Leistung der Mitarbeiter kann es für HiPP keine Erträge geben. Das Unternehmen kann nur dann langfristig erfolgreich sein, wenn es die richtigen Mitarbeiter hat – für heute heißt das leistungswillige und -fähige, für morgen lernwillige und -fähige Mitarbeiter. Bei der Mitarbeiterauswahl muss man daher auf heute nutzbare Leistungspotenziale ebenso achten wie auf zukünftig entwickelbare.

Folge: Die Mitarbeiterauswahl ist eine zentrale Aufgabe von Führungskräften. HiPP erwartet von ihnen einen erfolgsorientierten, umsichtigen und gesetzeskonformen Umgang mit dieser Aufgabe. In der Beurteilung von Führungskräften nimmt die Mitarbeiterauswahl einen wichtigen Platz ein, da sie damit über einen wichtigen Teil der zukünftigen Entwicklung des Unternehmens entscheiden.

2.4 Aus- und Weiterbildung

Regel: Die Aus- und Weiterbildung der Mitarbeiter und Führungskräfte von HiPP ist zielorientiert darauf auszurichten, dass sie immer auf dem neuesten Stand des notwendigen Wissens in ihrem Aufgabenfeld sein können. Dies erfordert eine Analyse der Neuerungen und eine langfristige Planung der zukünftig notwendigen Qualifikationen und Weiterbildungsmaßnahmen.

Grund: Der Ausbildungsstand der Mitarbeiter ist eine entscheidende Voraussetzung, um im Wettbewerb bestehen zu können. Nur eine gut und zeitgemäß ausgebildete Mannschaft hat im dynamischen

Wirtschaftsleben eine Chance, sich durchzusetzen. Die Veränderungen, denen ein Unternehmen heute ausgesetzt ist, nehmen an Zahl, Umfang und Komplexität gewaltig zu und machen eine zielgerichtete Aus- und Weiterbildung von Mitarbeitern unabdingbar.

Folge: Wer nicht lernwillig ist oder für sich und seine Mitarbeiter die Notwendigkeit zur Weiterbildung nicht sehen kann oder will, muss sich bewusst sein, eine wesentliche Voraussetzung seines Arbeitsplatzes bei HiPP nicht zu erfüllen. Dies geht in seine Beurteilung negativ ein und disqualifiziert für jede Führungsposition.

2.5 Auswahl und Entwicklung von Führungskräften

Regel: Bei Auswahl und Entwicklung von Führungskräften ist darauf zu achten, dass sie folgende Qualifikationen aufweisen bzw. erlernen: Fürsorge für ihre Mitarbeiter; Gerechtigkeitssinn; Einfühlungsvermögen; Fähigkeit, Information so zu vermitteln, dass sie verstanden wird; Fähigkeit, bei Mitarbeitern vorhandene Motivation freizusetzen; Fähigkeit, klare, vom Mitarbeiter akzeptierte Ziele zu vermitteln und Bereitschaft, Verantwortung an Mitarbeiter zu delegieren. Zudem gehören aber auch Fähigkeit und Bereitschaft, selbst kompetente Nachwuchsführungskräfte zu entwickeln und zu fördern, zu den Qualifikationen, die eine Führungskraft mitzubringen hat.

Grund: Obwohl es eine Vielzahl von unterschiedlichen, fachlichen Gründen für die Eignung zur Führungskraft gibt, sind die oben aufgeführten Qualifikationen als allgemeine Voraussetzung für die erfolgreiche Führung von Mitarbeitern anzusehen. Soweit dies im Auswahl- und Entwicklungsprozess möglich ist, sollten sie daher eruiert werden und bei erkanntem Nichtvorhandensein zum Anlass für weitere Fortbildung oder Nichteinstellung bzw. -beförderung herangezogen werden. Fachliche Gründe allein dürfen nicht den Ausschlag zur Besetzung von Führungspositionen geben.

Folge: Es ist eine der entscheidenden Aufgaben einer leitenden Führungskraft, die richtigen Führungskräfte einzusetzen, an die dann auch Entscheidungskompetenzen delegiert werden können. Auswahl und Entwicklung von Nachwuchsführungskräften spielt daher bei ihrer Beurteilung eine maßgebliche Rolle.

2.6 Mitarbeiterbeurteilung

Regel: Einmal im Jahr ist jeder Mitarbeiter von seinem Vorgesetzten zu beurteilen. In der Beurteilung sind alle für das Unternehmen relevanten Entwicklungen, Erkenntnisse und Ereignisse bezüglich des Mitarbeiters in einem Umfang zu erfassen, der eine umfassende Einschätzung des Beurteilten ermöglicht. Dieses Bild ist Grundlage für die Planung der Entwicklung des Mitarbeiters bei Hipp.

Grund: Eine Beurteilung seiner Mitarbeiter ist für jedes Unternehmen wichtig, um ihre individuellen Eigenheiten kennen zu lernen und möglichst optimal zu nutzen, denn sie zwingt den Vorgesetzten dazu, sich intensiv mit seinen Mitarbeitern zu befassen. Auf diese Weise gelingt es ihm auch, Weiterbildungsbedarf zu erkennen oder frühzeitig festzustellen, dass ein bestimmter Mitarbeiter nicht auf seine Stelle passt. Eine langfristige Erfolgsorientierung setzt eine solche Mitarbeiterbeurteilung schon allein im Hinblick auf Personalentwicklungsmaßnahmen zwingend voraus.

Folge: Die Führung eines konstruktiven Beurteilungsgesprächs wird von Vorgesetzten und Mitarbeitern erwartet. Daraus ergibt sich für Führungspositionen, dass sie korrekt und gerecht beurteilen können müssen.

2.7 Führungskräftebeurteilung

Regel: Jede Führungskraft ist mindestens alle zwei Jahre von ihren Mitarbeitern anonym zu beurteilen. In der Beurteilung sind alle für das Unternehmen relevanten Leistungen, Entwicklungen, Erkenntnisse und Ereignisse insbesondere bezüglich des Führungs- verhaltens der Führungskraft in einem Umfang zu erfassen, der ein umfassendes Bild des Beurteilten eröffnet. Die Beurteilungsergebnisse müssen bei der nächsten Mitarbeiterbeurteilung der Führungskraft vom jeweiligen Vorgesetzten thematisiert werden.

Grund: Eine Beurteilung von Führungskräften ist für Unternehmen und Führungskräfte von Vorteil. Es ermöglicht den Führungskräften, sich selbst ein Bild über die Resonanz ihrer Leistung bei ihren Mitarbeitern zu machen und zu erkennen, wo sie sich verbessern können und fördert damit den langfristigen Unternehmenserfolg.

Folge: Organisation und Durchführung einer Führungskräftebeurteilung wird von Führungskräften erwartet. Dabei wird davon ausgegangen, dass sie die Anonymität ihrer Beurteiler gewährleisten und konstruktiv mit der erfahrenen Kritik umgehen.

2.8 Mitarbeiterentlohnung

Regel: Die Entlohnung der Mitarbeiter bei HiPP ist gerecht und angemessen zu gestalten. Jeder Mitarbeiter soll die Entlohnung erhalten, die seiner Leistung entspricht. Dies ist offen im Rahmen des Beurteilungsgesprächs zu erörtern und in Abstimmung mit der Personalabteilung festzulegen.

Grund: Eine leistungsgerechte Entlohnung, die sich natürlich auch am Arbeitsmarkt orientiert, ist Grundvoraussetzung für zufriedene Mitarbeiter. Jeder Mitarbeiter muss das Gefühl haben, dass seine Leistung absolut und relativ gebührend honoriert wird. Ist dem nicht so, wird er zum langfristigen Nachteil von HiPP nicht mehr bereit sein, vollen Einsatz für das Unternehmen zu erbringen.

Folge: Der Lohngerechtigkeit im Sinne einer leistungsgerechten Entlohnung ist von Führungskräften unbedingt Folge zu leisten. Anträge auf Lohnerhöhung sind daher mittels eines Quervergleichs mit vergleichbaren Stellen unter Berücksichtigung der persönlichen Leistung ernsthaft zu prüfen.

2.9 Entlassungen

Regel: Entlassungen werden bei HiPP, soweit möglich, vermieden. Sie werden nur dann vorgenommen, wenn alle anderen Wege der Problemlösung zwischen Unternehmen und Mitarbeitern wie z. B. Kurzarbeit, Versetzung, Umschulung, Disziplinarmaßnahmen, Therapie etc. nicht (mehr) in Betracht kommen.

Grund: Entlassungen können den betroffenen Mitarbeiter in schwerwiegende finanzielle und familiäre Probleme stürzen. Deshalb kann sich das Betriebsklima durch die dauernde Gefahr einer unerwarteten Kündigung bei den Mitarbeitern schnell verschlechtern. Außerdem entstehen dem Unternehmen erhebliche Kosten, wenn häufig neue Mitarbeiter eingeführt und angelernt werden müssen.

Folge: Der Umgang mit Entlassungen ist von Führungskräften mit höchster Feinfühligkeit zu handhaben. Weder dürfen zu viele Mitarbeiter eingestellt werden, da dies Entlassungen nach sich ziehen muss, noch sollte mit Entlassungen aus kurzfristigen Motiven leichtfertig umgegangen werden. Insbesondere bei geplanten Rationalisierungsmaßnahmen sind durch die rechtzeitige Befristung von Neueinstellungen spätere Entlassungen zu vermeiden.

2.10 Entlassungsmethoden

Regel: Ist eine Entlassung unvermeidbar, wird bei HiPP stets versucht, die Abwicklung für den Betroffenen möglichst sozial verträglich zu gestalten. Das bedeutet, dass HiPP sich verpflichtet fühlt, seinen zu entlassenden Mitarbeitern bei seiner Neuorientierung in möglichst umfangreichem Rahmen hilfreich zur Seite zu stehen.

Grund: Eine Entlassung ist für keinen angenehm. Der Mitarbeiter, der für uns tätig war, aber auch jeder verbleibende Mitarbeiter sollte gerade hier erkennen, dass HiPP seine Würde als Mensch achtet und auch jetzt noch eine soziale Verantwortung für ihn übernimmt. Dies strahlt ein positives Licht auf verbleibende Mitarbeiter und zukünftige Bewerber ab.

Folge: Bei jeder Entlassung ist für den einzelnen Mitarbeiter die Vorgehensweise festzulegen. Dazu gehört eine Beratung über die finanziellen Möglichkeiten in der Zeit nach dem Ausscheiden und das Ausschöpfen der legalen Gestaltungsspielräume zur Vermeidung von Nachteilen.

2.11 Arbeitszeit und Familie

Regel: HiPP ist bestrebt, die Familie zu fördern und den familiären Belangen der Mitarbeiter soweit als möglich Rechnung zu tragen. Bei den Arbeitszeiten sollen daher die betrieblichen Anforderungen mit den persönlichen Belangen über flexible Arbeitszeitregelungen möglichst optimal in Einklang gebracht werden. Die Familie und Anforderungen der Kindererziehung sind dabei besonders zu berücksichtigen, damit die Eltern ihre Kinder selbst erziehen können und nicht in fremde Hände geben müssen.

Grund: Um langfristig erfolgreich sein zu können, braucht HiPP Mitarbeiter, die gesund sind und in einem gesunden sozialen Umfeld leben. Deshalb müssen sie Erholungsphasen bekommen sowie zeitlich die Möglichkeit erhalten, auch ihr privates Umfeld – vor allem die Familie – aktiv zu gestalten. HiPP legt daher besonderen Wert darauf, dass seine Mitarbeiter ihr Privatleben familiengerecht einrichten können. Ein freier Sonntag ist für HiPP in diesem Zusammenhang besonders wertvoll. Ebenso ist eine reibungslose Abwicklung von Erziehungsurlaub und Wiedereingliederung zu gewährleisten.

Folge: HiPP erwartet von seinen Führungskräften, dass sie in der Arbeitszeitgestaltung individuell auf die familiären Belange der Mitarbeiter eingehen, sei es durch Angebote von Teilzeitarbeit, wo möglich, sei es bei der Einteilung in Schichten oder bei der Gewährung des Jahresurlaubs. Sonderarbeiten wie EDV-Systemumstellungen, Sonderschichten etc. sind nach Möglichkeit am Samstag, nicht am Sonntag durchzuführen. Das Eingehen auf Familien-Belange der Mitarbeiter findet als Kriterium bei der Führungskräftebeurteilung Berücksichtigung.

2.12 Vorschlagswesen

Regel: Vorschläge der Mitarbeiter zur Verbesserung der Abläufe im Unternehmen, vor allem aber zum Qualitätsmanagement, Umweltschutz, Ethik-Management und zum Arbeitsschutz, sind ein wertvoller Beitrag zum Unternehmenserfolg und deshalb zu fördern, angemessen anzuerkennen und zu honorieren.

Grund: Bei jeder Tätigkeit im Unternehmen ist davon auszugehen, dass derjenige, der die Tätigkeit ausübt, einen tiefen Einblick in die Ausführung hat. Kein Unternehmen sollte es sich daher leisten, sich nicht um die Ideen derer zu kümmern, die diese Einblicke haben. Von hier können beste Ideen bezüglich der Verfahren, des Qualitätsmanagements, des Umweltschutzes und der Arbeitssicherheit kommen.

Folge: Jeder Verbesserungsvorschlag ist von den für den Bereich Verantwortlichen genauestens auf seine Wirtschaftlichkeit zu prüfen. Ist diese gegeben, ist der Vorschlag mit Kreativität umzusetzen. In der Beurteilung von Führungskräften ist die Förderung und erfolgreiche Umsetzung von Mitarbeitervorschlägen als ein wichtiges Indiz ihrer Führungskompetenz zu bewerten.

2.13 Arbeitssicherheit

Regel: Der Sicherheit von Mitarbeitern, Produkten und Einrichtungen misst HiPP hohe Priorität bei. HiPP verpflichtet sich daher, alle Maßnahmen zu treffen, die nach der Erfahrung notwendig, nach dem Stand der Technik anwendbar und den gegebenen Verhältnissen angemessen sind, um die Sicherheit von Arbeitsplätzen und Arbeitsabläufen zu gewährleisten. Jeder Mitarbeiter ist aufgerufen, in Eigenverantwortung bei jeder Handlung den Aspekten der Sicherheit für sich und seine Mitmenschen Rechnung zu tragen. Dasselbe erwarten wir auch von unseren Lieferanten und Mitarbeitern von Fremdfirmen.

Grund: Sicherheitsdenken beruht auf der Einsicht, dass jeder Unfall oder Störfall vermeidbar ist und höhere Leistungsbereitschaft nur in Kombination mit verbesserter Sicherheit erwartet werden kann. Zur Absicherung der Mitarbeiter gegen Unfälle gehört im Hause HiPP auch, dass sie nach einem trotzdem möglichen Unfall durch eine von HiPP finanzierte Unfallversicherung unterstützt werden.

Folge: Neben der Einhaltung von Vorschriften und Maßnahmen ist jeder angesprochen, durch seine Haltung und seinen persönlichen Einsatz zur Risikominderung beizutragen. Sicherheit ist ein permanenter Prozess, eine täglich wiederkehrende Herausforderung, der sich jeder stellen muss. Es liegt im Interesse aller, eine offene Kommunikation über Risiken zu führen. Verantwortliche Vorgesetzte und Fachkräfte werden bei der Mitarbeiterbeurteilung diesbezüglich begutachtet.

2.14 Interessenvertretung der Mitarbeiter

Regel: Der Interessenvertretung der Mitarbeiter durch den Betriebsrat steht HiPP grundsätzlich positiv gegenüber und geht auf dessen Anregungen zum Vorteil von Unternehmen und Mitarbeitern gerne ein. Wird der Betriebsrat aber als Forum außerbetrieblicher oder gar politischer Interessen benutzt, belastet dies eine vertrauensvolle Zusammenarbeit.

Grund: Anregungen zur Verbesserung der Unternehmenssituation, insbesondere zum Vorteil der Mitarbeiter, sind ganz im Sinne von HiPP. Das erhöht die Bindung zwischen Mitarbeiter und Unternehmen, solange der langfristige Erfolg des Unternehmens dadurch unterstützt wird. Problematisch sind aber auf diesem Wege herangetragene Interessen, die mit dem Unternehmen nicht in direktem Zusammenhang stehen. Gegen diese muss HiPP sich auch im langfristigen Interesse der Mitarbeiter zur Wehr setzen.

Folge: Alle Führungskräfte sind dazu angehalten, sich kooperativ mit dem Betriebsrat zu verhalten und dabei immer die Interessen des Unternehmens im Auge zu behalten.

3. Verhalten der Mitarbeiter

3.1 Gesprächskultur

Regel: Im zwischenmenschlichen Miteinander bei HiPP ist darauf zu achten, dass in Achtung vor dem anderen und mit Formen der Höflichkeit miteinander und übereinander gesprochen wird. Inhaltlich muss und darf gestritten werden, dies ist aber von allen von einer persönlichen Ebene zu unterscheiden.

Grund: Die Form des Umgangs in einem Unternehmen wird maßgeblich von der Art der unternehmensinternen Sprache geprägt. Für ein langfristig gelingendes Miteinander sind ein Umgangston, der die Würde des Menschen im Gegenüber anerkennt und achtet, und ein familiäres Betriebsklima Grundvoraussetzung. Zusätzlich bedarf es aber auch einer bewusst sachlich gehaltenen Art der Auseinandersetzung, die für Kritik offen ist, um langfristig erfolgreich sein zu können.

Folge: Hipp erwartet von seinen Mitarbeitern einen menschenwürdigen Umgangston miteinander und übereinander sowie die Fähigkeit, sich mit Kritik positiv auseinander setzen zu können. Dies ist ein entscheidender Bestandteil der Beurteilung der sozialen Kompetenz der Mitarbeiter.

3.2 Ehrgeiz und Rücksichtnahme

Regel: Ein reibungsloses Zusammenarbeiten erfordert einerseits Interesse, Verständnis und Rücksichtnahme für die Belange und den Arbeitsbereich des anderen, andererseits verbietet es Kompetenzgerangel sowie rücksichtsloses und intrigantes Verhalten, das egoistisches Macht- und Geldstreben über die Interessen des Unternehmens stellt.

Grund: Ein gesunder, maßvoller Ehrgeiz des Einzelnen, der sich in hohem Engagement äußert, ist wichtig und bringt das Unternehmen als Ganzes voran. Übereifer aber, intrigantes Verhalten, Anschwärzen von Kollegen durch Hervorheben von tatsächlichen oder vermeintlichen Fehlern, bringen, wenn sie nicht als solche erkannt werden, eine für das Unternehmen sehr schädliche Eigendynamik hervor: Intriganten werden dann zu Führungskräften, und intrigante Führungskräfte wählen wieder Mitarbeiter mit dem gleichen Handlungsmuster zu Führungskräften aus. Intrigen und gegenseitige Bespitzelung sind jedoch keine Atmosphäre, in der Vertrauen, gesunde Einsatzfreude und Verantwortungsbereitschaft wachsen können

Folge: Führungskräfte müssen sehr sorgfältig darauf achten, dass sie intrigantes Verhalten erkennen und es niemals unterstützen oder belohnen. Mitarbeitern, die gegen ihren Vorgesetzten intrigieren, um sich an dessen Stelle zu setzen, erweisen sich damit für die Übernahme von Führungsaufgaben als nicht geeignet. Verleumdungen ist nicht nur kein Gehör zu schenken, sondern es ist auch durch geeignete Maßnahmen eine Wiederholung zu verhindern.

3.3 Loyalität zum Unternehmen

Regel: Die Mitarbeiter von HiPP haben eine loyale Einstellung zum Unternehmen. Voller Einsatz am Arbeitsplatz und Pflege firmeneigener Sachwerte – dazu zählt auch der rechte Gebrauch von PC und Internet – ist die Grundhaltung für ihre langfristig erfolgreiche Zusammenarbeit mit HiPP.

Grund: Loyal heißt in diesem Zusammenhang nicht ein Zu-allem-Ja-Sagen, sondern versteht sich als ein konstruktives Handeln im Interesse des Unternehmens. Ohne eine loyale Einstellung der Mitarbeiter zum Unternehmen kann eine Zusammenarbeit langfristig nicht gelingen, denn es ist unmöglich, alle Mitarbeiter dauernd zu kontrollieren.

Folge: Die Unterstützung loyalen Verhaltens und die Sanktionierung illoyalen Verhaltens ist zur Aufrechterhaltung der Loyalität entscheidend, damit der Loyale nicht langfristig Nachteile hat. Illoyalem Verhalten ist daher vom Vorgesetzten entgegenzutreten. So ist zum Beispiel die missbräuchliche Nutzung von PC und Internet zum Privatvergnügen als illoyal zu betrachten und durch die zuständige Führungskraft zu unterbinden.

3.4 Bestechlichkeit

Regel: Bestechlichkeit ist bei HiPP streng verboten. Alle persönlichen Zuwendungen von Marktpartnern an Mitarbeiter sind von diesen unverzüglich dem Vorgesetzten anzuzeigen und bei Aufforderung an diesen auszuhändigen.

Grund: Bestechliche Mitarbeiter sind sowohl für HiPP als auch für den Endverbraucher ein Nachteil, da die
          Produkte nicht mehr nach rein sachlichen Aspekten hergestellt werden. Langfristig wird die
          Wettbewerbsposition des Unternehmens gefährdet, wenn nicht Qualität und Wirtschaftlichkeit die
          höchsten Prämissen sind.

Folge: Bestechlichkeit ist daher in jedem Fall eine schwerwiegende Verfehlung und muss zu einer fristlosen
          Kündigung führen.

3.5 Organisationseinordnung

Regel: Die Mitarbeiter von HiPP ordnen sich in Organisation und Hierarchie des Hauses ein. Jeder fügt sich
          in seine vorkonfigurierte Einheit unter der Leitung seines Vorgesetzten ein und hält sich an alle
          Entscheidungen, die im Rahmen des vorgesehenen Entscheidungssystems getroffen worden sind.
          Andererseits sind die Beiträge zu Weiterentwicklung und Verbesserung der Organisation und des
          Entscheidungssystems Aufgabe eines jeden.

Grund: Um langfristig erfolgreich sein zu können, muss jedes Unternehmen eine Organisation der internen
          Abläufe vorsehen. Es muss über ein Entscheidungssystem festlegen, welche Entscheidungen von wem
          wann und wie zu beachten sind. Hierzu gehören insbesondere das Unternehmensleitbild, die
          Führungsprinzipien, das Ethik-Management und das QM-Handbuch. Um das Unternehmen auf eine
          langfristige Erfolgserzielung auszurichten, müssen sich alle Mitarbeiter einerseits in das vorhandene
          Entscheidungssystem einfügen, andererseits ist jeder aufgerufen, seinen Beitrag für die
          Weiterentwicklung der Organisation zu leisten, und auch bereit sein, Aufgaben zu übernehmen, die
          nicht zu ihrem ursprünglichen Zuständigkeitsbereich gehören.

Folge: Hipp erwartet von seinen Mitarbeitern, sich in Organisation und Hierarchie des Hauses einzufügen
          und einen aktiven Beitrag zur Weiterentwicklung zu leisten. Dies hat auf die Mitarbeiterbeurteilung
          einen maßgeblichen Einfluss. Destruktiv anpassungsunfähiges oder -unwilliges Verhalten ist hierbei
          negativ zu bewerten, konstruktives Querdenken hingegen positiv.

3.6 Unternehmergeist der Mitarbeiter

Regel: Die Mitarbeiter von HiPP stehen in einem gesunden Verhältnis zu Chance und Risiko. Jeder ist immer
          bestrebt, neue, Erfolg versprechende Ideen einzubringen und umzusetzen, doch wird dabei nicht
          fahrlässig mit hohem Risiko gespielt.

Grund: Jedes Unternehmen lebt vom Unternehmergeist seiner Mitarbeiter. In vielen Positionen spielt der Mut,
          etwas Neues, Ungewisses zu wagen, im Unternehmen eine große Rolle. Draufgängertum hingegen,
          vor allem mit fremder Leute Geld, ist unerwünscht, da es die langfristige Existenz von HiPP in Frage
          stellt.

Folge: Hipp erwartet von seinen Mitarbeitern einen gewissenhaften Umgang mit dem Risiko.
          Führungskräften obliegt es dabei, ihre Mitarbeiter zu vertrauensvollem, eigenverantwortlichem
          Handeln anzuleiten oder zu steuern, das keine kleinliche Kontrolle benötigt. Dies ist eine wichtige
          Komponente ihrer Führungskompetenz.

3.7 Zeit- und Kostenmanagement

Regel: Zeit ist ein knappes Gut und optimal zu nützen. Dienstreisen sind auf das notwendige Maß zu
          beschränken, Besprechungen müssen daher in kleinem Rahmen und kurz gehalten werden.
          Selbstdarstellungen, mit denen anderen kostbare Zeit gestohlen wird, sind zu vermeiden und zu
          unterbinden.

Grund: Die eigene Zeit und die Zeit anderer zu verschwenden bedeutet, mit den knappen Ressourcen des
          Unternehmens leichtsinnig umzugehen. Zeitbewusstes Handeln ist die Voraussetzung für
          kostenbewusstes Handeln. Ein verantwortungsvoller Umgang mit der Zeit ist erforderlich, damit Ziele
          schnell erreicht und die Kosten gering gehalten werden können.

Folge: In Besprechungen sind lange Beschreibungen der Arbeit, die zu einem gewissen Ergebnis geführt hat,
          meist unnötig. Präsentationen sollen in möglichst knapper Form die Ergebnisse darstellen. Zeit- und
          Kostenbewusstsein sind als Kriterien in den verschiedenen Beurteilungssystemen zu berücksichtigen.

3.8 Informationsaustausch

Regel: Beim internen E-Mail-Verkehr und internen Telefonaten gilt: So kurz wie möglich. Der Verteiler ist so groß wie nötig, nicht so groß wie möglich zu wählen. Andererseits dürfen wichtige Informationen denjenigen Kollegen, die sie benötigen, nicht vorenthalten werden. E-Mails sollen in Stil und Sprache einfach und sachlich sein. Aggressionen dürfen nicht über E-Mails abreagiert werden.

Grund: Lange Ausführungen in E-Mails erhöhen die Wahrscheinlichkeit, dass sie vom Empfänger, dessen Zeit wertvoll ist, überhaupt nicht gelesen werden. Eine große Flut an zu langen und zu umfangreichen Informationen verstellt den Blick für das Wesentliche und verhindert oder verzögert das für den Augenblick wichtige Tun. Auf der anderen Seite ist das gezielte Vorenthalten von denjenigen Informationen, die der andere für seine Arbeit dringend braucht, als Mobbing einzustufen und wie dieses nicht akzeptabel.

Folge: E-Mails an alle Mitarbeiter dürfen nur von wenigen festgelegten Stellen im Hause und nur zu besonderen Anlässen versandt werden. Kritik ist nicht auf schriftlichem Weg zu äußern, sondern mündlich und in einer Weise, dass der andere es als wohlmeinenden Vorschlag zur Verbesserung des eigenen Arbeitsbereiches verstehen kann. E-Mails, die den anderen vor einem großen Verteiler bloßstellen, sind zu vermeiden bzw. zu untersagen.

3.9 Know-how-Weitergabe

Regel: Mitarbeiter von HiPP, die während ihrer Zugehörigkeit zum Unternehmen spezifisch wettbewerbsrelevantes Wissen und Können erworben haben, geben dieses in Form von Anlernen, Einführung und Dokumentation an neue oder andere Mitarbeiter im Unternehmen weiter. Nach außen gilt: Kein Wissen darf abfließen, weder durch Pressebeiträge noch durch prahlerische Selbstdarstellung auf externen Veranstaltungen.

Grund: Langjährige Mitarbeiter sind besonders wertvoll, denn sie erwerben sich über die Dauer ihrer Betriebszugehörigkeit beträchtliche Sachkompetenz und vereinen einzigartiges unternehmensspezifisches Wissen in sich. Wettbewerbsvorteile ergeben sich häufig gerade aus dieser Quelle. Für die langfristig erfolgreiche Entwicklung des Unternehmens ist es daher wichtig, dieses Wissen weiterzugeben und möglichst in dokumentierter Form vorliegen zu haben. Andererseits ist zur Sicherung der Wettbewerbsvorteile nach außen das Gegenteil unerlässlich. Hier schützen Verschwiegenheit und Vorsicht der Mitarbeiter vor dem Aushorchen von Einzelheiten, was dem Unternehmen in Zukunft schaden kann.

Folge: HiPP erwartet von seinen Mitarbeitern, dass sie im Innenverhältnis ihr für HiPP bedeutendes Spezialwissen in angemessener Form weitergeben: Durch schriftliche Fixierung im QM-Handbuch, durch sonstige schriftliche Fixierung oder durch praktisches Einweisen und Anlernen von Vertretern und Nachfolgern. Im Außenverhältnis ist durch die arbeitsvertragliche Verpflichtung jedes Mitarbeiters die Weitergabe von Spezialwissen zu verhindern. Zuwiderhandlungen schlagen sich bei der Mitarbeiterbeurteilung negativ nieder.

3.10 Gesellschaftliche Haltung der Mitarbeiter

Regel: Alle Mitarbeiter von HiPP stehen der aus christlicher Tradition kommenden freiheitlich-demokratischen Gesellschaftsordnung offen und positiv gegenüber. Sie nehmen aktiv an der Gestaltung der Welt, in der wir leben wollen, teil, indem sie ihre Rechte und Pflichten wahrnehmen, ohne die Ordnung selbst zu gefährden.

Grund: Um langfristig einen positiven Einfluss auf die Gestaltung der Welt, in der wir leben wollen, zu haben, muss ein Unternehmen sich auf seine Mitarbeiter verlassen können. Diese sollen nicht nur im Unternehmen ein Lippenbekenntnis zur freiheitlich-demokratischen Gesellschaftsordnung abgeben, sondern diese ganzheitlich leben. Dies bezieht sich allerdings nur auf die Grundhaltung, nicht auf jede Einstellung. Mitgliedschaften in allen Konfessionen, Gewerkschaften oder demokratischen Parteien sind legitim, solche in subversiven Organisationen oder Glaubensgemeinschaften und undemokratischen Parteien sind aber nicht tolerierbar.

Folge: Personen, die sich bewusst und nachhaltig in Gruppierungen einbringen, die die freiheitlich-demokratische Gesellschaftsordnung oder die christliche Werteordnung gefährden oder bekämpfen, können nicht als Mitarbeiter bei HiPP arbeiten.

4. Verhalten gegenüber Staat und Gesellschaft

4.1 Erfüllung staatlicher Auflagen

Regel: HiPP erfüllt alle von staatlicher Seite legitimerweise auferlegten Aufgaben. HiPP hält sich hierbei an alle Gesetze und Verordnungen, liest diese aber auf die langfristig günstigste Weise, wenn verschiedene Auslegungsmöglichkeiten vertretbar sind. Wo es wettbewerbsbedingt möglich erscheint – etwa in den Bereichen Qualitätssicherung, Arbeitssicherheit, Umweltschutz und Förderung der Familie – geht HiPP sogar über das von staatlichen Gesetzen Geforderte hinaus.

Grund: Als bewusstes Mitglied einer Gesellschaft, die sich des Staates zur Realisierung langfristiger Vorteile für alle bedient, akzeptiert HiPP die Auflagen des Staates, weil für das Funktionieren des Leistungswettbewerbs in der sozialen Marktwirtschaft sinnvolle Rahmenbedingungen in Form von Gesetzen und Verordnungen eine wichtige Voraussetzung sind.

Folge: Von den Mitarbeitern erwartet HiPP eine konsequente und korrekte Umsetzung aller Auflagen von staatlicher Seite. Dies hat von ihnen aber immer so zu geschehen, dass sie die im Rahmen des Legalen für HiPP langfristig günstigste Form der Erfüllung realisieren. Gleichzeitig ist über Verbände und politische Kontakte auf die Verbesserung der gesetzlichen Rahmenbedingungen und die Rückführung innovationsfeindlicher Reglementierungen hinzuwirken. Gelingt dies, ist es als Zeichen herausragender Führungskompetenz zu bewerten.

4.2 Verhalten gegenüber Behörden

Regel: HiPP ist auf Kooperation mit staatlichen Behörden eingestellt. Soweit es aus wettbewerblichen Überlegungen möglich ist, soll ihnen gegenüber eine offene Informationspolitik betrieben werden. Die Kooperation soll dabei möglichst über gesetzliche Vorschriften hinausgehen. Gegenüber dem Finanzamt sind einerseits die gesetzlichen Vorschriften einzuhalten, andererseits sind bei strittigen Fragen die Interessen des Unternehmens von den betroffenen Mitarbeitern mit Nachdruck zu vertreten und zu verteidigen.

Grund: Behörden sind staatliche Institutionen, die in der Gesellschaft die Aufgabe wahrnehmen, Bedingungen zu schaffen, die Interaktionen zum langfristigen, gegenseitigen Vorteil aller ermöglichen. Daher ist es für Hipp in zweifacher Hinsicht vorteilhaft, mit ihnen zu kooperieren: Einerseits bietet sich so die Möglichkeit, auf die Gestaltung der Bedingungen Einfluss zu nehmen, und andererseits können die Behörden HiPP in vertrauensvoller Zusammenarbeit bei einer bestmöglichen Umsetzung der Vorgaben beraten. Grundausrichtung unseres Handelns bleibt dabei aber immer die langfristige Interessenlage von HiPP.

Folge: Hipp erwartet von seinen Mitarbeitern, dass sie sich um eine vertrauensvolle Kooperation mit Behörden bemühen, ohne die Interessen von HiPP dabei außer Acht zu lassen. Insbesondere gegenüber dem Finanzamt erwartet HiPP von Mitarbeitern, die bestmögliche, das heißt eine Steuer sparende Ausgestaltung der Arbeitsabläufe, im Rahmen des gesetzlich Möglichen zu organisieren. Soziale Kompetenz in dieser Hinsicht ist in der Mitarbeiterbeurteilung positiv zu berücksichtigen.

4.3 Gesellschaftliches Engagement

Regel: HiPP ist sich seiner gesellschaftlichen Verantwortung bewusst und weiß um die Verpflichtung, sich im Rahmen der eigenen Möglichkeiten dort mit Engagement einzubringen, wo die Rahmenordnung lückenhaft ist oder wichtige Werte wie Schutz des Lebens oder Schutz des Eigentums in Frage stehen.

Grund: Die Rahmenordnung des gesellschaftlichen Lebens war nie und wird nie vollkommen sein – alles andere wäre eine trügerische Illusion. Der Staat kann nicht für alles sorgen. Dort, wo er es dennoch tun will, haben wir den totalen Staat, der für die eigene Lebensgestaltung, den persönlichen Einsatz und für wirtschaftliches Handeln Einzelner keine Freiräume bestehen lässt. Angesichts des allgemeinen Werteverlusts, der durch die Medien mehr und mehr beschleunigt wird, werden die auf dem Naturrecht basierenden Werte zunehmend in die Beliebigkeit von zufälligen politischen Mehrheiten gestellt.

Folge: Hipp erwartet von seinen Mitarbeitern ein Bewusstsein für einsatzbedingte Situationen; HiPP fördert Mitarbeiter, die außerbetrieblich im sozialen Bereich engagiert sind und sichert denen, die einen Familienangehörigen zu pflegen haben, für eine begrenzte Zeit die Aufrechterhaltung des Arbeitsplatzes zu. Im Übrigen ist eine ausgewogene Einstellung hier von allen Mitarbeitern gefordert.

5. Verhalten in der Umwelt

5.1 Umweltschutz

Regel: Umweltschutz bedeutet für HiPP, dass sich alle Mitarbeiter an die vorhandenen unternehmensinternen Umweltleitlinien und -vorschriften halten. Sie gliedern sich dazu ohne Ausnahme in die Organisation des Umweltmanagementsystems ein.

Grund: Umweltschutz ist ein tragender Grundsatz von HiPP. Über die Einstellung zum Umweltschutz definiert sich HiPP als ein Unternehmen, das die Lebensbedingungen der Generationen von morgen gestalten will. Die Zukunft vorteilhaft für die kommenden Generationen zu gestalten, kann sich für uns nicht allein in der Bereitstellung von hochwertigen Nahrungsmitteln für Säuglinge und Kleinkinder erschöpfen, sondern es verpflichtet uns auch dazu, unseren Beitrag zu einer gesunden Umwelt für ihr ganzes Leben zu leisten.

Folge: Jeder Mitarbeiter, der gegen die bei Arbeitsantritt unterschriebene Umwelterklärung verstößt, muss mit Sanktionen und in schwereren Fällen auch mit einer fristlosen Kündigung rechnen. Insbesondere sind Führungskräfte jederzeit dazu angehalten, auf die korrekte Einhaltung der Vorschriften zu achten und diese allen Mitarbeitern immer wieder ins Gedächtnis zu rufen.

5.2 Weiterentwicklung des Umweltschutzes

Regel: Die Umweltziele von HiPP sind im Rahmen der Umweltprogramme mit Bezug auf die Umweltleitlinien fortwährend auf ihre Aktualität und Verbesserungsfähigkeit hin zu überprüfen. Verbesserungsmöglichkeiten und -vorschläge sind genau auf Effektivität sowie Umsetzbarkeit zu überprüfen und wenn möglich durchzuführen.

Grund: Die Umweltorientierung von HiPP erschöpft sich nicht auf einem einmal festgelegten Niveau, denn sonst bestünde die Gefahr, dass sie nicht den sich dauernd verändernden äußeren Bedingungen angepasst werden könnte. Dies aber würde dem Ideal der Erhaltung einer möglichst gesunden Umwelt für die Generationen von morgen, die wir heute ernähren, widersprechen und uns von der langfristigen Erfolgsorientierung entfernen.

Folge: Von den Mitarbeitern wird ein Bewusstsein für Änderungsnotwendigkeiten und Engagement zur Entwicklung von Verbesserungsmöglichkeiten, von den Führungskräften zusätzlich ein konsequentes Umsetzen erwartet. Dies ist bei der Mitarbeiterbeurteilung genau zu berücksichtigen.

5.3 Umweltschutz als ordnungspolitische Aufgabe

Regel: Umweltschutz bedeutet für HiPP aber auch, dass dort, wo aus Gründen der Wettbewerbsfähigkeit keine Möglichkeit besteht, den Umweltschutz aus eigener Kraft voranzutreiben, versucht wird, auf politischem Wege Veränderungen zum Wohle der Umwelt zu erreichen.

Grund: Es gibt Situationen, in denen ein einseitiges, umweltschutzorientiertes Engagement von HiPP kurzfristig oder im Vergleich zu nicht beteiligten Wettbewerbern so gravierende wirtschaftliche Nachteile mit sich bringen würde, dass HiPP im Wettbewerb um seine Existenz fürchten müsste. Dem kann HiPP sich verantwortlicher Weise nicht aussetzen. Erlegt der Staat allerdings allen Teilnehmern eines Marktes dieselben Schwierigkeiten auf, so wäre HiPP im Wettbewerb nicht länger benachteiligt. HiPPps Verantwortung liegt hier daher nicht im konkreten Umweltschutz, sondern in einem ordnungspolitischen Engagement.

Folge: Mitarbeiter und insbesondere Führungskräfte, die sich in dieser Hinsicht für Hipp und den Umweltschutz einsetzen, zeichnen sich damit besonders für verantwortungsvolle Aufgaben aus. Ein solches Engagement muss daher über die lobende Berücksichtigung in der Mitarbeiterbeurteilung hinaus öffentlich anerkannt, gelobt und wenn möglich auch honoriert werden.

Pfaffenhofen, 1. März 2006

Glossar

dienende Funktion der Werte Werte sind die Bausteine der Unternehmens-DNA. Innerhalb des Unternehmensorganismus lenken sie das Zusammenspiel der Unternehmensprozesse.

Eigenwerte tragen und prägen die menschliche Identität. Eigenwerte sind alle Werte, die darüber entscheiden, wer wir sind, was wir denken, was wir tun.

Ethik ist die Wissenschaft der Normen und Werte moralisch guten Handelns. Als philosophische Disziplin beschäftigt sich Ethik mit den Bedingungen, dem Umfang und Geltungsbereich sowie der Begründbarkeit der Regeln, die moralischen Handlungen zugrunde liegen. Ethik gründet in der Reflexion auf die Grundlagen des Menschseins und dient dazu, Konflikte im Bereich des Handelns zu durchdringen und aufzulösen.

Ethos Das Ethos besteht aus bewusst anerkannten und von einer spezifischen Gemeinschaft verbindlich gelebten Werten und Normen, an denen der Einzelne seine persönlichen Handlungen ausrichtet.

Führen Führen ist Entscheiden in Situationen unvollständiger Information. Es ist der Prozess, komplexe Handlungssituationen durch Auswahl von Mitteln, Wegen und Zielen (Sachorientierung) sowie durch Organisation und Motivation von Menschen (Menschorientierung) so zu strukturieren, das angestrebte Lösungen von den beteiligten Akteuren aus Eigenmotivation heraus umgesetzt werden.

Führung ist die Fähigkeit, Menschen für eine Sache so zu begeistern, dass sie diese aus Eigenmotivation verfolgen. Gute Führung zielt auf Freiwilligkeit und die aktive Gestaltung von übertragenen Aufgaben, nicht auf die blinde, willfährige Umsetzung von Vorgaben. Führen heißt, die zwischenmenschliche Dimension geteilter Werte zu aktivieren. Sie orientiert sich am Menschen als sinnorientiertem Wesen.

Führungsstile sind konkrete Herangehensweisen, wie durch die Aktivierung der Eigenmotivation der Geführten, Lösungen für komplexe Handlungssituationen gefunden, orchestriert und umgesetzt werden.

Führungssysteme sind Wertesysteme, die das situative Zusammenwirken von Führen und Geführt-werden organisieren. Führungssysteme sind der Ausdruck von raum-zeitlich und soziokulturell geprägten Vorstellungen, die das Menschenbild und die wechselweisen Rollen der Führung und der Geführten festlegen.

© Springer-Verlag Berlin Heidelberg 2016

F. Glauner, *CSR und Wertecockpits,* Management-Reihe Corporate Social Responsibility, DOI 10.1007/978-3-662-48930-7

Führungsverantwortung ist die umfassende Verantwortung für die Personen, die geführt werden.

Gemeinschaftswerte sind die Werte eines sozialen Systems, über das sich das System – die Familie, ein Unternehmen – definiert und von anderen sozialen Systemen abgrenzt.

Handlungen sind absichtsvolles, zielgerichtetes und subjektiv sinnvolles Tun. Handlungen gründen in individuellen Motiven und werden gelenkt durch persönliche Motivation.

Komplexe Äquivalenzen sind Beschreibungen der spezifischen Erfüllungsbedingungen, wann ein Wert für alle wahrnehmbar erfüllt ist.

Kreative Anpassung hat das Ziel, den Markt und die Marktspielregeln mit Blick auf die eigene Leistungsfähigkeit so zu verändern, dass es zwischen der Marktnische und der eigenen Leistungsfähigkeit zu einem „best fit" kommt.

Kultur ist die Gesamtheit der gelebten Regeln und Praxen, mit denen sich ein soziales System von anderen unterscheidet und abgrenzt. Als Unternehmenskultur ist sie der verborgene Fingerabdruck unternehmerischer Unverwechselbarkeit.

Kulturelle Bilder sind mediale Inszenierungen und drücken Leitwerte aus. Sie sind Identifikationsfolien, mit und über die die Leitwerte eines sozialen Systems vermittelt werden.

Leitwerte sind alle Werte, die zum Ausdruck bringen, wie ein Mensch oder ein Unternehmen Nutzen stiftet. Die Nutzenstiftungsfunktion der Leitwerte wird als Pull-Effekt erlebt. Menschen, die den von einem Leitwert ausgedrückten Nutzen anstreben, fühlen sich von diesem Leitwert angezogen.

Selbstbezügliche Leitwerte sind Leitwerte, die Nutzenversprechen signalisieren, aber in der Selbstbezüglichkeit des Absenders „stecken" bleiben.

Nach außen gerichtete Leitwerte sind Leitwerte und Claims, die aus Sicht und im Werteverständnis des Adressaten diesem Nutzen versprechen.

Management ist der mechanistische Prozess der Planung, Durchführung, Kontrolle und Steuerung von unternehmerischen Maßnahmen. Gleich ob prozessual, funktional oder institutionell interpretiert: Management orientiert sich an der normativen, strategischen und operativen Wirksamkeit der Steuerung von Prozessen. Hierbei sind Menschen zunächst Mittel, nicht primärer Zweck.

Metawerte sind übergeordnete Hilfswerte, z. B. Stimmigkeit oder Authentizität, mit denen werteorientierte Führung gelenkt und fokussiert wird.

Moral bezeichnet die Gesamtheit der jeweils geltenden Werte und Normen, mit denen eine Gemeinschaft individuelles Verhalten bewertet und die von den Mitgliedern dieser Gemeinschaft als bindend anerkannt werden. Moral gründet in der Lebenspraxis sozialer Systeme und dient als Regulativ und Bewertungsmaßstab für menschliche Handlungen.

Motivation ist der in Intensität und Struktur aufgeschlüsselte Impuls, mit dem der Prozess einer Zielerreichung umgesetzt wird. Motivation bezeichnet die Art und Weise, wie und mit welcher Intensität individuelle Handlungsziele umgesetzt werden. Motivation realisiert sich als aktualisierte Verknüpfung individueller Handlungsgründe mit konkreten Handlungszielen. Sie setzt sich zusammen aus einem Grund, einem Ziel und einem konkreten Ort, an dem das persönliche Ziel durch Verknüpfung mit individuellen Gründen umgesetzt wird.

Motive sind emotional besetzte Ziele, die uns antreiben. Sie sind die überdauernden individuellen Gründe, die unsere Handlungen leiten und ergeben sich aus wertegeladenen Zielen. Motive lenken die persönliche Motivation und prägen das individuelle Selbstverständnis. Motive sind so der Ausdruck individueller Werte, die Anreiz zu persönlichem Handeln oder Unterlassen geben.

Nachhaltigkeit ist eine systeminterne Verhaltensdisposition. Nachhaltige Systeme sind lebende Systeme höherer Ordnung (Populationen, Märkte, Gesellschaften, Ökosysteme), deren einzelne Elemente und Sub-Systeme sich so reproduzieren, dass das System im Austausch mit seiner Umwelt kontinuierlich und beständig aufrechterhalten wird. Verhalten sich einzelne Elemente oder Sub-Systeme eines Systems nicht nachhaltig, reagiert das System zyklisch.

Ethische Nachhaltigkeit ist die Fähigkeit einzelner sozialer Systeme, sich durch Absicherung des übergeordneten Gesamtsystems und seiner es tragenden Elemente und Sub-Systeme langfristig erfolgreich zu erhalten.

Lineare Nachhaltigkeit Linear nachhaltige Systeme folgen dem kybernetischen Prinzip einer Systemstabilisierung, bei der die Subsysteme aus dem Gesamtsystem nur maximal so viele Ressourcen entnehmen, wie in den natürlichen Prozessen des Gesamtsystems nachwachsen.

Systemische Nachhaltigkeit Systemische Nachhaltigkeit ist die Fähigkeit einzelner sozialer Systeme (z. B. Unternehmen, Familien, Dynastien), sich auf Kosten aller anderen Elemente des übergeordneten Gesamtsystems langfristig erfolgreich zu erhalten.

Zyklische Nachhaltigkeit Systeme folgen dem kybernetischen Prinzip der Populationsdynamik. Darin wird die Stabilität des Gesamtsystems aufrechterhalten durch reziproke Rückkopplungsschleifen, in denen die einzelnen Subsysteme einem kontinuierlichen Auf und Ab unterliegen.

Normen sind Verfahrensregeln. Sie transformieren die Werte eines sozialen Systems in Handlungsvorgaben, wie und nach welchen Regeln sich der Einzelne in diesem System zu verhalten hat.

Prozesswerte sind alle Werte, die den Umgang im Unternehmen regeln. Es sind Normen, mit denen das Zusammenspiel der einzelnen Unternehmensbereiche und Prozesse, z. B. spezifische Arbeitsprozesse, formatiert und ausgerichtet werden.

Pull-Funktion von Gemeinschaftswerten Die Pull-Funktion von Gemeinschaftswerten besteht in der Anziehungskraft, die Gemeinschaftswerte auf den Einzelnen ausüben.

Push-Funktion von Werten Die Push-Funktion von Werten besteht in der emotionalen Aufladung von Motivatoren, die unsere Handlungen leiten.

Referenzrahmen (handlungsleitende Referenzrahmen) sind Erwartungshorizonte, wie in raumzeitlich definierten Situationen individuell gehandelt werden darf. Sie werden gebildet durch das situative Zusammenspiel von Gemeinschaftswerten, kulturellen Bindungen und Verpflichtungen, durch die sich soziale Systeme bewusst oder unbewusst von anderen sozialen Systemen abgrenzen.

Regeln sind komplexe Werte, mit denen zusammenhängende menschliche Interaktionsräume strukturiert werden.

Sinnsysteme sind einzelmenschliche Werteräume, aus denen heraus der Mensch entscheidet, wie er sein Leben gestaltet. Sinnsysteme sind der einzelmenschliche Rahmen für die Ausgestaltung persönlicher Werte. Sie formatieren die subjektive Sicht, welche Werte im Leben gelebt werden sollen und wie der Mensch sein Leben gestalten möchte.

Soziale SystemeKybernetische Definition Soziale Systeme sind lebende Systeme höherer Ordnung. Ihr zentrales Kennzeichen ist, dass sie durch Werte getragen werden, die den Umgang miteinander prägen.

Soziologische Definition Soziale Systeme sind alle Formen einer Gemeinschaft von Menschen, in der Individuen miteinander in formellen oder informellen Beziehungen stehen. Peergroups, Unternehmen, Organisationen, Gemeinden, Familien sowie alle sonstigen Gemeinschaften, also auch Handels-, Tausch- oder Konfliktsysteme, sind soziale Systeme. Sie werden „gebildet von Zuständen und Prozessen sozialer Interaktion zwischen handelnden Einheiten" (Parsons 1972, S. 15).

Transformation zweiter Ordnung sind Änderungen der Rahmenbedingungen für die Spielregeln einer Praxis.

Treiberfaktoren der Unternehmenskultur sind Prozessfilter der gelebten Unternehmenskultur. Sie dienen als Regelungs- und Beschreibungsgrößen, mit denen die Unternehmenskultur wertneutral analysiert und operationalisiert werden kann.

Unternehmen sind Werteräume und Unternehmenswerte die in Leit- und Prozesswerte aufgegliederte DNA eines Unternehmens. Sie drücken sich in der gelebten Unternehmenskultur aus und legen fest, welchen Nutzen und Aktionsraum Unternehmen stiften und belegen.

Unternehmensidentität Die Unternehmensidentität ist der Antriebsriemen für unternehmerische Leistungsfähigkeit. Sie mobilisiert die Pull- und Push-Kräfte unternehmerischer Werte. Sie fokussiert das Nutzenprofil von Produkten und Leistungen. Sie prägt die unternehmerische Unverwechselbarkeit. Sie ist Ausdruck sowohl des unternehmerischen Charakters und Tonus als auch die sich selbst verstärkende Lenkungskraft, wofür ein Unternehmen steht, wie es arbeitet und wie es sich von anderen Unternehmen im Markt unterscheidet.

Unternehmenskultur Das Zusammenspiel aller expliziten und impliziten Regeln, Werte und Überzeugungen, die in einem Unternehmen wirken und das Handeln der Akteure prägen, ist die Unternehmenskultur. Sie ist der Stoff, der das Unternehmen zusammen hält, ihm Masse und Gestalt sowie seiner „Drift" Richtung und Drall verleiht.

Unternehmensorganisation Die Organisation ist das physische Entwicklungsfeld von Unternehmen. Sie prägt den Nutzen und Mehrwert, den Unternehmen schaffen. Richten sich Unternehmen in ihrer Organisation an solchem Nutzen aus, erlangen sie herausragende Alleinstellungspotenziale und nachhaltige Durchschlagskraft.

Unternehmenswissen Das Unternehmenswissen umfasst alle Fertigkeiten, Prozesse und Verfahren, die ein Unternehmen aufrecht halten. Die Steuerung des Unternehmenswissens konzentriert sich auf die Gestaltung der Fertigkeiten und Verfahren, die für eine kreative Anpassung an und eine proaktive Gestaltung von Märkten benötigt werden.

Werte sind positiv aufgeladene Vorstellungen, die einzelmenschliches Streben leiten. Sie sind die psychologische Währung der Emotionen und prägen die grundlegenden Überzeugungen des Menschen, was für ihn wichtig ist und was nicht.

Eigenwerte $\Rightarrow$ *Eigenwerte*

Gemeinschaftswerte $\Rightarrow$ *Gemeinschaftswerte*

Kybernetische Definition $\Rightarrow$ Werte lenken menschliche Handlungen

Leitwerte $\Rightarrow$ *Leitwerte*

Metawerte $\Rightarrow$ *Metawerte*

Moralische Definition Werte sind die Richtschnur, nach der Handlungen ausgerichtet und ethisch-moralisch beurteilt werden

Prozesswerte $\Rightarrow$ *Prozesswerte*

Literatur

Aristoteles (1985) Nikomachische Ethik. Hamburg

Hamel G, Prahalad CK (1994) Wettlauf um die Zukunft. Wie sie mit bahnbrechenden Strategien die Kontrolle über Ihre Branche gewinnen und die Märkte von morgen schaffen. Ueberreuter, Wien (1995)

Heckhausen H, Heckhausen J (Hrsg) (2006) Motivation und Handeln, 4. Aufl. Springer, Berlin

Maslow AH (1981) Motivation und Persönlichkeit, 11. Aufl., 2010. Hamburg

McLuhan M (1994) Die magischen Kanäle. Understanding Media, Basel

Parsons T (2000) Das System moderner Gesellschaften, 5. Aufl. Weinheim

Sennett R (1988) Der flexible Mensch. Die Kultur des neuen Kapitalismus, 2. Aufl. Siedler, Berlin

© Springer-Verlag Berlin Heidelberg 2016

F. Glauner, *CSR und Wertecockpits,* Management-Reihe Corporate Social Responsibility, DOI 10.1007/978-3-662-48930-7

Unternehmensverzeichnis

A

Accenture Plc 81
Apple Inc. 8, 45, 106, 266
Arthur D. Little 81

B

BMW AG 8
Brauerei Gebrüder Maisel KG 118, 127, 128,
    180–195, 228, 231, 232, 264

C

Chrysler Group LLC 24
Commerzbank AG 81, 264

D

Daimler-Benz (Daimler AG) 24, 81
Deutsche Bank 81
DJG-Healthcare GmbH 127, 128, 165–181,
    228, 231, 232, 236, 241
dm-drogerie markt GmbH + Co. KG 45, 127,
    195–217, 231, 232, 248, 264

E

Egon Zehnder International AG 81, 82

G

Gallup Organization 29, 30, 142, 207, 261
GIRA Giersiepen GmbH & Co. KG 86, 87, 90
Gore => W.L.Gore & Associates 91, 93, 232

H

Hager SE 87, 90
HDO Druckguß und Oberflächentechnik
    GmbH 94
Hilti AG 3, 17, 127, 128, 140–164, 228,
    231, 232, 241, 256, 262, 264, 265, 274,
    275, 279, 290
HiPP GmbH & Co. KG 3, 10, 14, 127–140
HiPP GmbH & Co. Vertrieb KG 127, 128
Hutchinson Whampoa Limited 8, 18
Hyundai Motor Company 24

I

IBM Corp. 8, 90
Icebreaker New Zealand Ltd. 10, 14, 40, 41,
    264, 290
Infineon AG 3, 252–259, 263, 264
Interface Inc. 13, 17, 86, 106, 290
Irlbacher Blickpunkt Glas GmbH 89, 90

M

3M Corp. 8, 46, 47
Miele & Cie. KG 14, 89
Mitsubishi Motors Corporation 24

N

Neumarkter Lammsbräu Gebr. Ehrnsperger
    KG 218, 221, 225, 264
Nike Inc. 103, 236

© Springer-Verlag Berlin Heidelberg 2016
F. Glauner, *CSR und Wertecockpits,* Management-Reihe Corporate Social Responsibility,
DOI 10.1007/978-3-662-48930-7

P

Patagonia Inc. 264
Pro Natur GmbH 127, 128, 216, 218–230, 234
Pur Aqua Services AG 106, 107

R

RWE AG 264

S

Sales force 8
Samsung Group 17
SanoCore 122, 123
Schamel Meerrettich GmbH & Co.KG 13, 14
Siemens AG 86, 179, 252

T

Toyota Jidosha KK 8
TRUMPF GmbH + Co. KG 17, 242–249

V

VAUDE Sport GmbH & Co. KG 264

W

W.L.Gore & Associates 91, 93, 232

Namensverzeichnis

A

Adams, Chris 22
Aga Khan 112
Apel, Karl-Otto 70
Arendt, Hannah 7
Asch, Solmon E. 25
Ashby, William Ross 64

B

Babiak, Paul 72, 241
Badura, Bernhard 262
Barbuto, John E. 49, 50
Bauer, Joachim 25
Becker, Dieter 31
Behr, Martina 291
Blome-Drees, Franz 70, 78
Bourdieu, Pierre 7, 24, 62
Buckingham, Marcus 52

C

Clifton, Donald O. 52
Collins, Jim 6, 22, 158, 239, 241, 251

D

Dahrendorf, Ralf 6
Dasgupta Partha 6
Diamond, Jared 11
Dierksmeier, Claus 4, 277
Doppler, Klaus 61
Durkheim, Emile 56

E

Elkington, John 3
Ethical Brand Monitor 38, 39

F

Farschtschian, Farsam 279
Fehlbaum, Raymond 83, 125
Fisk, Peter 3
Foucault, Michel 7
Frankl, Viktor E. 47, 48
Fritzsche, Andreas 277

G

Galbraith, Kenneth 3
Gambetta, Diego 19
Gödel, Kurt 65
Gollwitzer Peter M. 67
Grande, Edgar 9
Graves, Clare W. 7
Grochla, Erwin 83

H

Habermas, Jürgen 7, 70
Hamel, Gary 6
Haque, Umair 3
Hare, Robert D. 72, 241
Harsch, Erich 127, 195–216, 232, 239
Heckhausen, Heinz 67, 323
Heckhausen, Jutta 323
Heidegger, Martin 7

© Springer-Verlag Berlin Heidelberg 2016
F. Glauner, *CSR und Wertecockpits,* Management-Reihe Corporate Social Responsibility,
DOI 10.1007/978-3-662-48930-7

Hemel, Ulrich 4, 70, 277
Herzberg, Frederic 49, 50
Hill, Wilhelm 83
Hilti, Eugen 140
Hilti, Martin 140
Hilti, Michael 127, 140–164, 239
Hipp, Claus 127, 129–140, 239
Hipp, Georg 129, 138, 298, 299
Hölderlin, Friedrich 12
Homann, Karl 70, 72, 78

J

Joas, Hans 7, 47, 51, 52, 61, 70
Jung, Dieter 127, 165–181, 239

K

Kant, Immanuel 3, 70, 213, 270, 273, 277,
   287, 288
Kaplan, Robert S. 22
Kohr, Leopold 14
Kondratjew, Nikolai Dmitrijewitsch 15, 260
Kramer, Mark R. 3, 14, 78
Kreikebaum, Hartmut 70
Krogh, Georg von 71
Küng, Hans 4, 12, 277, 286

L

Lauterburg, Christoph 61
Lechner, Christoph 22, 83
Löhr, Albert 70
Luhmann, Niklas 7, 56, 57, 59
Lütge, Christoph 70, 72

M

Maisel, Jeff 127, 180, 183, 193, 239
Malik, Fredmund 279
Maslow, Abraham H. 45, 46, 50
Maturana, Humberto R. 7, 55, 71
Maucher, Helmut 279
McClelland, David C. 49, 50
McLuhan, Marshal 90
Milgram, Stanley 25
Mill, John Stuart 70
Miller, Gary J. 72, 73, 241
Motesharrei, Safa 11
Müller-Stevens, Günter 22, 83

N

Neely, A. 22, 83
Neitzel, Sönke 25, 79
Norton, David P. 22

O

Ostrom, Elinor 6

P

Paech, Nico 11
Parsons, Talcott 47, 55, 320
Piaget, Jean 7
Pophal, Christian 252–259
Porter, Michael E. 3, 14, 78
Prahalad, Coimbatore Krishnarao 6

R

Rawls, John 3, 7, 70
Rifkin, Jeremy 3
Ritter, Johannes 276
Roos, Johan 71
Rorty, Richard 7
Rowlands, Marc 12
Russel, Bertrand 64, 65

S

Sandel, Michael J. 3
Schelling Thomas C. 19
Scholl, Richard W. 49, 50
Schreiber, Rudolf F. 127, 216
Schreiber, Rudolf L. 216–229
Schrempp, Jürgen 24
Schulz von Thun, Friedeman 104
Schumacher, Ernst Friedrich 14
Schumpeter, Joseph A. 77
Sedláček, Tomáš 290
Sen, Amartya 3
Senge, Peter M. 6, 22, 88
Sennett, Richard 3, 6, 239–241, 262
Serageldin, Ismail 6
Shklar, Judith 7
Simon, Hermann 17
Stiglitz, Joseph E. 3
Suchanek, Andreas 264
Sullivan, Louis 90

T
Taylor, Charles 7
Trompenaars, Fons 99
Tuleja, Tad 79

U
Ulrich, Hans 83
Ulrich, Peter 70, 79

V
Varela, Francisco J. 71
Vygotsky, Lev 7

W
Watzlawick, Paul 7, 25, 48, 62, 64
Weber, Max 70, 79
Welzer, Harald 25, 79
Werner, Götz W. 195, 196, 200, 201, 204, 213
Wieland, Josef 70
Williams, John N. 11
Wittgenstein, Ludwig 19, 63, 288
Woodard, Colin 11

Lizenz zum Wissen.

Sichern Sie sich umfassendes Wirtschaftswissen mit Sofortzugriff auf tausende Fachbücher und Fachzeitschriften aus den Bereichen: Management, Finance & Controlling, Business IT, Marketing, Public Relations, Vertrieb und Banking.

Exklusiv für Leser von Springer-Fachbüchern: Testen Sie Springer für Professionals 30 Tage unverbindlich. Nutzen Sie dazu im Bestellverlauf Ihren persönlichen Aktionscode C0005407 auf *www.springerprofessional.de/buchkunden/*

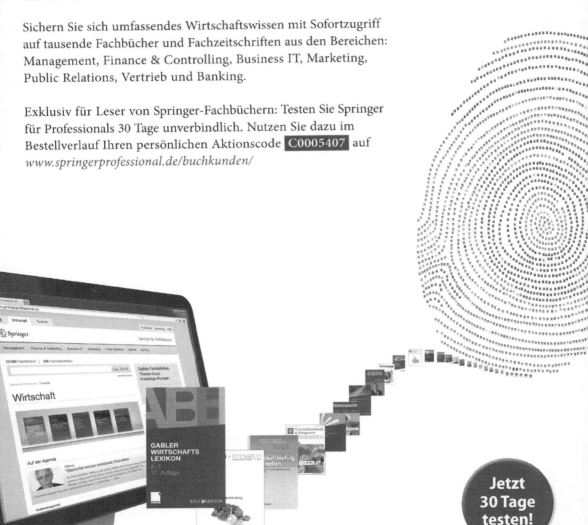

Jetzt 30 Tage testen!

Springer für Professionals.
Digitale Fachbibliothek. Themen-Scout. Knowledge-Manager.

- Zugriff auf tausende von Fachbüchern und Fachzeitschriften
- Selektion, Komprimierung und Verknüpfung relevanter Themen durch Fachredaktionen
- Tools zur persönlichen Wissensorganisation und Vernetzung

www.entschieden-intelligenter.de

Springer für Professionals

Druck:
Customized Business Services GmbH
im Auftrag der
KNV Zeitfracht GmbH
Ein Unternehmen der Zeitfracht - Gruppe
Ferdinand-Jühlke-Str. 7
99095 Erfurt